Frühkindliche Bildung, Betreuung und Erziehung

Herausgeberinnen:

Margrit Stamm
Doris Edelmann

Frühkindliche Bildung, Betreuung und Erziehung

Was kann die Schweiz lernen?

Rüegger Verlag

Bibliografische Information der Deutschen Nationalbibliothek
Die Deutsche Nationalbibliothek verzeichnet diese Publikation in der
Deutschen Nationalbibliografie; detaillierte bibliografische Daten
sind im Internet über www.d-nb.de abrufbar.

© Rüegger Verlag, Zürich/Chur 2010
www.rueggerverlag.ch
info@rueggerverlag.ch
ISBN: 978-3-7253-0927-6
Umschlaggestaltung: Kurt Gallati, Südostschweiz Presse und Print AG
Druck: Südostschweiz Presse und Print AG, Glarus

Kathrin Hilber

Vorwort zur Publikation «Frühkindliche Bildung, Betreuung und Erziehung: Was kann die Schweiz lernen?»

In der Schweiz sind sieben von zehn Alleinerziehenden bei der Betreuung von ihren Kleinkindern (null bis vier) auf familienergänzende Massnahmen angewiesen. Bei den Elternpaaren ist es bald jeder zweite Haushalt. Die Aufweichung der gängigen Familienmodelle und die ökonomische Notwendigkeit, Job und Familie unter einen Hut zu bringen, sind Beispiele dafür, dass sich die Bedürfnisse im Bereich der familienergänzenden Betreuung fortwährend ändern. Kleinkinder sollen, so lautet vermehrt die Forderung von ForscherInnen, gut ausgebildeten Eltern und Fachpersonen, die sich mit ‹Risikokindern› beschäftigen, in ausserfamiliären Einrichtungen nicht mehr nur betreut, sondern auch spielerisch gefördert werden. Alleinerziehende Mütter und Working-Poor-Familien fordern den Ausbau von subventionierten Betreuungsplätzen, damit sie weiterhin Erwerbsleben und Familie vereinbaren können.

In dieser Publikation werden das Zusammenspiel von Bildung, Betreuung und Erziehung im frühkindlichen Bereich und der daraus entstehende Handlungsbedarf eindrücklich beleuchtet. Die dargelegten Forschungsergebnisse liefern wichtige Anregungen für die Weiterentwicklung der aktuellen Familienpolitik, weg von einer Kontroverse zwischen den beiden Bereichen Betreuung und Bildung, hin zu einer konzeptuellen und institutionellen Annäherung, wo mit der frühkindlichen Lernentwicklung das Kind im Zentrum steht. Insbesondere sozial benachteiligte Kinder sollen von spezifischen Frühförderangeboten profitieren.

Für die Konferenz der kantonalen Sozialdirektorinnen und Sozialdirektoren (SODK) ist die frühkindliche Bildung, Betreuung und Erziehung ein wichtiger Bestandteil ihrer familienpolitischen Anliegen. Der Ausbau eines familienergänzenden Angebots und des notwendigen Qualitätsstandards soll dem Kind eine optimale Entwicklung ermöglichen und die Familie frühzeitig als wichtiges gesellschaftliches Netz stärken. Die SODK setzt sich auch für die Einführung von bedarfsabhängigen Familien-Ergänzungsleistungen und Steuerentlastungen für Familienhaushalte ein. Sie engagiert sich für den Ausbau des Ausbildungsange-

Kathrin Hilber

bots für Fachkräfte im Frühbereich, verfolgt die Weiterentwicklung der bestehenden rechtlichen Grundlagen und verweist gegenüber den Kantonen auf die neusten Empfehlungen von Forschung und Wissenschaft.

Konferenz der kantonalen Sozialdirektorinnen und Sozialdirektoren

Die Präsidentin

Kathrin Hilber
Regierungsrätin

Inhaltsverzeichnis

Kathrin Hilber
Vorwort 7

Margrit Stamm & Doris Edelmann
Einleitung: Bildung und Betreuung für die Jüngsten – Was kann die
Schweiz lernen? 11

Martin Viehhauser
Pädagogik der frühen Kindheit und Neurowissenschaften:
Zwischen Begrifflichkeiten und wissenschaftlicher Legitimität 21

Gisela Kammermeyer
Förderung kognitiver Fähigkeiten im Kindergarten 39

Susanne Viernickel
Kompetenzen im Kontext von Peer-Beziehungen 57

Ursula Carle
Familienbildung 77

Andrea Lanfranchi
Familienergänzende Betreuung 95

Corina Wustmann & Heidi Simoni
Frühkindliche Bildung und Resilienz 121

Margrit Stamm
Bildung und Betreuung kontrovers
Probleme und Perspektiven des frühpädagogischen Diskurses 139

Lilian Fried
Sprachliche Bildung 157

Erich Ch. Wittmann
Grundsätzliche Überlegungen zur frühkindlichen Bildung in der
Mathematik 179

Doris Edelmann
Frühe Förderung von Kindern aus Familien mit Migrationshintergrund –
von Betreuung und Erziehung hin zu Bildung und Integration 199

Miriam Leuchter & Evelyne Wannack
Aus- und Weiterbildung von Lehrpersonen für die Schuleingangsstufe 221

Pamela Oberhuemer & Inge Schreyer
Professionelle Bildung des frühpädagogischen Fachpersonals:
Europäische Trends 239

Uta Meier-Gräwe
Armut und Bildung in Deutschland 253

Kaspar Burger
Frühkindliche Bildungsforschung: Nationale und internationale
Bestandsaufnahme und Konsequenzen für Bildungspraxis und
-politik in der Schweiz 273

Hans-Günther Roßbach & Doris Edelmann
Institutionelle Übergänge: Aktuelle Entwicklungen in Deutschland
und in der Schweiz 293

Susanna Roux
Evaluation 319

Anke König
Videoanalyse als Möglichkeit, Prozessqualität differenziert zu erfassen:
Eine Untersuchung zur interaktionalistischen Lernumwelt im
Kindergarten 337

Vanessa-Isabelle Reinwand
Herausforderung spezifischer Betreuungskonstellationen in der
Schweiz 361

Verena Muheim & Vanessa-Isabelle Reinwand
Im Spannungsfeld unterschiedlichster Bedürfnisse: Die
Kindertagesstätten der deutschsprachigen Schweiz 379

Léo Barblan
Nationaler Fokus: Die französischsprachige Schweiz 399

Dieter Schürch
Mit drei Jahren zur Schule: Der Kanton Tessin in der Vorreiterrolle 417

Jakob Kost
Entwicklungsperspektiven
Zur Zukunft der frühkindlichen Bildung in der Schweiz 429

Autorinnen und Autoren 449

Margrit Stamm & Doris Edelmann

Einleitung: Bildung und Betreuung für die Jüngsten – was kann die Schweiz lernen?

Einleitung

Die Präsentation unserer Grundlagenstudie «Frühkindliche Bildung in der Schweiz» (Stamm et al., 2009) im Februar 2009 hat ein grosses Medienecho ausgelöst. Fast alle namhaften Tageszeitungen sowie Radio- und Fernsehsender befassten sich eingehend mit ihren Ergebnissen. Der Grund für das grosse mediale Interesse ist darin zu sehen, dass sich die frühkindliche Bildung und ausserfamiliäre Betreuung in den letzten Jahren auch in der Schweiz zunehmend zu einem bildungs- und gesellschaftspolitischen Thema entwickelt haben. In unserer Grundlagenstudie zeigen wir auf, dass diese Bereiche immer zusammen gedacht werden müssen, wie es mit der Abkürzung FBBE (= Frühkindliche Bildung, Betreuung und Erziehung) zum Ausdruck kommt. Auch die folgenden vier Gründe, welche die FBBE-Thematik als zentrales Anliegen der Schweizer Bildungs- und Sozialpolitik legitimieren, verdeutlichen, dass es immer um diese Trias gehen muss:

- Bildungschancen sind in der Schweiz nach wie vor stark durch die soziale Herkunft bestimmt. Kinder aus unterprivilegierten, bildungsfernen Familien verfügen beim Eintritt in den Kindergarten nicht über die gleichen Chancen wie privilegiert und bildungsnah aufwachsende Kinder. Die Förderung muss deshalb bereits in den ersten Lebensjahren einsetzen, damit Startchancen ausgeglichen werden können. Dies ist vor allem auch daher wichtig, weil viele Längsschnittstudien aufzeigen, dass sich Leistungspositionierungen von Kindern über die Schuljahre hinweg kaum verändern: Wer beim Schuleintritt vorne liegt, wird diese Position wahrscheinlich auch am Ende der Schulzeit innehaben, und wer mit Defiziten beginnt, wird in den nachfolgenden Schuljahren mit Aufholen beschäftigt sein.
- Das veränderte Rollenverständnis zwischen den Geschlechtern erhöht die Nachfrage nach ausserfamiliären Betreuungsangeboten. In der Schweiz

bestehen jedoch nach wie vor grosse und ungelöste Herausforderungen, Familie und Beruf ökonomisch und qualitativ verträglich zu vereinbaren.
- Die ersten Lebensjahre sind eine besonders wichtige Phase für die Entwicklung eines Kindes. Dies gilt in sozialer, emotionaler und intellektueller Hinsicht. Versäumnisse können später nur schwer kompensiert werden. Deshalb muss in den ersten Lebensjahren nicht nur Betreuungs- und Erziehungs-, sondern auch Bildungsprozessen eine wichtige Bedeutung zukommen.
- Junge Kinder verfügen über herausragende Lern- und Entwicklungskapazitäten. Sie können und sollen weit stärker als bisher gefördert und unterstützt werden.

Trotz der Eindeutigkeit wissenschaftlicher Erkenntnisse im Bereich der frühen Förderung ist die FBBE-Thematik in der Schweiz nicht unumstritten. Etabliert hat sich einzig, dass fast alle Kinder ab dem 5. Lebensjahr den Kindergarten besuchen. Er ist in der Schweiz dem formalen Bildungssystem zugeordnet und kostenfrei. Spätestens seit der HarmoS-Initiative der Schweizerischen Konferenz der Erziehungsdirektoren (EDK), die obligatorische Schule auf das vollendete vierte Lebensjahr festzulegen und den Kindergarten zu integrieren, gehen die Meinungen in der Bevölkerung stark auseinander, inwiefern dieses Obligatorium als Bildungs-, Sozialisations- und Erziehungsinstanz sinnvoll ist (vgl. Wannack, Sörensen Criblez & Gilliéron Giroud, 2006). Problematisch an dieser Diskussion ist, dass einerseits mit frühkindlicher Bildung vielfach die Vorstellung einer früheren Einschulung verbunden wird, andererseits die – vor allem bildungspolitischen – Argumentationen nicht auf der Grundlage des verfügbaren Wissens im Bereich der frühen Förderung basieren, sondern auf Polemiken.

Die vorliegende Publikation verfolgt gezielt einen anderen Weg. Erstens liefert sie die erforderlichen Informationen für einen sachlichen, wissenschaftsbasierten Diskurs. Daher zeigt sie den Status quo der frühkindlichen Bildung, Betreuung und Erziehung in der Schweiz auf und spiegelt zugleich eine internationale Perspektive wider. Auf diese Weise wird deutlich, dass sich der FBBE-Gegenstandsbereich sowohl auf Erziehungswissenschaft, Entwicklungspsychologie, Kognitionspsychologie und Neurowissenschaft als auch auf Krippenpädagogik, Familienpädagogik und pädagogische Diagnostik bezieht. Zweitens vertritt die Publikation eine kritische Position. So lehnt sie es beispielsweise ab, die Formel «früher = besser» grundsätzlich als handlungs- und diskursleitend zu verstehen. Obschon die Wissenschaft heute weiss, dass eine anregungsreiche Umwelt eine wichtige Voraussetzung für die Entwicklung von Kindern darstellt, bedeutet dies nicht, dass aus Angst vor so genannten Zeitfenstern eine frühe Verschulung notwendig wäre, wie dies in manchen Ratgebern betont wird. Mit Verweisen auf «sensible Phasen» oder auf «synaptische Plastizität» empfehlen sie die Darbietung bestimmter Spielzeuge und Musikstücke bis hin zu Englischkursen für Babys, damit diese die Sprache später akzentfrei beherrschen würden. Ein typischer Topos in der Literatur zur Frühförderung ist die Annahme, dass «Hans nimmermehr lernt, was Hänschen nicht gelernt hat». Das Hänschen-Argument dürfte vor allem deshalb sehr wirksam sein, weil es bei Eltern Ängste mobilisiert und gleichzeitig plausibel erscheint.

Tatsache ist hingegen, dass Kinder, die in anregungsreichen familieninternen oder familienergänzenden Umwelten aufwachsen, keine zusätzliche Förderung brauchen. Drei der vielen Botschaften der Hirnforschung werden von solchen Lernumwelten mit Sicherheit direkt umgesetzt: Erstens unterschätzen sie die geistige Leistungsfähigkeit der Kinder nicht, zweitens achten sie auf die Förderung aller Sinnesorgane und drittens sorgen sie für eine vielseitige und anspruchsvolle Umgebung. Etwas anders sieht die Situation allerdings für benachteiligte Kinder aus sozial schwachen Familien – möglicherweise auch mit Migrationshintergrund – aus. Da die ersten Lebensjahre eine besonders wichtige Phase für die kognitive und sozio-emotionale Entwicklung eines Kindes darstellen und Versäumtes später nur mit grossem Aufwand nachgeholt werden kann, trägt eine qualitativ hochwertige frühe Förderung massgeblich zum späteren Bildungs- und Lebenserfolg bei.

Insgesamt ist der Beitrag, den die FBBE für Kinder, Eltern und die Gesellschaft leistet, unbestritten. Es existiert ein beachtlicher Forschungskorpus, welcher kurzfristige und – wenngleich weniger ausgeprägt – langfristige förderliche Auswirkungen auf die kindliche Entwicklung nachweist, die sich insbesondere in besseren Schulleistungen, höherem Schulengagement sowie reduzierter Schuldistanz und höheren Bildungsabschlüssen äussert. Inwiefern diese Wirkungen alle Kinder betreffen, ist noch nicht schlüssig. Sicher ist jedoch, dass benachteiligte Kinder besonders profitieren. Die positiven Auswirkungen betreffen dabei die kognitive Entwicklung (Schulleistungen und Bildungsaspiration) sowie die soziale und emotionale Entwicklung. Die wahrscheinlich zentralste Aufgabe von FBBE ist jedoch, dass sie das entscheidende Fundament legt und damit zur alles tragenden Basis einer neuen Kultur des Aufwachsens wird. Kinder müssen erzogen und betreut werden, aber sie sollen in den ersten sechs Lebensjahren auch Bildung erfahren und gezielt lernen dürfen. Wenn frühkindliche Bildung nicht als isolierte Aufgabe der Familie, sondern auch als gesellschaftliche Verantwortung verstanden wird, dürfte dies am ehesten gelingen.

Diese Publikation geht auf die Etablierung des Forschungsschwerpunktes «Frühkindliche Bildung und Pädagogische Beratung» am Departement Erziehungswissenschaften der Universität Fribourg und ihre vorangehenden intensiven Forschungstätigkeiten zu Frühlesern und Frührechnern (Stamm, 2005) sowie zum Lernen und Leisten in der Vorschule (Stamm, 2004) im Rahmen des Aufbaus der Grund- und Basisstufe zurück. Diese Schwerpunktsetzung erfolgte nicht nur gleichzeitig mit der Erarbeitung der UNESCO-Grundlagenstudie (vgl. Stamm et al., 2009) und der Durchführung einer internationalen Tagung zur FBBE-Thematik im Mai 2009 an der Universität Fribourg, sondern ebenso mit dem Aufbau eines Master-Studiengangs zur Frühkindlichen Bildung und pädagogischen Beratung, der Forschungstätigkeit zur frühen Förderung von Kindern aus Familien mit Migrationshintergrund, unterstützt vom Schweizerischen Nationalfonds (vgl. Edelmann, 2008) sowie der Konzeption unserer Längsschnittstudie FRANZ (= Früher an die Bildung – erfolgreicher in die Zukunft), die im Januar 2010 startet und von der Avina-Stiftung und der Hamasil-Stiftung gefördert wird. Im Rahmen dieser Studie werden die langfristigen und kumulativen Effekte vorschulischer Bildung, Betreuung und Erziehung auf die soziale, emotionale und kognitive Entwicklung drei- bis siebenjähriger Kinder sowie auf ihren späteren Schulerfolg erforscht. Besonders berücksichtigt wird die Frage, inwiefern vorschulische Fördereffekte aufgrund von Intensität und Dauer variieren. Darüber hinaus verstärkt unser Departement die nationalen und internationalen Kontakte zu denjenigen Fachpersonen, die in diesem Bereich tätig sind, sowie zur Kommission «Pädagogik der frühen Kindheit» der Deutschen Gesellschaft für Erziehungswissenschaft (DGfE).

Einleitung: Bildung und Betreuung für die Jüngsten – Was kann die Schweiz lernen?

Vor dem Hintergrund dieser vielfältigen Aktivitäten ist im Herbst 2008 die Idee entstanden, ein aktuelles Überblickswerk zu verfassen, das den Stand der Schweiz im Bereich der FBBE aus internationaler Perspektive beleuchtet. Ein weiterer Ausgangspunkt war die Feststellung, dass für die Schweiz eine aktuelle, den gesamten FBBE-Rahmen umfassende Publikation bislang fehlte und dass deshalb auch kaum Wissen zur Implementation der Thematik in Praxis und Ausbildung vorhanden war. Die hier als Nachschlagewerk – nicht als Handbuch oder Lexikon, in welchem möglichst alle zur Diskussion stehenden Aspekte bearbeitet werden – vorgelegte Publikation möchte diese Lücke füllen. Auf eine enge nationale Ausrichtung wurde nicht zuletzt deshalb verzichtet, weil mit der UNESCO-Grundlagenstudie (vgl. Stamm et al., 2009) soeben ein Basiswerk entstanden ist, das den Status quo in der Schweiz umfassend reflektiert. Die in der vorliegenden Publikation zu Wort kommenden Autorinnen und Autoren stammen aus Deutschland, aus Österreich und der Schweiz. Gemeinsam ist ihnen der Fachgegenstand, nicht jedoch die disziplinäre Ausrichtung. Damit kann die gewünschte Varianz der Ansätze im Bereich der FBBE abgebildet werden.

Das thematische Spektrum umfasst Einzelbeiträge, die zu vier Schwerpunkten («Bildung und Entwicklung», «Curricula und soziale Kontexte», «Forschung und Evaluation» und «Nationaler Fokus») gruppiert sind und als Bausteine für ein modernes Verständnis von FBBE gelten können. Zu Wort kommt aber auch der wissenschaftliche Nachwuchs unseres Departements für Erziehungswissenschaften der Universität Fribourg: Sechs Autorinnen und Autoren haben bei der Grundlagenstudie mitgewirkt oder sind mit eigenständigen Forschungsprojekten im FBBE-Bereich engagiert.

Im ersten Schwerpunkt «Bildung und Entwicklung» geht es um grundsätzliche Fragen, die notwendig sind, wenn man dem Anspruch der Ganzheitlichkeit von der FBBE gerecht werden will. Sie betreffen die Begrifflichkeiten, die kognitive und soziale Entwicklung inklusive der Bedeutung von Gleichaltrigen, Familienbildung und familienexterner Betreuung sowie die kontroverse Diskussion der beiden häufig als gegensätzlich verstandenen Pole «Bildung» und «Betreuung». *Martin Viehhauser* setzt sich mit dem Beitrag der Neurowissenschaften für die FBBE auseinander. Seine These lautet, dass sie mit ihren Begrifflichkeiten attraktiv ist für die Frühpädagogik. Kritik müsse aber dort ansetzen, wo der

Margrit Stamm & Doris Edelmann

Wissenstransfer unreflektiert und wissenschaftstheoretisch illegitim vorgenommen werde. *Gisela Kammermeyer* beschäftigt sich mit der kognitiven Entwicklung. In ihrem Beitrag streicht sie die Bedeutung vorschulischer Lernprozesse in spezifischen Bereichen für nachfolgendes Lernen heraus und hebt diesbezüglich die pädagogische Prozessqualität der ErzieherIn-Kind-Interaktion hervor. *Susanne Viernickel* setzt sich in ihrem Beitrag zunächst mit dem Begriff der sozialen Kompetenz auseinander. Daran anschliessend reflektiert sie auf der Basis bestehender Forschungsergebnisse die Wechselprozesse zwischen Peer-Interaktionen, dem Aufbau von Freundschaftsbeziehungen und der Entwicklung von Sozialkompetenz von Klein- und Vorschulkindern. Für *Ursula Carle* steht die Familienbildung im Zentrum des Interesses. Sie verweist in ihrem Beitrag auf internationale Entwicklungen, die eine grosse Dynamik entfaltet haben, aber dennoch eine insgesamt unbefriedigende Wirksamkeit aufweisen. Sie zeigt auf, dass die Zielgruppenorientierung für weitere Entwicklungen leitend sein sollte. Auch *Andrea Lanfranchi* ist überzeugt, dass den gesellschaftlichen Realitäten vermehrt Rechnung getragen werden muss. In seinem Beitrag thematisiert er familienergänzende Betreuungsformen, die vor allem auch Kindern aus bildungsbenachteiligten Herkunftskontexten zu Gute kommen sollen. *Corina Wustmann* und *Heidi Simoni* beleuchten die Zusammenhänge von frühkindlicher Bildung und Resilienz. Sie betonen die Bedeutung der transparenten Dokumentation kindlicher Bildungs- und Entwicklungsprozesse als Grundlage einer nachhaltigen Bildungs- und Resilienzförderung. In diesem Kontext diskutieren sie das in Neuseeland entwickelte Verfahren der «Bildungs- und Lerngeschichten». Den Abschluss des Schwerpunkts bildet der Beitrag von *Margrit Stamm*, in dem sie die Kontroverse um die Begriffe Bildung und Betreuung thematisiert. Als Lösung schlägt sie eine dynamisch-prozessorientierte frühpädagogische Bildungsförderung vor, und sie formuliert pädagogische Konsequenzen, die ein solcher Paradigmenwechsel für die Praxis bedingen würde.

Der zweite Schwerpunkt konzentriert sich auf «Curricula und soziale Kontexte». Zunächst geht *Lilian Fried* der Frage nach sprachlicher Bildung im Kontext institutioneller Früh- und Elementarpädagogik nach. Sie fragt nach den Bedingungen für eine optimale Sprachförderung und konkretisiert diese Problematik anhand des von ihr und ihren MitarbeiterInnen entwickelten Sprachfördersystems

Einleitung: Bildung und Betreuung für die Jüngsten – Was kann die Schweiz lernen?

«Delfin 4». Mathematische Bildung steht im Mittelpunkt des Beitrages von *Erich Ch. Wittmann*. Auf der Grundlage der Analyse von unterschiedlichen mathematischen Frühfördermaterialien formuliert er die Notwendigkeit frühpädagogischer Angebote, die von einem fachlichen Verständnis getragen werden. *Doris Edelmann* setzt sich mit der Frage auseinander, wie frühkindliche Bildungsangebote für Kinder aus Familien mit Migrationshintergrund konzipiert werden müssen, damit sie zur Erhöhung von Startchancen beitragen können. Dafür analysiert sie Förderprojekte, die derzeit in der Schweiz angeboten werden. *Miriam Leuchter* und *Evelyne Wannack* erörtern die Konzepte der Aus- und Weiterbildung des Lehrpersonals in der neuen Schuleingangsstufe für vier- bis achtjährige Kinder. Diese Frage ist zentral, da zwei Professionsprofile – Kindergarten- und Primarlehrpersonen – mit traditionell unterschiedlichen Vorstellungen über die pädagogische Aufgabe zusammengefügt werden. *Pamela Oberhuemer* und *Inge Schreyer* rücken die pädagogische Professionalisierung aus europäischer Perspektive ins Zentrum ihres Beitrages. Sie diskutieren anhand konkreter Beispiele die Umbrüche in der Ausbildung wie auch unterschiedliche Professionsprofile im Frühbereich auf europäischer Ebene und betten die Situation in der Schweiz in diesen Kontext ein. *Uta Meier-Gräwe* schliesst diesen Schwerpunkt aus der Armutsperspektive ab. Die Tatsache, dass sich von Armut betroffene Kinder im Laufe ihres Lebens nur sehr schwer von Armut befreien können, hängt namentlich mit Bildungsbenachteiligung zusammen. Armutsprävention, die in der frühen Kindheit ansetzt, müsse auf Bildung aufbauen und den konkreten sozialen Raum berücksichtigen. Angesichts des Umstandes, dass unsere UNESCO-Grundlagenstudie einen Anteil von sechs Prozent Vorschulkindern eruiert hat, die als arm zu bezeichnen sind, kommt dieser Forderung eine besondere Brisanz zu.

Der dritte Schwerpunkt ist der «Forschung und Evaluation» gewidmet. Zunächst beleuchtet *Kaspar Burger* die Effekte von frühpädagogischen Programmen vor dem Hintergrund des internationalen Forschungsstandes. Dabei hebt er ihre potenziell chancenausgleichenden Wirkungen hervor und formuliert Handlungsempfehlungen für die Schweiz. *Hans-Günther Roßbach* und *Doris Edelmann* setzen sich anschliessend mit der Bedeutung und der Qualität institutioneller Übergänge auseinander, indem sie die aktuelle Situation in Deutschland und der

Schweiz vergleichend analysieren. Sie zeigen auf, dass in beiden Ländern versucht wird, den Übergang in die Grundschule durch die Implementierung neuer Schuleingangsmodelle zu flexibilisieren. Deutlich wird in ihren Analysen auch, dass sich der Forschungsstand zu den Übergängen in der Schweiz als auffallend bescheiden erweist. In den folgenden beiden Beiträgen werden zwei zentrale Elemente frühkindlicher Bildungsforschung beleuchtet: die Evaluation und die Methoden. Am Beispiel zweier Evaluationsstudien im frühpädagogischen Bereich stellt zunächst *Susanna Roux* die Bedeutung von Qualitätssicherung durch Evaluationen in einen grösseren Zusammenhang, wobei auch die Gefahren dieser bildungspolitischen Steuerungsfunktion diskutiert werden. Solche sind dann gegeben, wenn sie nicht an forschungsbasierten Kriterien ausgerichtet sind. Im anschliessenden Beitrag rückt *Anke König* die Methode der Videografie ins Zentrum ihrer Erörterungen. Versteht man Bildung in einem sozial-konstruktivistischen Sinn, so ist für ihre Erforschung eine Methode zu wählen, die Prozesse und Interaktionen abbilden kann. Die Videoanalyse wird als eine Methode vorgestellt, durch die diese Zielsetzung realisiert werden kann. In einem weiteren Beitrag konzentriert sich schliesslich *Vanessa-Isabelle Reinwand* auf Betreuungskonstellationen. Dabei stellt sie auf der Grundlage statistischen Materials zur Situation in der Schweiz unterschiedliche Betreuungskontexte in den Mittelpunkt und diskutiert die erforderlichen Rahmenbedingungen, damit das Kind und die Familie von erweiterten Betreuungskonstellationen profitieren können.

Der abschliessende Schwerpunkt fokussiert auf die Schweiz vor dem Hintergrund unserer UNESCO-Grundlagenstudie (vgl. Stamm et al., 2009). *Verena Muheim* und *Vanessa-Isabelle Reinwand* fassen die aktuelle Situation der familienergänzenden Betreuung in der deutschsprachigen Schweiz zusammen. Sie weisen auf gegenwärtige Ansprüche gegenüber Kindertagesstätten aus unterschiedlichen Perspektiven hin und formulieren Ansatzpunkte zur Minderung der Spannungen. Eine Beschreibung des Status quo für die französischsprachige Schweiz unternimmt *Léo Barblan*. Im Zentrum seiner Ausführungen stehen Betreuungsbedingungen von Kindern zwischen null und vier sowie vier und sechs Jahren. Darüber hinaus vergleicht er die Situation mit Vorschlägen der UNICEF. *Dieter Schürch* beleuchtet mit seinem Beitrag den Status quo der frühkindlichen Bildung in der italienischsprachigen Schweiz und verdeutlicht damit, dass dort

Einleitung: Bildung und Betreuung für die Jüngsten – Was kann die Schweiz lernen?

die FBBE-Thematik gesellschaftlich weniger polarisiert als dies in der Deutschschweiz der Fall ist. Mit dem abschliessenden Beitrag fügt *Jakob Kost* auf der Grundlage von Interviews mit Schweizer Expertinnen und Experten im FBBE-Bereich eine bildungspolitische Reflexion der vorliegenden Beiträge an.

Mit dieser Publikation möchten wir ein breites Spektrum an interessierten Personen ansprechen wie praktisch Tätige im Feld der frühkindlichen Bildung, Betreuung und Erziehung, BildungspolitikerInnen, AusbildnerInnen, WissenschaftlerInnen, Studierende und Eltern. Damit verbunden ist die Intention, dass sie zu einer aussichtsreichen Thematisierung der frühkindlichen Bildung, Betreuung und Erziehung in der Schweiz beiträgt: Zur Dynamik eines konstruktiven Diskurses, zur Betonung ihres Mehrwerts und zur Verankerung der Überzeugung, dass die frühkindliche Bildung, Betreuung und Erziehung immer auf das Wohl der Kinder abzielen muss und ihre Bedürfnisse im Mittelpunkt stehen müssen – nicht diejenigen der Eltern oder der Gesellschaft.

Wir bedanken uns herzlich bei allen Autorinnen und Autoren, die mit ihren Beiträgen zum Gelingen der vorliegenden Publikation beigetragen haben. Ihre interdisziplinären und (inter)nationalen Perspektiven haben es ermöglicht, dass ein Werk zur Situation der frühkindlichen Bildung, Betreuung und Erziehung in der Schweiz in einer bislang nicht vorhandenen Form entstehen konnte.
Ein grosses Dankeschön sprechen wir an dieser Stelle insbesondere auch an Stefanie Schaller, Danijel Maric, Martin Viehhauser und Kaspar Burger aus, die durch ihre zuverlässige Unterstützung und gewissenhafte Bearbeitung der Manuskripte massgeblich zum Gelingen der vorliegenden Publikation beigetragen haben. Zu danken ist auch Susanne Birrer vom Rüegger Verlag, die diese Publikation kompetent begleitete.

Aarau und Fribourg, im Dezember 2009

Margrit Stamm und Doris Edelmann

Literatur

Edelmann, D. (2008). *CANDELA – Chancenförderung durch frühe Deutschförderung im Elementarbereich. Forschungskonzept.* Fribourg: Universität, Departement Erziehungswissenschaften.

Stamm, M. (2004). *Zwischenbericht vom 17. März 2004 zur Studie «Lernen und Leisten in der Vorschule».* Aarau: Institut für Bildungs- und Forschungsfragen.

Stamm, M. (2005). *Zwischen Exzellenz und Versagen. Schullaufbahnen von Frühlesern und Frührechnerinnen.* Zürich/Chur: Rüegger.

Stamm, M., Reinwand, V., Burger, K., Schmid, K., Viehhauser, M. & Muheim, V. (2009). *Frühkindliche Bildung in der Schweiz. Eine Grundlagenstudie im Auftrag der UNESCO-Kommission Schweiz.* Fribourg: Universität Fribourg, Departement Erziehungswissenschaften.

Wannack, E., Sörensen Criblez, B. & Gilliéron Giroud, P. G. (2006). *Frühere Einschulung in der Schweiz. Ausgangslage und Konsequenzen.* Bern: Schweizerische Konferenz der kantonalen Erziehungsdirektoren (EDK).

Martin Viehhauser

Pädagogik der frühen Kindheit und Neurowissenschaften: Zwischen Begrifflichkeiten und wissenschaftlicher Legitimität

Einleitung

Die frühkindliche Bildung rückt verstärkt in den Blickpunkt, sei es in gesellschaftlicher, bildungspolitischer als auch wissenschaftlicher Hinsicht (vgl. Stamm et al., 2009; ebenso den Beitrag von Kost in diesem Band). Aus erziehungswissenschaftlicher Perspektive, die in diesem Artikel im Zentrum steht, ergibt sich mit dem verstärkten Interesse für die frühe Kindheit eine Reihe von Fragen, die die wissenschaftliche Konstituierung dieses neuen Teilbereichs betreffen.

Eine Strategie der Konsolidierung von wissenschaftlichen Disziplinen besteht in der Anbindung an Nachbardisziplinen. Dies trifft im erziehungswissenschaftlichen Kontext traditionellerweise hauptsächlich auf die Psychologie, Soziologie oder Philosophie zu. Neuerdings lässt sich dies auch für die Neurowissenschaften beobachten. Mit ihren Forschungsergebnissen zur Funktionsweise des Gehirns, zur Neurobiologie der Kognition resp. zur neuronalen Vernetzung prägt sie die erziehungswissenschaftliche Theoriebildung im frühkindlichen Bereich. Begrifflichkeiten wie «neuronale Plastizität» werden als Argument für ausgeprägte Frühförderung herangezogen. Immer öfter ist auch vom «lernenden Gehirn» die Rede – und nicht etwa vom «lernenden Kind». Angesichts solcher Entwicklungen stellt sich grundsätzlich die Frage, ob in der Pädagogik der (frühen) Kindheit solche Begriffe und die dazugehörigen Erkenntnisse mit wissenschaftlicher Legitimität ‹importiert› werden sollen.

Inwiefern darf von einer Anbindung an die Neurowissenschaften erwartet werden, Antworten auf die Frage nach den Aufgaben, Wegen und Zielen einer Pädagogik der frühen Kindheit zu erhalten? Um dies beantworten zu können, sind die diskursiven Dynamiken des Einflusses von neurowissenschaftlichem Wissen und den diesbezüglichen Begrifflichkeiten auf die erziehungswissenschaftliche Theoriebildung über frühkindliche Bildung auf unterschiedlichen Ebenen zu hinterfragen (vgl. auch Wustmann & Simoni in diesem Band).

Die Klärung des interdisziplinären Austauschs berücksichtigt dabei, so die Überlegung, konkret drei Ebenen: eine wissenschaftstheoretische, eine disziplinpolitische und eine rezeptionsbezogene. In einem ersten Schritt werden die Grundzüge dieser drei Ebenen aufgezeigt. In einem zweiten Schritt wird dargestellt, in welchen konkreten Themenbereichen die Frühpädagogik neurowissenschaftliches Wissen aufnimmt. Exemplarisch werden Diskurse zu den Einflussmöglichkeiten von Erziehung vor dem Hintergrund hirnbiologischer Erkenntnisse und zu den neurologischen Grundlagen des Lernens sowie der Gedächtnisleistung herausgegriffen. In einem dritten Schritt werden Implikationen für den interdisziplinären Austausch formuliert, um aufzeigen zu können, inwiefern neurowissenschaftliche Erkenntnisse Legitimität im Kontext der Pädagogik der frühen Kindheit beanspruchen können.

1. Grundzüge der interdisziplinären Auseinandersetzung

Die Frage nach dem Theorienimport von einer Disziplin in eine andere wirft grundsätzlich wissenschaftstheoretische Fragen auf, die im Bereich der frühkindlichen Bildung dahingehend verschärft sind, als ihr selbst eine ausdifferenzierte theoretische Grundlegung fehlt.[1] Besondere Aufmerksamkeit verdient vor diesem Hintergrund der interdisziplinäre Austausch mit den Neurowissenschaften aus disziplinpolitischer Sicht. Denn es wäre zu fragen, so Thomas Müller, ob «nicht auch Interdisziplinarität als Voraussetzung von Disziplinarität gelten kann» (2006, S. 213) und inwiefern der interdisziplinäre Austausch zur disziplinären Konstituierung der Frühpädagogik genutzt wird. Diese Form von disziplinärer Identitätsbildung enthält allerdings auch grundsätzliche Gefahren, die sich im Austausch von Neurowissenschaften und Erziehungswissenschaft denn auch konkret in der rezeptionsbezogenen Analyse zeigen, und zwar in einer gewissen Befangenheit auf beiden Seiten in je eigener Art (vgl. Müller, 2005). Treten die Neurowissenschaften bisweilen selbstbewusst auf und inszenieren sich als ‹hegemonialer› Diskurs (vgl. Borck, 2006; Giesinger, 2006), so finden sich auf Seiten der Erziehungswissenschaft uneinheitliche Rezeptionsmuster, die sich

---

[1] Zwar gibt es vereinzelt systematische Theorieentwürfe zu frühkindlicher Bildung und zu ihr zugrunde liegenden Bildungsprozessen, z. B. von Gerd Schäfer (1995). Diese Arbeit z. B. ist hauptsächlich auf die Selbstbildungsfähigkeiten des Kleinkindes und die Bedeutung von Bezugspersonen bezogen und bietet darüber hinaus keine ausdifferenzierte Systematik der Fragen des «Wie», «Was» und «Warum» von Bildung im Horizont einer gesellschaftlich situierten Frühpädagogik.

laut Müller (2006) drei Richtungen zuordnen lassen: die direkte Aufnahme neurowissenschaftlichen Wissens, die kritische Abgrenzung und die Position der kritischen Übersetzung. Diese unterschiedliche Art, mit neurowissenschaftlichen Erkenntnissen umzugehen, gibt Anlass zu wissenschaftstheoretischen Überlegungen.

1.1 Wissenschaftstheoretische Überlegungen für eine interdisziplinäre Auseinandersetzung

Der Transfer und die Verwendung von Wissen im Austausch zwischen Disziplinen bedürfen der wissenschaftstheoretischen Prüfung, sofern sie in legitimer Weise vollzogen werden sollen. Eine solche Prüfung enthält in erster Linie die Frage nach der jeweiligen inneren Logik der betreffenden Disziplinen. Wenn, wie in diesem Beitrag, die Frühpädagogik im Zentrum steht, bedarf es konkret der Vergewisserung über die spezifischen sachlichen und diskursiven Anknüpfungspunkte der Neurowissenschaften für die eigene frühpädagogische Perspektive.

Mit einem solchen wissenschaftstheoretischen Zugang wird auch nach dem Wesen der Disziplin gefragt, aus der Erkenntnisse importiert werden. Für die modernen Neurowissenschaften ist charakteristisch, dass sie sich im Zuge ihrer rasanten Entwicklung seit der zweiten Hälfte des zwanzigsten Jahrhunderts erst seit kurzem als Disziplin etablieren und gleichzeitig auf eine über zweihundertjährige Tradition zurückblicken (vgl. Hagner, 2006). Als moderne Disziplin funktioniert sie nur unter Verwendung des Plurals: Die Neurowissenschaften sind in sich different, aber nicht systematisch ausdifferenziert (Müller, 2005, S. 17ff.). Ihre Dispositive bestehen vornehmlich in der empirischen Forschung, die meist in experimentellen Studien an Tieren Aussagen über die Beschaffenheit und Funktionsweise des Gehirns generiert (vgl. Bennett & Hacker, 2003).

Solche Erkenntnisse sind zwar für die frühpädagogische Sicht bedeutsam, aber es ist fraglich, ob sie per se pädagogische Aussagen über die frühe Kindheit erlauben. Denn die Aufgaben der frühkindlichen Bildung, Betreuung und Erziehung (FBBE) bewegen sich in einem Spannungsfeld von Ansprüchen des Kindes, der Eltern und der Gesellschaft (vgl. Stamm et al., 2009 sowie Meier-Gräwe oder Lanfranchi in diesem Band). Die Verständigung über die Aufgaben und wie sie eingelöst werden sollen, bedarf somit einer breiten Diskussion zwischen Gesellschaft, Politik und Wissenschaft. Angesichts dieser für die Frühpädagogik konstitutiven Fragestellung können von neurowissenschaftlichen Aussagen über das Gehirn nur begrenzt Antworten erwartet werden (vgl. auch Giesinger, 2006). Wenn aber das Gehirn zunehmend als Ressource und Gegenstand von pädagogischer Einwirkung in den Mittelpunkt gerückt wird, zeigt dies, dass die Erwartungen und auch die Ansprüche im Transfer und der Verwendung von neurowissenschaftlichem Wissen mithin überdehnt werden. So legen es etwa Aussagen wie jene von Manfred Spitzer nahe, «dass die Gehirne der heranwachsenden Generation die wichtigste Ressource zur Bewältigung der Zukunft sind» (2006, S. 23). Ungeachtet der metaphorischen Überlagerung des ‹Gehirns›, die in solchen Aussagen zum Ausdruck kommt und auf die noch einzugehen ist, wird in solchen Zuschreibungen von der Personalität des lernenden Subjekts – ob im Kleinkindalter oder später – abstrahiert und übersehen, dass die Personalität längst nicht im Organ ‹Gehirn› aufgeht, sondern unter anderem auch in der Leiblichkeit, Freiheit, Geschichtlichkeit oder in der Sprachlichkeit des jungen lernenden und sich bildenden Kindes zum Ausdruck kommt (Benner, 2001, S. 43). Gewiss ist das Gehirn ein integraler Bestandteil und eine zentrale funktionelle Basis des Menschen. In erziehungswissenschaftlicher Perspektive geht es aber um die pädagogische Vermittlung von Sachverhalten, Einstellungen oder Werten, die es dem Kind ermöglicht, innerhalb des Bildungsprozesses seine Individualität auszubilden – und dies auf dem Hintergrund von Fragen des gesellschaftlichen Ausgleichs. Erziehung und Bildung zielen damit nicht auf eine Einwirkung auf das Gehirn ab, sondern auf die ganze Person in ihrer gesellschaftlichen Einbindung.

Die hier angedeuteten wissenschaftstheoretischen Rahmenbedingungen zeigen zunächst auf, dass den interdisziplinären Austausch die Überprüfung der Wissensstruktur neurowissenschaftlicher und frühpädagogischer Aussagesysteme begleitet. Grenzen und Möglichkeiten sind zu benennen, damit Erwartungen und Ansprüche im Bestreben um disziplinäre Konstituierung der Pädagogik der frühen Kindheit ein legitimes Mass beibehalten. Dieses Bestreben entfaltet sich aber nicht nur auf einer wissenschaftstheoretischen Ebene, sondern zeigt darüber hinaus mithin verdeckte disziplinpolitische Aspekte.

1.2 Disziplinpolitische Aspekte der interdisziplinären Auseinandersetzung

Disziplinpolitische Komponenten zeigen sich allgemein bei Theorienimporten (vgl. Grell, 2000). Diese sind somit auch in der Frühpädagogik zu berücksichtigen. Was bedeutet dies für die mögliche neurowissenschaftliche Konsolidierung der Frühpädagogik? Die selbstbewussten Neurowissenschaften entfalten gegenwärtig hegemoniale Tendenzen, wie sie etwa im berühmt gewordenen *Manifest* von elf «führenden» NeurowissenschaftlerInnen anklingen (vgl. Monyer et al., 2004; kritisch Borck, 2006). Darin heisst es etwa, «dass wir [aus neurowissenschaftlicher Sicht, MV] beurteilen können, welche Lernkonzepte – etwa für die Schule – am besten an die Funktionsweise des Gehirns angepasst sind» (Monyer et al., 2004, S. 33). Dies kann der Erziehungswissenschaft zwar willkommen sein, und doch sind solche neuropädagogischen Beurteilungen auf die funktionelle Ebene begrenzt. Es wird zwar selbst von neurowissenschaftlicher Seite hervorgehoben, dass der aktuelle Stand der Forschung noch viele Zusammenhänge als unentschlüsselt anerkennen muss, deren Kenntnis aber mögliche Ableitungen für umfassendere Phänomene wie das des kindlichen Lernvorgangs erfordern (ebd., S. 36). Auch wird vor der Gefahr «des neuronalen Reduktionismus» (ebd., S. 37) gewarnt. Dennoch werden neurowissenschaftliche Erkenntnisse zur disziplinären Konsolidierung herangezogen, weshalb die disziplinpolitisch entscheidende Frage lautet, wieso sich gerade Neurowissenschaften dafür anbieten.

Dies rückt die gegenwärtige «Konjunktur» (vgl. Borck, 2006) ins Blickfeld, in die die Neurowissenschaften eingebettet sind und die dazu führt, dass ihren Erkenntnissen gesellschaftlich sowie wissenschaftlich ein hoher Erklärungswert zugesprochen wird (vgl. Jäncke, 2009). Dabei ist nicht primär die Frage von Interesse, ob und inwiefern die VertreterInnen der Neurowissenschaften ihre hegemoniale Stellung aktiv festigen oder ob sie in diese Rolle gedrängt werden. Vielmehr ist die wissenschaftshistorische Sicht aufschlussreich, die aufzeigt, dass die Neurowissenschaften ihre Attraktivität neben den tatsächlichen wissenschaftlichen Erkenntnissen nicht zuletzt kulturellen Mustern verdanken (vgl. Borck, 2006; Hagner, 2006).

Martin Viehhauser

Das Gehirn ist seit über zwei Jahrhunderten Gegenstand wissenschaftlicher Auseinandersetzung und wurde von Anfang seiner Erforschung an als ein empirischer Gegenstand verstanden. Diese Attraktivität erhielt das Organ aber dank seiner metaphorischen Überhöhung (vgl. Hagner, 2006). Zugespitzt lässt sich dieser metaphorische Gehalt als ‹Versprechen› charakterisieren, Evidenz in einem wissenschaftlichen Bereich zu garantieren, der traditionell unter der Spekulativität seiner Erkenntnisse leidet. Der hohe Stellenwert von Evidenzen ist somit auch auf kulturelle Muster zurückzuführen, denn neurowissenschaftliche Erkenntnisse werden nicht bloss unter sachbezogener Perspektive rezipiert, sondern diese sind auch in ihrer Gewissheit suggerierenden Eigenschaft attraktiv. Schliesslich entfalten sie in ihren Begrifflichkeiten argumentative Kraft. Darunter fallen u. a. Begriffsverständnisse, die das Gehirn ‹personifizieren›. Solche Aussagen lauten etwa: «Wissen, über das ein Gehirn verfügt» (Singer, 2004, S. 54) oder: «Das Gehirn ist von Geburt an ‹neugierig›» (Braun & Meier, 2004, S. 514). Damit scheint das Gehirn nicht nur als Zentrum der Persönlichkeit, sondern gar als die Person selbst stilisiert zu werden (vgl. Borck, 2006).

Die interdisziplinäre Auseinandersetzung enthält gewissermassen verdeckt unter den sachbezogenen Aspekten eine strategische Funktion, die mit ‹Sicherung durch evidente Argumente› umrissen werden kann. Um diese strategische Funktion, die sich im Gebrauch der neurowissenschaftlichen Begrifflichkeiten entfaltet, aufzeigen zu können, sollen im Folgenden Thematisierungsbereiche und Rezeptionslinien betrachtet werden.

1.3 Thematisierungsbereiche und Rezeptionslinien

Grundsätzlich zeigt die interdisziplinäre Auseinandersetzung eine Rezeptionsgeschichte neurowissenschaftlicher Erkenntnisse in der (Früh-)Pädagogik, und kaum umgekehrt (vgl. Becker, 2006). Thematisierungsbereiche (vgl. hierzu ebd. Müller, 2005, 2006) betreffen z. B. die pädagogisch-psychologisch orientierte Lerntheorie, Didaktik und Schulpädagogik, evolutionäre Pädagogik oder anthropologisch-pädagogische Forschung. Laut Nicole Becker (2006, S. 186) werden besonders häufig die folgenden Themen behandelt: Mechanismen der Hirnentwicklung, Neurobiologie des Lernens, neuropsychologische Gedächtnismodelle, das Verhältnis von Emotionen und Kognition, Wahrnehmung und Aufmerksamkeit sowie interne Bewertungsmechanismen und Bewertungskriterien. Für die Thematisierungsbereiche gilt, dass neurowissenschaftliches Wissen je nach Erkenntnisinteresse sehr unterschiedlich rezipiert wird. Beispielsweise zeigen sich Unterschiede, ob es rein theoretisch diskutiert wird oder ob es zur Ausarbeitung von Praxiskonzepten beitragen soll (Becker, 2006, S. 188). In Bezug auf die Themen offenbart sich eine für die Frühpädagogik unmittelbar relevante Rezeptionslinie, und zwar im Diskurs der hirnbiologischen Grundlagen von Bildung in Verbindung mit Hirnentwicklung bzw. neuronaler Plastizität (ebd., S. 188f.). Diese Rezeptionslinie kann wiederum in zwei Richtungen unterteilt werden: Einmal wird Hirnentwicklung unter dem Gesichtspunkt der «Fähigkeit des Gehirns zur neuronalen Umstrukturierung als Beleg für die Wichtigkeit von Bildung über die Lebensspanne» (ebd., S. 188) betrachtet, womit ein Bildungsbegriff im Sinne von lebenslangem Lernen betont wird. In einer zweiten Richtung werden hingegen die ersten Lebensjahre in einer deterministischen Weise im Hinblick auf ihr kritisches Moment umrissen. Die Neurobiologie zeige in diesem Sinne die Grenzen von Erziehung auf (vgl. auch Rowe, 1994/1997) und verdeutliche nach dem Motto «Was Hänschen nicht lernt, lernt Hans nimmermehr» die genetische Vorbestimmtheit von Phasen, in denen sich ein begrenztes Lernzeitfenster öffne (vgl. Braun & Meier, 2004).

In einer auf Anwendung bezogenen Rezeptionslinie werden unter Verweis auf neurowissenschaftliche Erkenntnisse häufig Konsequenzen für die pädagogische Praxis formuliert. So impliziert etwa laut Anna Katharina Braun und Michaela Meier die tierexperimentell gewonnene Einsicht in Lern- und Verhaltensdefizite von Ratten und Hühnerküken, die von den Eltern getrennt wurden (ebd., S. 513f.), eine «gehirngerechte Pädagogik». Diese müsse, so die Autorinnen, «der individuellen Entwicklung des einzelnen Kindes (und vor allem seines Gehirns!) mehr Rechnung (...) tragen» (ebd., S. 518).

Dies ist ein Beispiel für die anwendungsorientierte Rezeptionslinie, das wiederum auf die wissenschaftstheoretische Problematik zurückführt, «dass sich», wie Nicole Becker dies als generelle Auffälligkeit hervorhebt, «zwischen den konkreten Forderungen und den referierten Studien keine zwingenden Ableitungszusammenhänge erkennen lassen» (Becker, 2006, S. 189). Pädagogische Empfehlungen basierten dabei häufig «auf persönlichen Werturteilen und normativen Annahmen» (ebd.).

Die rezeptionsbezogene Ebene wird so von wissenschaftstheoretischen Voraussetzungen tangiert, die ihre Grenzen sichtbar machen, welche mithin aus disziplinpolitischen Motiven überschritten werden. Es wird der Rahmen sichtbar, der diese Ebenen in Beziehung setzt und es an dieser Stelle erlaubt, nach den Perspektiven für eine mögliche neurowissenschaftliche Konsolidierung der Frühpädagogik zu fragen. Dabei treten die biologischen Determinanten von Bildungsprozessen hervor (vgl. Rittelmeyer, 2002). Im Folgenden werden ausschnittsweise solche in der Literatur diskutierten Gegenstandsbereiche bezogen auf die frühkindliche Bildung herausgegriffen.

2. Gemeinsame Gegenstandsbereiche von Neurobiologie und frühkindlicher Bildung

Die neurowissenschaftliche Forschung fokussiert immer häufiger die Entwicklungsprozesse in der frühen Kindheit (vgl. Schore, 2003) und erhält dadurch Bedeutung für das Verständnis frühkindlicher Bildung. Diese Einsichten betonen die Plastizität des Gehirns, die besagt, dass sich Lern- und Bildungsprozesse strukturell in Gehirnarealen manifestieren, indem sich Synapsen, das sind Verbindungsstellen zwischen Nervenzellen, bilden oder konsolidieren. Gerade in der frühen Kindheit ist das Gehirn einem enormen Formungs- und Veränderungsprozess unterworfen (vgl. Klatte, 2007). Die Synapsenbildung und Myelinisierung, bei der Nervenbahnen zum Zweck der effizienten Reizweiterleitung isoliert werden, ergeben sich aus den zahlreichen Erfahrungen, die sich unbewusst als motorische, sensorische und allgemein verhaltensbezogene Grundfertigkeiten eines Menschen einprägen.

Neurowissenschaftliche Forschung erhält auch von einem anderen Blickwinkel aus Bedeutung für die Frühpädagogik. Dieser betrifft das Verständnis von frühkindlicher Bildung und rückt die Erkenntnis in den Mittelpunkt, die neuronale Entwicklung des Kleinkindes weder als alleinige Selbstemergenz des genetischen Programms, noch den Säugling als bloss passiven Empfänger äusserer Einflüsse zu verstehen.

Somit lässt sich die Bedeutung neurowissenschaftlicher Erkenntnisse in der Frühpädagogik anhand zweier gegenwärtig bedeutsamer Bereiche konkretisieren: erstens der Bereich des Lernens und der Gedächtnisfunktion und zweitens der Bedeutung von Umweltfaktoren für neurologische Reifungsprozesse in der frühen Kindheit.

2.1 Lernen und Gedächtnis

Thomas Müller hebt das Verdienst der neurowissenschaftlich geprägten Lern- und Gedächtnisforschung hervor, erkannt zu haben, «dass es nicht ‹das› Lernen oder ‹das› Gedächtnis gibt, sondern verschiedene Formen von Lernen und Gedächtnis (...)» (2005, S. 60). Weiter sei davon auszugehen, dass das «*Vergessen* (...) als notwendiger Bestandteil der Gedächtnisfunktion» (ebd., Hervorhebung im Original) zu verstehen sei. Auf Grund der Einsichten in die neuronale Plastizität könne das «Lernen nicht allein als Hinzulernen» aufgefasst werden. Neuronale Entwicklungen gingen dank «nutzungsabhängige[r] Selektion (...) mit einem Abbau neuronaler Verknüpfungen einher (...)» (ebd., S. 60f.). Hinzu kommt die Erkenntnis, dass das Lernen auch biochemisch betrachtet aufs Engste mit Emotionen gekoppelt ist.

Welche Grundzüge charakterisieren das Lernen in der frühen Kindheit aus neurobiologischer Perspektive? Die Hirnausstattung umfasst bei der Geburt die nahezu maximale Anzahl von etwa 100 Milliarden Hirnzellen, die mehrheitlich in der ersten Hälfte der Schwangerschaft gebildet werden (Klatte, 2007, S. 123). Die Gehirnentwicklung im Bereich kognitiver Lernprozesse besteht darin, synaptische Verbindungen zwischen Nervenzellen aufzubauen (ebd., S. 124). Dies geschieht zunächst in einer ungerichteten Weise. Ein Kind baut in den ersten zwei Lebensjahren eine Vielzahl an synaptischen Verbindungen auf, die anschliessend innerhalb langjähriger Lernprozesse konsolidiert werden. Dabei werden die genutzten Nervenverbindungen gestärkt – dies geschieht durch Myelinisierung – und die nicht weiter beanspruchten Nervenverbindungen verkümmern. Wo Anregungen ausbleiben, bilden sich keine Strukturen – hier wirkt das Prinzip *use it or lose it* (Braun & Stern, 2007, S. 5). Diese Selektionsvorgänge, die neurobiologisch als auf Lernprozessen basierende Entwicklungsprozesse verstanden werden, geschehen in zahlreichen Situationen und als Folge von

Reizen, denen Kinder vielfältig ausgesetzt sind (vgl. ebd.). Lernprozesse verdanken sich somit wesentlich den Anregungen der Umwelt, die unabhängig von der Art der Anregungen stets wirken: Ihre Qualität bestimmt die Qualität der Hirnarchitektur (Rittelmeyer, 2002, S. 135; vgl. dazu auch Edelmann, Reinwand oder Burger in diesem Band).

Lernen meint somit neuronale Anpassungen in Hirnarealen, die als Folge von umweltbezogenen sowie bildenden, erzieherischen und betreuerischen Einflüssen angeregt werden, worin Beziehungserfahrungen zum Ausdruck kommen (vgl. Schore, 2003). Neurotransmitter, das sind Botenstoffe, die an den Synapsen Reize weiterleiten, nehmen hierbei eine zentrale Stellung ein. So bewirkt beispielsweise Dopamin Konzentration und Leistungsbereitschaft (vgl. Speck, 2008, S. 120). Durch das Fehlen anregungsreicher Umwelt- und Beziehungserfahrungen hingegen, aber auch durch Überforderung kann es zu negativen Entwicklungen im Sinne *«intellektueller Retardierung»* (Speck, 2008, S. 118, Hervorhebung im Original) kommen. Speck betont die Gefahr von übermässigen Stresssituationen, die zur Ausschüttung von Stresshormonen führen und die «Motivationssysteme im Gehirn überbeanspruchen» (2008, S. 118).

Von einem Lernvorgang ist dann zu sprechen, wenn die Gedächtnisfunktion hinzukommt, wenn also «Erfahrung festgehalten und bei Bedarf wieder aktiviert werden kann» (Klatte, 2007, S. 132). Für die Frühpädagogik ist dabei relevant, dass Erfahrungen die Hirnstrukturen durch das Lang- und Kurzzeitgedächtnis determinieren und zu einer Hirnarchitektur führen, die die biologische Grundlage der Individualität und Bildsamkeit eines Menschen ausmacht.

2.2 Umweltfaktoren in der neuronalen Reifung

Gemeinsam mit der Tatsache, dass Lernen ab der Geburt stattfindet, ist die Erkenntnis der mit Umwelterfahrungen verknüpften Hirnentwicklung von Bedeutung für die Pädagogik der frühen Kindheit. Diese Rolle von Umweltfaktoren bzw. erzieherischen, sozialen und kulturellen Einflüssen wird in der neurobiologischen und genetischen Forschung zum Teil kontrovers diskutiert. So fragt etwa Michael Rutter (2003), welchen Einfluss Erziehung überhaupt angesichts der Determiniertheit des Menschen durch die Funktionsweise des Gehirns und genetischer Faktoren hat. Die so genannte Anlage-Umwelt-Debatte, die sich seit über

Pädagogik der frühen Kindheit und Neurowissenschaften

vierzig Jahren entwickelt (Meaney, 2001, S. 50), versucht das Verhältnis von genetischen, nicht beeinflussbaren Faktoren in der kindlichen Entwicklung gegenüber dem Einfluss von äusseren Umweltfaktoren wie Erziehung zu determinieren.

Eine der Positionen, die sich dabei herausgebildet hat, besagt, dass das Verhältnis von Anlage und Umwelt auf in Prozentwerten festgelegte Quantitäten fixiert werden könne. David Rowe vertritt etwa den Ansatz, dass zwischen Anlage- und Umweltfaktoren zu trennen sei, indem er die Bedeutung von genetischen Variationen gegenüber den sozialisatorischen oder erzieherischen Faktoren als Ursprung von Persönlichkeitsmerkmalen eines Menschen betont (Rowe, 1994/1997, S. 17). Die Hirnreifung wird so verstanden, dass angeborene genetische Programme, die im Zuge der Evolution hervorgetreten sind, die neuronalen Verschaltungen und damit Verhaltensmöglichkeiten determinieren (vgl. Hüther, 2000). Der Mensch zeigt in dieser Hinsicht gegenüber Tieren die evolutionär bedingte Besonderheit, dass die angeborenen Programme einen gewissen Spielraum für soziale Determination offen halten. Innerhalb dieses Rahmens beeinflussen Umweltfaktoren den Grad der Aktivierung von neuronalen «Spuren» (vgl. auch Braun & Meier, 2004).

Die Sichtweise einer Dichotomisierung von Anlage- und Umweltfaktoren, die den ersteren das Primat zuerkennen, wird allerdings in der Forschung hinterfragt. Dabei geht es nicht darum, die erworbenen Erfahrungen gegenüber den angeborenen hervorzuheben, sondern den Fokus anders zu legen. Der Verhaltensbiologe Michael Meaney schreibt etwa: «There are no genetic factors that can be studied independently of the environment, and there are no environmental factors that function independently of the genome» (Meaney, 2001, S. 51). Somit werden Anlage und Umwelt nicht in einem additiven Verhältnis gedacht, sondern in einer Dimension der gegenseitigen Durchdringung. Die Fragestellung nach quantitativen Anteilen jeweils von Anlage und Umwelt in der Entwicklung wird als unsinnig betrachtet, wie etwa auch Dietrich Benner schreibt: «Die Bestimmung des Menschen ist nicht anlagendeterminiert, denn seine Imperfektheit beruht gerade darauf, dass er seine Bestimmung selbst hervorbringen kann und muss. Sie ist auch nicht umweltdeterminiert, denn die den Menschen umgebende Umwelt ist eine von ihm bearbeitete und interpretierte» (ebd., 2001, S. 71). Diese grundsätzlichen Einwände betonen das pädagogische Element, das besagt, dass frühkindliche Erfahrungen (z. B. Bildungsprozesse) nicht bloss neuronal, sondern immer auch pädagogisch oder sozial induziert sind. Übertragen auf die neurowissenschaftliche Sicht gilt es, das Hirn als «Sozialorgan» (Hüther, 2004, S. 489) zu sehen. Jüngst hat Otto Speck betont, «dass *jedes Gehirn* und damit *jedes Kind anders* ist. Es sind die *individuellen* Erfahrungen, durch die das kindliche Gehirn geprägt wird» (2008, S. 118, Hervorhebung im Original).

Somit scheint sich die Erkenntnis durchzusetzen, dass der angeborene Reifungsprozess in Wechselwirkung mit der Umwelt steht, die sich aus Personen und Objekten zusammensetzt, sowie den Beziehungserfahrungen mit diesen (Kagan & Baird, 2004, S. 93). Es wird davon ausgegangen, dass «die Selbstorganisation des sich entwickelnden Gehirns im Kontext von Beziehungen mit einem anderen Selbst, einem anderen Gehirn stattfindet» (Schore, 2003, S. 50f.). Für den Bildungsbegriff sind diese Erkenntnisse bedeutsam, denn das bildungstheoretische Verständnis betont die Selbsttätigkeit, zu der das Kind *durch Erziehung* befähigt werden soll (vgl. Benner, 2001).

Dieses Bildungsverständnis wird von einem weiteren Topos des gegenwärtigen neurowissenschaftlichen Diskurses tangiert, der wiederum die Frage nach den sozialen und kulturellen Faktoren der neuronalen Entwicklung zur Disposition stellt: die Diskussion um Willensfreiheit (vgl. zur Debatte Geyer, 2004; Giesinger, 2006). Für die frühpädagogische Perspektive lautet die Frage, inwiefern der traditionelle begriffliche Stellenwert von Bildung als Befähigung zu Selbsttätigkeit durch die neurowissenschaftliche Anregung, den freien Willen als Illusion aufzufassen, zu bewerten sei. Denn, so lautet der neurowissenschaftliche Einwand, einem Entscheidungsakt gehe immer schon ein organischer, neurologischer Impuls voraus (vgl. Singer, 2004; Roth, 2004b). Lernprozesse kommen in diesem Kontext einem unbewussten Konstruktionsprozess von neuronalen Vernetzungen gleich (vgl. Roth, 2004a). In dieser Weise ausgerichtete neurobiologische Lerntheorien betonen, dass aufgrund von genetisch konfigurierten, gelernten und memorisierten Inhalten, die eine Hirnarchitektur prägen, das menschliche Wesen in seinem Denken und Handeln bestimmt wird; Willensakte liessen sich in dieser Sicht stets auf solche biologische Konfigurationen zurückführen, weshalb in der entsprechenden erziehungswissenschaftlichen Literatur oftmals vom «lernenden Gehirn» und nicht vom «lernenden Kind» die Rede ist. Auch wenn Umweltfaktoren nicht negiert werden, so zeigt der Begriffsgebrauch, dass der Fokus auf die Funktionsweise des Gehirns gerichtet ist. Wie das Verständnis von frühkindlicher Bildung unter diesem Fokus zu bewerten ist, soll abschliessend, in einer übergeordneten Diskussion, bewertet werden.

3. Implikationen neurowissenschaftlicher Forschung für die Pädagogik der frühen Kindheit

Eine Frühpädagogik im Sinne einer verschiedentlich angedachten «Neuropädagogik» (vgl. Braun & Meier, 2004), die die biologischen Aspekte von Lernprozessen, Gedächtnisfunktionen und Verhalten erforscht und pädagogisch wertet, kann aufzeigen, was verloren geht, wenn Nervenzellen verkümmern und was gewonnen wird, wenn sich Hirnstrukturen durch qualitativ gehaltvolle Anregungen festigen. In diesem Kontext weist in den sachbezogenen Fragen wie z. B. Lernen und Gedächtnisleistung der Transfer und die Verwendung von neurowissenschaftlichem Wissen viel versprechende Perspektiven auf. «Ein Blick auf die biologischen Grundlagen des Lernens», so Annette Scheunpflug, «betont die *Wichtigkeit des Lernens in der Kindheit* – und gerade der frühen Kindheit – für den Aufbau der neuronalen Strukturen. Deshalb zieht eine gravierende Vernachlässigung von Kindern schwer wiegende Konsequenzen für deren weiteren Bildungsweg nach sich» (Scheunpflug, 2001, S. 89, Hervorhebung im Original). Eine Neuropädagogik bewegt sich aber innerhalb der Möglichkeiten, die Scheunpflug mit dem Begriff «Anregungspotenzial» (ebd., S. 178) andeutet. Aus der Erkenntnis der Relevanz neurobiologischer Grundlagen folgen nicht unmittelbar pädagogische Implikationen. Was charakterisiert wünschenswerte Lernprozesse? Was zeichnet die Qualität von Anregungen aus? Wie sind hochwertige Anregungen zu vermitteln? Diese Fragen bleiben Zugängen reserviert, die nicht auf genuin neurowissenschaftliche Argumentationen rekurrieren (vgl. dazu auch den Beitrag von Oberhuemer & Schreyer in diesem Band).

Neurowissenschaftliche Erkenntnisse machen keine direkten Aussagen über Aufgaben, Ziele und Wege einer Pädagogik der frühen Kindheit, die sich als gesellschaftlich eingebettet versteht. Insbesondere im sensiblen Bereich von frühkindlicher Bildung, Betreuung und Erziehung ist das Wissen um neurobiologische Voraussetzungen genauso relevant wie die euphorische Instrumentalisierung ihrer Begriffe Gefahren birgt, wie dies u. a. gegenwärtige Tendenzen der übermässigen kognitiven Förderung von jungen Kindern zeigen.

Ziel von pädagogischen Bestrebungen, so etwa Johannes Giesinger (2006), müsse das Heranbilden des neugeborenen Menschen zur Person im gesellschaftlichen Kontext bleiben. Es geht demnach nicht um die ‹Bildung des Gehirns›, die ‹Personifizierung› eines Teils eines Menschen, sondern um die ‹Bildung des Subjekts›. Die Perspektive für die Pädagogik der frühen Kindheit besteht weder in einer affirmativen Übernahme neurowissenschaftlicher Erkenntnisse, die sich zu einer ‹Pädagogik des Gehirns› entwickle, oder gar der Delegation pädagogischer Deutung und Epistemologisierung an die Hirnforschung. Genauso wenig geht es aber um eine blosse Ablehnung von neurobiologischen Erkenntnissen, die einen Aspekt eines gemeinsamen Untersuchungsgegenstandes betreffen. Denn Diskurse wie diejenigen über die Bedeutung von Umweltfaktoren oder die Diskussion um die Illusion der freien Verfügung über den Willen geben durchaus Anlass, die anthropologischen Voraussetzungen von Erziehung und Bildung zu hinterfragen.

Die Perspektive besteht in der kritischen, auf wissenschaftstheoretischen Überlegungen basierenden Auseinandersetzung und Übersetzung neurowissenschaftlichen Wissens in die Disziplin der Pädagogik der frühen Kindheit. Das Aufdecken disziplinpolitischer Bestrebungen und rezeptionsbezogener Muster begleiten diesen Weg und tragen zur Transparenz der Erkenntnisstrukturen bei. «Biowissenschaftliche Zugänge bieten – aus erkenntnistheoretischen Gründen – keine normativen Zielperspektiven für Erziehung» (Scheunpflug, 2001, S. 178). Neurowissenschaftliche Begrifflichkeiten weisen bei Anerkennung dieser Einsicht im frühpädagogischen Kontext durchaus wissenschaftliche Legitimität auf. Umgekehrt sollten auch die Neurowissenschaften sich mögliche Perspektivenerweiterungen nicht entgehen lassen, die ihnen die Auseinandersetzung mit der pädagogischen Sicht erlaubt.

Literatur

Becker, N. (2006). Von der Hirnforschung lernen? Ansichten über die pädagogische Relevanz neurowissenschaftlicher Erkenntnisse. *Zeitschrift für Erziehungswissenschaft,* 9(Beiheft 5), 177-200.

Benner, D. (2001). *Allgemeine Pädagogik. Eine systematisch-problemgeschichtliche Einführung in die Grundstruktur pädagogischen Denkens und Handelns* (5., korrigierte Auflage 2005). Weinheim, München: Juventa.

Bennett, M. R. & Hacker, P. M. S. (2003). *Philosophical Foundations of Neuroscience.* Oxford: Blackwell.

Borck, C. (2006). Lässt sich vom Gehirn das Lernen lernen? Wissenschaftshistorische Anmerkungen zur Anziehungskraft der modernen Hirnforschung. *Zeitschrift für Erziehungswissenschaft,* 5(Beiheft 5), 87-100.

Braun, A. K. & Meier, M. (2004). Wie Gehirne laufen lernen oder: «Früh übt sich, wer ein Meister werden will!» *Zeitschrift für Pädagogik, 50(4),* 507-520.

Braun, A. K. & Stern, E. (2007). *Neurowissenschaftliche Aspekte der Erziehung, Bildung und Betreuung von Kleinkindern.* [Expertise z. H. der Enquetekommission «Chancen für Kinder» im Landtag Nordrhein-Westfalen]. Zugriff am 26.04.2009. Verfügbar unter http://www.landtag.nrw.de/portal/WWW/GB_I/I.1/EK/14_EK2/Gutachten/ExpertiseBraunStern2007.pdf

Geyer, C. (Hrsg.). (2004). *Hirnforschung und Willensfreiheit. Zur Deutung der neuesten Experimente.* Frankfurt a. M.: Suhrkamp.

Giesinger, J. (2006). Erziehung der Gehirne? Willensfreiheit, Hirnforschung und Pädagogik. *Zeitschrift für Erziehungswissenschaft, 9(1),* 97-109.

Grell, F. (2000). Muster des Theorienimportes in der Pädagogik. *Vierteljahresschrift für wissenschaftliche Pädagogik, 76(4),* 407-424.

Hagner, M. (2006). *Der Geist bei der Arbeit. Historische Untersuchungen zur Hirnforschung.* Göttingen: Wallstein.

Hüther, G. (2000). Die neurobiologische Verankerung von Erfahrungen. In N. Elsner & G. Lüer (Hrsg.), *Das Gehirn und sein Geist* (S. 105-121). Göttingen: Wallstein.

Hüther, G. (2004). Die Bedeutung sozialer Erfahrungen für die Strukturierung des menschlichen Gehirns. Welche sozialen Beziehungen brauchen Schüler und Lehrer? *Zeitschrift für Pädagogik, 50(4),* 487-495.

Jäncke, L. (2009). «Jeder will auf den Neuro-Zug aufspringen». Für mehr Zurückhaltung bei der Interpretation von neurowissenschaftlichen Befunden. *Neue Zürcher Zeitung, 109*(13. Mai), S. 10.

Kagan, J. & Baird, A. (2004). Brain and behavioral development during childhood. In M. S. Gazzaniga (Hrsg.), *The cognitive neurosciences* (3rd ed.) (pp. 93-103). Cambridge: Massachusetts Institute of Technology.

Klatte, M. (2007). Gehirnentwicklung und frühkindliches Lernen. In C. Brokmann-Nooren, I. Gereke, H. Kiper & W. Renneberg (Hrsg.), *Bildung und Lernen der Drei- bis Achtjährigen* (S. 117-139). Bad Heilbrunn: Klinkhardt.

Meaney, M. J. (2001). Nature, nurture, and the disunity of knowledge. In A. R. Damasio, A. Harrington, J. Kagan, B. S. McEwen, H. Moss & R. Shaikh (Hrsg.), *Unity of knowledge. The convergence of natural and human science* (S. 50-61). New York: The New York Academy of Sciences.

Monyer, H., Rösler, F., Roth, G., Scheich, H., Singer, W., Elger, C. E., Friederici, A., Koch, C., Luhmann, H., Malsburg, C. von der & Menzel, R. (2004). Das Manifest. Elf führende Neurowissenschaftler über Gegenwart und Zukunft der Hirnforschung. *Gehirn & Geist, 6,* 30-37.

Müller, T. (2005). *Pädagogische Implikationen der Hirnforschung. Neurowissenschaftliche Erkenntnisse und ihre Diskussion in der Erziehungswissenschaft.* Berlin: Logos.

Müller, T. (2006). Erziehungswissenschaftliche Rezeptionsmuster neurowissenschaftlicher Forschung. *Zeitschrift für Erziehungswissenschaft, 9*(Beiheft 5), 201-216.

Rittelmeyer, C. (2002). *Pädagogische Anthropologie des Leibes. Biologische Voraussetzungen der Erziehung und Bildung.* Weinheim, München: Juventa.

Roth, G. (2004a). Warum sind Lehren und Lernen so schwierig? *Zeitschrift für Pädagogik, 50(4),* 496-506.

Roth, G. (2004b). Wir sind determiniert. Die Hirnforschung befreit von Illusionen. In C. Geyer (Hrsg.), *Hirnforschung und Willensfreiheit. Zur Deutung der neuesten Experimente* (S. 218-222). Frankfurt a. M.: Suhrkamp.

Rowe, D. C. (1994/1997). *Genetik und Sozialisation. Die Grenzen der Erziehung* (aus dem Amerikanischen übertragen von Brigitte Eckert). Weinheim: Psychologie Verlags Union.

Rutter, M. (2003). Now that we know that genes are all-important does education still matter? *Zeitschrift für Erziehungswissenschaft, 6(1)*, 91-105.

Schäfer, G. E. (1995). *Bildungsprozesse im Kindesalter. Selbstbildung, Erfahrung und Lernen in der frühen Kindheit.* Weinheim, München: Juventa.

Scheunpflug, A. (2001). *Biologische Grundlagen des Lernens.* Berlin: Cornelsen Scriptor.

Schore, A. N. (2003). Zur Neurobiologie der Bindung zwischen Mutter und Kind. In H. Keller (Hrsg.), *Handbuch der Kleinkindforschung* (dritte, korrigierte, überarbeitete und erweiterte Auflage) (S. 49-80). Bern, Göttingen, Toronto, Seattle: Huber.

Singer, W. (2004). Verschaltungen legen uns fest: Wir sollten aufhören, von Freiheit zu sprechen. In C. Geyer (Hrsg.), *Hirnforschung und Willensfreiheit. Zur Deutung der neuesten Experimente* (S. 30-65). Frankfurt a. M.: Suhrkamp.

Speck, O. (2008). Was bringt die Hirnforschung Neues für die Frühförderung? *Frühförderung interdisziplinär, 27*(3), 115-123.

Spitzer, M. (2006). Medizin für die Schule. Plädoyer für eine evidenzbasierte Pädagogik. In R. Caspary (Hrsg.), *Lernen und Gehirn. Der Weg zu einer neuen Pädagogik* (S. 23-35). Freiburg im Breisgau: Herder.

Stamm, M., Reinwand, V., Schmid, K., Burger, K., Viehhauser, M. & Muheim, V. (2009). *Frühkindliche Bildung in der Schweiz. Eine Grundlagenstudie im Auftrag der Schweizer UNESCO-Kommission.* Universität Fribourg: Departement für Erziehungswissenschaften.

Viehhauser, M. (2009). Sprachfähigkeit und die Entwicklung von Sprechkompetenz in der frühen Kindheit aus bildungsphilosophischer Sicht. In N. Flindt & K. Panitz (Hrsg.), *Frühkindliche Bildung. Entwicklung und Förderung von Kompetenzen* (S. 51-59). Saarbrücken: Südwestdeutscher Verlag für Hochschulschriften.

Gisela Kammermeyer

Förderung kognitiver Fähigkeiten im Kindergarten

Einleitung

Die Bedeutung der kognitiven Förderung hat sich im deutschsprachigen Raum mehrfach gewandelt. Bereits Friedrich Fröbel und Maria Montessori erkannten, wie wichtig die kognitive Förderung ist, und entwickelten dazu geeignete Spielgaben bzw. Materialien. In der Nachkriegszeit wurde die kognitive Förderung in den Kindergärten vernachlässigt und der Vorwurf geäussert, der Kindergarten hielte Kinder «künstlich dumm.» Nach einer kurzen erneuten Wert- bzw. Überschätzung der kognitiven Förderung während der Bildungsreform der 1960/70er-Jahre, wurden kognitive Förderansätze in der Folge wieder stark zurückgedrängt. Im weit verbreiteten Situationsansatz steht die Förderung der sozial-emotionalen Entwicklung im Vordergrund, kognitive Prozesse wurden eher vernachlässigt. Im Zusammenhang mit der gegenwärtigen Bildungsdiskussion und der Implementation von Bildungsplänen für den Vorschulbereich findet jedoch ein grundlegendes Umdenken statt, es wird verstärkt eine Förderung in kognitiven Bereichen gefordert. Auch in der Schweiz wird auf einen ausgesprochen hohen Entwicklungsbedarf in der frühkindlichen Förderung benachteiligter Kinder aufmerksam gemacht (Stamm, 2009). Diese Wertschätzung wird durch neuere Erkenntnisse der Entwicklungspsychologie unterstützt, in denen die Bedeutung vorschulischer Lernprozesse für nachfolgendes Lernen belegt wird. Gleichzeitig wird jedoch auch vor einer Verkürzung des Bildungsbegriffs aufgrund einer Betonung vorwiegend kognitiver Leistungen gewarnt (z. B. Krenz, 2009). In diesem Beitrag wird aufgezeigt, in welchen Bereichen die kognitiven Fähigkeiten im Kindergarten besonders gefördert werden sollten und welche unterschiedlichen Möglichkeiten hierzu vorliegen.

Gisela Kammermeyer

1. Begriffsklärung

Um die Bedeutung kognitiver Entwicklung und Förderung bereits in der frühen Kindheit einschätzen zu können, ist zuerst zu klären, was darunter verstanden wird. Kognition (Denken) umfasst höhere geistige Fähigkeiten wie Problemlösen, logisches Denken und Begriffsbildung sowie Informationsverarbeitungsgeschwindigkeit, Gedächtnis, Konzentration und Kreativität (Sodian, 2007, S. 244). Im Folgenden geht es einerseits um bereichsspezifische kognitive Förderung in Naturwissenschaft, Mathematik, Schriftspracherwerb sowie um Alltagswissen und andererseits um bereichsunspezifische Förderung von induktivem Denken, von Strategien und von Metakognitionen.

Unter Förderung versteht Fried (2006, S. 173) im Zusammenhang mit Sprache die positive Beeinflussung der Entwicklung und unterscheidet zwischen

- einer Förderung, die darauf zielt, die Entwicklung der Kinder so anzuregen, dass sich diese optimal entfaltet; dies wird auch als Erziehung oder Bildung bezeichnet;
- einer Förderung, die darauf ausgerichtet ist, die Entwicklung von Kindern so zu unterstützen, dass potenziell schädigende Effekte auf die Entwicklung kompensiert und Entwicklungsprobleme vermieden werden, weshalb sie auch kompensatorisch oder präventiv genannt wird; und
- einer Förderung aufgrund von Störungen, die sich bereits manifestiert haben und die sonderpädagogische oder medizinische Interventionen benötigen; dies wird treffender mit dem Begriff «Therapie» bezeichnet.

Bei den ausgewählten Förderansätzen werden zwei Formen berücksichtigt. Auf der einen Seite werden Aktivitäten dargestellt, die implizite Lernprozesse auslösen sollen. Hierbei handelt es sich um Angebote, die in offenen Lernphasen in den Alltag integriert stattfinden und vor allem auf die optimale Entfaltung aller Kinder zielen im Sinne von Bildung und Erziehung. Auf der anderen Seite werden systematische Fördermöglichkeiten beschrieben, die in spezifisch gestalteten, gelenkten Situationen durchgeführt werden (z. B. Trainingsprogramme) und vor allem der Prävention dienen. Die Förderung bezieht sich einerseits auf einzelne Kompetenzen, ist also bereichsspezifisch, intensiv und genau, also «in die

Tiefe» gehend und sie ist andererseits bereichsunspezifisch, also eher umfassend «in die Breite» gehend. Es werden dabei Förderangebote dargestellt, die sich an alle Kinder richten und auch solche, die nur bei einzelnen Kindern bzw. Kindergruppen eingesetzt werden.

2. Theoretische Grundlagen

Die Vorstellungen, wie die kognitive Entwicklung von Kindern zu fördern sei, wurden vor allem von den Theorien Piagets beeinflusst, der die Entwicklung der kognitiven Fähigkeiten über Prozesse der Assimilation und Akkomodation beschrieb. Bei der Assimilation wird die Umwelt den eigenen Vorstellungen angepasst, z. B. wenn ein Kind einen Stock in ein Schwert verwandelt. Wenn jedoch die eigenen kognitiven Schemata an die Umwelt angepasst werden, handelt es sich um Akkomodation. Dies ist der Fall, wenn ein Kind seine kognitiven Fähigkeiten erweitert. Es lernt z. B., dass Hunde unterschiedlich gross sein können und dabei der Begriff «Hund» auszudifferenzieren ist, z. B. in Dackel und Bernhardiner.

Piaget betonte die intern gesteuerte geistige Entwicklung des Menschen und befasste sich bereichsübergreifend mit der Entwicklung der Abstraktionsfähigkeit. Er stellte vor allem die Grenzen des Denkens von Kindern in bestimmten Entwicklungsphasen heraus, die vor allem darin liegt, dass sie noch nicht abstrakt denken können. Dies führte dazu, dass in der Vergangenheit die geistige Leistung der Kinder vielfach unterschätzt wurde und Förderangebote (v. a. im Umgang mit Symbolen) eingeschränkt wurden.

Wichtige handlungsleitende Impulse für die kognitive Förderung gab auch die Theorie von Wygotski (1987), in der die «kompetenten Anderen» betont werden. Kognitiv anregend ist die gemeinsame (oder geteilte) Aufmerksamkeit mit kompetenten Partnern. Sie hilft den Kindern, sich auf das Wesentliche zu konzentrieren und relevante Reize herauszufiltern. Aufgrund dieser Vorstellungen ist die Entwicklung neuer kognitiver Strukturen keine Voraussetzung für spätere Lernprozesse wie bei Piaget, sondern Lernen geht der Entwicklung voraus und treibt die Entwicklung an. Dies geschieht unter der Bedingung, dass die Lernangebote in der «Zone der nächsten Entwicklung» liegen.

Den heutigen Entwicklungsstand zur kognitiven Entwicklung fasst Stern (2003) prägnant zusammen: «Lernen ist der wichtigste Hebel der geistigen Entwicklung und Wissen ist der entscheidende Schlüssel zum Können» – und dies gilt bereits in der frühen Kindheit. Es wird heute einerseits angenommen, dass sich das Weltbild von Kindern aus dem Wissen in verschiedenen inhaltlichen Domänen zusammensetzt (Mähler & Ahrens, 2003). Insofern werden Unterschiede zwischen Kindern sowie Unterschiede zwischen Erwachsenen und Kindern nicht mehr in erster Linie im Sinne Piagets mit universellen Strukturen des Denkens in bestimmten Entwicklungsstadien erklärt, sondern mit Wissensunterschieden in spezifischen Bereichen. Unterschiede liegen also nicht im «besser Denken», sondern im «anders Wissen» (Stern & Schumacher, 2004). Aus diesem Grund sollten Kinder nach heutigem Kenntnisstand bereits in der frühen Kindheit Anregungen zum Aufbau bereichsspezifischen Wissens in für das Weiterlernen bedeutsamen Domänen erhalten.

3. Bereichsspezifische Förderung

Mit bereichsspezifischem Wissen im Vorschulalter können schulische Lernleistungen besser erklärt werden als mit allgemeinen Fähigkeiten wie z. B. der Intelligenz (Hasselhorn, 2007). Bereichsspezifisches Wissen meint jedoch nicht die Vermittlung von Faktenwissen, sondern intelligent vernetztes Wissen, das vielfältig verwendet werden kann. In der kognitiven Psychologie wird die geistige Wissensrepräsentation anhand von Netzwerken beschrieben, die sich aus «Knoten» zusammensetzen, zwischen denen Verbindungen bestehen. Kognitive Förderung zielt darauf, dass aktiv neue «Knoten» eingebaut oder die Verbindungen zwischen den «Knoten» aktiviert und dadurch verstärkt werden. Damit dies gelingt, ist bereits in der frühen Kindheit «eine Vielzahl verschiedener Aufgabenstellungen mit Variationen einzusetzen, die die Grenzen des kognitiven Systems gleichsam umkreisen und vollständig ausloten» (Gisbert, 2004, S. 108). Der Wissenserwerb kann nach Hasselhorn und Mähler (1998) dadurch unterstützt werden, dass die Wirklichkeitsinterpretationen der Kinder genau rekonstruiert werden, indem die kindlichen Vorstellungen verbalisiert und mit denen anderer Kinder verglichen werden. Dies bedeutet, dass die intuitiven Theorien des

Kindes Ausgangspunkt und Mittelpunkt der Förderung sind. Die Orientierung am Kind wird damit zum Schlüssel der kognitiven Förderung.

3.1 Naturwissenschaft

Von frühester Kindheit an erfahren die Kinder ihre Umwelt. Sie erwerben physikalisches Wissen (z. B. über Geschwindigkeit, Kraft, Temperatur), biologisches Wissen (z. B. Unterschied zwischen belebten und unbelebten Objekten) und psychologisches Wissen (z. B. Unterschied zwischen biologischen und sozialen Beziehungen). Sie experimentieren mit den Gegenständen ihrer Umwelt und bereits Kinder im Alter von drei bis vier Jahren ziehen Schlüsse wie Erwachsene und verfügen über ein Verständnis spezifischer Kausalität im Sinne einer domänenspezifischen Theorie (Mähler & Ahrens, 2003). Zu Recht wird deshalb vom «Forschergeist in Windeln» (Gopnik, Kuhl & Meltzow, 2000) bzw. vom «Kind als Wissenschaftler» (Bullock & Sodian, 2003) gesprochen.

Bei der frühen Förderung im Bereich der Naturwissenschaften geht es deshalb darum, die Kinder an systematisches Beobachten, Beschreiben und Vergleichen heranzuführen, und nicht darum, ihnen Fakten und Erklärungen zu vermitteln. Grundlagen für weiterführendes Lernen werden geschaffen, wenn Kindern elementare Erfahrungen ermöglicht werden, wenn sie mit anderen zusammen überlegen, was bei einem Versuch geschehen sein könnte und wie man die vermutete Lösung überprüfen kann (Demuth & Kahlert, 2007). Hilfreich bei der Planung gelenkter Situationen (wie z. B. Experimentieren) ist das Strukturierungsmodell von Wallace (2002). In diesem werden acht Schritte vorgeschlagen, um gemeinsames aktives Lernen anzuregen: Vorwissen sammeln (Was weiss ich schon?) – Aufgabe klären (Was will ich wissen?) – Ideen suchen (Welche Ideen habe ich?) – Ideen bewerten (Was ist die beste Idee?) – Erfahrungen machen (Was kann ich ausprobieren?) – Anderen etwas mitteilen (Was kann ich anderen darüber erzählen?) – Über mich nachdenken (Wie gut habe ich das gemacht?) – Über mein Lernen nachdenken (Was habe ich wie gelernt?).

Förderung im naturwissenschaftlichen Bereich ist jedoch nicht generell für nachfolgendes Lernen hilfreich. Wenig thematisiert wird, dass sich Förderung auch motivational ungünstig auswirken kann. Dies ist dann zu befürchten, wenn nicht die Vorstellung der Kinder, sondern die Erklärungen der Erwachsenen, die die

Kinder nicht verstehen oder nachprüfen können, im Vordergrund stehen. Unsicherheiten treten auch auf, wenn sehr junge Kinder die physikalisch reale Welt mit magischem bzw. animistischem Denken vermischen, wenn sie z. B. an den Osterhasen glauben oder Naturphänomene für lebendig halten (z. B. die Sonne, die nicht scheinen will). Mähler (2005) kommt zu dem Ergebnis, dass das magisch-animistische Denken nicht als Defizit, sondern als besonders kreatives Potenzial des Vorschulkindes zu bewerten ist, dessen Reichtum es zu bewahren gilt. Es befähigt die Kinder in unklaren Situationen, kreative Lösungen zu finden. Auch im Sinne kognitiver Förderung sollten sich Erwachsene deshalb einerseits mit in die Fantasiewelt der Kinder begeben, wenn die Kinder dies wünschen, und andererseits sich mit den Kindern auf den Weg machen, naturwissenschaftliche Phänomene zu ergründen.

3.2 Mathematik

Kinder erwerben bereits lange vor der Schule beträchtliches Wissen über Mengen und Zahlen. Ein Modell zur Entwicklung früher mathematischer Kompetenzen stammt von Krajewski (2008). Das mengen- und zahlenbezogene Vorwissen trägt in hohem Masse zum Schulerfolg in der Schule bei, wie die Langzeitstudie von Krajewski und Schneider (2006) zeigte. Als besonders wichtig wird das Verständnis für die Verknüpfung der Zahlen und der Zahlwortreihe mit den korrespondierenden Mengen herausgestellt.

Grundideen der Entwicklung mathematischen Denkens vom Kindergarten bis in die Sekundarstufe wurden von Peter-Koop, Hasemann und Klep (2006) entwickelt. Diese sind sowohl inhaltsorientiert (Zahlen und Operationen, Raum und Form, Muster und Strukturen, Grössen und Messen, Daten, Häufigkeit und Wahrscheinlichkeit) als auch prozessbezogen (Kommunizieren, Argumentieren, Darstellen, Problemlösen und Modellieren).

Dies bedeutet für die frühe mathematische Förderung, dass Mathematik als «Wissenschaft von den Mustern» (Wittmann, 2006 sowie sein Beitrag in dieser Publikation) in seiner ganzen Breite berücksichtigt und nicht auf Zählen und Rechnen begrenzt werden sollte. Dies kann als Förderung mit dem Ziel der optimalen Entfaltung durch implizite und inzidentelle Lernprozesse beim Lernen im Spiel und im Alltag stattfinden. Hierzu liegen verschiedene Vorschläge vor.

Im aktivitätsorientierten Ansatz von Van Oers (2002) stehen Alltagshandlungen, die mathematisches Potenzial besitzen, im Mittelpunkt. Ganz im Sinne Wygotskis wird die Interaktion mit kompetenten Anderen im Kontext bedeutungsvoller Aktivitäten betont. Erzieherinnen lenken die Aufmerksamkeit des Kindes auf Beziehungen und Muster. Mathematik ist hier ebenfalls kein abgegrenzter Förderbereich, sondern Teil aller Aktivitäten im Alltag. Es werden jedoch nicht nur Gelegenheiten gesucht, in denen Mathematik entdeckt werden kann, es werden auch geplante Mathematikeinheiten in den Alltag integriert.

Zielgerichtete mathematische Lernspiele stehen im Mittelpunkt des Ansatzes «mathe 2000» (Müller & Wittmann, 2008, Wittmann, 2006). Dieser Ansatz bietet einen natürlichen Rahmen für aktiv-entdeckendes und soziales Lernen, für produktives Üben und natürliche Differenzierung und regt die Kinder an, kognitive Aktivitäten häufig zu wiederholen und zu variieren.

Wenn die Förderung nicht darauf ausgerichtet sein soll, allen Kindern optimale Bildungschancen zu eröffnen, sondern auch darauf, zukünftige Entwicklungsprobleme in Mathematik gezielt zu vermeiden, dann kann auch eine systematische Förderung durch Trainingsprogramme notwendig sein. «Mengen, zählen, Zahlen» (MZZ) von Krajewski, Nieding und Schneider (2007) ist ein Trainingsprogramm, das sowohl kurz- als auch langfristige Effekte auf die mathematischen Kompetenzen hat.

3.3 Schriftsprache

Auch im Bereich Schriftsprache erwerben Kinder bereits lange vor der Einschulung ohne systematische Unterweisung beträchtliches Wissen, der Schulanfang ist kein «Punkt null» (vgl. auch den Beitrag von Burger in diesem Band). Die Entwicklung des Schriftspracherwerbs wird allgemein als Stufenprozess beschrieben (z. B. Valtin, 1993). Viele Kinder verwenden bereits im Kindergarten die logografemische und teilweise auch die alphabetische Strategie zum Lesen und Schreiben. Nach Brinkmann und Brügelmann (2000) sind für die Entwicklung des Schreibens folgende Einsichten zentral: Zeichen haben eine Bedeutung – beim Lesen und Schreiben sind bestimmte Zeichen wichtig – bestimmte Zeichen und Laute gehören zusammen. Für die Entwicklung des Lesens sind folgende Erkenntnisse wichtig: Kinder lenken ihre Aufmerksamkeit in der Umwelt auf Schrift – sie entdecken bestimmte Zeichen(folgen) in der Umwelt – sie erkennen, dass Schriftzeichen auf Laute hinweisen – sie erkennen, dass Schrift mit Bedeutung verknüpft ist. Die Bedeutung des bereichsspezifischen Wissens über Schrift (phonologische Bewusstheit, Buchstabenkenntnis) für das Erlernen von Lesen, Schreiben und Rechtschreiben zeigte sich in der LOGIK- und SCHOLASTIK-Studie (Schneider & Näslund, 1993; vgl. auch den Beitrag von Fried in diesem Band).

Die Förderung im Sinne einer optimalen Entfaltung kann durch implizite und inzidentelle Lernprozesse im Alltag stattfinden. In diesem findet sich eine Fülle echter Lerngelegenheiten, in denen die Kinder persönlich bedeutungsvolle Erfahrungen mit Schrift in der «Zone der nächsten Entwicklung» machen können. Die ErzieherIn braucht jedoch eine «Literacy-Brille», damit sie ganz im Sinne des Situationsansatzes schriftsprachrelevante Situationen im Alltag entdecken und die Aufmerksamkeit der Kinder auf Schrift lenken kann.

Stärker zielgerichtet kann die Förderung auch im Rollenspiel stattfinden, dieses eignet sich in besonderer Weise zur Förderung von Schriftsprache. Kammermeyer (2007) beschreibt ausführlich, wie sich Kinder Wissen über Schrift in typischen Rollenspielsituationen aneignen können wie z. B. Einkaufen, Polizei, Friseur, Doktor, und wie sie dabei unterstützt werden können. Die Studien zu «play and literacy» (Roskos & Christie, 2000) zeigen auf, dass die für die weitere Schriftsprachentwicklung förderlichen Lese- und Schreibhandlungen in speziell gestalteten Lernumgebungen («literacy-enriched play centers» bzw. «literacy centers») vor allem durch die Kombination von themenspezifischem Material und aktiver Teilnahme der ErzieherIn angeregt werden (Morrow & Rand, 1991).

Im Hinblick auf die Förderung des Schriftspracherwerbs kommt der phonologischen Bewusstheit eine besondere Bedeutsamkeit zu. Sie ist der beste Prädiktor für spätere Leistungen im Lesen und Rechtschreiben. Sie kann einerseits in vielfältigen Spielformen im Alltag gefördert werden. Für die Prävention zukünftiger Probleme im Lesen und Rechtschreiben gibt es das mittlerweile weit verbreitete Training «Hören, lauschen, lernen» (Küspert & Schneider, 1999).

3.4 Alltagswissen

Kinder erwerben im frühen Kindesalter nicht nur Wissen in den genannten Bereichen, sondern auch Alltagswissen. Mit dem Erwerb und der Organisation von Wissen über wiederkehrende Alltagsaktivitäten durch so genannte Skripts beschäftigen sich Schank und Abelson (1977). Bereits Dreijährige können Handlungsfolgen des Alltags benennen, z. B. dass man sich in einem Restaurant an den Tisch setzt, das Essen bestellt, isst und bezahlt (Schank & Abelson, 1977, S. 223ff.). Skripts werden häufig auch als «Drehbuch» bezeichnet und als eine voraussehbare Stereotypie von Handlungen verstanden, welche eine gut bekannte Situation beschreibt (z. B. Zu-Bett-Gehen, Geburtstag, Restaurantbesuch). Sie entlasten das Arbeitsgedächtnis, erleichtern das Verständnis für soziale Situationen und Handlungen und spielen für das Planen von Handlungen eine wichtige Rolle (Steiner, 2001, S. 183). In Anlehnung an Wygotski (1987) wird davon ausgegangen, dass der Skripterwerb eine gemeinsame Konstruktion bzw. Co-Konstruktion von kompetenten Partnern darstellt.

Für den Aufbau und die Erweiterung von Skripts eignet sich in besonderer Weise das Symbol- und Fantasiespiel. Die Studie von King (2007) zeigt, dass durch Vorspielen von Skripts Symbolspielhandlungen bereits bei Zwei- bis Dreijährigen angereichert werden können. Skriptwissen kann bei älteren Kindern auch dadurch aufgebaut werden, dass die ErzieherIn im Rollenspiel «Skripts» einführt und in kurzen, das Spiel vor- oder nachbereitenden Gesprächsphasen die Kinder zum Nachdenken über Spielvarianten anregt. Das Weltwissen der Kinder, ihr Verhaltensrepertoire und ihre sprachlichen Fähigkeiten werden im Rollenspiel Restaurant beispielsweise erweitert, wenn verschiedene Möglichkeiten der Begrüssung und Verabschiedung, der Bestellung und Bezahlung besprochen und vorgespielt werden.

4. Bereichsunspezifische Förderung

Auch wenn derzeit vor allem die Bedeutung der kognitiven Entwicklung und Förderung in spezifischen Domänen betont wird, gibt es auch allgemeine inhaltsübergreifende kognitive Kompetenzen, die in einem gewissen Rahmen bereits im Kindergarten gefördert werden können. Besonders bedeutsam erscheinen der Strategieerwerb, das induktive Denken und Metakognitionen.

Gisela Kammermeyer

4.1 Strategieerwerb

Unter Strategien versteht man allgemein Vorgehensweisen, mit denen man kognitive Ziele erreichen will (Gisbert, 2004, S. 141). Bedeutsame Strategien, die bereits bei Vorschulkindern zu beobachten sind, sind Suchstrategien (z. B. beim Legen eines Puzzles), Zählstrategien (z. B. beim Addieren vom grösseren Summanden auszugehen), Organisationsstrategien (nach Farben und Formen ordnen) sowie Spielstrategien. Die Anwendung von Strategien kann sowohl automatisch als auch bewusst erfolgen. Sie ist deshalb bedeutsam, weil dadurch das Arbeitsgedächtnis, der Information verarbeitende Speicher entlastet wird. Dies ist deshalb wichtig, weil begrenzte Kapazität des Arbeitsgedächtnisses ein zentrales Kennzeichen der geistigen Entwicklung in der frühen Kindheit ist (Hasselhorn, 2005).

Eine Strategie, mit der vermutlich auch das Arbeitsgedächtnis angeregt werden kann, ist das «innere Nachsprechen». Auf die Bedeutung der «inneren Sprache» als bewusste mentale Aktivität, die der Selbstregulation dient, wies bereits Wygotski (1987) hin. Das Kind gelangt von der Zone der aktuellen Entwicklung zur Zone der proximalen Entwicklung, indem es im ersten Schritt die Sprache der Erwachsenen als Modell nutzt (soziale Sprache), sie dann im zweiten Schritt verwendet, um sein eigenes Verhalten zu regulieren (persönliche Sprache), um dann im dritten Schritt als bewusste mentale Aktivität still mit sich selbst zu sprechen (innere Sprache).

Strategien können vor allem im Spiel gefördert werden. Hauptanforderung in vielen Regelspielen ist es, die eigene Spielstrategie auf die des Gegners abzustimmen. Spielzüge müssen geplant, Spielregeln ausgehandelt werden. Je häufiger Kinder solche Strategiespiele spielen, desto eher eignen sie sich diese Fähigkeiten an (Schneider, 2007).

Eine besonders gut untersuchte Strategie ist die Strategie des induktiven Denkens (Klauer, 2001). Diese besteht in der Entdeckung von Regelhaftigkeiten durch Vergleichen. Zur Förderung des induktiven Denkens von Kindern von fünf bis sieben Jahren wurde das empirisch bewährte «Denktraining für Kinder I» von Klauer (2001) entwickelt, das mittlerweile auch als Bilderbuchversion mit dem Titel «Keiner ist so schlau wie ich» (Marx & Klauer, 2007) vorliegt. In diesem stellen Kinder systematische Vergleiche zwischen Gegenständen an, um Regelmässigkeiten und Gesetzmässigkeiten zu entdecken.

4.2 Metakognitionen

Neben der Nutzung von Strategien und dem Aufbau bereichsspezifischen Wissens ist die Gedächtnisentwicklung von Anfang an auch mit dem Erwerb metakognitiven Wissens verknüpft (Krajewski, Kron & Schneider, 2004). Unter Metakognitionen sind nach Hasselhorn (2005) alle Phänomene, Aktivitäten und Erfahrungen zu verstehen, die mit der Bewusstheit, dem Wissen über eigene kognitive Funktionen sowie der Kontrolle, Steuerung und Regulation dieser kognitiven Funktionen zu tun haben. Hierbei wird vor allem die Bewusstheit betont, und es stellt sich die Frage, ob bereits bei sehr jungen Kindern eine solche Bewusstheit angebahnt werden kann.

Als eine frühe Form der Metakognition kann das bereits genannte Zu-sich-Selbst-Sprechen («private speech») angesehen werden. Dieses wird heute nicht mehr wie von Piaget als Zeichen egozentrischen Denkens, sondern als Fortschritt in der kognitiven Entwicklung angesehen. Es wird erstmals im Alter zwischen vier und fünf Jahren zur Problemlösung genutzt, erreicht zwischen fünf und sechs Jahren einen Höhepunkt und nimmt bis zum Ende des Grundschulalters wieder ab (Azmitia, 1992, S. 104). Explizites metakognitives Wissen erwerben Kinder erst ab dem Alter von fünf Jahren (Siegler 2001, S. 258ff).

Metakognitionen können in der frühen Kindheit durch beiläufige kognitive Anregungen gefördert werden. Dies ist der Fall, wenn die ErzieherIn die Kinder dazu anregt, gemeinsam darüber nachzudenken, wie ein Problem gelöst wurde, wenn sie einzelne Strategien als sinnvoll hervorhebt und auch selbst ein Modell für lautes Denken abgibt. In der Pädagogik der frühen Kindheit hat vor allem der metakognitive Ansatz von Pramling (1996; vgl. Gisbert, 2004) Bedeutung erlangt. In diesem sozialkonstruktivistischen Ansatz geht es darum, durch gezieltes Anknüpfen am Vorwissen und am Vorverständnis der Kinder ein Bewusstsein für ihre Lernprozesse zu schaffen. Für die Entwicklung von Metakognitionen ist auch Wissen der Kinder über mentale Zustände (z. B. Wünsche) und über mentale Prozesse (z. B. lernen, denken) bedeutsam. Hierzu hat die Theory-of-mind-Forschung interessante und für die Pädagogik der frühen Kindheit wichtige

Ergebnisse gebracht. Das Wissen über mentale Prozesse kann im Alltag dadurch gefördert werden, dass die ErzieherInnen den Aufbau metakognitiver Verben (wie z. B. lernen, herausfinden, wissen, raten, erinnern, planen, nachdenken etc.) unterstützen. Die methodischen Anregungen von Vogel (2005) aus dem «High/Scope Preschool Curriculum» zeigen, wie Planen und Reflektieren bereits systematisch in den Kindergartenalltag eingebaut werden kann. Die systematische Förderung metakognitiver Strategien bei Vorschulkindern, die sich auch in Transferleistungen nachweisen lässt, ist durch den Einsatz der Programmiersprache für Kinder LOGO möglich (Clements & Nastasi, 1999).

5. Folgerungen

Nach gegenwärtigem Erkenntnisstand kann festgehalten werden, dass der Schlüssel für eine erfolgreiche kognitive Förderung darin liegt, an den Vorstellungen bzw. intuitiven Theorien der Kinder anzuknüpfen und diese im gemeinsamen Gespräch zu erweitern. Damit rückt die Erzieherin-Kind-Interaktion besonders in den Mittelpunkt, die sich auch in der grössten europäischen Längsschnittstudie EPPE-Studie von Sylva, Melhuish, Sammons, Siraj-Blatchford und Taggart (2004) als besonders bedeutsam für die sprachliche und kognitive Entwicklung erwiesen hat. Innovationen in der frühkindlichen Bildung sollten sich deshalb nicht nur auf strukturelle Aspekte, sondern verstärkt auch auf pädagogische Prozesse und hier vor allem auf die Qualität der Erzieherin-Kind-Interaktion beziehen (vgl. auch den Beitrag von Roux sowie von König in diesem Band). Diese ist nach Pianta, La Paro und Hamre (2008) gekennzeichnet durch emotionale Unterstützung, geschickte Organisation der Lernsituation und kognitive Herausforderung. Entwicklungs- und Forschungsbedarf besteht vor allem im Hinblick auf die letzen beiden Dimensionen. Benötigt wird eine Elementardidaktik, die sich auf die Erkenntnisse der Entwicklungspsychologie stützt.

Literatur

Azmitia, M. (1992). Expertise, private speech, and the development of self-regulation. In R. M. Diaz & L. E. Berk (eds.), *Private speech. From social interaction to self-regulation* (pp. 101-122). Hillsdale; New Jersey: Erlbaum.

Brinkmann, E. & Brügelmann, H. (2000). *Ideen-Kiste 1 Schriftspracherwerb.* Hamburg: Verlag Pädagogische Medien.

Bullock, M. & Sodian, B. (2003). Entwicklung wissenschaftlichen Denkens. In W. Schneider & M. Knopf (Hrsg.), *Entwicklung, Lehren und Lernen* (S. 75-91). Göttingen: Hogrefe.

Clements, D. H. & Nastasi, B. K. (1999). Metacognition, learning and educational computer environments. *Information technology in childhood education annual. Vol. 10,* pp. 5-38.

Demuth, R. & Kahlert, J. (2007). *Übergänge gestalten.* SINUS Modul 10. Zugriff am 01.05.2009. Verfügbar unter http://sinus-transfer.uni-bayreuth.de/fileadmin/MaterialienIPN/G10_fuer_Web.pdf

Fried, L. (2006). Sprachförderung. In L. Fried & S. Roux (Hrsg.), *Pädagogik der frühen Kindheit.* (S. 173-178). Weinheim: Beltz.

Gisbert, K. (2004). *Lernen lernen. Lernmethodische Kompetenzen von Kindern in Tageseinrichtungen fördern.* Weinheim: Beltz.

Gopnik, A., Kuhl, P. & Meltzoff, A. (2000). Forschergeist in Windeln. Wie Ihr Kind die Welt begreift. München: Hugendubel.

Hasselhorn, M (2005). Lernen im Altersbereich zwischen 4 und 8 Jahren: Individuelle Voraussetzungen, Entwicklungsbesonderheiten, Diagnostik und Förderung. In T. Guldimann & B. Hauser (Hrsg.), *Bildung 4- bis 8-jähriger Kinder* (S. 77-88). Münster: Waxmann.

Hasselhorn, M. & Lohaus, A. (2007). Schuleintritt. In M. Hasselhorn & W. Schneider (Hrsg.), *Handbuch der Entwicklungspsychologie* (S. 489-500). Göttingen: Hogrefe.

Hasselhorn, M. & Mähler, C. (1998). Wissen, das auf Wissen baut: Entwicklungspsychologische Erkenntnisse zum Wissenserwerb und zum Erschliessen von Wirklichkeit im Grundschulalter. In J. Kahlert (Hrsg.), *Wissenserwerb in der Grundschule* (S. 73-89). Bad Heilbrunn: Klinkhardt.

Kammermeyer, G. (2007). Sprachliches Lernen. In Stiftung Bildungspakt Bayern (Hrsg.), *Das KIDZ-Handbuch* (S. 204-263). Köln: Wolters Kluwer.

King, S. (2007). *Förderung des Symbolspiels bei unter Dreijährigen. Unveröffentlichte Diplomarbeit.* Koblenz/Landau: Universität Koblenz-Landau.

Klauer, K. J. (2001). Training des induktiven Denkens. In K. J. Klauer (Hrsg.), *Handbuch Kognitives Training* (S. 165-209). Göttingen: Hogrefe.

Krajewski, K. (2008). Vorschulische Förderung mathematischer Kompetenzen. In F. Petermann & W. Schneider (Hrsg.), *Enzyklopädie der Psychologie*, Themenbereich C Theorie und Forschung, Serie V Entwicklungspsychologie, Band 7 Angewandte Entwicklungspsychologie (S. 275-303). Göttingen: Hogrefe.

Krajewski, K. & Schneider, W. (2006). Mathematische Vorläuferfertigkeiten im Vorschulalter und ihre Vorhersagekraft für die Mathematikleistungen bis zum Ende der Grundschulzeit. *Psychologie in Erziehung und Unterricht, 53*, 246-262.

Krajewski, K., Nieding, G. & Schneider, W. (2007). *Mengen, zählen, Zahlen. – Die Welt der Mathematik entdecken.* Berlin: Cornelsen.

Krajewski, K., Kron, V. & Schneider, W. (2004). Entwicklungsveränderungen des strategischen Gedächtnisses beim Übergang vom Kindergarten in die Grundschule. *Zeitschrift für Entwicklungspsychologie und Pädagogische Psychologie 36(1)*, 47-58.

Krenz, A. (2009). *«Bildung» im Elementarbereich – Was ist los in deutschen Kindergärten? Die aktuelle Bildungspraxis im Fadenkreuz einer kritischen Betrachtung* Zugriff am 01.05.2009. Verfügbar unter http://www.winfuture.de/downloads/bildungskritikeepaedagogik.pdf

Küspert, P. & Schneider, W. (1999). *Hören, lauschen, lernen. Sprachspiele für Kinder im Vorschulalter.* Göttingen: Vandenhoek & Ruprecht.

Mähler, C. (2005). Die Entwicklung des magischen Denkens. In T. Guldimann & B. Hauser (Hrsg.), *Bildung 4- bis 8-jähriger Kinder* (S. 29-40). Münster: Waxmann.

Mähler, C. & Ahrens, S. (2003). Naive Biologie im kindlichen Denken: Unterscheiden Vorschulkinder zwischen biologischen und sozialen Beziehungen? *Zeitschrift für Entwicklungspsychologie und Pädagogische Psychologie, 35*, 153-162.

Marx, E. & Klauer, K. J. (2007). *Keiner ist so schlau wie ich. Ein Förderprogramm für Kinder*. Göttingen: Vandenhoek & Ruprecht.

Morrow, L. M. & Rand, M. (1991). Promoting literacy during play by designing the early childhood classroom environment. *Reading Teacher, 44*, 396-402.

Müller, G. N. & Wittmann, E. C. (2008). *«20 Jahre mathe 2000: Mathematiklernen aus einem Guss – vom Kindergarten zum Abitur»*. Zugriff am 15.09.2008. Verfügbar unter http://www.mathematik.uni-dortmund.de/ieem/mathe2000/pubon-line.html

Peter-Koop, A., Hasemann, K. & Klep, J. (2006). *SINUS-Transfer Grundschule Mathematik Modul G10: Übergänge gestalten*. Zugriff am 01.05.2009. Verfügbar unter http://www.sinus-grundschule.de)

Pianta, R. C., La Paro, K. M. & Hamre, B. K. (2008). *Classroom assessment scoring system (CLASS). Manual PreK*. Baltimore: Brookes Publishing.

Roskos, K. A. &. Christie, J. F. (2000). *Play and literacy in early childhood: Research from multiple perspectives*. London: Lawrence Erlbaum.

Schank, R. C. & Abelson, R. (1977). *Scripts, plans, goals, and understanding*. Hillsdale, NJ: Earlbaum.

Schneider, L. (2007). *Lernchancen im Spiel nutzen – Eine Interventionsstudie zur gezielten Spielförderung mit einem Lernspiel. Unveröffentlichte Diplomarbeit*. Koblenz/Landau: Universität Koblenz-Landau.

Schneider, W. & Näslund, J. C. (1993). The impact of early metalinguistic competencies and memory capacities on reading and spelling in elementary school: Results of the Munich longitudinal study on the genesis of individual competencies (LOGIC). *European Journal of Psychology of Education, 8*, 273-288.

Siegler, R. S. (2001). *Das Denken von Kindern* (3. Aufl.). München: Oldenbourg.

Sodian, B. (2007). Entwicklung des Denkens. In M. Hasselhorn & W. Schneider (Hrsg.), *Handbuch der Entwicklungspsychologie* (S. 244-254). Göttingen: Hogrefe.

Stamm, M. (2009). *Frühkindliche Bildung in der Schweiz. Eine Grundlagenstudie im Auftrag der Schweizerischen UNESCO-Kommission.* Zugriff am 19.05.2009. Verfügbar unter http://www.fruehkindliche-bildung.ch/fileadmin/documents/forschung/Grundlagenstudie_FBBE_-_Finalversion_edit_13032009_.pdf

Steiner, G. (2001). Lernen und Wissenserwerb. In Krapp, A. & Weidenmann, B. (Hrsg.), *Pädagogische Psychologie. Ein Lehrbuch.* (4., vollst. überarb. Aufl.). (S. 137-205). Weinheim: Beltz PVU.

Stern, E. (2003). *Lernen – der wichtigste Hebel der geistigen Entwicklung.* Zugriff am 01.05.2009. Verfügbar unter http://www.mpib-berlin.mpg.de/en/institut/dok/full/ stern/stern_vortrag.pdf

Stern, E. & Schumacher, R. (2004). Intelligentes Wissen als Lernziel. Universitas, *59(2),* 121–134. Zugriff am 01.05.2009. Verfügbar unter http://www.ifvll.ethz.ch/people/sterne/ lernziel_2004.pdf

Sylva, K., Melhuish, E. C., Sammons, P., Siraj-Blatchford, I. & Taggart, B. (2004). The Effective Provision of Pre-School Education Project – Zu den Auswirkungen vorschulischer Einrichtungen in England. In G. Faust, M. Götz, H. Hacker, & H.-G. Roßbach (Hrsg.), *Anschlussfähige Bildungsprozesse im Elementar- und Primarbereich* (S. 154-167). Bad Heilbrunn: Verlag Julius Klinkhardt.

Van Oers, B. (2002). Die Förderung mathematischen Denkens bei Vorschulkindern. In W. E. Fthenakis & P. Oberhuemer (Hrsg.), *Frühpädagogik International. Bildungsqualität im Blickpunkt* (S. 313-329). Opladen: Leske + Budrich.

Valtin, R. (1993). Stufen des Lesen- und Schreibenlernens. Schriftspracherwerb als Entwicklungsprozess. In D. Haarmann (Hrsg.), *Handbuch Grundschule* (Bd. 2: Fachdidaktik: Inhalte und Bereiche grundlegender Bildung) (S. 68-80). Weinheim: Beltz.

Vogel, N. (2005). *Making the most of plan-do-review.* Ypsilanti: High/Scope Press.

Wallace, B. (2002). *Teaching thinking skills across the early years. A practical approach for children aged 4-7*. London: Fulton.

Wittmann, E. C. (2006). Mathematische Bildung. In L. Fried & S. Roux (Hrsg.), *Pädagogik der frühen Kindheit* (S. 205-211). Weinheim: Beltz.

Wygotski, L. (1987). *Ausgewählte Schriften. Band 2: Arbeiten zur psychischen Entwicklung der Persönlichkeit*. Köln: Pahl-Rugenstein.

Susanne Viernickel

Soziale Kompetenzen im Kontext von Peer-Beziehungen

Einleitung

Die soziale Entwicklung ist ein Lebensprozess, der auf dem Paradoxon beruht, dass wir gleichzeitig sowohl individuelle als auch gesellschaftliche Wesen sind (Damon, 1989). Jeder Mensch ist daher genötigt, Kompetenzen auszubilden, die ihm helfen, in sozialen Interaktionen sowohl seine eigenen Ziele zu erreichen und seine Bedürfnisse zu befriedigen als auch solche, die sich an den Bedürfnissen der Sozialpartner orientieren und die Aufrechterhaltung einer interindividuellen Verbundenheit unterstützen. Diese Kompetenzen werden ganz überwiegend in sozialen Handlungssituationen und sozialen Beziehungen erworben. Die Sozialwelt der Peers stellt hierfür bereits in der frühen Kindheit einen Sozialisationskontext dar, der spezifische Erfahrungen bereit hält und soziale Anpassungsvorgänge stimuliert und beeinflusst. Als «Peers» werden dabei Kinder bezeichnet, die auf einem ähnlichen kognitiven und sozio-moralischen Entwicklungsstand stehen, gegenüber Institutionen und ihren Repräsentanten (z. B. Kindergarten, Schule) eine gleiche Stellung einnehmen, gleiche Entwicklungsaufgaben und normative Lebensereignisse (z. B. Schuleintritt) zu bewältigen haben und einander im Wesentlichen gleichrangig und ebenbürtig sind (vgl. von Salisch 2000, S. 347ff.).

In diesem Beitrag wird zunächst der Begriff der sozialen Kompetenz erläutert. Ausgehend von einem mehrdimensionalen Modell sozialer Kompetenz wird daran anschliessend auf der Grundlage vorhandener Untersuchungsergebnisse der Versuch unternommen, sich dem komplexen Zusammenspiel von Peer-Interaktionen, dem Aufbau von individualisierten (Freundschafts-)Beziehungen und der Entwicklung sozialer Kompetenzen im Kleinkind- und Vorschulalter anzunähern.

Susanne Viernickel

1. Zum Begriff der sozialen Kompetenz

Der enge Zusammenhang zwischen Erfahrungen in der Peer-Sozialwelt und sozialer Kompetenz wird durch den von Waters und Sroufe (1983) vorgelegten Definitionsvorschlag illustriert, nach dem sich soziale Kompetenz im vorschulischen Alter ganz allgemein am ‹Erfolg› eines Kindes in seiner Peer-Gruppe bewerten lasse. Tatsächlich sind soziale Kompetenzen der beteiligten Kinder ausschlaggebend dafür, dass sich Interaktionen zwischen ihnen für beide Seiten befriedigend gestalten und dass positive Beziehungen zueinander aufgebaut und aufrechterhalten werden können. Umgekehrt bilden die Erfahrungen, die Kinder in ihren Interaktionen miteinander machen, in Ergänzung und manchmal auch in Kontrast zu denen mit erwachsenen Bezugspersonen die Ausgangsbasis für die Ausbildung eben dieser Kompetenzen. Diese Wechselbeziehung (vgl. hierzu Fabes et al., 2006) lässt sich am ehesten in einem sich selbst verstärkenden Kreis- oder Spiralmodell denken. Je häufiger Kinder in Peer-Interaktionen involviert sind, desto mehr Gelegenheiten haben sie, ihre soziale Wahrnehmung zu schärfen, Verhaltensstrategien zu erproben und begleitende Emotionen zu erkennen, zu differenzieren und zu regulieren. Je besser sie diese Kompetenzen ausbilden, desto grösser ist wiederum ihre Chance, als Interaktionspartner, Spielkumpan oder bester Freund von anderen Kindern anerkannt und ausgewählt zu werden. Umgekehrt sind Kontakte und Interaktionen von Kindern mit gering ausgeprägten sozialen Kompetenzen seltener und sie gestalten sich schwieriger (Ladd, 1999). Diese können somit den zentralen Entwicklungskontext der Peer-Gruppe nicht so effektiv nutzen wie Kinder mit hoher sozialer Kompetenz, was ihnen wiederum eine Weiterentwicklung ihrer Kompetenzen erschwert.

Eine weitere Definition beschreibt soziale Kompetenz als Effektivität in sozialen Interaktionen (Rose-Krasnor, 1997). Effektivität beinhaltet dabei die Komponenten des Erreichens persönlicher Ziele, der Befriedigung persönlicher Bedürfnisse, der Wahrung allgemeingültiger sozialer Regeln und Normen und der Aufrechterhaltung positiver Beziehungen zu anderen Personen. Die Schweizer Psychologinnen Perren und Malti (2007, S. 265f.) legen ein Drei-Ebenen-Modell sozialer Kompetenz vor, das intrapsychische Prozesse, Verhaltensaspekte und soziale Anpassungsleistungen integriert. Auf der ersten Ebene des Modells sind sozial-kognitive, sozial-emotionale und motivationale Fertigkeiten angesiedelt, die als Voraussetzung für sozial kompetentes Verhalten gelten, u. a. Informationsverarbeitungsprozesse, die Fähigkeit zur Perspektivenübernahme und zur Regulierung der eigenen Emotionen (vgl. Kap. 3; u. a. auch Katz & McClellan, 1997). Die zweite Ebene des Modells umfasst das konkrete Verhalten in sozialen Situationen. Perren und Malti teilen dieses noch einmal in selbst- und fremdbezogenes Verhalten ein. Selbstbezogenes soziales Verhalten dient zur Realisierung persönlicher Ziele und Bedürfnisse (z. B. soziale Initiative ergreifen; Grenzen ziehen können), während fremdbezogenes Verhalten die Ziele und Bedürfnisse der Interaktionspartner einbezieht bzw. beeinflusst (u. a. kooperatives, prosoziales und aggressives Verhalten; vgl. Kap. 4). Auf der dritten Ebene siedeln die AutorInnen die Auswirkungen sozialer Kompetenzen (bzw. ihres Mangels) auf die psychosoziale Anpassung an. Hier unterscheiden sie Auswirkungen auf das Individuum (Gesundheit und Wohlbefinden) und Auswirkungen auf die Qualität seiner sozialen Beziehungen (Stellung in der Peer-Gruppe, Freundschaften; vgl. Kap. 5).

2. Sozial-kognitive und sozial-emotionale Grundlagen sozialer Kompetenz mit Peers

Die sozial-kognitiven Voraussetzungen, um in sozialen Situationen erfolgreich handeln zu können, haben Crick und Dodge (1994) in ihrem Modell der sozialen Informationsverarbeitung systematisch beschrieben. Es besteht aus sechs aufeinander folgenden Prozessen. Zunächst müssen relevante soziale Stimuli mimischer, gestischer und verbaler Art wahrgenommen werden. Im zweiten Schritt müssen sie korrekt interpretiert werden, was auch eine Zuschreibung von Motiven und Zielen des Interaktionspartners beinhaltet. Dann folgt die Entwicklung eines eigenen Ziels für die Interaktion sowie der mentale Abgleich mit bereits erlebten ähnlichen Situationen, den dort realisierten eigenen Handlungsbeiträgen und ihrer Bewertung. Schliesslich muss das Kind aus den verfügbaren Handlungsalternativen auswählen und die gewählte Handlung auch umsetzen. Die daraus resultierenden Erfahrungen stehen als Bewertungsgrundlage für weitere Interaktionen zukünftig zur Verfügung.

Schon einjährige Kinder können zufällige von absichtsvollen Handlungen unterscheiden (Carpenter, Akhtar & Tomasello, 1998). Kinder im zweiten Lebensjahr vervollständigen begonnene Handlungssequenzen von Erwachsenen (Meltzoff, 1995), das heisst, sie haben bereits eine Vorstellung von Handlungsabfolgen entwickelt und darüber hinaus den sozialen Impuls, die Handlungen anderer zu einem Abschluss zu bringen. Dies heisst jedoch noch nicht, dass sie zuverlässig auf die Handlungsabsichten anderer Personen schliessen können. Vielmehr setzen sie bis mindestens zum dritten Lebensjahr den in ihren Augen gewünschten Handlungsausgang mit der Intention des Gegenübers gleich. Im vierten Lebensjahr setzt nach Hasselhorn et al. (2008; vgl. auch Barr, 2000, S. 194f.) ein fundamentaler Wandel in den kindlichen Denkmöglichkeiten ein. Sie entwickeln eine ‹theory of mind› und beginnen, mentale Operationen als Auslöser für Verhalten zu begreifen und ein kausales Verständnis für deren Entstehung und Verbindung zu entwickeln. Damit einher geht die Einsicht, dass verschiedene Individuen unterschiedliche Repräsentationen von der Welt haben können, z. B. falsche Überzeugungen aufgrund mangelnder Informationen hegen oder absichtlich lügen und täuschen können.

Für Zusammenhänge zwischen sozial-kognitiven Fähigkeiten und Kompetenz in sozialen Situationen gibt es vielfältige Belege. So wählen Kinder, die Schwierigkeiten mit der Wahrnehmung und Dekodierung sozialer Stimuli haben, aufgrund ihrer Fehlinterpretationen häufig unangemessenes, reaktiv-aggressives oder Rückzugs-Verhalten aus, wenn sie mit Peers interagieren (vgl. Dodge & Schwartz, 1997). Autistischen Kindern ist es erschwert, das Verhalten anderer vorherzusagen und zu interpretieren, weil sie nur unzureichend in der Lage sind, sich kognitiv und emotional in deren mentale Welt hineinzuversetzen (Barr, 2006, S. 198f.). Dies zieht hohe Verunsicherung und Abwehr in sozialen Situationen nach sich. Auch die erfolgreiche Teilhabe an komplexen sozialen Symbolspielen setzt einen gewissen Grad an Intentionsverständnis voraus (Barr, 2006, S. 192ff.).

Von mindestens ebenso grosser Bedeutung für sozial kompetentes Verhalten mit Peers sind Fähigkeiten im Bereich der sozial-emotionalen Entwicklung. Dazu gehört, Emotionen bei sich und anderen zu erkennen, eigene Emotionen klar auszudrücken (Halberstadt et al., 2001) und zu regulieren und sich auch gefühlsmäßig in die Lage des Interaktionspartners hineinversetzen zu können, also Mitgefühl zu entwickeln (Eisenberg & Fabes, 1998). Bereits im ersten Lebensjahr können Babies positive Gefühle wie Freude von negativen Gefühlen wie Ärger oder Trauer im mimischen und stimmlichen Ausdruck voneinander unterscheiden. Zwei- und dreijährige Kinder kennen zu typischen Gesichtsausdrücken passende Emotionsbezeichnungen. Sie können emotionsauslösende Situationen zu den primären Emotionen Freude, Ärger, Traurigkeit, Angst, Überraschung und Interesse benennen (Wellmann, Phillips & Rodriguez, 2000), wobei sie Emotionen bereits als die subjektive Erfahrung einer Person interpretieren. Kinder lernen in sozialen Situationen auch, ihre emotionale Reaktion sozialen Erwartungen und Konventionen anzupassen. So werden in Gegenwart von Peers negative Emotionen wie Traurigkeit oder Schmerz mit zunehmendem Alter immer ausgeprägter kontrolliert, während sie in der familiären Interaktion eher offen gezeigt oder sogar maximiert werden (Zeman & Garber, 1996). Dabei setzen Kindergartenkinder kommunikative Regulationsstrategien ein: Sie suchen die Unterstützung von Erwachsenen oder Gleichaltrigen, reden mit ihnen über ihre Gefühle oder sie führen positive Selbstgespräche (z. B. «Jetzt beruhige ich mich erst mal»). Auch kognitive Fähigkeiten werden zur Emotionsregulation herangezogen, indem z. B. die Aufmerksamkeit von der Erregungsquelle abgezogen und auf etwas anderes gerichtet wird, die Situation neu bewertet wird oder Gefühle negiert bzw. verleugnet werden (Petermann & Wiedebusch, 2003, S. 66ff.).

Der beginnende sprachliche Emotionsausdruck äussert sich ab dem Alter von 18 bis 20 Monaten zunächst in einem Zuwachs an Wörtern, die sich auf Gefühle beziehen (z. B. wütend sein, sich freuen). Vom zweiten bis zum fünften Lebensjahr wird das Emotionsvokabular deutlich umfangreicher. Allmählich verwenden Kinder differenzierte Bezeichnungen für verschiedene Gefühlszustände. Sie nehmen häufiger Bezug auf die Gefühle anderer Personen und versuchen auch, diese zu beeinflussen. Mit vier bis fünf Jahren können Kinder bei normaler Sprachentwicklung schon ausführliche Gespräche über Gefühle, auch über deren Ursachen und Konsequenzen, führen. Schliesslich haben Kinder mit dem Schuleintritt ein differenziertes Emotionsvokabular, auch für komplexe Emotionen, erworben (z. B. eifersüchtig, empört, nervös); sie können den emotionalen Ausdruck anderer Personen spontan und korrekt benennen und entwickeln ein Verständnis darüber, dass widerstreitende Emotionen manchmal zeitgleich auftreten können (Petermann & Wiedebusch, 2003, S. 36ff.). All diese sozial-kognitiven und emotionalen Entwicklungsschritte gelten als Voraussetzungen für gelingende Peer-Interaktionen und Peer-Beziehungen.

3. Soziale Interaktionen zwischen Peers

Bereits sehr junge Kinder nehmen einander als Ziele ihrer sozialen Signale wahr und zeigen Gleichaltrigen gegenüber ein deutlich anderes Verhalten als gegenüber materiellen Objekten. Babys unter einem Jahr versuchen, Gleichaltrige anzulächeln, Laute zu äussern, sich anzunähern und zu berühren (Vincze, 1971). Im letzten Viertel des ersten Lebensjahres können erste Interaktionen, u. a. der Austausch von Spielobjekten, gegenseitige Nachahmung und erste einfache Spiele – wie einen Ball hin- und herrollen – bereits regelmässig beobachtet werden. Gleichzeitig beginnen die Kleinkinder, um Spielzeug zu streiten, und auch aggressives Verhalten tritt auf.

Das zweite Lebensjahr ist eine Periode, in der sich im Verhalten gegenüber Gleichaltrigen rasche Entwicklungen vollziehen (vgl. Viernickel 2000). Wenn sie Gelegenheit dazu haben, treten Kleinkinder zunehmend öfter in den Kontakt und sozialen Austausch mit anderen Kindern ein. Dies geschieht zunächst überwiegend in einer Zweier-Konstellation. Aufgrund der noch rudimentär ausgeprägten Fähigkeit zur sprachlichen Verständigung nutzen Kleinkinder verstärkt mimische und gestische Ausdrucksmittel. Eine zentrale Rolle spielt dabei die Imitation bzw. Nachahmung des Verhaltens anderer Kinder, über die es gelingt, auch längere Interaktionssequenzen aufrechtzuerhalten. Kinder erleben sich in diesen Situationen nicht nur als kompetent und effektiv im sozialen Austausch, sondern demonstrieren einander Gleichartigkeit und Verbundenheit. Nicht ohne Grund wird die gegenseitige Imitation gelegentlich als die ‹Sprache› von Kleinkind-Freundschaften bezeichnet (Whaley & Rubenstein, 1994).

Die zunehmend höhere Komplexität der Peer-Interaktionen zeigt sich in ihrer Organisation um bestimmte Thematiken und darin, dass die Kinder bestimmte Rollen einnehmen und diese miteinander koordinieren, wenngleich diese einfachen sozialen Spiele noch keinem Vergleich mit den späteren, elaborierten sozialen Rollenspielen standhalten. Im zweiten Lebensjahr fungieren Spielzeuge oder, allgemeiner gesagt, Gegenstände als ‹Mittler› sozialer Kontakte, und das Anbieten bzw. Überreichen eines Spielobjekts ist eine häufige Kontaktstrategie (vgl. Viernickel, 2000, S. 122). Gegen Ende des zweiten Lebensjahres sind Kinder unter bestimmten Umständen in der Lage zu kooperieren, und zwar sowohl um Probleme zu lösen, als auch im Spiel. Sie zeigen sich gegenseitig Mitgefühl und entwickeln in häufigen, aber meist kurzen Auseinandersetzungen Regeln für Besitzfragen und -konflikte (Bakeman & Brownlee, 1982).

- Kooperation im sozialen Spiel

Kontakte und Interaktionen zwischen Kindern im Alter von zwei bis sechs Jahren vollziehen sich überwiegend im Rahmen des sozialen Spiels. Komplexes soziales Spiel gilt als ein Indikator für die soziale Kompetenz eines Kindes (Howes, 1988). Es beinhaltet ähnliche, aufeinander bezogene und einander ergänzende Spielaktivitäten mit geplanten Spielhandlungen und gemeinsamen Zielen und ist durch einen hohen Anteil symbolischer Elemente gekennzeichnet. Komplexes soziales Spiel setzt Aushandlungsprozesse voraus. Im dritten Lebensjahr beginnen Kleinkinder, Themen, Rollen und Regeln zu vereinbaren wie auch fortlaufend zu erweitern (Howes, 1985). Sie werden in solchen Spielen auf dreifache Weise in ihrer Entwicklung herausgefordert. Zum einen müssen sie ihre eigenen Spielhandlungen und Spielthemen mit denen der Interaktionspartner abstimmen und koordinieren (sozialer Aspekt); sie müssen ihre Emotionen regulieren und angemessen äussern (emotionaler Aspekt) und sie erbringen gleichzeitig kognitive Leistungen, indem sie imaginäre und symbolische Inhalte in ihr Spiel integrieren, Handlungspläne verfolgen und komplexe Szenarien entwickeln. In mehreren Studien konnte gezeigt werden, dass soziales und imaginäres Spiel einer verschränkten Entwicklungsabfolge unterliegt und soziales Symbolspiel immer etwas später auftritt als soziales Spiel ohne symbolische Inhalte oder imaginäres Alleinspiel (vgl. z. B. Howes & Matheson, 1992).

Im Austausch mit seinen Peers und in der Konfrontation mit ihren oftmals von den eigenen abweichenden Spielideen und Situationsinterpretationen ist ein Kind beständig aufgefordert, die eigenen Ideen und Handlungen zu erproben, zu begründen, zu verteidigen oder aber zu überprüfen, zu verändern und anzupassen. Dabei werden u. a. die Kommunikationsfähigkeit, die Fähigkeit zur Perspektivenübernahme und die Entwicklung sprachlicher Kompetenzen stimuliert, aber auch so grundlegende soziale Fertigkeiten erworben wie Abwarten-Können, eigene Interessen vertreten, ohne die der anderen zu missachten, oder Frustrationen und Unklarheiten aushalten zu können. Auch spezifische interaktive Fähigkeiten werden sowohl gefordert als auch gefördert: Angefangen bei der Einigung auf ein Thema und die Aufgaben oder Rollen der einzelnen Kinder, kann kooperatives Spiel nur weitergehen, wenn die zeitliche Abfolge der einzelnen Handlungsbeiträge ‹abgestimmt› wird und Unterbrechungen oder Themenänderungen bewältigt werden können. Kinder müssen lernen, den Kontext einer Situation als ‹Spiel› oder als ‹kein Spiel› zu identifizieren; sie müssen das dem Spiel zugrunde liegende Organisationsmuster erfassen und schliesslich auch das Thema der Interaktion erkennen und zu seiner Aufrechterhaltung beitragen (vgl. Göncü, 1993). Es überrascht deshalb nicht, dass Kinder, die elaborierte soziale Spielformen zu einem früheren Zeitpunkt entwickelten, als es ihrem Alter nach zu erwarten gewesen wäre, geselliger, prosozialer, weniger zurückgezogen und weniger aggressiv waren und von den Betreuerinnen als problemloser im Umgang mit Peers eingeschätzt wurden als Kinder, die diese Spielformen später zeigten (Howes & Matheson, 1992).

- Prosoziales Verhalten

Als prosozial werden Verhaltensweisen bezeichnet, die darauf abzielen, dem Interaktionspartner zu nutzen, ohne dass ein direkter eigener Vorteil erkennbar ist (wie Helfen, Teilen oder Trösten). Bereits im zweiten Lebensjahr helfen und trösten Kleinkinder sich gegenseitig und teilen Besitz mit ihren Peers (Viernickel, 2000; Simoni et al., 2008). Dies erfolgt zunächst noch ohne Berücksichtigung der tatsächlichen Hilfsbedürftigkeit des Gegenübers; ausserdem können Kleinkinder bis zum zirka dritten Lebensjahr noch nicht abschätzen, welche Form der Hilfe oder des Trostes aus der Perspektive des anderen angemessen wäre. Im Alter zwischen drei und sechs Jahren entwickeln Kinder dann Regeln und Überzeugungen bezüglich des Teilens, berücksichtigen den Grad der Vertrautheit und der Gegenseitigkeit beim Teilen und entwickeln Vorstellungen darüber, wer aus welchen Gründen und in welchen Situationen Hilfe verdient (vgl. Hay, 1994). Im Verlauf des Kindergartenalters differenzieren sich prosoziale Verhaltensweisen; so wirken sich Faktoren wie (angenommene) Bedürftigkeit, Schuldlosigkeit, Reziprozität, Vertrautheit sowie Peer-Status positiv auf das

Gewähren von Hilfe und Trost aus (Eisenberg & Fabes, 1998). Auch Geschlechtsunterschiede werden berichtet. Demnach werden Mädchen in der Regel prosozialer eingeschätzt als Jungen, was sich bei einer differenzierten Betrachtungsweise jedoch nur bedingt als empirisch unterlegt erweist (ebd., 1998). Der Zusammenhang zwischen Mitgefühl und prosozialem Verhalten ist in der frühen Kindheit zwar vorhanden, aber noch nicht so ausgeprägt wie bei Erwachsenen.

- Konfliktverhalten

Konflikte sind ein regelmässiger Bestandteil von Peer-Interaktionen. Sie sind meist kurz und entstehen aus vielfältigen Anlässen, wobei im zweiten und dritten Lebensjahr Besitzkonflikte dominieren (vgl. Viernickel, 2000). Dittrich et al. (2002) betonen, dass sich in Peer-Konflikten bestimmte Hintergrundthemen manifestieren, die für die soziale Struktur der Gruppe und die sozialen Beziehungen zwischen einzelnen Kindern relevant sind (wie z. B. einander kennen lernen; Positionen in der Gruppe finden, festigen oder ändern). Dabei entwickeln Kinder ein breites Repertoire von Aushandlungsformen, die verbal, mimisch und gestisch kommuniziert werden. Neben direkten körperlichen und symbolischen Angriffen sind Hilfegesuche an die ErzieherIn, das Berufen auf Regeln, Kompromisse anbieten und Argumentieren beobachtet worden. In diesen Aushandlungen vollziehen sich wichtige soziale Lernprozesse, insbesondere wenn sie im Zusammenhang mit gemeinsamen Spielvorhaben der Kinder auftreten, z. B. wenn es um die Verteilung und die Ausführung von Spielrollen geht (Howes, Unger & Matheson, 1992). Die Häufigkeit, mit der Kinder in Konflikte involviert sind, gilt deshalb nur im Zusammenhang mit den verwendeten Konfliktstrategien und den erzielten Konfliktlösungen als Indikator für eine geringe soziale Kompetenz. So streiten Kinder, die sich als beste Freunde bezeichnen, nach Hartup et al. (1988) sogar häufiger miteinander als nicht befreundete Kinder, haben aber auch sehr viele positive Interaktionen und gelangen oft zu konstruktiven Konfliktlösungen.

Susanne Viernickel

- Aggressives Verhalten

Dagegen wird als Risikofaktor für die Entwicklung späterer Anpassungsprobleme betrachtet, wenn Kinder häufig aggressive Durchsetzungsstrategien nutzen (Dodge, Coie & Lynam, 2006), insbesondere, wenn diese nicht reaktiv nach einer empfundenen Provokation oder Frustration, sondern proaktiv, also geplant und zielgerichtet eingesetzt werden (Card & Little, 2006). Reaktives und proaktives aggressives Verhalten, und zwar sowohl körperlich als auch relational (z. B. von gemeinsamem Spiel ausschliessen, drohen, ignorieren), wird schon im zweiten und dritten Lebensjahr beobachtet (Viernickel, 2000; Ostrov & Crick, 2007). Körperlich-aggressive Verhaltensweisen gehören in dieser Zeit zum normalen Verhaltensrepertoire von Kindern, nehmen jedoch bis ins Grundschulalter hinein kontinuierlich ab (NICHD ECCR, 2004). Mit zunehmendem Alter verstehen Kinder immer besser, dass aggressives Verhalten eingesetzt werden kann, um die eigenen Ziele zu erreichen; entsprechende Prädispositionen können sich deshalb über die Zeit eher verfestigen. Die Stabilität klinisch relevanten aggressiven Verhaltens in seinen unterschiedlichen Formen ist über den Entwicklungsverlauf relativ hoch (vgl. u. a. Olweus, 1979).

Viele Studien zeigen, dass Mädchen und Jungen unterschiedliche Formen aggressiven Verhaltens präferieren, wobei Mädchen eher verdeckt aggressiv sind und dementsprechend relationale Formen bevorzugen (Card et al., 2008; Murray-Close & Ostrov, 2009). Aggressive Kinder werden von ihren Peers als weniger beliebt eingestuft und eher gemieden. Manche erleben dennoch wechselseitige Freundschaftsbeziehungen und können sich ein Netzwerk sozialer Beziehungen aufbauen, zumeist mit Kindern, die sich auch aggressiv bzw. dissozial verhalten (Snyder, Horsch & Childs, 1997). Sowohl Ablehnung innerhalb der Peer-Gruppe als auch der Einfluss ebenfalls devianter Peers gilt als ein – wenn auch nicht dominanter – Risikofaktor für die Entwicklung aggressiv-dissozialer Verhaltenstörungen (Petermann et al., 2004, S. 387).

4. Soziale Beziehungen zwischen Peers

Kleinkinder bilden, sobald sie regelmässig in einem vertrauten Kontext aufeinander treffen, erste Beziehungsmuster aus. Babys unter einem Jahr verteilen ihre Aufmerksamkeit unterschiedlich auf anwesende Peers; meist erhalten eher ältere und damit in ihrem Verhalten kompetentere Kinder mehr Blicke und Kontaktangebote als andere Kinder (vgl. Rauh, 1985). Bald kommt es in stabilen Gruppen zu einer nachweisbaren Bevorzugung bestimmter Interaktionspartner. Die meisten Kinder präferieren ein oder zwei andere Kinder der Gruppe und treten mit diesen verstärkt in einen sozialen Austausch, während zu anderen wenig oder kein Kontakt entsteht. Diese Tendenz verstärkt sich im Verlauf der ersten Lebensjahre. Auch die Qualität der Interaktionen variiert in Abhängigkeit vom Partner. Es entstehen dyadische Beziehungen, die sich dadurch auszeichnen, dass die aneinander gerichteten Kontaktinitiativen meist erfolgreich sind, ihre Interaktionen mit positiven Gefühlsäusserungen einhergehen und in Länge und Komplexität die Interaktionen anderer Kind-Kind-Dyaden übertreffen (Ross & Lollis, 1989).

Im Alter von drei Jahren benutzen Kinder bereits den Begriff des Freundes und benennen bestimmte Kinder als Freunde. Diese Wahlen sind unter Umständen recht stabil. Howes (1983) konnte zeigen, dass Kinder im Vorschulalter ihre Freundschaften im Mittel zirka zwei Jahre lang aufrechterhielten. Doch können elaborierte Vorstellungen darüber, was eine Freundschaft ausmacht, erst von älteren Kindern artikuliert werden und sind u. a. abhängig von der kindlichen Fähigkeit zur Perspektivenübernahme. Das zentrale Freundschaft konstituierende Thema in der frühen Kindheit zwischen drei und sechs Jahren ist die Maximierung von Anregung, Aufregung und Spass; gemeinsam verbrachte Spielzeit, gemeinsame Spielthemen und die einseitig eingeforderte ‹Nettigkeit› des anderen sind für Kinder bis zum Alter von zirka acht Jahren Motive für ihre Freundschaftsbeziehungen (Selman, 1984). Erst später gewinnen Persönlichkeitseigenschaften und ideelle Werte wie Vertrauen und Intimität an Bedeutung. Auf der Verhaltensebene zeigen sich aber bereits früher Unterschiede zwischen befreundeten und nicht befreundeten Kindern. Kinder, die sich als beste Freunde auswählen, schaffen es besonders gut, in sozialen Spielen ihre Emotionen zu kontrollieren, eigene Handlungsimpulse mit den Bedürfnissen des Spielpartners abzustimmen und Konflikte nicht eskalieren zu lassen. Es gelingt ihnen, ein Klima gegenseitigen Einverständnisses und der Solidarität zu schaffen (Gottman, 1983).

Freundschaftsbeziehungen gelten in vielfacher Hinsicht als wichtig für die Sozial- und Persönlichkeitsentwicklung. Sie stärken das Selbstwertgefühl, bieten Raum für Intimität und Zuneigung und das Gefühl von Zusammengehörigkeit und einer verlässlichen Allianz (Fuhrman & Buhrmester, 1985). Youniss (1980) sieht Freundschaften als die optimale Basis für Aushandlungsprozesse und gelingende Ko-Konstruktionen an. In vielen Studien finden sich Belege, dass Kinder mit reziproken Freundschaften in der Peer-Gruppe besser zurecht kommen. Sie werden z. B. häufiger von anderen Kindern visuell beachtet und initiieren häufiger Interaktionen; ausserdem werden sie von trainierten Beobachtern als sozial kompetenter eingeschätzt (Vaughn et al., 2000).

Vorlieben und Abneigungen der Kinder untereinander lassen sich mit Hilfe von Befragungen, Report-Verfahren und soziometrischen Wahlen erfassen. Auf der Grundlage der kombinierten Wahlen aller Gruppenmitglieder kann die Stellung eines Kindes in seiner Peer-Gruppe bestimmt werden. Asher und Coie (1990) unterscheiden hier beliebte Kinder (Kind erhält überdurchschnittlich viele positive Wahlen), abgelehnte (wenig positive, überdurchschnittlich viele negative Wahlen), vernachlässigte (nur sehr wenig Nominierungen überhaupt), kontroverse (sowohl viele positive als auch viele negative Wahlen) und Durchschnittskinder.

Es ist allerdings schwierig zu beurteilen, ob diese Verhaltensmerkmale Ursache oder Auswirkung des problematischen Peer-Status darstellen. Was die Stabilität der Zuordnung zu einer der genannten Gruppen angeht, scheinen abgelehnte Kinder länger in diesem kritischen sozialen Status zu verbleiben als vernachlässigte Kinder. Dies gilt auch über die Zeit und Situation hinweg, also unabhängig von der Zusammensetzung der Peer-Gruppe. Die Ergebnisse soziometrischer Nominierungen können deshalb erste Hinweise auf Risiken für Anpassungsprobleme oder psychische Schwierigkeiten geben.

5. Peers und Peer-Gruppen als soziale Lernkontexte

Die frühe Kindheit ist eine sensible Phase für den Aufbau sozialer Kompetenzen, weil Kinder in dieser Zeit in der Regel erstmalig regelmässige Kontakte zu anderen Kindern in einem Gruppenkontext haben und in der Ausgestaltung ihrer Interaktionen und Beziehungen auf eigene Ressourcen zurückgreifen müssen. Mit den Erfahrungen, die Kinder unter ihresgleichen machen, sind eigenständige Entwicklungsprozesse verbunden (vgl. Hartup, 1992), und wie erfolgreich Kinder mit den sich hier stellenden Herausforderungen umgehen kann von hoher Relevanz für nachfolgende Anpassungsleistungen und Entwicklungsverläufe sein (Fabes et al., 2006). Obwohl es unstrittig ist, dass sich in stabilen Kleinkindgruppen schon in den ersten beiden Lebensjahren differenzierte Peer-Interaktionen und Peer-Beziehungen entwickeln (Simoni et al., 2008; Viernickel, 2000), verfügen wir noch nicht über ein umfassendes Verständnis des transaktionalen, wechselseitig beeinflussenden Charakters von sozialer Kompetenz und Erfahrungen in Peer-Gruppen und Peer-Beziehungen junger Kinder.

Eine wichtige Rolle scheinen Selbst-Segregationsprozesse zu spielen. So lassen sich nach Denham et al. (2001) in Peer-Gruppen von Kleinkindern zwei Gruppen mit typischen Emotionsmustern unterscheiden: eine Gruppe mit fröhlich-positivem Muster und eine Gruppe mit ärgerlich-negativem Emotionsmuster. Letzteres Emotionsmuster beeinflusst sowohl die Beliebtheit als auch die Involviertheit des Kindes in die Peer-Gruppe negativ (Eisenberg & Fabes, 1998). Ausserdem zeigen Kinder über die gesamte Vorschulzeit hinweg und verstärkt dann in der Grundschulzeit klare Präferenzen für gleichgeschlechtliche Interaktionspartner und Peer-Gruppen (Maccoby & Jacklin, 1987). Sie machen in diesen geschlechtsspezifischen Gruppen unterschiedliche Erfahrungen und erwerben unterschiedliche Interaktionsstile, was wiederum ihre sozialen Kompetenzen in spezifischer Weise beeinflusst (Fabes, Hanish & Martin, 2004).

Kinder produzieren, sobald sie in relativ stabilen sozialen Gruppen zusammentreffen, eine eigenständige Kinderkultur mit ihr eigenen Verfahren, Aushandlungsprozessen und Regeln. Die kindliche Motivation, Teil dieser Kinderkultur zu sein und sich hierfür notwendige Kompetenzen anzueignen, ist hoch.

Zwei zentrale Anliegen der Kinder können sich in diesem Kontext entfalten: das Erlangen von Kontrolle und der Wunsch nach Teilhabe (Corsaro & Eder, 1990), beides Ausdruck der elementaren Bestrebungen nach Individuation und Sozialisation, die die menschliche Persönlichkeitsentwicklung charakterisieren. Kontrolle meint hier das Bestreben nach Kompetenz und Unabhängigkeit, aber auch nach Kontrolle über gemeinsame Aktivitäten, Rituale und symbolische Akte. Vergleich und Konkurrenz untereinander helfen den Kindern, über sich zu erfahren, wer sie sind und was sie können. Das zweite, zur Kontrolle in einer Wechselbeziehung stehende Thema ist Teilhabe: das Gewinnen von verlässlichen Spielpartnern und vertrauten Freunden, das Herstellen und Bewahren von Gemeinsamkeit, und das Finden und Beanspruchen eines bestimmten Platzes in der Gruppe.

Unter den spezifischen Gegebenheiten der Gleichrangigkeit und Gleichwertigkeit von Sicht- und Handlungsweisen machen Kinder im sozialen Kontakt mit Peers qualitativ andere Erfahrungen als in der Interaktion mit Erwachsenen: im Hinblick auf den Umgang untereinander, die Themen, die von Bedeutung sind, die Maßstäbe, nach denen Verhalten beurteilt wird, darauf, wodurch sich die Stellung Einzelner in der Gruppe entscheidet, und vieles andere mehr. Peer-Gruppen und Peer-Beziehungen bieten im Gegensatz zu Erwachsenen-Kind-Interaktionen natürliche Gelegenheiten, widersprüchliche Ansichten und entstehende Konflikte so lange und so intensiv zu verhandeln, bis eine umfassendere Perspektive in Ko-Konstruktion gebildet werden kann. In der aktuellen Diskussion um frühkindliche Bildung und Ansatzpunkte früher Bildungsförderung wird diese Kinderkultur noch viel zu wenig als bedeutsamer informeller Bildungskontext wahrgenommen.

Literatur

Asher, S. R. & Coie, J. D. (eds.). (1990). *Peer rejection in childhood*. New York: Cambridge University Press.

Bakeman, R. & Brownlee, J. R. (1982). Social rules governing object conflicts in toddlers and preschoolers. In K. Rubin & H. Ross (eds.), *Peer relationships and social skills in childhood* (pp. 99-112). New York: Springer.

Barr, R. (2006). Developing social understanding in a social context. In K. McCartney & D. Phillips (eds.), *The Blackwell handbook of early childhood development* (pp. 188-207). New York: Blackwell.

Card, N. A. & Little, T. D. (2006). Proactive and reactive aggression in childhood and adolescence: A meta-analysis of differential relations with psychosocial adjustment. *International Journal of Behavioral Development, 30*, 466-480.

Card, N. A., Stucky, B. D., Sawalani, G. M & Little, T. D. (2008). Direct and indirect aggression during childhood and adolescence: A meta-analytic review of gender differences, intercorrelations, and relations to maladjustment. *Child Development, 79*, 1185-1229.

Carpenter, M., Akthar, N. & Tomasello, M. (1998). Fourteen- through 18-month-old infants differentially imitate intentional and accidental actions. *Infant Behavior and Development, 21*, 315-330.

Corsaro, W. A. & Eder, D. (1990). Children's peer culture. *Annual Review of Sociology, 16*, 197-220.

Crick, N. & Dodge, K. (1994). A review and reformulation of social information processing mechanisms in children's social adjustment. *Psychological Bulletin, 115*, 74-101.

Damon, W. (1989). *Die soziale Entwicklung des Kindes*. Stuttgart: Klett-Cotta.

Denham, S. A., Mason, T., Caverly, S., Schmidt, M., Hackney, R. & Caswell, C. (2001). Preschoolers at play: Co-socializers of emotional and social competence. *International Journal of Behavioral Development, 25*, 290-301.

Dittrich, G., Dörfler, M. & Schneider, K. (2001). *Wenn Kinder in Konflikt geraten. Eine Beobachtungsstudie in Kindertagesstätten*. Weinheim: Beltz.

Dodge, K. A., Coie, J. D. & Lynam, D. (2006). Aggression and antisocial behavior in youth. In W. Damon (Series Ed.) & N. Eisenberg (Vol. Ed.), *Handbook of child psychology (Vol. 3), Social, emotional and personality development* (6th edition) (pp. 719-788). New York: Wiley.

Dodge, K. A. & Schwartz, D. (1997). Social information processing mechanisms in aggressive behavior. In D. M. Stoff, J. Breiling & J. D. Maser (eds.), *Handbook of antisocial behavior* (pp. 171-180). New York: Wiley.

Eisenberg, N. & Fabes, R. A. (1998). Prosocial Development. In W. Damon (ed.), *Handbook of child psychology 3* (pp. 701-778). New York: Wiley.

Fabes, R. A., Gaertner, B. M. & Popp, T. K. (2006). Getting along with others: Social competence in early childhood. In K. McCartney & D. Phillips (eds.), *The Blackwell handbook of early childhood development* (pp. 297-316). New York: Blackwell.

Fabes, R. A., Hanish, L. D. & Martin, C. L. (2004). The next 50 years: Considering gender as a context for understanding young children's peer relationships. *Merrill Palmer Quarterly, 50,* 260-273.

Furman, W. & Buhrmester, D. (1985). Children's perceptions of the personal relationships in their social networks. *Developmental Psychology, 21,* 1016-1024.

Göncü, A. (1993). Development of intersubjectivity in the dyadic play of preschoolers. *Early Childhood Research Quarterly, 8,* 99-116.

Gottman, J. M. (1983). How children become friends. *Monographs of the Society for Research in Child Development, 48* (3, serial no. 201).

Halberstadt, A. G., Denham, S. A. & Dunsmore, J. C. (2001). Affective social competence. *Social Development, 10,* 79-119.

Hartup, W. W. (1992). Peer relations in early and middle childhood. In V. B.Van Hasselt & M. Hersen (eds.), *Handbook of social development. A lifespan perspective* (pp. 257-281). New York: Plenum Press.

Hartup, W. W., Laursen, B., Stewart, M. I. & Eastenson, A. (1988). Conflict and the friendship relations of young children. *Child Development, 59,* 1590-1600.

Hasselhorn, M., Lehmann, M. & Titz, C. (2008). Kindheit und das Verständnis vom Aufwachsen. Die Sicht der Entwicklungspsychologie. In W. Thole, H.-G. Roßbach, M. Fölling-Albers & R. Tippelt (Hrsg.), *Bildung und Kindheit. Pädagogik der frühen Kindheit in Wissenschaft und Lehre* (S. 49-64). Farmington Hills: Barbara Budrich.

Hay, D. F. (1994). Prosocial development. *Journal of Child Psychology and Psychiatry and Allied Disciplines, 35(1),* 29-71.

Hay, D. F. & Ross, H. S. (1982). The social nature of early conflict. *Child Development, 53,* 105-113.

Howes, C. (1983). Patterns of friendship. *Child Development, 54,* 1041-1053.

Howes, C. (1985). Sharing fantasy: Social pretend play in toddlers. *Child Development, 56,* 1253-1258.

Howes, C. (1988). Peer interaction of young children. *Monographs of the Society for Research in Child Development, 53* (1, serial No. 217).

Howes, C. & Matheson, C. C. (1992). Sequences in the development of competent play with peers: Social and social pretend play. *Developmental Psychology, 28(5),* 961-974.

Howes, C., Unger, O. & Matheson, C. C. (1992). *The collaborative construction of pretend. Social pretend play functions.* Neew York: State University of New York Press.

Jenkins, J. M. & Astington, J. W. (2000). Theory of mind and social behaviour: Causal models tested in a longitudinal study. *Merrill Palmer Quarterly, 46,* 203-220.

Katz, L. G. & McClellan, D. E. (1997). *Fostering children's social competence: The teacher's role.* Washington, D. C.: NAEYC.

Ladd, G. W. (1999). Peer relationships and social competence during early and middle childhood. *Annual Review of Psychology, 50,* 333-359.

Maccoby, E. E. & Jacklin, C. N. (1987). Gender segregation in childhood. In E. H. Reese (ed.), *Advances in child development and behavior, Vol. 20* (pp. 239-287). New York: Academic Press.

Malti, T. & Perren, S. (Hrsg.). (2008). *Soziale Kompetenz bei Kindern und Jugendlichen. Entwicklungsprozesse und Fördermöglichkeiten.* Stuttgart: Kohlhammer.

Meltzoff, A. N. (1995). Understanding the intention of others: Re-enactment of intended acts by 18-months-old infants. *Developmental Psychology, 31,* 838-850.

Murray-Close, D. & Ostrov, J. M. (2009). A longitudinal study of forms and functions of aggressive behavior in early childhood. *Child Development, 80(3),* 828-842.

Newcomb, A. F., Bukowski, W. M. & Pattee, L. (1993). Children's peer relations: A meta-analytic review of popular, rejected, neglected, controversial, and average sociometric status. *Psychological Bulletin, 113,* 99-128.

NICHD Early Childcare Research Network (2004). Trajectories of physical aggression from toddlerhood to middle childhood. *Monographs of the Society for Research in Child Development, 69* (Serial No. 278).

Olweus, D. (1979). Stability of aggressive reaction patterns in males: A review. *Psychological Bulletin, 86*, 852-857.

Ostrov, J. M. & Crick, N. R. (2007). Forms and functions of aggression during early childhood: a short-term longitudinal study. *School Psychology Review, 36*, 22-43.

Perren, S. & Malti, T. (2008). Soziale Kompetenz entwickeln: Synthese und Ausblick. In T. Malti & S. Perren (Hrsg.), *Soziale Kompetenz bei Kindern und Jugendlichen. Entwicklungsprozesse und Fördermöglichkeiten* (S. 265-274). Stuttgart: Kohlhammer.

Petermann, F., Niebank, K. & Scheithauer, H. (2004). *Entwicklungswissenschaft*. Berlin, Heidelberg: Springer.

Petermann, F. & Wiedebusch, P. (2003). *Emotionale Kompetenz bei Kindern*. Göttingen: Hogrefe.

Putallaz, M. & Dunn, J. (1990). The importance of peer relations. In M. Lewis & S. M. Miller (eds.), *Handbook of developmental psychopathology* (pp. 227-236). New York: Plenum.

Rose-Krasnor, L. (1997). The nature of social competence: A theoretical review. *Social Development, 6(1)*, 111-135.

Rauh, H. (1985). Soziale Interaktion und Gruppenstruktur bei Krabbelkindern. In Ch. Eggers (Hrsg.), *Bindungen und Besitzdenken beim Kleinkind* (S. 204-232). München: Urban & Schwarzenberg.

Ross, H. S. & Lollis, S. P. (1989). A social relations analysis of toddler peer relationships. *Child Development, 60*, 1082-1091.

Selman, R. L. (1984). *Die Entwicklung des sozialen Verstehens. Entwicklungspsychologische und klinische Untersuchungen*. Frankfurt: Suhrkamp.

Simoni, H., Herren, J., Kappeler, S. & Licht, B. (2008). Frühe soziale Kompetenz unter Kindern. In T. Malti & S. Perren (Hrsg.), *Soziale Kompetenz bei Kindern und Jugendlichen. Entwicklungsprozesse und Fördermöglichkeiten* (S. 15-34). Stuttgart: Kohlhammer.

Snyder, J., Horsch, E. & Childs, J. (1997). Peer relationships of young children: Affiliative choices and the shaping of aggressive behavior. *Journal of Clinical Child Psychology, 26*, 145-156.

Vaughn, B. E., Azria, M. R., Caya, L. R., Newell, W., Krzysik, L., Bost, K. K. & Kazura, K. L. (2000). Friendship and social competence in a sample of preschool children attending head start. *Developmental Psychology, 36(3)*, 326-338.

Vincze, M. R. (1971). The social contacts of infants and young children reared together. *Early Child Development and Care, 1*, 99-109.

Viernickel, S. (2000). *Spiel, Streit, Gemeinsamkeit. Einblicke in die soziale Kinderwelt der unter Zweijährigen.* Landau: VEP.

Von Salisch, M. (2000). Zum Einfluss von Gleichaltrigen (Peers) und Freunden auf die Persönlichkeitsentwicklung. In M. Amelang (Hrsg.), *Determinanten individueller Unterschiede* (S. 345-405). Göttingen: Hogrefe.

Waters, E. & Sroufe, L. A. (1983). Social competence as a developmental construct. *Developmental Review, 3*, 79-97.

Wellmann, H. M., Phillips, A. T. & Rodriguez, T. (2000). Young children's understanding of perception, desire, and emotion. *Child Development, 71*, 895-912.

Whaley, K. L. & Rubenstein, T. S. (1994). How toddlers ‹do› friendship: A descriptive analysis of naturally occurring friendships in a group child care setting. *Journal of Social and Personal Relationships, 11*, 383-400.

Youniss, J. (1980). *Parents and peers in social development: A Sullivan-Piaget perspective.* Chicago: University of Chicago Press.

Zeman, J. & Garber, J. (1996). Display rules for anger, sadness, and pain: It depends on who's watching. *Child Development, 67*, 957-973.

Ursula Carle

Familienbildung

Einleitung

Familien erbringen vielschichtige Leistungen für sich selbst und ihr Umfeld, das Gemeinwesen, die Region. Sie können eine kleine, aber äusserst leistungsfähige und einflussreiche Infrastruktur im urbanen Raum darstellen. Familie hat nicht nur grosse Bedeutung für die emotionale und soziale Sicherheit der Kinder, sie übt auch wesentlichen Einfluss auf die Herausbildung von Wertvorstellungen und Grundhaltungen, von Sozialverhalten und Basiserfahrungen in vielfältigen Bereichen aus. So stellt Familie auch unter Bedingungen der Berufstätigkeit der Eltern Betreuung und Pflege sicher. Sie ermöglicht Kindern grundlegende Zugänge zu Wissen und Medien und sichert damit die Bildungskarriere ihrer Kinder ab. Familie – in ihren unterschiedlichen Formen – stellt so gesehen eine zentrale Basis für die Entwicklung der Gesellschaft dar. Im Gegenzug ist es eine gesellschaftliche Notwendigkeit, Familien in ihren zentralen Funktionen zu fördern und dafür ein Unterstützungssystem aufzubauen. Familienbildung ist ein wichtiger Teil dieses Unterstützungssystems.

Seit den 1990er-Jahren wurde in einer Vielzahl von zunächst wenig verbundenen Projekten versucht, im Zuge einer post-dekonstruktivistischen Wiederentdeckung der gesellschaftlichen Bedeutung der Familie neue Wege der Elternbildung und Familienförderung zu entwickeln. An einem dieser Projekte war die Autorin beteiligt (Carle & Metzen, 2006a). Begleitet wurde diese Entwicklung durch die Verabschiedung familienförderlicher rechtlicher Vorgaben auf Bundes- bzw. internationaler Ebene. Um nur einige zu nennen: International: UN-Konvention zur Eliminierung aller Formen von Diskriminierung von Frauen 1979; das Übereinkommen über die Rechte der Kinder 1989; in Deutschland: Kinder- und Jugendhilfegesetz KJHG 1990; Kindertagesstättengesetz 1991; Gesetz zur Ächtung der Gewalt in der Erziehung 2000; Jugendschutzgesetz 2002; Beschluss der Jugendministerkonferenz zur Eltern- und Familienbildung 2003. Den im Kontext dieser Bewegung wachsenden privaten und politischen Erwartungen an Kinder-, Jugend- und Familienförderung standen in Deutschland wie in der Schweiz ernüchternde Befunde sozialwissenschaftlicher Studien zur defizitären Praxis der Eltern- und Familienbildung und mit TIMSS bzw. PISA im Bildungssystems gegenüber (Textor, 2001; Eidgenössische Kommission für Familienfragen, 2009). Den sichtbar werdenden Handlungsbedarf griffen einige Städte auf und versuchten, die Angebote zu systematisieren, zu verstärken, zu vernetzen und dort zugänglich zu machen, wo Eltern natürlicherweise anzutreffen sind: in Kindergärten und Schulen. Sie nutzten dabei unter Berücksichtigung einer ökosystemischen Sichtweise Erfahrungen, die aus anderen Ländern schon vorlagen.

Im Folgenden werden zunächst die Aufgaben der Familienbildung und typische Angebote skizziert, ehe auf die internationalen Erfahrungen eingegangen wird.

1. Klassifizierung von Angeboten der Familienbildung

In ihrer primärpräventiven Funktion bietet Familienbildung Bildungs- und Beratungsangebote für Familien für typische Aufgaben in verschiedenen Phasen ihrer «Biografie» (z. B. Familiengründung, Geburtsvorbereitung, «Empty Nest», Rentenalter), für bestimmte Zielgruppen (z. B. Eltern-Kind-Gruppen, Alleinerziehende) oder für häufig vorkommende Probleme (z. B. Erziehungsschwierigkeiten, Lebenskrisen). Primärpräventive Massnahmen zielen auf eine entwicklungsfördernde Gestaltung der Lebensbedingungen, stärken Familien beispielsweise in Erziehungs- und Gesundheitsfragen, in der Freizeitgestaltung, bei der Bewältigung häuslicher Arbeit oder in gesellschaftspolitischer Hinsicht (auch zur Verbesserung der Verhältnisse im Wohnviertel). So verstandene Familienbildung wendet sich an das «System Familie» (Schneewind, 1999, 115ff), also an alle Mitglieder und relevanten Bezugssysteme. Die vorschulischen, schulischen und ausserschulischen Bildungseinrichtungen können einen Teil dieser Bildungsleistung zur Stärkung der familialen Funktionen übernehmen.

Definitionsgemäss setzen sekundärpräventive Massnahmen in potenziellen Risikobereichen an. Solche Risiken entwickeln sich z. B. dort, wo tradierte familiale, nachbarschaftliche und berufliche Netzwerkstrukturen zerfallen, Bindungen fehlen, Sprachkenntnisse aufgebaut werden müssen, eine traditionelle Familienkultur mit postmodernen Jugendkulturen unvermittelt zusammen trifft, oder wo «Geschäftsfähigkeit» inmitten einer Konsumwelt erst angebahnt werden muss.

Familienbildung soll selbst solche Familien erreichen, die bereits gefährdet sind. Für tertiärpräventive Unterstützungsangebote bei manifesten Störungen kommt Familienbildung nur begleitend zu anderen Massnahmen in Frage.

Städte sind darauf angewiesen, die Potenziale der Zuwanderer für die Stabilisierung vernachlässigter Stadtteile zu nutzen (Gestring et al., 2001). Angebote der Familienbildung kommen dort aber nur an, wenn sie interkulturell anschlussfähig sind, d. h. vor Ort bekannt sind, die Interessen der Familien aufgreifen, die Medien der Zielgruppe nutzen, deren Sprache sprechen und unter den spezifischen Lebensbedingungen erreichbar sind. Dazu gehören interkulturelle Gesprächskreise, in denen Menschen verschiedener Kulturen sich austauschen und auch offen über Probleme im Stadtteil diskutieren (vgl. auch den Beitrag von Barblan in diesem Band).

International verbreitet und etabliert sind familienaufsuchende Massnahmen wie *Opstapje* für Eltern mit Kindern unter vier Jahren und *Hippy* für Eltern im Vorschul- und Schulalter. Hinzu kommen Programme, die vor allem auf den Erwerb der Muttersprache in Familien mit Migrationshintergrund zielen. Zahlreiche Programme wurden aufgelegt, wie das Prager Eltern und Kind Programm, Kurse des Kinderschutzbundes *Starke Eltern, starke Kinder*, das Programm *Baby-Bedenk-Zeit* zur Vermeidung von Teenieschwangerschaften sowie die familienorientierten Angebote in Kindertageseinrichtungen. Allen diesen Projekten ist gemeinsam, dass vorwiegend Mütter teilnehmen. Inhaltlich nehmen Erziehungsfragen den grössten Raum ein.

Die Angebotsformen der Familienbildung umspannen das gesamte Spektrum der Möglichkeiten. Sie lassen sich je nach Organisationsform in institutionelle, informelle, funktionale und mediale Familienbildung gliedern (Institut für Entwicklungsplanung und Strukturforschung, 1996). Die klassischen Angebote finden in traditionellen Erwachsenenbildungsinstitutionen wie Familienbildungsstätten, Volkshochschulen, kirchlichen Einrichtungen und Gewerkschaftshäusern statt. Hinzu kommen sehr unterschiedliche eher informelle Angebote von freien Trägern, funktionale Angebote, wie die von Selbsthilfegruppen und mediale Bildungsangebote (von Printmedien – Elternbriefe, Ratgeber, Zeitschriften – bis elektronischen Medien – Internet, CDs, Fernsehen und Video). Angebote nehmen einen immer grösseren Raum ein, wobei jedoch der Internetzugang immer noch stark alters-, geschlechts-, bildungs- und einkommensabhängig ist (Studien: z. B. Stewart, 2000; Kubicek, 2001; Carle & Metzen, 2004). Didaktisch-methodische Seite des Angebots berücksichtigt, dass Eltern heute aus dem beruflichen wie auch aus dem öffentlich-medialen Umfeld ein relativ professionelles Vermittlungsniveau gewohnt sind.

Die Wirkung von Bildungsangeboten – insbesondere die von Familienbildung – ist bislang nicht systematisch erforscht. Allerdings liegen einzelne Untersuchungen vor, die die Bedingungen der Wirkung und die Wirkung selbst aus der Sicht von Nutzern und Experten beschreiben. Dabei werden Engpässe sichtbar wie die folgenden:

- die Koordination der Angebote
- die Aktivierung von Risikogruppen
- die Erhöhung der Anschlussfähigkeit der Angebote an die Zielgruppen
- die Verbesserung von Stadtteilwirkungen durch Koordination von Angeboten und Orten der Familien
- die regional unterschiedliche Verbreitung des Angebots (z. B. Stadt-Land-Gefälle)
- personelle Unterbesetzung
- zu schwache Ausbildung der Akteure
- Tendenz, nicht genug auf die Familien zuzugehen

Bemängelt wird vor allem, dass sozial benachteiligte und bildungsferne Familien mit den Angeboten nicht gut genug erreicht werden. Die tradierte Organisation der Familienbildung ist kaum geeignet, Zielgruppen- und Quartierskompetenz zu entwickeln (Carle & Metzen, 2004).

1.1 Systemische Elternbildung und Familienförderung

Die Einflusssphäre für das Herausbilden von Elternkompetenz beschränkt sich nicht auf Beratungs- und Bildungseinrichtungen. Vielmehr leben und arbeiten künftige Eltern in einer Welt, die sie hinsichtlich Familienleitbild und Familienführung nachhaltig beeinflusst. Sie bringen also in die Bildungseinrichtungen für Familienbildung relevante Vorerfahrungen mit, auf die dann systematisch aufgebaut werden sollte. Das gilt auch und umso mehr, wenn Eltern nicht von sich aus an Familienbildungsangeboten teilnehmen (vgl. Bronfenbrenner, 1981; vgl. auch den Beitrag von Reinwand in diesem Band).

Einer der ersten, die einen systemischen Ansatz theoretisch auf die soziale Arbeit mit Familien bezog, war der Schweizer Theologe, Sozialarbeiter oder Sozialpädagoge im Hochschuldienst (bis 2006 Professor für Sozialarbeitstheorie an der Fachhochschule in Bern, Fachbereich Sozialarbeit) Peter Lüssi. Folgende sechs Kernelemente zeichnen seine Sozialarbeitstheorie aus (vgl. Lüssi, 2008):

- Sozialarbeit ist im Kern Beratungsarbeit – neben Verhandlung, Intervention, Vertretung, Beschaffung und Betreuung
- Die Kernaufgabe der Sozialarbeit ist das Lösen sozialer Probleme
- Soziale Probleme beinhalten «unzumutbare» Notlagen, subjektive Belastungen und Lösungsschwierigkeiten
- Systemische Lösungen beinhalten die Förderung natürlicher sozialer Netze bei minimalem Eingriff in die natürlichen sozialen Lebenszusammenhänge
- Systemische Lösungen brauchen Ressourcen: Sie erfordern entsprechende Organisationen, Geld, Professionelle, rechtliche und soziale Grundlagen
- Beratung und die anderen Arbeitsweisen benötigen ausgeprägte soziale Persönlichkeit wie ausgefeilte technische Fertigkeit (Methodik)

Kein Detail von Lüssis systemischer Sozialarbeitslehre ist neu, war es auch 1991 nicht, aber die Integration in die Familienbildung und Sozialarbeit ist bis heute nicht erreicht (Lüssi, 2008, 41ff). Stattdessen orientiert sich Elternbildung und Familienförderung allzu häufig an traditionellen Erwachsenen- bzw. Berufsbildungsmodellen und an der therapeutisch fundierten Einzelfallhilfe («casework»). Lüssi empfiehlt stattdessen die Förderung natürlicher sozialer Netze bei

Ursula Carle

minimalem Eingriff in die natürlichen Lebenszusammenhänge (ebd., S. 284ff). Dieses sehr erfolgreiche Prinzip folgt Lüssis sozialökologischem Prinzip der Förderung natürlicher sozialer Netze. Familienbildung wendet sich damit ab von der Angebotsorientierung und hin zur Entwicklungspotenzialorientierung, was man auch als «KundInnenorientierung» bezeichnen könnte.

Systemische Elternbildung kann eine Antwort sein auf die im vorigen Kapitel angedeuteten Engpässe der Familienbildung.

1.2 Der Fünf-Länder-Vergleich zum Parenting Support

Die Beschreibung der Entwicklung von Familienbildung beansprucht keine Abbildungsleistung. Sie verdeutlicht jedoch, dass sich Familienbildung äusserst langsam bewegt. Das wird auch in der englischen Bildungsministeriumsstudie *International perspectives on parenting support* (Boddy et al., 2009) deutlich. Wie sieht die Elternbildung und Familienförderung in Dänemark, Deutschland[1], Frankreich, Italien und den Niederlanden aus? Das Bildungs- und Familienministerium Englands (Department for Children, Schools and Families) beauftragte Dr. Janet Boddy, Prof. June Statham und Prof. Marjorie Smith von der Thomas Coram Research Unit an der Faculty of Children and Health des Institute of Education der University of London zwischen 2007 und 2009, in ausgewählten europäischen Ländern nach erfolgversprechenden Praktiken der Eltern- und Familienförderung Ausschau zu halten (Boddy et al., 2009). In ihrer Grundlagenstudie zur frühkindlichen Bildung in der Schweiz für die Schweizerische UNESCO-Kommission, Projektgruppe Frühkindliche Bildung, gibt Prof. Margrit Stamm im Kapitel 6, «Die Rolle der Eltern und die innerfamiliale Situation», einen kurzen Überblick über die Weiterbildungsangebote für Eltern in der Schweiz (Stamm et al., 2009, S. 66ff).

Warum schauen die weltweit bewunderten «Erfinder» der Early Excellence Centres (EEC) über den sozialpädagogischen Zaun der Nachbarländer? – Gerade der Erfolg der EECs in der aktuellen Version der *Extended Schools* und die in diesen Zentren praktizierte Eltern- und Familienförderung führte zur Gründung der Academy for Parenting Practitioners (NAPP). Das Bildungsversprechen

---

[1] Eine detailliertere Übersicht über die Situation der Familienbildung in Deutschland findet sich unter der URL (Stand 2009_07): www.familienbildung.uni-bremen.de/aktuelles/ca2009_07familienbildung_DE.pdf

Familienbildung

dieser Fortbildungsstätte für Familienbildungs-SpezialistInnen lautet: «Our research programme has been designed to help bring real change to the way you work, with research into which parenting programmes are effective, how services should be delivered and the parenting styles you should teach to meet children's and families' needs»[2]. Den TeilnehmerInnen sollen Elternbildungs- und Familienförderungsprogramme präsentiert werden, die nachweislich wirksam sind. Wie in Deutschland, so sind auch in England die Wirksamkeitsnachweise von Förder- und Bildungsprogrammen für Eltern und Familien eher rar. Der Blick auf die internationale Praxis soll helfen, den Blick für gute Beispiele und sinnvolle Wirksamkeitskriterien zu schärfen.

Der nun vorliegende Abschlussbericht *International perspectives on parenting support: Non-English language sources* (Boddy et al., 2009) leistet diesen Lerneffekt vor allem dadurch, dass die verschiedenen Politiken, Strukturen und Praxen im Bereich der Familienbildung und -beratung deutlich machen, dass diese veränderbar sind. Zu jedem der Länder findet sich ein eigenes Kapitel, das von einem nationalen Experten formuliert wurde – das Kapitel ‹Germany› wurde von Simon Garbers, Sozialpädagoge an der Universität Lüneburg verfasst. In einem abschliessenden Kapitel ziehen die Autorinnen sieben Schlussfolgerungen:

1. die Studie bietet eine Grundlage für gemeinsames, länderübergreifendes Lernen in Sachen Elternbildung und Familienförderung
2. der Blick über den Zaun weitet den Blick für das, was Eltern helfen kann, erschüttert zumindest tradierte Wirkungsmodelle
3. die Untersuchung offenbart, dass es zwei Arten von Angeboten geben muss: allgemeine Programme und sehr spezifische Unterstützungsangebote – entsprechend gibt es ein Kontinuum der Zugänglichkeit zu den Angeboten: von allgemeinen Kursen zur Kinderentwicklung an Schulen oder die verbindlichen Vorsorgeuntersuchungen für Neugeborene und Kinder bis hin zu hoch spezialisierten Unterstützungsangeboten für Eltern mit besonderen Beeinträchtigungen

---

[2] Homepage der Aca. tingacademy.org (Zugriff am 4.6.2009)

4. mit einer entsprechenden Qualifikation können die MitarbeiterInnen der Unterstützungssysteme auch im Rahmen der allgemeinen Unterstützungseinrichtungen (Arztpraxis, Krippe, Kindergarten, Schule ...) sehr wirksam werden
5. der internationale Austausch beschleunigt die Adaptation von wirksamen, standardisierten Programmen aus anderen Länder (*Hippy*, *Opstapje*, PEKiP, *Triple P* ...) aber auch von pädagogisch-konzeptionellen Ansätzen wie Ressourcen-, Kinderrechts-, Emanzipationsorientierung ...
6. Paar- und familienorientierte Ansätze für Zielgruppen, die Familienbildung eher meiden, wie Väter, Eltern mit Migrationshintergrund usw. sind für England eine sehr interessante Anregung
7. die Aus- und Weiterbildung der Fachkräfte in der Elternbildung und Familienförderung muss überdacht werden; auch die Spezialisierung vieler Studiengänge auf benachteiligte Familien sollte dabei in Frage gestellt werden; Elterninitiativen weisen darauf hin, dass in dieser Qualifikation die Ressourcen der Eltern mit in die Unterstützungskompetenzen der Familienförderer eingebaut werden sollten

Die Studie von Boddy und KollegInnen ist ein Vorbild für das neue Lernen in der Familienbildung: Perspektivenausweitung und Lernen von anderen durch gemeinsame Arbeit an der Wissensgenerierung. Dies erscheint als ein probater Weg zur Überwindung der Kompetenzdefizite im Bereich der Elternbildung und Familienförderung (Carle & Metzen, 2006, 119ff). Die *International Perspectives* bieten zugleich auch transdisziplinäre Perspektiven und damit einen Ausweg aus der Stagnation der Familienbildung.

2. Geeignete Orte der Familienbildung: Familienzentren als Bildungseinrichtungen

Familienbildung, so wurde bis hier ausgeführt, soll zwar die Eltern unterstützen, ist aber vor allem für die Kinder wichtig, denn sie sind von Geburt an auf eine gute Förderung im Elternhaus mit seinen informellen Betreuungslösungen und zugleich in den formellen Einrichtungen der frühkindlichen Bildung, Betreuung und Erziehung angewiesen. Nimmt man die Lernerfolgskette, wie sie von uns

Familienbildung

skizziert (Carle, 2008) wurde, ernst und berücksichtigt die ebenfalls skizzierten Probleme der Distanz zu den konkreten Bedürfnissen der Eltern, dann muss Familienbildung vor allem näher an die Eltern heranrücken. Angebote zur Familienbildung können die verschiedenen Eltern besser erreichen, wenn sie zum alltäglichen Umfeld der Eltern gehören, also im Quartier angesiedelt, gut sichtbar und erreichbar erscheinen und dort verankert sind, wo Eltern im Kontext alltäglicher Abläufe ohnehin vorbeikommen (Carle & Metzen, 2006a). Vorbilder finden sich in verschiedenen Ländern: z. B. die Vensterschoolen in den Niederlanden, Early Excellence Centres, Children Centres und Extended Schools in England, Familienzentren in Nordrhein-Westfalen und das Familiennetz Basel Stadt. Schulen und Kindergärten mit ihrer zentralen Lage und hohen Bedeutung für Familien übernehmen hier eine zentrale Rolle für die bildungs-, erziehungs- und gesundheitsbezogene Quartiersentwicklung.

2.1 Vensterschoolen in den Niederlanden

Infolge der empirischen Untersuchungen im Rahmen der wissenschaftlichen Begleitung des *Head-Start*-Programms (Bronfenbrenner, 1974) und der theoretischen Grundlegung der «Ökologie der menschlichen Entwicklung» (Bronfenbrenner, 1981) entstanden beispielsweise Community Schools in USA, skandinavische Modellschulen und Vensterschoolen in den Niederlanden. Ähnliche Modelle entwickelten sich seit den 1990er-Jahren parallel zu Initiativen im frühkindlichen Bereich auch in anderen Ländern und mit einer grossen Bandbreite an Variationen (Gemeente Groningen, 2009). Allen gemeinsam ist, dass sie Eltern und Stadtteilorganisationen einbeziehen und sich so zu Knotenpunkten für Lifelong Learning entwickeln. Anstoss gaben Erkenntnisse über ungleich verteilte Bildungsteilhabe (Denner, 2007) und insbesondere die Notwendigkeit, bildungsferne Eltern mit Migrationshintergrund für Sprachangebote zu gewinnen. «Vensterschoolen» ist folglich nicht die Bezeichnung für eine neue Schulart, sondern für ein Netzwerk zwischen Basisonderwijs (eine oder mehrere Grundschulen für Kinder von null bis zwölf Jahren) und verschiedenen pädagogischen und beratenden Einrichtungen wie Bibliothek, Erziehungs- bzw. Gesundheitsberatung, Betreuung und Familienbildungsstätte in räumlicher Nähe. Es handelt sich also um ein kooperatives Modell, in dem verschiedene spezialisierte

Ursula Carle

Einrichtungen unterschiedlicher Träger räumlich, zeitlich und fachlich eng abgestimmt und mit transparenten Regeln zusammenarbeiten. Vensterschoolen verbinden schulische Bildungs- und Betreuungsaufgaben mit Erwachsenenbildung, Kultur und Sport sowie Gesundheitsarbeit im Stadtteil. Durch ein ausgearbeitetes Kooperationsmodell gelingt es, die Schwellen zwischen den unterschiedlichen Experteneinrichtungen niedrig zu halten und im Alltag zu überwinden (Koslowski, 2009). Innerhalb einer Stadt oder Region werden die vorhandenen Vensterschoolen durch ein dem Bildungsressort zugeordnetes Management koordiniert, das von einer ressortübergreifenden Lenkungsgruppe unterstützt wird. So hat etwa die Stadt Groningen mit 180 000 Einwohnern derzeit neun Vensterschoolen und erreicht damit ca. 70 Prozent der Kinder und ihre Eltern aus allen sozialen Schichten (Gemeente Groningen, 2009). Die Vensterschoolen sind in den Niederlanden weit verbreitet, was nicht zuletzt durch die breite Unterstützung in den Kommunen gelungen ist.

2.2 Children Centres in Grossbritannien

Grossbritannien weist im Vergleich mit Deutschland eine sehr viel höhere Bildungsbeteiligung im Sekundär- und im Tertiärbereich auf (OECD, 2008, S. 12). Dennoch erreichen dort mehr als 20 Prozent nie einen gesellschaftlich verwertbaren (Berufs-) Bildungsabschluss. Die Gründe suchte die Labour-Regierung nicht erst bei den Jugendlichen, sondern in den Versäumnissen der frühen Jahre. 1997 legte sie daher ein Programm zur Weiterentwicklung der frühkindlichen Bildung auf. Impulse gaben das *Head-Start-Programme* (seit 1965 in USA), das australische *Head-Start-Framework* und der kanadischen *Early-Years-Plan*. Ziel war eine familiennahe, kompensatorische Förderung benachteiligter Kinder in für die Eltern und Familien gut zugänglichen Serviceeinrichtungen. Räumlich gut zugänglich ist, was ohnehin auf dem Weg der Alltagstransporte liegt und das sind für Familien mit jungen Kindern vor allem die Kindergärten. Insbesondere für Eltern mit Migrationshintergrund sollten die Kindertageseinrichtungen eine Brücke zur Familienbildung herstellen. So wurden im Rahmen des *Sure Start*-Programms seit 1997 in Grossbritannien zahlreiche Early Excellence Centres eingerichtet. Ziel war eine hohe Qualität, Niedrigschwelligkeit, Integration von Bildung, Erziehung, Betreuung und Gesundheitsvorsorge, Service für Eltern,

Erziehungspersonal und Familien. Unterprivilegierte Kinder sollten eine besonders gute Förderung erhalten. Mit diesen Massnahmen sollte die gesellschaftliche Integration im Quartier unterstützt werden. Auch hierfür ist die Voraussetzung eine professionelle Kooperation der entsprechenden Einrichtungen und eine Koordination durch ein gemeinsames Management (Sure Start, 2009).

Um eine schnellere Flächendeckung zu erreichen, wurde das *Sure Start*-Programm 2004 geändert. Children Centres, angesiedelt an Kindergärten, sollten flächendeckend zunächst vor allem Kindern aus benachteiligten Gebieten zur Verfügung gestellt werden (Sure Start, o. J; Burn, 2002). Die Verfügbarkeit von Betreuungseinrichtungen für alle Kinder, die bessere Unterstützung der gesundheitlichen und emotionalen Entwicklung der Kinder und die Unterstützung der Eltern – auch hinsichtlich Beschäftigungsfähigkeit – stand nun im Mittelpunkt der Entwicklung der Children Centres hin zu Knotenpunkten einer Vielzahl von Dienstleistungsangeboten rund um Kinder und Familien.

Im Programm *Extended Schools* unterstützt die Regierung Schulen (in England, Wales und Nordirland), die Lern-, Sport- und Hobbyangebote sowie Freiwilligenprojekte, Beratungen am Übergang und bei auftretenden Erziehungsfragen sowie ein Serviceangebot von Problem-Spezialisten (z. B. Logopäden, Therapeuten …) für Kinder, junge Erwachsene und Familien auch ausserhalb der Schulzeit zur Verfügung stellen. Die Extended Schools sind also ebenfalls Kooperationszentren («One Stop Shops»), die Kindern und Eltern umfassenden Service aus einer Hand anbieten (Wilkin, 2008). Dass solche Einrichtungen (nur) in Grossbritannien in grossem Stil möglich sind, hängt damit zusammen, dass die Einrichtungen zentral mit einem über Legislaturperioden hinausgehenden Zeithorizont gesteuert werden.

2.3 Familienzentren in Nordrhein-Westfalen

Nordrhein-Westfalen hat im Jahr 2006 damit begonnen, 3000 Familienzentren an Kindertageseinrichtungen aufzubauen. Dadurch soll NRW das kinder- und familienfreundlichste Bundesland in Deutschland werden. Der Aufbau der Familienzentren soll in nur sechs Jahren 2012 abgeschlossen sein. Ähnlich wie die angelsächsischen Children Centres sollen die Familienzentren Kindern und Eltern erstklassige Betreuung und Bildung sowie Beratung und Unterstützung bieten.

Ursula Carle

Eine wesentliche Aufgabe der Familienzentren ist es, die Erziehungskompetenz der Eltern zu stärken und durch gute Betreuungsangebote die Vereinbarkeit von Familie und Beruf zu verbessern. Die Angebote der Familienzentren – so das Konzept – bündeln Angebote verschiedener lokaler Träger im frühpädagogischen Bereich und ebenfalls bereits bestehenden Angeboten der Familienunterstützung. Es wird gerade geprüft, inwieweit und wie das bereits 2001 entwickelte Frühwarnsystem *Frühe Förderung für gefährdete Kinder* und damit Prävention durch Frühförderung mit den Familienzentren gekoppelt werden kann. Die Einrichtung der Familienzentren wird von Prof. Wolfgang Tietze (Berlin) wissenschaftlich begleitet.

Auf seiner Informationsseite nennt das Ministerium für Generationen, Familie, Frauen und Integration des Landes Nordrhein-Westfalen folgende Vorteile der Familienzentren: «Kinder können besser individuell gefördert und der Bildungsauftrag intensiviert werden, es lassen sich Sprachdefizite früher feststellen und durch eine individuelle Förderung systematisch abbauen, Stärken und Schwächen der Kinder werden früher erkannt und Eltern in Fragen der Erziehung, Bildung, Gesundheit usw. gezielter und früher beraten, Eltern werden bei der Überwindung von Konflikten unterstützt, Familien aus bildungsfernen Schichten können besser angesprochen werden, Familienzentren werden zu Orten der Integration, die Familien mit Zuwanderungsgeschichte besser erreichen, durch eine Öffnung der Angebotsstruktur – unter Einbeziehung der Familien – (soll) mehr Variabilität in den Betreuungszeiten und der Altersmischung geschaffen werden, das Angebot an Tagesmüttern und Tagesvätern ausgeweitet und qualitativ weiterentwickelt werden sowie Orte des Austauschs im Stadtteil geschaffen werden» (Ministerium für Generationen, Familie, Frauen und Integration des Landes Nordrhein-Westfalen (MGFFI, 2006).

Die Familienzentren sollen mit Gütesiegeln versehen werden, sodass die Eltern eine Garantie für die (Wirkungs-) Qualität des Angebots erhalten. Es existiert auf der Homepage des Ministeriums eine Liste der ausgewiesenen Familienzentren (MGFFI, 2006). Überprüft man die genannten Einrichtungen, so zeigt sich allerdings, dass es sich zumeist um nicht mehr als eine Kindertageseinrichtung mit leicht ausgeweiteter Elternarbeit handelt. In einigen Fällen wird noch hervorgehoben, dass der Kindergarten mit diversen Beratungseinrichtungen, z. B. Förder-

Familienbildung

schulen, kooperiert. Dabei zeigt sich, dass die Entwicklung bestehender Einrichtungen zu Familienzentren, die denen der Vensterschoolen oder der Children Centres gleichen, noch mehrere Jahre dauern wird. Ob das mit dem eingesetzten Unterstützungsumfang von vier regionalen Kompetenzteams und zentralen Veranstaltungen der Landesregierung gelingt, darf bezweifelt werden.

3. **Fazit: Gelingt der Weg aus der Anbieterorientierung in die Zielgruppenorientierung?**

Die Familienbildung, das zeigen die vorliegenden Studien, muss zielgruppengerechter werden. In vielen Ländern wird deshalb bereits seit Jahren an der Verbesserung der Strukturen und Ressourcen der «Familienbildung» gearbeitet. Die Erfolge der vielfältigen Bemühungen lassen allerdings auf sich warten. Dies bestätigte für Deutschland der 12. Kinder- und Jugendbericht ebenso wie die aktuelle Neuauflage des Berichtes *Familienbildung als Angebot der Jugendhilfe*.

Unsere Konsequenzen aus den vorhandenen Studien zielen gemäss den ökosystemischen Ansatz auf das Quartier, in dem die Familien leben, indem sie sich die Kinder- und Familienperspektive zu eigen machen: «Quartiersansatz» nennen wir diese Familienförderungs- und Elternbildungsstrategie. Im Kern des Ansatzes stehen die Kinder – sie sind der wichtigste Partner. Neu hinzu kommen zwei Professionalisierungsinstrumente: die «Lokale Zielgruppenservice-Segmentierung» und die «Überregionale Zielgruppenkompetenz-Segmentierung» (vgl. Carle & Metzen, 2006a). Hiermit erst kann der Kernansatz, die Aufladung des nahen Umfeldes mit professionellem Familien-Know-how gelingen, denn isoliert an der Familie ansetzende Interventionen oder Angebote sind mit Blick auf die Vorerfahrungen der Familien nicht adaptiv genug. Weitere, z. T. altbekannte Erfolgsfaktoren sind:

- Vernetzung der professionellen Familienförderung
- Kontaktkette und Angebotsleitsystem
- Schnittstellenmanagement in einem breiten Projektbündnis
- niedrigschwellige Angebote
- professionelle Werbung
- Mobilisierung von Familienarbeit

Ursula Carle

- Familienbildung als Selbstverständlichkeit
- moderne Didaktik
- Kinderbetreuung
- Qualitätssicherung
- Kenntnis der Situation vor Ort und die
- unumgängliche «Nachhaltigkeit» der Reorganisationsbemühungen

Bis auf die ersten drei sind die meisten dieser Rahmenbedingungen für Familienförderung und Elternbildung wahrscheinlich unbestritten. Ihrem Wirksamwerden stehen allerdings drei Engpässe im Wege: Erstens werden immer nur Teilstrukturen realisiert, nie das Ensemble. Es kommt so nie zu einer kritischen familiennahen Wirkungsenergie. Zweitens wird diese Realisierung auf einem organisatorischen Niveau betrieben, das die meisten Ideen und Energien der Projektbeteiligten absorbiert bevor sie wirksam werden können (vgl. dazu auch den Beitrag von Kost in diesem Band). Wir stehen also auch vor einem organisatorischen Perspektivenwechsel. Bleibt der dritte Engpass: Die Familienbildungsthemen, die Familien wollen.

Familienbildung hat sich in den letzten Jahrzehnten gravierend entwickelt und verbreitet. Trotzdem – so zeigen die referierten empirischen Studien – ist es noch ein weiter Weg bis zu einer wirksamen Familienbildung.

Literatur

Boddy, J., Statham, J., Smith, M., Ghate, D., Wigfall, V., Hauari, H., Canali, C., Danielsen, I., Flett, M., Garbers, S. & Milova, H. (2009). *International perspectives on parenting support: Non-English language sources*. London: Department for Children, Schools and Families (DCSF). Zugriff am 04.07.2009. Verfügbar unter
www.dcsf.gov.uk/research/data/uploadfiles/DCSF-RR114.pdf

Bronfenbrenner, U. (1974). *Wie wirksam ist kompensatorische Erziehung?* Stuttgart: Klett.

Bronfenbrenner, U. (1981). *Die Ökologie der menschlichen Entwicklung: natürliche und geplante Experimente*. Stuttgart: Klett.

Burn, C. (2002). *Sure Start – Die Lage für Kinder und Familien ändern!* Beitrag auf dem Fachforum «Schule in sozialen Brennpunkten» am 5. und 6. Dezember 2001 in Dortmund. BMFSFJ-Programm «Entwicklung und Chancen junger Menschen in sozialen Brennpunkten (E&C)». Berlin: E&C. Zugriff am 04.06.2009. Verfügbar unter www.eundc.de/pdf/11006.pdf

Bundesarbeitsgemeinschaft Familienbildung & Beratung e.V. (o. J.). Internetportal des Kooperationsverbundes der zentralen Dachverbände der Eltern- und Familienbildung. Zugriff am 04.06.2009. Verfügbar unter www.bag-familienbildung.de

Carle, U. (2008). *Anfangsunterricht in der Grundschule. Beste Lernchancen für alle Kinder.* Expertise für die Enquetekommission II des Landtages Nordrhein-Westfalen, «Chancen für Kinder» – Rahmenbedingungen und Steuerungsmöglichkeiten für ein optimales Betreuungs- und Bildungsangebot in Nordrhein-Westfalen. Düsseldorf: Landtag des Landes NRW. Zugriff am 04.06.2009. Verfügbar unter www.grundschulpaedagogik.uni-bremen.de/schuleingangsphase/ Anfangsunterricht-Gutachten(NRW)/ca2008_01Anfangsunterrichtgutachten_ NRW.pdf

Carle, U. & Metzen, H. (2006). Der «Quartiersansatz» - eine neue Strategie zur Familienförderung und Elternbildung. In W. E. Fthenakis & M. R. Textor, (Hrsg.), *Das Online-Familienhandbuch des Staatsinstituts für Frühpädagogik (IFP).* Zugriff am 04.06.2009. Verfügbar unter www.familienhandbuch.de/cmain/f_Fachbeitrag/a_Familienbildung/s_2085.html

Carle, U. & Metzen, H. (2006a). *Abwarten oder Rausgehen. Familienförderung und Elternbildung vor dem anstehenden und (un-)gewollten Perspektivenwechsel. Beeindruckendes von einem lehrreichen Außenseiter-Blick über einen sehr sehr hohen Zaun.* Norderstedt: Books on Demand (Bremer Familienbildungsprojekt Fit für Familie). Zugriff am 04.06.2009. Verfügbar unter www.familienbildung.uni-bremen.de/material/f4f_ab.html

Carle, U. & Metzen, H. (2004). *Familie als wichtigste Bildungsinstitution?! Neue Modelle der Familienförderung und Elternbildung. Auf der Suche nach Zukunftsweisenden Leitbildern, innovativen Strukturen und nachhaltigen Praxen.* Ringvorlesung an der Universität Bremen im Wintersemester 2004-2005. Bremen: Universität Bremen, Mobile Lecture (Zentrum für Multimedia in der Lehre ZMML). Zugriff am 04.06.2009. Verfügbar unter www.familienbildung.uni-bremen.de/veranstaltungen/ringvorlesung_ablauf.htm

Denner, L. (2007). *Bildungsteilhabe von Zuwandererkindern: eine empirische Studie zum Übergang zwischen Primar- und Sekundarstufe.* Karlsruher pädagogische Studien, Band 8. Karlsruhe: Pädagogische Hochschule Karlsruhe.

Deutscher Kinderschutzbund, Landesverband Bremen e. V. (o. J.). *Das Familiennetz Bremen – die Infozentrale für Eltern und Familien in Bremen.* Zugriff am 04.06.2009. Verfügbar unter www.familiennetz-bremen.de/

Deutscher Verein für öffentliche und private Fürsorge (DV) (2007). *Bestandsaufnahme und Empfehlungen des Deutschen Vereins zur Weiterentwicklung der Familienbildung.* Berlin: DV. Zugriff am 04.06.2009. Verfügbar unter http://news.eformation.de/v3/client/media/193/data/5698.pdf

Eidgenössische Kommission für Familienfragen (EKFF) (2009). *Familien- und schulergänzende Betreuung. Eine Bestandesaufnahme der Eidg. Koordinationskommission für Familienfragen EKFF.* Bern: EKFF.

Gemeente Groningen (2009). Internetportal zu den Vensterschoolen Groningen mit Informationen auf Deutsch. Zugriff am 04.06.2009. Verfügbar unter http://venster-school.groningen.nl/welkom_vensterschool+portal/

Gestring, N., Glasauer, H., Hannemann, Ch., Petrowsky, W., Pohlan, J. (2001). *Jahrbuch Stadt Region 2001. Schwerpunkt: Einwanderungsstadt.* Opladen: Leske + Budrich.

Hippy Deutschland (o. J.). *Internetportal des Elternbildungsprogramms HIPPY, Home Instruction for Parents of Preschool Youngsters, für Eltern von drei- bis sechsjährigen Kindern.* Bremen: HIPPY Deutschland. Zugriff am 04.06.2009. Verfügbar unter www.hippy-deutschland.de

Institut für Entwicklungsplanung und Strukturforschung (IES) i. A. des BMFSFJ (1996). *Handbuch der örtlichen und regionalen Familienpolitik.* Hannover: Universität Hannover.

Jugendministerkonferenz (2003). *Stellenwert der Eltern- und Familienbildung – Stärkung der Erziehungskompetenz der Eltern.* Beschluss der Jugendministerkonferenz vom 22. bis 23. Mai 2003 in Ludwigsburg, TOP 4. Zugriff am 04.06.2009. Verfügbar unter: www.familienbildung.unibremen.de/material/familienpolitik/JMK20030522t op4el+fabi+kompetenz.pdf

Koslowski, C. (2009). Interdisziplinäre Kooperation mit Partnern aus dem Umfeld. In D. Wenzel, G. Koeppel & Carle, U. (Hrsg.), *Kooperation im Elementarbereich. Eine gemeinsame Ausbildung für Kindergarten und Grundschule* (Bd. 3, S. 124-136). Baltmannsweiler: Schneider Verlag Hohengehren.

Kubicek, H. (2001). *Die digitale Spaltung der Gesellschaft.* Vortragsfolien zum Government Forum 2001. Bremen: Universität Bremen, Institut für Informationsmanagement Bremen (ifib), Forschungsgruppe Telekommunikation. Zugriff am 04.06.2009. Verfügbar unter www.ifib.de/publikationsdateien/ ddivide_siemens.ppt

Lüssi, P. (2008). *Systemische Sozialarbeit. Praktisches Lehrbuch der Sozialberatung* (6. ergänzte Aufl.). Bern: Haupt.

Ministerium für Generationen, Familie, Frauen und Integration des Landes Nordrhein-Westfalen (MGFFI) (2006). *Ziele des Landesprojektes Familienzentren.* Zugriff am 04.06.2009. Verfügbar unter www.familienzentrum.nrw.de/landesprojekt.html

Organisation For Economic Co-Operation and Development (OECD) (2008). *Education at a Glance 2008.* EOCD Indicators. Paris: OECD. Zugriff am 04.06.2009. Verfügbar unter www.oecd.org/dataoecd/23/46/41284038.pdf

Organisation für wirtschaftliche Zusammenarbeit und Entwicklung (2008). *Bildung auf einen Blick 2008.* OECD-Indikatoren. Gütersloh: W. Bertelsmann Verlag (wbv).

Opstapje Deutschland (o. J.). *Internetportal des Elternbildungsprogramms Opstapje für Eltern von Kleinkindern ab 18 Monaten.* Bremen: Opstapje Deutschland. Zugriff am 04.06.2009. Verfügbar unter www.opstapje.de

Schneewind, K. A. (1999). *Familienpsychologie* (2. Aufl.). Stuttgart: Kohlhammer.

Stamm, M., Reinwand, V., Burger, K., Schmid, K., Viehhauser, M. & Muheim, V. (2009). *Frühkindliche Bildung in der Schweiz. Eine Grundlagenstudie im Auftrag der Schweizerischen UNESCO-Kommission.* Fribourg, Schweiz: Universität Fribourg. Zugriff am 04.06.2009. Verfügbar unter www.fruehkindlichebildung.ch/fileadmin/documents/aktuell/informationen_f uer_medienschaffen de/2009/ Zusammenfasung_UNESCOStudie_pdf

Sure Start (o.J.). *Homepage des Programms.* Zugriff am 04.06.2009. Verfügbar unter
http://www.surestart.gov.uk/surestartservices/settings/earlyexcellencecentres/

Stewart, J. (2000). *The digital divide in the UK. A review of quantitative indicators and public policies.* Edinburgh/Scotland/UK: Research Centre for Social Sciences University of Edinburgh. Zugriff am 04.06.2009. Verfügbar unter www.rcss.ed.ac.uk/sigis/public/backgrounddocs/Digital_divide1.doc

Textor, M. R. (2001). Familienbildung als Aufgabe der Jugendhilfe. In W. E. Fthenakis & M. R. Textor (Hrsg.), *Online-Familienhandbuch.* Zugriff am 04.06.2009. Verfügbar unter
www.familienhandbuch.de/cms/Familienbildung-Jugendhilfe.pdf

Wilkin, A., Murfield, J., Lamont, E., Kinder, K., & Dyson, P. (2008). *The value of social care professionals working in extended schools.* Slough, UK: National Foundation for Educational Research (NFER).

Andrea Lanfranchi

Familienergänzende Betreuung

Einleitung

Familienergänzende Institutionen der Kinderbetreuung (Kindertagesstätten und Tagesfamilien) sind in den letzten 15 Jahren zahlenmässig stark gewachsen. Ihre Akzeptanz in der öffentlichen Meinung als gute Möglichkeit, die Familie in der Betreuung ihrer Kinder zu ergänzen und in vielen Fällen zu entlasten, ist deutlich grösser geworden (vgl. dazu auch den Beitrag von Muheim & Reinwand in dieser Publikation).

Drei mögliche Zugänge führen zum Thema: Erstens die Suche nach Lösungen für eine bessere Vereinbarkeit von Familie und Beruf; zweitens das Postulat der Gleichstellung von Mann und Frau, und drittens das Kindeswohl – unter anderem mit dem Ziel, die Chancengerechtigkeit der Schule auch bei Kindern aus bildungsbenachteiligten Familien zu erhöhen. In diesem Aufsatz beziehe ich mich schwerpunktmässig auf den dritten Aspekt. Die Frage ist dabei nicht: Krippe ja oder nein? sondern: Welche Betreuungsform ist für welches Kind und welche Eltern in welcher Familienphase am besten geeignet? Wichtig ist: Die Betreuung, ob daheim oder extern, muss immer die Qualität einer liebevollen, ermutigenden Zuwendung haben. Im Falle von bildungsungewohnten Eltern muss sie manchmal ergänzt werden durch ausgewählte «Sinnesnahrung» in Form vermittelter Lernerfahrungen.

1. Gesellschaftliche Veränderungen

Tiefgreifende Umwälzungen im Zuge der Individualisierung haben auch für Frauen grössere Handlungsspielräume geöffnet, sodass sie immer besser ausgebildet und vermehrt erwerbstätig sind. Das hat zu einer Pluralisierung der Lebens- und Familienformen geführt, sodass Kinder heute oft mit einem Vater und einer Mutter leben, manchmal aber auch nur mit einem Elternteil[1] oder abwechselnd mit dem einen oder dem anderen zusammen (vgl. dazu auch den Beitrag

---

[1] 2007 gab es in der Schweiz 180'000 so genannte «Alleinerziehende» (das sind fast 9 Prozent aller Familienhaushalte und 45 Prozent mehr als 1980): http://www.bfs.admin.ch/ [Stand 21.09.09]

von Carle in diesem Band). Sie haben keine, ein einziges und eher selten mehrere Geschwister.[2] Ihre Mütter arbeiten die ganze Woche oder nur einzelne Tage oder an einzelnen Tagen nur stundenweise.[3] Manche Kinder haben daheim viele Spielsachen und viele Spielkameraden, andere verbringen viel Zeit alleine vor dem Fernseher; ein Teil der Kinder wächst in Armut auf.[4] Manche Kinder erfahren Wertschätzung und erleben in der Familie Situationen, in denen Konflikte angegangen und gelöst werden können. Bei anderen streiten ihre Eltern andauernd. Manchmal ist der Vater (oder die Mutter) physisch anwesend, psychisch jedoch wenig präsent, d. h. emotional nur beschränkt verfügbar. So heterogen die heutigen Familienkonstellationen und so unterschiedlich die Situationen sind, so vielfältig ist auch der individuelle Bedarf von Eltern für die Betreuung und Erziehung ihres Kindes. Die Anforderungen durch die Erwerbstätigkeit, vor allem aber die Bedürfnisse des Kindes müssen dabei in Einklang gebracht werden.

2. Vorurteile und Mythen

In Anbetracht der Wichtigkeit, die den ersten Lebensjahren für die Entwicklung von Kindern vor allem aus lern- und neuropsychologischen Gründen zugeschrieben werden (vgl. auch den Beitrag von Viehhauser in diesem Band) ist nicht ganz einfach zu verstehen, warum die Schweiz so lange vor dem (heute moderaten) Ausbau familienergänzender Betreuungseinrichtungen gezögert hat. Nach der mehr oder weniger flächendeckenden Versorgung von Pädiatrie und Kleinkindberatung in den ersten Lebensmonaten hatten wir bisher eine weitgehende psychosoziale Versorgungslücke für Kinder zwischen erstem Lebensjahr und Schuleintritt. Während in anderen europäischen Länder 20 bis 80 Prozent der unter Dreijährigen regelmässig vorschulische Einrichtungen besuchen[5] und in

---

[2] 45 Prozent aller Ehepaare hatten 2007 (noch) keine Kinder. Von denjenigen mit Kindern hatten fast 30 Prozent nur ein Kind, 35 Prozent zwei und 15 Prozent drei und mehr Kinder (nur Kinder unter 18 Jahre): http://www.bfs.admin.ch/ [Stand 21.09.09]
[3] 17 Prozent aller Mütter mit dem jüngsten Kind unter 6 Jahren waren 2008 Vollzeit und fast 60 Prozent Teilzeit erwerbstätig. Von der Vätern arbeiteten 87 Prozent Vollzeit und nur 7 Prozent Teilzeit: http://www.bfs.admin.ch/ [Stand 21.09.09]
[4] 9 Prozent aller Familien in der Schweiz leben trotz Kinderzulagen, Sozialhilfe, Alimentenbevorschussung und Prämienverbilligung bei der Krankenversicherung unter der Armutsgrenze. Bei den «Alleinerziehenden" sind es 27 Prozent, bei Paaren mit drei und mehr Kindern sind es 25 Prozent. Überdurchschnittlich häufig handelt es sich dabei um *Working Poors*: Sie arbeiten mindestens 36 Stunden pro Woche, der Lohn deckt den Haushaltsbedarf trotzdem nicht (Bundesamt für Statistik, 2008. S. 44 ff.).
[5] Das sind (OECD, 2006) die Besuchsquoten von unter Dreijährigen in Kindertagesstätten in ausgewählten Ländern: Dänemark, unter Einjährige: 12 %, 1- und 2-jährige 83 %; Deutschland, neue Bundesländer: 37 %; alte

Italien, Spanien, Frankreich, Dänemark, Belgien und Niederlande über 90 Prozent der Vierjährigen in einem Kindergarten mit Tagesstruktur sind, kümmern wir uns in der Schweiz institutionell erst dann vollumfassend um die Kinder, wenn sie im fünften und in manchen Orten erst im sechsen Lebensjahr in den Kindergarten eintreten, oder sogar ohne Kindergartenbesuch mit der erste Klasse der Primarstufe beginnen[6].

Das soll sich nun mit dem HarmoS-Konkordat ändern (EDK, 2007): Angestrebt wird unter anderem die Harmonisierung der Einschulung, die gesamtschweizerisch (vorerst nur für die Kantone, die dem Konkordat beigetreten sind) im 5. Lebensjahr stattfinden soll – für Kinder also, die bis zum Stichtag 31. Juli eines Kalenderjahres ihren 4. Geburtstag hatten und im Herbst in den Kindergarten oder je nach Einschulungsmodell in die Grund- oder Basisstufe eintreten. Der zweijährige Kindergarten wird also in die obligatorische Schulpflicht eingebunden. Darüber hinaus soll ein bedarfsgerechtes Angebot für die Betreuung in Tagesstrukturen zur Verfügung gestellt werden. Die juristischen Begriffe «Frühere Einschulung» und «Betreuung in Tagesstrukturen ausserhalb der Unterrichtszeit» sorgten vor allem in rechtskonservativen Kreisen für Wirbel und führten zu einer fundamentalen Oppositionsbewegung gegen die gesamten HarmoS-Pläne[7]. Worauf gründet diese Kritik, die sich auf das gesamte Spektrum der familienexternen früh einsetzenden Betreuung und Bildung richtet? Woher kommt die Befürchtung, dass Kinder einem Lernen ausgesetzt werden, die ihrem Alter nicht entspräche, und dass Betreuung ausser Haus dem Kind schade?

Ein wichtiger Grund dürfte im Mythos des «Mutterideals» liegen (Braverman, 1989), das in Teilen der Bevölkerung nach wie vor stark verankert ist. Die Mutter soll mit ihrer absoluten Liebe so lange wie möglich für das Kind ganz da sein, es unbeschwert spielen lassen und vorerst vor der Belastungen des schulischen

---

Bundesländer 2,8 %; Frankreich: 26 %, Italien: 18,7 %; Niederlande: 22,5 %; Österreich: 8,9 %; Portugal: 12 %; Vereinigtes Königreich: 20 %.

[6] Nach unserer NFP-39-Studie (Lanfranchi, 2002, S. 155) besuchten im Jahr 1999 in der Kohorte der 6-jährigen eine erstaunlich hohe Zahl von Kindern mit Migrationshintergrund keinen Kindergarten: 21 % der portugiesischen Kinder in Neuchâtel, 14 % der türkischen und 20 % der albanischen Kinder in Winterthur traten damals ohne Kindergartenbesuch in die 1. Klasse über. Hingegen waren in Locarno 60 % der albanischen Kinder (aber nur 20 % der Schweizer Kinder) bereits im Alter von 3 Jahren im Kindergarten. Obwohl die Daten mehrere Interpretationen zulassen, geht es im Wesentlichen um kantonale und kommunale bildungs- und integrationspolitische Praktiken.

[7] Das verleitete die EDK, in ihrer Homepage zu präzisieren, dass mit dem Kindergarten-Obligatorium keinesfalls der «schulische Unterricht» beginne, und dass die ersten Schuljahre weiterhin «kindergartenorientiert» bleiben werden: http://www.edk.ch/dyn/12925.php [Stand: 21.09.09]

Lernens schützen. In einem Dokumentarfilm über die Elternbildung (faktisch: Mütterschule) in der deutschen Schweiz gegen Ende der 50er-Jahre sagt der Sprecher mit tiefer, appellativer Stimme: «Mütter, gebt das Kind nicht aus die Hände – liebt und formt es selbst!»[8] Das Konstrukt «Mutterliebe» existiert bekanntlich nicht seit Urzeiten, sondern etablierte sich erst in der zweiten Hälfte des 18. Jahrhunderts (Joris, 1994). Vorher wurde die biologisch vorgegebene Beziehung zwischen Mutter und Kind nicht als verbindliches normatives Verhaltensmuster interpretiert. Der «Muttermythos» konstituierte sich anlässlich der Trennung zwischen beruflicher und familialer Sphäre, die je einem Geschlecht zugeordnet wurden und zum Strukturwandel vom «ganzen Haus» zur bürgerlichen Familie führte. Durch die Idealisierung ihrer Rolle und die Betonung ihrer Liebe als angeborener Eigenschaft von Frauen wurde die Mutter in der Erziehung der Kinder in eine so zentrale Stellung positioniert, dass sie als unersetzlich galt und in traditional-konservativen Familien immer noch gilt. Sie kann also auch nicht erwerbstätig sein, sondern muss ganz für die Kinder da sein[9]. Hinzu kommt, dass Betreuungseinrichtungen und insbesondere Kinderkrippen immer noch der negative Ruf aus ihrer Gründungszeit Anfang des 19. Jahrhunderts anhaftet, als sie allein gelassene Kleinkinder von sozial Bedürftigen zu verwahren hatten. Es ist dennoch erstaunlich, dass bei Umfragen heute noch die Mehrheit des Personals in Kindertagesstätten ausgerechnet gegenüber der Institution, in der sie arbeiten, negativ eingestellt ist (Schenk, 1998, S. 105).

3. Sinneswandel

Allmählich trat ein auf verschiedenen Ebenen deutlich erkennbarer Sinneswandel ein, sowohl für die Option einer Betreuung der Kinder ausser Haus, als auch für deren Anreicherung mit bildungsfördernden Elementen. Die grundsätzlich positive Wende beruht einerseits auf der oben erwähnten gesellschaftliche Beschleunigung mit der Notwendigkeit für beide Elternteile, die beruflichen

---

[8] Im Film «Die glückliche Familie» geht es um Erziehungsgrundsätze, Wertehaltungen und die Rolle der Mutter (Autor: Hugo Guyer; Drehbuch: Hedwig Brunner-Lienhart. Zürich 1956, 30 Min. (Ausleihbar beim Schweizerischen Bund für Elternbildung: http://www.elternbildung.ch [Stand: 21.09.09]).

[9] Dabei haben Mütter bis zum zweiten Weltkrieg schon immer ausser Haus oder im eigenen Hausbetrieb gearbeitet haben. Sie haben Feldarbeit geleistet, in der Uhrenindustrie Schalen montiert, in der Textilindustrie Kleider genäht, im Kleingewerbe die Kundschaft bedient. Oft waren die Kinder dabei und wurden von den Anwesenden mitbetreut. Erst in der Nachkriegszeit entstand die bürgerliche Kleinfamilie nach dem Modell der ständischen Familie des 18. Jahrhunderts: der Vater als Ernährer ausser Haus, die Mutter als Erzieherin im Hause; nach dem Schweizerischen Eherecht galt dies bis 1987 (Joris, 1994).

Familienergänzende Betreuung

Anforderungen mit der Herausforderung der familiären Präsenz zu vereinbaren. Andererseits beruht sie auf der im Zuge des *Equity*-Diskurses (vgl. Biedinger, Becker & Rohling, 2008; Lanfranchi & Berger, 2005; OECD, 2005) immer klarer gewordenen Notwendigkeit von Bildungsinvestitionen dort, wo es sich lohnt und wo die grösste Wirksamkeit zu erwarten ist, nämlich in der frühen Kindheit und wenn möglich ab Geburt. Mindestens drei Indikatoren weisen auf diese Neuorientierung hin:

- *Terminologie*: Sprach man früher von «Fremdplatzierung» oder von «familienexterner» resp. «ausserfamiliärer» Betreuung, hat sich heute der Begriff «familienergänzende» Betreuung durchgehend etabliert. Es geht also um Massnahmen, welche die Familie nicht ersetzen oder konkurrenzieren, sondern komplementär ergänzen. Auch der Betreuungsbegriff ist – für sich alleine betrachtet – zunehmend antiquiert, weil gute materielle, soziale und pädagogisch-psychologische Kinderbetreuungspraxis sowohl die Erziehung und auch die Bildung inkludieren muss (vgl. Viernickel & Simoni, 2008). Im aktuellen Diskurs hat sich der umfassende Ansatz der frühen Förderung, Bildung, Betreuung und Erziehung (mit der Kürzel FBBE) durchgesetzt (OECD, 2006; Stamm et al., 2009). Wenn von familienergänzender Betreuung hoher Qualität die Rede ist, müssten also alle diese Aspekte mitgedacht werden. Die terminologische Neuorientierung führt zur Frage nach den verschiedenen Formen familienergänzender Betreuung (siehe unten Kapitel 4; vgl. auch den Beitrag von Roux in diesem Band).

- *Adressaten*: Kindertagesstätten geniessen zunehmende Akzeptanz bei den sozioökonomisch höheren Schichten, die vor Jahren noch kaum davon Gebrauch gemacht haben. Es scheint sogar so zu sein, dass heute paradoxerweise viele Einrichtungen vor allem von Kindern aus zahlungskräftigen Familien besucht werden. Diesen Familien vergibt man gerne die wenigen freien Plätze, weil mit dem zu zahlenden Volltarif die betriebswirtschaftliche Grundlage der manchmal knapp subventionierten Kinderkrippen gesichert werden kann. Die Neuorientierung auf der Ebene der Adressaten führt zur Frage nach der aktuellen Nutzung von Einrichtungen der familienergänzenden Betreuung, vor allem durch bildungsbenachteiligte Eltern (siehe Kapitel 5).

Andrea Lanfranchi

- *Wissenschaft*: In älteren Forschungsansätzen stand die Gefährdungsfrage im Vordergrund, also die implizite Annahme, dass «Fremdbetreuung» besonders unter dem Aspekt der Bindung dem Kind schadet. Neuere Forschungsarbeiten haben zwar teilweise bestätigt, dass familienergänzende Betreuung im ersten Lebensjahr unter bestimmten ungünstigen Bedingungen (Qualitätsmangel der Krippenbetreuung und gleichzeitig eine wenig sensitive Mutter) mit problematischen psychosozialen Entwicklungsprozessen einhergehen kann (Belsky, 2001). Es wird aber auch immer wieder betont, dass sich auch sehr junge Kinder umso positiver entwickeln, je länger sie Zeit haben, eine qualitativ hochstehende Beziehung zu einer festen Betreuerin aufzubauen (Barnas & Cummings, 1994; Übersicht in Lamb & Wessels, 1997, S. 712). Die Neuausrichtung der wissenschaftlichen Auseinandersetzung führt zur Frage nach den Forschungsergebnissen über die Effektivität familienergänzender Betreuung hinsichtlich Lernerfolg in der Schule und gleicher Verteilung der Bildungschancen (siehe Kapitel 6; vgl. auch den Beitrag von Burger in diesem Band).

4. Betreuungsformen

Die Bezeichnungen und Angebote differieren je nach Sprachregion relativ stark, teilweise aber auch innerhalb des gleichen Kantons. Neben den familienergänzenden institutionellen Formen in Krippen und Tagesfamilien (resp. schulergänzenden Formen in Horte, Tagesschulen und Mittagstische)[10] soll noch auf die unbezahlte informelle Betreuung im Rahmen von Nachbarschafts- oder Verwandtenhilfe hingewiesen werden. Von den rund 30 Prozent aller Familien, die externe Betreuung in Anspruch nehmen, greift mehr als die Hälfte von ihnen auf Verwandte zurück, und das sind in neun von zehn Fällen die Grosseltern. Ihr Beitrag sei von unschätzbarem Wert, wurde immer gesagt. Nun wurde dieser Wert berechnet (Bauer & Strub, 2002; vgl. auch Höpflinger, Hummel & Hugentobler, 2006): Grosseltern sind im Jahr rund 100 Millionen Stunden im Einsatz. Das ist deutlich mehr als das Arbeitsvolumen aller Lehrpersonen an Primarschulen in der Schweiz. Selbst bei konservativer Umrechnung entspricht dies einer jährlichen privaten Arbeitsleistung im Wert von mehr als zwei Milliarden Franken.

---

[10] Für die Definition der Begrifflichkeiten siehe UNESCO-Grundlagenstudie (Stamm et al., 2009).

- *Krippen:* Als Krippe werden Einrichtungen bezeichnet, in denen Kinder ab zwei Monaten bis Kindergartenbeginn oder Schuleintritt ganztägig oder teilweise betreut werden. Der Verband Kindertagesstätten der Schweiz (KiTaS) erlässt Richtlinien zur Ausstattung der Krippen und zur Anstellung und Qualifizierung des Personals: http://www.kitas.ch/.

- *Tagesfamilien:* Tagesmütter (in seltenen Fällen Tagesväter) betreuen ein oder mehrere Kinder ab Säuglings- bis Schulalter in ihrer eigenen Wohnung. In der Regel sind die Tagesfamilien in Tageselternvereinen zusammengeschlossen, was minimale Qualitätsstandards ermöglicht. Die Betreuung kann stundenweise, halbtags oder ganztags erfolgen: http://www.tagesfamilien.ch/.

- *Horte:* Sie bieten eine Betreuung für Kinder ab Kindergarten- und Schuleintritt an, welche die Zeiten ausserhalb des Unterrichts am Morgen, Mittag und/oder Nachmittag abdeckt. Horte befinden sich in der Regel in unmittelbarer Nähe einer Schuleinheit. HortleiterInnen verfügen mehrheitlich über sozialpädagogische Qualifikationen. Inhaltlich umfasst die Hortbetreuung Freizeitgestaltung, Verpflegung und teilweise Unterstützung in schulischen Belangen: http://www.horte-online.ch/.

- *Tagesschulen:* Es werden grundsätzlich zwei Typen mit verschiedenem Nutzungskonzept unterschieden: a) Tagesschulen mit obligatorischem Besuch bestehen aus Unterricht mit integrierter Aufgabenzeit nach geltendem Lehrplan, Betreuung an fünf Tagen pro Woche, Kernzeiten für alle Schulkinder von Schulbeginn bis 16.00 Uhr (mittwochs bis 12.00 Uhr) inklusive gemeinsames Mittagessen und Auffangzeiten (ab 07.00 Uhr bzw. bis 18.00 Uhr); b) Tagesschulen mit freiwilligem Besuch bieten Betreuung an fünf wählbaren Tagen ausserhalb der Unterrichtszeiten sowie nach Bedarf betreute Aufgabenzeit: http://www.bildung-betreuung.ch/.

Andrea Lanfranchi

- *Mittagstische und Brückenangebote:* Nach der Einführung so genannter Blockzeiten im Rahmen der letzten Bildungsreformen hat sich die Mittagsbetreuung relativ flächendeckend durchgesetzt. Mittagstische werden eher selten von sozialpädagogisch gebildetem Personal geführt und weiten sich immer häufiger auf die Betreuung vor und nach der Schule aus. Somit stehen sie gewissermassen in Konkurrenz zu den Horten. Aufgrund der eingeschränkten Verfügbarkeit unterstehen sie jedoch keiner Bewilligungspflicht.

- *Spielgruppen:* Sie sind nicht als substanzielle zeitliche Entlastung für Eltern gedacht, sondern als erweiterte Begegnungs- und Erfahrungswelt für das Kind. Gebildet werden konstante Gruppen von maximal zehn Kindern im Alter zwischen drei bis fünf Jahren, die sich jeweils zwei bis drei Stunden ein- bis dreimal pro Woche zum Spielen treffen. Träger sind Vereine oder Einzelpersonen. Da die Spielgruppen nicht überall melde- und bewilligungspflichtig sind, ist ihre genaue Zahl unbekannt:[11] http://www.spielgruppen.ch/.

- *Kindergarten:* Als Teil des Schulsystems gehört der Kindergarten grundsätzlich nicht in der Kategorie familienergänzender Einrichtungen, da er vom zeitlichen Angebot kaum eine substanzielle Entlastung für Eltern ermöglicht, die einer Erwerbsarbeit nachgehen. Eine Ausnahme bildet der Kanton Tessin mit seiner «Scuola dell'infanzia», die als Tagesstruktur ab dem 3. Lebensjahr durchgehend von zirka 8.30 bis 15.45 Uhr (inklusive Mittagsverpflegung und Mittagsschlaf für die Kleinsten) offen ist (Lanfranchi, 2002, S. 263ff.).

---

[11] Nach der Stichprobe unserer NFP-39-Studie (Lanfranchi, 2002, S. 162) erfreuen sich Spielgruppen eines regen Zuspruchs: In Winterthur besucht rund die Hälfte aller 4-jährigen Kinder regelmässig eine Spielgruppe.

Kinder im Vorschulalter (teilweise inklusive Kindergarten)	Kinder im Schulalter (teilweise inklusive Kindergarten)	Umfang
Typ 1 (Bewilligungspflicht)[12]	**Typ 3** (Bewilligungspflicht)	Vollzeit
- Kinderkrippe - crèche - asilo nido	- Tageshort - Tagesschulen - garderie (teilweise)	
Typ 2 (teilw. Bewilligungspflicht)	**Typ 4** (keine Bewilligungspflicht)	Teilzeit
- Teilzeit-Kinderkrippe - privater «Chindsgi» - crèche à temps partiel	- Mittagstisch/Mittagshort/Auffangszeiten - mensa (Tessin) - cantine, unité d'accueil (Romandie)	
	Typ 5 (Meldepflicht) Tagesfamilien	Nach Vereinbarung

Tabelle 1: Übersicht der verschiedenen Betreuungstypen in der Schweiz, die eine Teil- oder Vollzeiterwerbstätigkeit der Eltern ermöglichen (nach einer Skizze von Tassinari und Binder, übernommen und adaptiert von Lanfranchi & Schrottmann, 2004, S. 23).

5. Nutzung und Bedarf

Statistische, schweizweit vergleichbare und differenzierte Daten über Angebote, Nutzung, Bedarf und Nachfrage familienergänzender Einrichtungen fehlen weitgehend, weil die Frage der Kinderbetreuung lange Zeit als private Angelegenheit der Eltern betrachtet wurde, und weil die föderalistische Struktur der Schweiz die institutionelle Zuständigkeit für die formelle Kinderbetreuung auf Gemeindeebene verankert und somit wichtige Kennzahlen gar nicht erfasst werden.[13]

5.1 Inanspruchnahme und Leistungserbringer

Die Schweizerische Arbeitskräfteerhebung (SAKE) liefert einige wichtige und aktuelle Informationen über Inanspruchnahme und Formen von Kinderbetreuung. Im Jahr 2008 nahmen insgesamt 36,3 Prozent der Paarhaushalte und 55,4 Prozent der «Alleinerziehenden» mit Kindern unter 15 Jahren Kinderbetreuung

---

[12] Für genaue Ausführungen über die aktuellen gesetzlichen Regelungen und Verantwortlichkeiten auf Bundes-, Kantons- und Kommunalebene wird hier auf die Bestandesaufnahme der Eidg. Kommission für Familienfragen hingewiesen (EKFF, 2009, S. 10-15).
[13] Eine beachtenswerte Ausnahme ist der Kanton Zürich, wo seit 2003 das institutionelle Betreuungsangebot in allen Gemeinden systematisch erhoben wird – und zwar betreffend öffentlicher und privater Krippen- und Hortplätze, vierstündigen Blockzeiten und Mittagstischen, Tagesschulen und Tagesfamilien, inklusive Subventionen der einzelnen Gemeinden: http://www.kinderbetreuung.zh.ch/.

Andrea Lanfranchi

in Anspruch (vgl. Abbildungen 1 & 2). Ist das jüngste Kind unter sechs Jahre alt, sind es gar 49,8 Prozent respektive 72,2 Prozent.

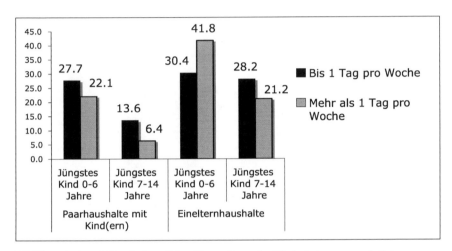

Abbildung 1: Anteil Haushalte mit familienergänzender Kinderbetreuung nach Betreuungsdauer 2008 (SAKE, 2009)

Aufgrund ihrer höheren Erwerbsbeteiligung beanspruchen «Alleinerziehende» deutlich öfter mehrere Betreuungstage pro Woche (Abbildung 2).
Wer leistet Betreuung, bzw. in welcher Einrichtung? Aus Abbildung 3 geht hervor, dass die Kinder im Jahr 2008 am häufigsten durch Verwandte und vor allem Grosseltern betreut wurden (bei Paarhaushalten mit jungen Kindern im Ausmass von 54,6 Prozent), gefolgt von Krippen und Tagesschule (31,9 Prozent) und an dritter Stelle Tagesmüttern und Pflegefamilien (15,1 Prozent).

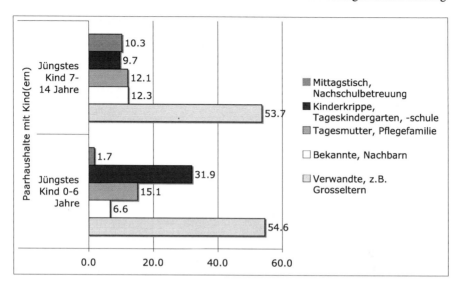

Abbildung 2: Anteil Haushalte mit familienergänzender Kinderbetreuung nach Betreuungsart 2008 (SAKE, 2009)

Vergleicht man die neusten SAKE-Ergebnisse mit den erstmals erfassten Daten von 2001, stellt man fest, dass sich die Versorgungslage in den letzten Jahren wesentlich verbessert hat (vgl. Abbildung 3). Im Rahmen der periodischen Telefoninterviews der Schweizerischen Arbeitskräfteerhebung (Hauptgewicht sind Informationen über den Arbeitsmarkt), stellt man bei der repräsentativen Stichprobe folgende Frage (in der Deutschen Schweiz auf Schweizerdeutsch): «Wer von Ihrem Haushalt ist es, wo hauptsächlich die Kinder betreut? Wer betreut hauptsächlich die Kinder, wenn die Betreuungsperson berufstätig ist?»
2001 ergab sich folgende Antwort (siehe die ersten zwei Säulen der Grafik in Abbildung 3): 59,7 Prozent der Kinder unter wurden Jahren wurden familienextern und 30,5 Prozent von einem Haushaltmitglied betreut; 9,5 Prozent hatten keine organisierte Betreuung[14]. Sechs Jahre später sah die Situation bedeutend besser aus: 70,7 Prozent der Vorschulkinder wurden familienextern und 23,8 Prozent von einem Haushaltmitglied betreut, während nur noch 5,5 Prozent

---

[14] Ein interessanter Befund aus einer älteren Studie mit italienischen Frauen bestätigt im Wesentlichen die SAKE-Daten (Allemann-Ghionda & Meyer-Sabino, 1992). Auf die Frage «Wo sind die kleinen Kinder, wenn Sie erwerbstätig sind?» antworteten die Mütter: in der Krippe (22 %), bei der Tagesmutter (3 %), mit dem Vater (17 %), mit älteren Geschwistern (5 %), bei Verwandten oder Nachbarn (17 %), mit mir auf der Arbeitsstelle (14 %), alleine zu Hause (9 %).

Andrea Lanfranchi

der Kinder keine organisierte Betreuung hatten. War das jüngste Kind 2007 im Schulalter (dritte und vierte Säule), sahen die Verhältnisse ähnlich aus: Die externe Betreuung nahm von 29,6 auf 32,3 Prozent zu; die Betreuung durch einen Haushaltmitglied nahm von 33,9 auf 32,3 Prozent leicht ab; keine organisierte Betreuung während der erwerbsbedingten Abwesenheit der «hauptsächlichen Betreuungsperson» hatten 2007 «nur» noch 38,1 Prozent der Kinder im Schulalter, also bedeutend weniger im Vergleich zur Situation von 2001 (46,9 Prozent).

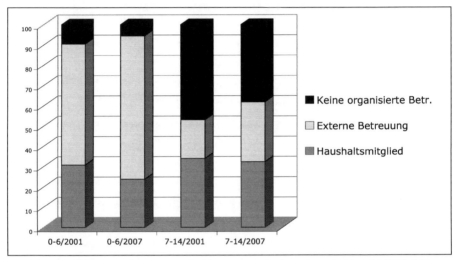

Abbildung 3: Vergleich Betreuung vs. keine Betreuung in den Jahren 2001 und 2007 bei Vorschul- (0 bis 6) und Schulkindern (7 bis 14) (SAKE-Spezialauswertung, Erläuterungen im Text)

Diese erfreuliche Entwicklung wird von den Ergebnissen der so genannten Betriebszählung bestätigt (referiert in Eidgenössische Kommission für Familienfragen, 2009, S. 16):[15] Die Anzahl der selbständig geführten Kindertagesstätten ist von 1084 im Jahr 2001 auf 1337 im Jahr 2005 gestiegen, bei grosser regionaler Variabilität: in der Genferseeregion (GE, VD, VS) gab es im Jahr 2005 nicht

---

[15] Die Betriebszählung des Bundesamtes für Statistik erfasst zwar nur Kinderkrippen und –horte, die als Arbeitsstätten registriert sind, also ohne andere Betreuungsformen wie Tagesfamilien und betriebsinterne Kinderbetreuungsangebote, und enthält nur Angaben über die Zahl der Einrichtungen und die Zahl der Beschäftigten in diesen Institutionen, nicht aber Informationen zur Zahl der angebotenen Betreuungsplätze. Siehe http://www.bfs.admin.ch/bfs/portal/de/index/infothek/erhebungen__quellen/blank/blank/bz/01.html [Stand 21.9.09].

weniger als 350 Kindertagesstätten (Zunahme von 2,84 auf 3,42 Betriebe pro 1000 Kinder in vier Jahren); in der gesamten Zentralschweiz (LU, NW, OW, SZ, UR, ZG) hingegen nur gerade 50 (Zunahme von 0,70 auf 0,97 Betriebe pro 1000 Kinder). Nicht zuletzt dank eines Impulsprogramms für familienergänzende Kinderbetreuung durch den Bund, das seit dem 1. Februar 2003 bis 2011 in Kraft ist, gibt es nun auch bedeutend mehr Betreuungsplätze. Es sind rund 24 000 neue Plätze seit Beginn der Anstossfinanzierung, was einer Erhöhung des geschätzten Platzangebots von rund 50 Prozent entspricht.[16] Nichtsdestotrotz ist der Mangel an Betreuungsplätze in der Schweiz nach wie vor akut, ganz besonders im Falle von Säuglingen (Widmer, Thomas & Grubenmann, 2009). Die Eidgenössische Koordinationskommission für Familienfragen schätzt, dass der Ausbaubedarf an Kindertagesstätten und Tagesfamilien rund 50 000 Plätze für 120 000 Kinder beträgt (EKFF, 2009, S. 21-22).[17]

5.2 Abnehmende Nutzung bei Migranten

Hauptbedarf besteht bei Familien mit Migrationshintergrund und Bildungsbenachteiligung, weil sie im Vergleich zu Schweizern sowohl institutionelle (Kindertagestätte) als auch informelle (Verwandte, Nachbarn) Betreuungsangebote viel seltener beanspruchen (vgl. auch den Beitrag von Edelmann in diesem Band). Nach den Ergebnissen unserer NFP-39-Studie (Lanfranchi, 2002) aktualisiert im kürzlich erfolgten Follow-up (Lanfranchi & Sempert, im Druck), nutzen nur knappe 40 Prozent der Familien mit Migrationshintergrund (und überlappend dazu 40 Prozent der Familien mit Bildungsbenachteiligung) eine oder mehrere Betreuungseinrichtungen, während Schweizer (und bildungsnahe) Familien dies in einem Ausmass von rund 60 Prozent tun. Familien mit Migrationshintergrund, solche mit hoher Bildungsdistanz und tiefer Bildungsaspiration schicken ihre

---

[16] Situation 3. August 2009, vgl. Bundesamt für Sozialversicherungen: http://www.bsv.admin.ch/praxis/kinderbetreuung/01153/index.html?lang=de [Stand 21.09.09]. Mit den Unterlagen für die Abrechnung der Finanzhilfen liefern die Institutionen auch interessante Informationen, u.a. über die Tarife. Fast drei von vier Institutionen wenden einkommensabhängige Ansätze an: Allerdings bezahlen nur 55% der dort betreuten Kinder einen reduzierten Tarif. Obschon die meisten Kindertagesstätten während der Dauer der Finanzhilfen nicht zu 100% ausgelastet sind, gibt gut die Hälfte an, nicht alle Anmeldungen berücksichtigen zu können. Begründet wird dies mit dem Alter der nachfragenden Kinder (vor allem fehlende Plätze für Säuglinge) und den verfügbaren Angebotszeiten, die nicht immer den gewünschten Tagen entsprechen.

[17] Die Schätzung basiert auf Daten der NFP-52-Studie über aktuelle und zukünftige Nachfragepotenziale familienergänzender Kinderbetreuung im Vorschulbereich (Stern, Banfi & Tassinari, 2006).

Andrea Lanfranchi

Kinder in 50 bis 60 Prozent der Fälle sogar nie in eine familienexterne Betreuung. Die gleichen Familien nutzen auch sehr selten, das heisst in nur drei bis vier Prozent der Fälle, kontinuierlich irgendwelche Form familienexterner Betreuung, das heisst sowohl im Vorschul- als auch im Schulalter. Die durchgehende Nutzung der Angebote durch Schweizer Familien mit Bildungsnähe und hoher Bildungsaspiration beträgt hingegeben über 10 Prozent (Lan-franchi & Sempert, im Druck).

Auch die Daten der NFP-52 Studie von Stern et al. (2006) gehen in die gleiche Richtung: Ausländische Kinder unter vier Jahren werden signifikant häufiger ausschliesslich durch die Eltern betreut. Eine institutionelle familienergänzende Betreuung in Kindertagestätten und eine informelle Betreuung bei Nachbarn haben 41 Prozent der Schweizer Kinder und nur 32 Prozent der Kinder mit Migrationshintergrund. Dafür ist die zeitliche Nutzung bei den Migrationskindern intensiver, das heisst im Durchschnitt 28 Stunden die Woche, während bei Schweizer Kindern die wöchentliche Betreuungszeit nur zwölf Stunden beträgt. Wichtig ist auch, dass die Kosten der Einrichtung gerade bei den Migrationsfamilien ein relevanter Faktor für deren Inanspruchnahme darstellt: Schweizer würden im so genannten *Choice Experiment* familienergänzende Betreuung nutzen, wenn sie nicht mehr als CHF 7 die Stunde kostet, während die Zahlungsbereitschaft bei Migranten mit CHF 5 pro Stunde bedeutend tiefer ist.

Somit stehen wir vor einer paradoxen Situation: Gerade Kinder aus denjenigen («bildungsfernen») Familien, bei denen wir den hauptsächlichen Bedarf identifizieren und die wesentlichen Effekte erwarten, besuchen familienergänzende Einrichtungen mit einer (im Verhältnis) immer geringeren Häufigkeit als Kinder, die Kindertagestätten zur gezielten Entwicklungsförderung gar nicht bräuchten. Einige eindrückliche, wenn auch nicht umfassende und aktuelle Erhebungen belegen, dass im Vergleich zu den 1970er-Jahren heute tendenziell weniger Migrationskinder in Kindertagestätten aufgenommen werden, als dies aufgrund ihrer besonderen Bedürfnissen zu erwarten wäre. Die regionale Nutzungsanalyse von Pecorini (1998, S. 40-43) für die Stadt Genf belegt, dass 1964 lediglich 11 Prozent der Familien aus dem obersten und mittleren Kader ihre Kinder in die Krippe brachten; 1997 waren es 41 Prozent. Im Gegenzug dazu hat die Nutzung durch Arbeiterfamilien sowie Hilfsangestellte in dieser Zeit von 60 auf 26

Prozent abgenommen. Eine ähnliche Entwicklung betrifft die Verteilung nach Nationalität: Während 1964 nur 32 Prozent der Schweizer Familien ihre Kinder in Krippen betreuen liessen, waren es rund 30 Jahre später 61 Prozent. Für die gleiche Zeitperiode hat aber die Nutzung der Genfer Einrichtungen durch italienische, spanische und portugiesische Familien von 47 auf 16 Prozent abgenommen. Eine ähnliche Veränderung der Klientel war im Zeitverlauf von 1990 bis 2000 in Basel zu verzeichnen (Kellerhals & Weber, 2001). Die genauen Gründe dieser Diskrepanzen sind trotz Übersichtsarbeiten zu diesem spezifischen Thema (vgl. Becker, 2007) schwer zu eruieren. Im Wesentlichen dürften sie mit Angebot- und Nachfrage-Mechanismen zu tun haben und mit der damit gekoppelten Schwierigkeit, für weniger begüterte und kommunikativ weniger schlagfertige Eltern die begehrten und spärlich vorhandenen Krippenplätze zu ergattern.

6. Wirksamkeit hinsichtlich Bildungserfolg

Nach aktuellem Forschungsstand besteht weitgehend ein Konsens darin, dass von Einrichtungen guter pädagogischer Qualität positive Auswirkungen auf kindliche Bildungs- und Entwicklungsprozesse zu erwarten sind (vgl. auch den Aufsatz von Burger in diesem Band). In fast allen Studien werden kurzfristige Effekte auf die kognitive, sprachliche und soziale Entwicklung nachgewiesen (vgl. auch Frieds Ausführungen in dieser Publikation). Den hauptsächlichen Nutzen tragen Kinder aus bildungsbenachteiligten Familien, weil sie in qualitativ hochwertigen Kindertagesstätten ein vielfältigeres und breiteres Anregungsniveau erfahren können als dies in der Regel zu Hause möglich wäre. Hingegen sind langfristige Effekte nicht immer gesichert, weil Faktoren der institutionellen Betreuung eine weit kleinere Rolle spielen als Familienvariablen wie Bildungsstand und Bildungsaspiration der Eltern.

Im Folgenden berichte ich über zwei ausgewählte Studien mit Messung von Langzeiteffekten. Sie sind vergleichbar auf der Ebene des Untersuchungsfeldes (Kindertagestätte im «natürlichen Setting») sowie der Untersuchungspopulation (Kleinkinder vor dem Kindergartenbesuch, mit Kontrolle der Variablen Migrationshintergrund und Bildungsdistanz der Eltern). Ein wesentlicher Unterschied besteht beim Datenmaterial: Sekundärdaten aus einer grossen deutschen Stichprobe versus Individualdaten aus zwei Kohorten in zwei Schweizer Kleinstädten.

Andrea Lanfranchi

6.1 Bertelsmann-Studie von Fritschi & Oesch (2008), Büro BASS

Die zwei Schweizer Forscher haben im Auftrag der Bertelsmann Stiftung in Deutschland anhand des Sozioökonomischen Panels (SOEP) untersucht, welchen Einfluss die Nutzung eines Krippenangebots bei Kindern im Vorkindergartenalter auf ihre Schullaufbahn hat. Hauptergebnis der Studie ist, dass die Einstufung auf der Sekundarstufe I (grundlegende Anforderungen in der Hauptschule; mittlere in der Realschule; hohe Anforderungen im Gymnasium) am stärksten vom Bildungsstand der Eltern determiniert wird. Unabhängig davon erhöht allerdings der Besuch einer Kindertageseinrichtung (vor dem Eintritt in den Kindergarten) die Wahrscheinlichkeit eines Gymnasiumsübertritts von 36 auf 50 Prozent (Gesamtdurchschnitt). Kinder aus bildungsbenachteiligten Familien (d. h. Eltern mit Migrationshintergrund und bei Deutschen mit höchstens einem Hauptschulabschluss) profitieren vom Krippenbesuch weit stärker als diejenigen aus nicht benachteiligten Verhältnissen. Die Wahrscheinlichkeit des Gymnasiumsübertritts erhöht sich bei ihnen um rund 65 Prozent gegenüber 38 Prozent bei Kindern ohne Bildungsbenachteiligung (Fritschi & Oesch, 2008, S. 42).

6.2 NFP-39-Studie und SNF-Follow-up von Lanfranchi (2002, 2009)

In der für die Schweiz bisher einzigen empirischen Untersuchung über mögliche Effekte familienergänzender Betreuung auf den Schulerfolg konnte für die Phase des Schuleintritts die Hypothese bestätigt werden, dass in der Vorkindergartenzeit familienergänzend betreute Kinder von ihren Lehrpersonen in den sprachlichen, kognitiven und sozialen Fähigkeiten signifikant besser beurteilt werden als Kinder, die ausschliesslich im Kreise der eigenen Familie aufgewachsen sind (Lanfranchi, 2002). Insbesondere Kinder aus Migrationsfamilien bewältigten dank dem «transitorischen Raum» (Lanfranchi, Gruber & Gay, 2003; vgl. auch Roßbach & Edelmanns Beitrag in diesem Buch) einer familienergänzenden Einrichtung die Einschulung deutlich besser als Kinder, die sich ohne diesen vermittelnden Bezug in einer für sie zunächst fremden Lebenswelt behaupten mussten. Offen bleiben musste in der ersten Untersuchung, ob der damals festgestellte positive Effekt der familienexternen Betreuung auch nachhaltig sein würde. Dieser Frage ist nun eine Folgestudie nachgegangen, indem zwei der ursprünglich drei Befragtengruppen im Jahr 2006 nochmals erfasst wurden. Erreicht werden

Familienergänzende Betreuung

konnten rund 80 Prozent der Familien, die sieben Jahre zuvor schon teilgenommen hatten (429 von 535). Die Frage nach nachhaltigen Effekten auf den Schulerfolg kann wie folgt beantwortet werden (Lanfranchi & Sempert, im Druck): Familienergänzende Kinderbetreuung beeinflusst lediglich zehn Prozent des späteren Schulerfolgs. Wichtigster Faktor ist und bleibt die Familie vor und während der ganzen Schulzeit, und ganz besonders die Erwartung der Eltern bezüglich Bildungsabschluss ihrer Kinder. Somit konnten die in der Schuleintrittsphase festgestellten positiven Effekte sieben Jahre später nicht mehr nachgewiesen werden, weil sie mittlerweile von gewichtigeren Faktoren überlagert wurden, allen voran der Bildungsaspiration der Eltern (vgl. etwa Barnett, Young & Schweinhart, 1998). Die Triangulation mit qualitativen Fallanalysen ergibt, dass die Gestaltung des Übergangs von der Primar- in die Sekundarstufe I eine weit wichtigere Rolle spielt als die im Vor- und Schulalter erlebte famlienexterne Betreuung. Eltern mit Migrationshintergrund, die sich kommunikativ-argumentativ in der delikaten Phase des Übertritts und der Mitbestimmung der nächsten Schulstufe nur beschränkt einbringen können, stehen oft vor dem unerwünschten Einteilungsentscheid in die Oberstufe mit grundlegenden Anforderungen.

Diese eher niederschmetternden Befunde sprechen nach unserer Interpretation nicht gegen, sondern *für* Angebote familienergänzender Betreuung, die allerdings – wie im folgenden Schlussteil konkretisiert werden soll – qualitativ hoch stehend sowie fallspezifisch optimal dosiert sein müssen. Zur Erhöhung von Bildungschancen dürften die Einrichtungen der familienergänzenden Betreuung, so wie sie bis heute in den verschiedenen Sprachregionen der Schweiz konzipiert und organisiert sind, jedenfalls nicht genügen. Gefragt sind heute kaum mehr Kinderkrippen mit dem primären Auftrag der Betreuung, sondern Einrichtungen, die zusätzlich einem bildungs- und integrationspolitischen Postulat genügen – also Kriterien von Bildungs- und Erziehungsplänen für den Frühbereich erfüllen, wie wir sie aus Ländern wie Neuseeland, Finnland, aber auch Deutschland kennen (Fthenakis, 2005). Vor allem aber: die früh genug ansetzen und die Eltern von Anfang an aktiv einbeziehen. Zu diesem Zweck haben wir an der Hochschule für Heilpädagogik in Zürich die Interventionsstudie ZEPPELIN 0-3 konzipiert, die im Herbst 2009 als Forschungsprojekt gestartet ist (Lanfranchi & Neuhauser, 2009).

7. Fazit: Was kann die Schweiz lernen?

Nach dem *Übereinkommen über die Rechte des Kindes* der Vereinten Nationen[18] verpflichtet sich die Schweiz nicht nur, Einrichtungen zur Betreuung von Kindern anzubieten. Im Blick auf berufstätige Eltern muss sie denjenigen Kindern einen Platz zur Verfügung stellen, an dem sie in der Zeit betreut werden, in der die Eltern diese Aufgabe nicht selber übernehmen können. Insofern stellt sich weniger die Frage, was die Schweiz lernen kann, sondern viel eher, was sie tun muss:

1. *Mehr Plätze für die Kleinstkindbetreuung oder Elternzeit*: Besonders in den Städten besteht eine grosse Nachfrage nach Krippenplätze vor allem für Säuglinge (Widmer et al., 2009). Da müssen wir uns entscheiden: Entweder werden die Angebote ausgebaut (mit grösster Sorgfalt unter Berücksichtigung des Kindeswohls: vgl. Modelle in Nay, Grubenmann & Larcher Klee, 2008), oder wir führen einen Elternschafts-«Urlaub» ein, der den Eltern ermöglicht, ihre Kleinstkinder selber zu betreuen und somit weit über die 14 Wochen des jetzigen Mutterschafts-«Urlaubs» geht – wie nach dem schwedischen Modell mit einem Anspruch auf 480 Tage, welche die Eltern unter sich aufteilen können (EKFF, 2009, S. 21-22).

2. *Vorzugsrecht für Kinder mit besonderem Entwicklungsförderbedarf*: Unter dem Aspekt der Gerechtigkeit von Bildungschancen müssen wir die Partizipationsmöglichkeiten in Kindertagesstätten von Kindern aus bildungsbenachteiligten Migrationsfamilien sowie aus sozial gefährdeten Familien, deren Besuchszahlen aus verschiedenen Gründen ab- statt zunehmen, deutlich erhöhen, und zwar bereits ab den allerersten Lebensjahren (vgl. auch den Beitrag von Edelmann in diesem Band). Familienergänzende Betreuung mit verstärkter Bildungs- sowie Integrationsorientierung lohnt sich unter dem

---

[18] Es handelt sich um die so genannte UN-Kinderrechtskonvention von 1989, die von der Schweiz am 24.2.1997 ratifiziert wurde: www.admin.ch/ch/d/sr/c0_107.html [Stand 21.09.09]. Als Zusatz zu den Ausführungen über die elterliche Verantwortung für die Entwicklung und das Wohl der Kinder steht im Artikel 18: «(2) (...) die Vertragsstaaten unterstützen die Eltern in angemessener Weise bei der Erfüllung ihrer Aufgabe, das Kind zu erziehen, und sorgen für den Ausbau von Institutionen, Einrichtungen und Diensten für die Betreuung von Kindern.»

Aspekt des Lernzuwachses ganz besonders für diese Kinder. Kindertagestätten als «transitorischer Raum» im Übergang zwischen Familienwelt und Gesellschaft (Lanfranchi, 2002, S. 165 ff.) ermöglichen dem Kind im Hinblick auf die Einschulung unter anderem, die Lokalsprache zu erwerben. Sie ermöglichen aber auch ihren Eltern, sich sozial zu vernetzen und zu wichtigen Informationen und Anregungen zu gelangen, z. B. über Kindergarten, Schule und Fördermöglichkeiten ihres Kindes. Deshalb:

3. *Stärkung von Eltern in psychosozialen Risikokonstellationen*: Die lauten und etwas euphorischen Töne rund um «Frühförderung» sollten uns nicht vergessen lassen, dass gemäss breit abgestützter Erkenntnisse aus der Kleinkindforschung die Eltern die Schlüsselrolle in der Erklärung von Unterschieden in der kindlichen Entwicklung spielen. Vor diesem Hintergrund wäre es unrealistisch zu erwarten, dass der Einfluss familienergänzender Einrichtungen jenen der Familie übersteigt. Deshalb müssen bildungsbenachteiligte Eltern (viele von ihnen mit Migrationshintergrund, andere in einer Armutslage oder mit weiteren psychosozialen Risiken) mit unterstützenden Massnahmen wie Hausbesuchsprogrammen und weiteren Elternbildungselementen aktiv in ihrer Rolle der Erziehung, Bildung, Integration und weitestgehenden Betreuung gestärkt werden (Neuenschwander, Lanfranchi & Ermert, 2008). Im Idealfall ermöglichen Einrichtungen der familienergänzenden Betreuung eine Erziehungs- und Bildungspartnerschaft von Anfang an (Textor, 2006), die gerade im Hinblick auf den Übergang in die Schule und auf die Kooperation mit Lehrpersonen von zentraler Bedeutung sind (vgl. auch den Beitrag von Leuchter & Wannack sowie von Roßbach & Edelmann in diesem Band). Das setzt voraus, dass das Personal der Einrichtungen über Kompetenzen der gar nicht einfachen Arbeit mit Eltern verfügt. Angesichts der Zielgruppenorientierung auf Eltern mit Migrationshintergrund braucht es in diesem Fall auch interkulturelle Kompetenzen, was die bereits komplexe Herausforderung der Erziehungs- und Bildungspartnerschaft nochmals erhöht. Deshalb:

4. *Steigerung der pädagogischen Qualität dank Höherqualifizierung des Personals*: Bei der strukturellen Qualität familienergänzender Betreuung konnte in den letzten Jahren in der Schweiz viel erreicht werden, nicht zuletzt dank gesetzlicher Regelungen auf Bundes-, Kantons- und Kommunalebene

(vgl. EKFF, 2009, S. 14)[19] und den Vorgaben des Verbands Kindertagesstätten der Schweiz (KiTaS) in Bezug auf Bedingungen wie Gruppengrösse und Erzieherinnen-Kind-Relation, räumlich-materielle Ausstattung, Arbeitsbedingungen des Personals. Hingegen besteht nach wie vor ein bedeutender Entwicklungsbedarf auf der Ebene der pädagogischen Qualität, vor allem bei Berücksichtigung von Bildungselementen in der Betreuungsarbeit – wie etwa Sprachförderung und kognitive Anreicherung. Wollen wir uns an das anspruchsvolle Postulat einer wirksamen frühen Förderung, Bildung, Betreuung und Erziehung (FBBE) tatsächlich annähern, und dazu auch noch mit den Eltern Erziehungs- und Bildungspartnerschaften realisieren (siehe oben), müssen wir mittelfristig viel mehr investieren in der Praxisbegleitung, im Praxismonitoring und in der Praxisforschung (Lanfranchi, 2002, S. 165 ff.). Vor allen Dingen muss aber die Aus- und Weiterbildung des Personals aufgewertet werden in dem Sinne, dass nebst Qualifikationen auf Sekundarstufe II («Fachfrau Betreuung») für die Krippenleiterinnen ein Ausbildungsniveau auf Tertiärstufe (Höhere Fachschule und auch Fachhochschule) angestrebt wird (Stamm et al., 2009, S. 12, 43, 49 ff., 95 ff.).[20]

5. *Volkswirtschaftlich lohnenswerte Investitionen*: Um all das zu realisieren, braucht es trotz angespannter Finanzlage mehr Mittel. Wie die OECD (2006) in ihrer neusten *Starting-Strong*-Studie konstatiert, gehört die Schweiz bezüglich der Betreuung von Kindern bis zum Alter von vier Jahren zu den schwächsten OECD-Ländern. Lediglich 0,2 Prozent des Bruttoinlandproduktes werden für die familienergänzende Betreuung ausgegeben. In Deutschland sind es zwei Mal so viel, in Österreich drei Mal, in Frankreich fünf Mal, in Dänemark sogar zehn Mal so viel. Weil es schwierig ist, das Familien- und Berufsleben unter einen Hut zu bringen, verzichten immer mehr Frauen auf Kinder. Das trifft vor allem für Akademikerinnen zu, wovon 40 Prozent

---

[19] Zurzeit (Herbst 2009) steht die massgebende Verordnung vom 19. Oktober 1977 über die Aufnahme von Kindern zur Pflege und zur Adoption (PAVO) vor einer Totalrevision. Die neue, so genannte Kinderbetreuungsverordnung (KiBeV) ist in Vernehmlassung.
[20] Gemäss Erhebungen des Bundesamt für Sozialversicherungen im Rahmen der so genannten Anstossfinanzierung fallen beim Personal nach wie vor die hohen Anteile an Auszubildenden und Praktikantinnen auf (fast ein Drittel der Stellen werden mit ihnen besetzt). Insgesamt verfügen 42 % der in Kinderkrippen angestellten Personen über (noch) keine Fachausbildung. Internet: http://www.bsv.admin.ch/praxis/kinderbetreuung/01153/index.html?lang=de [Stand 21.09.09].

keine Kinder haben. Die Geburtenrate in der Schweiz belief sich 2007[21] auf lediglich 1,47 (ohne ausländische Frauen wäre die Quote kleiner als 1,2), während diejenige von Frankreich, um ein Beispiel mit gut ausgebauter familienergänzender Betreuung zu nennen, sukzessive gestiegen ist und heute 1,94 beträgt. So wenig in die familienergänzende Betreuung zu investieren, wie die Schweiz das tut, ist nicht nur aus demografischen Überlegungen unklug, sondern auch aus rein ökonomischen. Der volkswirtschaftliche Nutzen von Kindertagestätten in Form von höheren Einkommen für die Eltern und entsprechend höhere Steuereinnahmen ist nämlich beträchtlich (nicht zu sprechen von den Bildungseffekten und den eingesparten Ausgaben bei späteren heilpädagogischen Stützmassnahmen, Sozialhilfe, usw.). Das zeigen mehrere in den letzten Jahren auch in der Schweiz durchgeführte Erhebungen (Fritschi, Strub & Stutz, 2007; Mackenzie Oth, 2002; Müller Kucera & Bauer, 2001): Pro investierten Franken kommen in Bern, Zürich und in der Romandie je nach gewählten Berechnungskriterien 2,5 bis 4 Franken zurück.

Literatur

Allemann-Ghionda, C. & Meyer Sabino, G. (1992). *Donne italiane in Svizzera.* Locarno: Dadò.

Barnas, M. V. & Cummings, E. M. (1994). Caregiver stability and toddlers' attachment-related behavior towards caregivers in day care. *Infant Behavior and Development, 17*, 141-147.

Barnett, S. W., Young, J. W. & Schweinhart, L. J. (1998). *How preschool education influences long-term cognitive development and school success: A causal model.* New York: New York Press.

Bauer, T. & Strub, S. (2002). *Leistungen und Leistungspotentiale von Grosseltern.* Bern: Forum der Eidgenössischen Kommission für Familienfragen und Büro Bass (unveröff. Tagungsunterlagen).

Becker, B. (2007). Bedingungen der Wahl vorschulischer Einrichtungen unter besonderer Berücksichtigung ethnischer Unterschiede. *Working Paper Nr. 101, Mannheimer Zentrum für Europäische Sozialforschung.*

---

[21] Vgl. Bundesamt für Statistik: http://www.bfs.admin.ch/bfs/portal/de/index/themen/01/06/blank/key/02.html [Stand 21.09.09].

Belsky, J. (2001). Developmental risks (still) associated with early child care. *Journal of Child Psychology and Psychiatry, 42*, 845-859.

Biedinger, N., Becker, B. & Rohling, I. (2008). Early ethnic educational inequality: The influence of duration of preschool attendance and social composition. *European Sociological Review, 24(2)*, 243-256.

Braverman, L. B. (1989). Beyond the myth of motherhood. In M. McGoldrick, C. M. Anderson & F. Walsh (eds.), *Women and families* (pp. 227-243). New York: Free Press.

Bundesamt für Statistik (2008). *Familien in der Schweiz. Statistischer Bericht 2008.* Neuchâtel: BFS.

EDK (2007). *Interkantonale Vereinbarung über die Harmonisierung der obligatorischen Schule (vom 14. Juni 2007).* Bern: Schweiz. Konferenz der kantonalen Erziehungsdirektoren. Zugriff am 21.09.2009. Verfügbar unter http://www.edk.ch/dyn/ 11659.phpl

EKFF (2009). *Familien- und schulergänzende Betreuung. Eine Bestandesaufnahme der Eidg. Koordinationskommission für Familienfragen EKFF.* Bern: Eidg. Koordinationskommission für Familienfragen.

Fritschi, T. & Oesch, T. (2008). *Volkswirtschaftlicher Nutzen von frühkindlicher Bildung in Deutschland. Eine ökonomische Bewertung langfristiger Bildungseffekte bei Krippenkindern* Gütersloh: Bertelsmann Stiftung.

Fritschi, T., Strub, S. & Stutz, H. (2007). *Volkswirtschaftlicher Nutzen von Kindertageseinrichtungen in der Region Bern.* Bern: Büro BASS, im Auftrag des Vereins Region Bern VRB.

Fthenakis, W. (2005). Bildung von Anfang an: Neuorientierung des Bildungsauftrags von Tageseinrichtungen für Kinder unter sechs Jahren. In EDK (Hrsg.), *Educare: betreuen - erziehen - bilden* (S. 12-41). Bern: Schweiz. Konferenz der kantonalen Erziehungsdirektoren (Studien- und Berichte 24A).

Höpflinger, F., Hummel, C. & Hugentobler, V. (2006). *Enkelkinder und ihre Grosseltern. Intergenerationelle Beziehungen im Wandel.* Zürich: Seismo.

Joris, E. (1994). Vom «Haus» zur Vielfalt der Familienformen. Familiengeschichte zwischen normativem Anspruch und Alltagsrealität. *Sozialarbeit, 11*, 2-8.

Kellerhals, B. & Weber, M. (2001). Die Krippen der Bläsistiftung in Basel. *Krippenjournal, 5*, 12-13.

Lamb, M. E. & Wessels, H. (1997). Tagesbetreuung. In H. Keller (Hrsg.), *Handbuch der Kleinkindforschung* (2. vollst. überarb. Aufl.) (S. 695-717). Bern: Huber.

Lanfranchi, A. (2002). *Schulerfolg von Migrationskindern. Die Bedeutung familienergänzender Betreuung im Vorschulalter*. Opladen: Leske + Budrich.

Lanfranchi, A. & Berger, E. (2005). *Der Fall Tessin: Ausgleich ungleicher Lernvoraussetzungen dank vorschulischer Investitionen und späte Selektion.* Neuchâtel: Präsentation an der Nationale PISA-Tagung «Systemische Faktoren und schulische Leistungen», 25.11.05.

Lanfranchi, A., Gruber, J. & Gay, D. (2003). Schulerfolg von Migrationskindern dank transitorischer Räume im Vorschulbereich. In H.-R. Wicker, R. Fibbi & W. Haug (Hrsg.), *Migration und die Schweiz. Ergebnisse des Nationalen Forschungsprogramms «Migration und interkulturelle Beziehungen»* (S. 481-506). Zürich: Seismo.

Lanfranchi, A. & Neuhauser, A. (2009). *Zürcher Equity Präventionsprojekt Elternbeteiligung und Integration. Machbarkeitsstudie zur frühen Förderung bei Kindern aus Familien in Risikosituationen (ZEPPELIN 0-3).* Zürich: Hochschule für Heilpädagogik (unveröff. Forschungsgesuch).

Lanfranchi, A. & Schrottmann, R. E. (2004). *Kinderbetreuung ausser Haus - eine Entwicklungschance*. Bern: Haupt.

Lanfranchi, A. & Sempert, W. (2009, im Druck). *Familienergänzende Kinderbetreuung und Schulerfolg. Eine Follow-up-Studie zur Bedeutung transitorischer Räume bei Kindern aus bildungsbenachteiligten Familien.* Bad Heilbrunn: Klinkhardt.

Mackenzie Oth, L. (2002). *La crèche est rentable, c'est son absence qui coûte.* Genève: Bureaux de l'égalité, Conférence latine des déléguées à l'égalité.

Müller Kucera, K. & Bauer, T. (2001). *Volkswirtschaftlicher Nutzen von Kindertagesstätten. Welchen Nutzen lösen die privaten und städtischen Kindertagesstätten in der Stadt Zürich aus?* Zürich: Sozialdepartement der Stadt Zürich (Edition Sozialpolitik Nr. 5).

Nay, E., Grubenmann, B. & Larcher Klee, S. (2008). *Kleinstkindbetreuung in Kindertagesstätten*. Bern: Haupt.

Neuenschwander, M. P., Lanfranchi, A. & Ermert, C. (2008). Spannungsfeld Schule - Familie. In EKFF (Hrsg.), *Familie, Erziehung, Bildung* (S. 68-79). Bern: Eidg. Koordinationskommission für Familienfragen.

OECD (2005). *Equity in education: students with disabilities, learning difficulties and disadvantages. Statistics and indicators*. Paris: Organisation for economic co-operation and development.

OECD (2006). *Starting strong II: early childhood education and care (franz.: Petite enfance, grand défis II. Education et structures d'accueil)*. Paris: Organisation for economic co-operation and development.

Pecorini, M. (1998). *La petite enfance en ville de Genève: indicateurs et tendances*. Genève: Département des affaires socials, des écoles et de l'environnement, Délégation à la petite enfance.

SAKE (2009). *Gleichstellung von Frau und Mann - Daten, Indikatoren: Familienergänzende Kinderbetreuung*. Neuchâtel: Bundesamt für Statistik. Internet Zugriff am 21.09.09. Verfügbar unter http://www.bfs.admin.ch/bfs/portal/de/index/themen/20/05/blank/key/ Vereinbarkeit/05.html.

Schenk, S. (1998). Familienergänzende Kinderbetreuung: Notlösung oder Notwendigkeit? In Marie Meierhofer-Institut für das Kind (Hrsg.), *Startbedingungen für Familien. Forschungs- und Erlebnisbericht zur Situation von Familien mit Kleinkindern in der Schweiz und sozialpolitische Forderungen* (S. 103-129). Zürich: pro juventute.

Stamm, M., Reinwand, V., Burger, K., Schmid, K., Viehhauser, M. & Muheim, V. (2009). *Frühkindliche Bildung in der Schweiz. Eine Grundlagenstudie im Auftrag der Schweizerischen UNESCO-Kommission*. Fribourg: Universität, Departement für Erziehungswissenschaften.

Stern, S., Banfi, S. & Tassinari, S. (Hrsg.). (2006). *Krippen und Tagesfamilien in der Schweiz. Aktuelle und zukünftige Nachfragepotentiale*. Bern: Haupt.

Textor, M. R. (Hrsg.). (2006). *Erziehungs- und Bildungspartnerschaft mit Eltern. Gemeinsam Verantwortung übernehmen*. Freiburg: Herder.

Viernickel, S. & Simoni, H. (2008). Frühkindliche Erziehung und Bildung. In EKFF (Hrsg.), *Familie, Erziehung und Bildung* (S. 22-33). Bern: Eidg. Koordinationskommission für Familienfragen.

Widmer, F., Thomas, G. & Grubenmann, B. (2009). *Säuglinge und Kleinstkinder in Kindertagesstätten in der Stadt Zürich* Zürich: Sozialdepartement, Edition Sozialpraxis 4.

Corina Wustmann & Heidi Simoni

Frühkindliche Bildung und Resilienz

Einleitung

Ausgehend von neueren Erkenntnissen der Entwicklungspsychologie, Neurobiologie und Säuglingsforschung ist heute hinreichend belegt, dass die frühen Lebensjahre den Grundstein legen für lebenslanges Lernen, für kreative Entfaltung sowie für eine psychisch gesunde Entwicklung von Kindern (Dornes, 1993; Gopnik, Kuhl & Meltzoff, 2000; Hüther, 2007; Kasten, 2003; Singer, 2003). Es gibt keinen Zweifel mehr daran, dass die frühe Kindheit eine sehr lernintensive Zeit ist, in der die Basis für spätere Bildungschancen und die Ausbildung von entscheidenden Lebenskompetenzen liegt. Vor dem Hintergrund, dass viele Kinder in belasteten familiären Lebensverhältnissen aufwachsen und damit erheblich in ihren Bildungs- und Entwicklungschancen gefährdet sind, sind die professionellen Bildungs- und Betreuungsinstitutionen heute umso mehr gefragt, so früh wie möglich präventiv zur Bildungs- und Entwicklungsförderung von Kindern beizutragen. In dem vorliegenden Beitrag soll der Kontext hierzu näher skizziert werden: (1) die Forschungsergebnisse und Implikationen der Resilienzforschung, (2) das Bildungsverständnis im Frühbereich sowie (3) das Beobachtungsverfahren der «Bildungs- und Lerngeschichten» als Möglichkeit zur Bildungs- und Resilienzförderung in Kindertageseinrichtungen.

1. Erkenntnisse der Resilienzforschung

Die Ergebnisse der neueren Resilienzforschung zeigen auf, dass sich auch psychosozial belastete Kinder zu selbstsicheren, kompetenten und leistungsfähigen Persönlichkeiten entwickeln können, wenn sie wertschätzende Unterstützung in ihrem Lebensumfeld erfahren. Diese Forschungsergebnisse bringen wichtige Implikationen für die präventive Förderung von Kindern mit sich und werfen insbesondere die Frage auf, wie die Erkenntnisse in die pädagogische Arbeit mit Kindern einfliessen können.

Der Begriff «Resilienz» bezeichnet eine psychische Widerstandsfähigkeit gegenüber biologischen, psychologischen und psychosozialen Entwicklungsrisiken

(Wustmann, 2004; 2005). An das Verständnis von Resilienz sind zwei Bedingungen geknüpft: zum einen das Vorhandensein einer signifikanten Bedrohung für die kindliche Entwicklung und zum anderen eine erfolgreiche Bewältigung dieser herausfordernden Lebensumstände (Luthar, 2006; Masten & Coatsworth, 1998; Masten, 2007). Positive Entwicklungsverläufe trotz Risikobelastung lassen sich dabei folgendermassen kennzeichnen:

(1) eine positive Selbst- und Fremdeinschätzung (z. B. Lebenszufriedenheit, positives Selbstbild, Sozialverhalten),
(2) die Abwesenheit von psychischen Störungen und Risikoverhalten und
(3) die erfolgreiche Bewältigung von Entwicklungsaufgaben (Masten & Reed, 2002, zit. nach Ittel & Scheithauer, 2007).

Ziel der Resilienzforschung ist es, ein besseres Verständnis darüber zu erlangen, welche Bedingungen psychische Gesundheit und Stabilität bei Kindern, die besonderen Entwicklungsrisiken ausgesetzt sind, erhalten und fördern. Die Resilienzforschung steht hier in enger Verknüpfung mit der Popularisierung einer «Positiven Psychologie» (Seligman & Csikszentmihalyi, 2000; Snyder & Lopez, 2002) sowie dem Konzept der «Salutogenese», das der Medizinsoziologe Antonovsky (1979) für den Gesundheitsbereich proklamierte.

Obwohl es grosse Unterschiede in den jeweiligen Risikobelastungen und methodischen Vorgehensweisen der Untersuchungen gibt (z. B. bezüglich ihrer Stichprobe, der Methodenauswahl, den untersuchten Risikobereichen oder den Kriterien, was überhaupt eine «erfolgreiche» Anpassung kennzeichnet) und der Resilienzansatz auch noch etliche konzeptuell-methodische Unklarheiten aufweist (Luthar & Cicchetti, 2000; Lösel & Bender, 2007; Rutter, 2000), kamen dennoch viele Forscher zu relativ übereinstimmenden Befunden hinsichtlich jener Faktoren, die Resilienz charakterisieren bzw. an der Entstehung massgeblich beteiligt sind. Grundsätzlich wird heute davon ausgegangen, dass Resilienz kein angeborenes Persönlichkeitsmerkmal eines Menschen bezeichnet, sondern eine Kapazität umfasst, die im Verlauf der Entwicklung in der Interaktion mit der Umwelt erworben wird (Kumpfer, 1999; Rutter, 2000; Waller, 2001). Resilienz ist ein hochkomplexes Zusammenspiel aus Merkmalen des Kindes und seiner Lebensumwelt. Die Wurzeln für die Entstehung von Resilienz liegen in besonderen schützenden Faktoren und Prozessen innerhalb oder ausserhalb des Kindes. Schützende Faktoren und Bedingungen lassen sich als Merkmale oder Einflussgrössen definieren, die die Bewältigung von Belastungen erleichtern, die negativen Auswirkungen von Risikofaktoren abmildern sowie die Wahrscheinlichkeit eines positiven psychischen und gesundheitlichen Outcomes steigern (Sturzbecher & Dietrich, 2007). Zusammenfassend konnten in den meisten Resilienzstudien folgende entscheidende Resilienzfaktoren bzw. schützende Bedingungen identifiziert werden (Lösel & Bender, 2007; Ittel & Scheithauer, 2007; Werner, 2007b; Wustmann, 2004):

Personale Ressourcen: Interne Schutzfaktoren im Kind
- Positive Temperamentseigenschaften, die soziale Unterstützung und Aufmerksamkeit bei den Betreuungspersonen hervorrufen (flexibel, aktiv, offen)
- Problemlösefähigkeiten
- Selbstwirksamkeitsüberzeugungen
- Realitätsnahes und positives Selbstkonzept
- Fähigkeit zur Selbstregulation und Impulskontrolle
- Aktives und flexibles Bemühen um Bewältigung, z. B. die Fähigkeit, soziale Unterstützung zu mobilisieren
- Optimistische, zuversichtliche Lebenseinstellung (Kohärenzgefühl).

Soziale Ressourcen: Externe Schutzfaktoren in der Lebensumwelt des Kindes
- Mindestens eine stabile, verlässliche Bezugsperson, die Sicherheit, Vertrauen und Autonomie fördert und die als positives Rollenmodell fungiert
- Gute Bewältigungsfähigkeiten der Eltern in Belastungssituationen
- Wertschätzendes und unterstützendes Klima in den Bildungsinstitutionen (Schule als «zweites Zuhause»)
- Dosierte soziale Verantwortlichkeiten und individuell angemessene Leistungsanforderungen.

Implikationen aus der Resilienzforschung: Beziehungserfahrungen und Ressourcenaufbau

Corina Wustmann & Heidi Simoni

Alle Resilienzstudien zeigen bislang eindrücklich, dass das Vorhandensein mindestens einer qualitativ guten Beziehung wesentlich ist für die Entwicklung von psychischer Widerstandskraft. Es ist erwiesen, dass soziale Beziehungen für die Entwicklung von Resilienz bei belasteten Kindern unabdingbar sind: Kein Kind ist per Geburt resilient. Was die Entwicklung von Resilienz ausmacht, sind bestimmte Beziehungserfahrungen. Dazu gehören Beziehungsangebote, die Aufmerksamkeit, Ermutigung und Ansprechbarkeit signalisieren, soziale Modelle bzw. resiliente Vorbilder, die ein angemessenes Bewältigungshandeln zeigen, sowie altersgemässe Entwicklungsanreize und Herausforderungen, die Erfahrungen der eigenen Wirksamkeit unterstützen. Der Glaube, für die Welt wichtig zu sein und Einfluss nehmen zu können, eine positive Einstellung zu sich selbst sowie die Möglichkeit, die eigenen Bedürfnisse ausdrücken zu können und auch gehört zu werden, sind bedeutende Schutzfaktoren, um auch unter schwierigen Lebensumständen zu gedeihen. Die Erfahrung «ich kann etwas bewegen» – «ich bin wertvoll» – «ich werde gesehen» gibt Selbstsicherheit und ein Bewusstsein des eigenen Könnens. Kinder, die über eine solche positive Grundeinstellung verfügen, nehmen Schwierigkeiten als Herausforderung wahr und lassen sich von Misserfolgen und Rückschlägen nicht so leicht entmutigen.

Aus den Erkenntnissen der Resilienzforschung leitet sich die wesentliche Forderung ab, allen Kindern sowie im Speziellen Risikokindern frühzeitig, kontinuierlich und intensiv Möglichkeiten anzubieten, dass sie diese wichtigen Fähigkeiten und Ressourcen entwickeln können, die für die Bewältigung schwieriger Lebensumstände förderlich sind. Für den pädagogischen Kontext lassen sich vor diesem Hintergrund vor allem zwei bedeutende Wege der Resilienzförderung beschreiben:

(1) Aufbau und Stärkung von personalen Ressourcen des Kindes: Förderung von Selbstwirksamkeitserfahrungen, Emotions- und Stressregulierung, Problemlösen, Stärkung der kindlichen Eigenaktivität und persönlichen Verantwortungsübernahme, Stärkung von Interessenentwicklung, Zielorientierung und positiver Selbsteinschätzung;

(2) Aufbau und Stärkung von sozialen Ressourcen im Lebensumfeld des Kindes: Aktivierung von mindestens einer zentralen, stabilen und verlässlichen

Bezugsperson, die dem Kind Halt und Sicherheit gibt, die ihm Handlungsmöglichkeiten aufzeigt und die Bedürfnisse des Kindes wahrnimmt.

Resilienz ist ein Beziehungskonstrukt, das Ergebnis eines Prozesses zwischen dem Kind und seinem sozialen Umfeld. Resilienz ist nicht «machbar» oder «trainierbar». Es geht vielmehr darum, Kindern ermutigende und stärkende Erfahrungsräume, Beziehungsstrukturen und Nischen dort zu ermöglichen, wo sie unmittelbar in ihrem Alltag leben (Fingerle, 2007). Für belastete Kinder haben aufmerksame Dritte (z. B. ErzieherInnen, LehrerInnen, Verwandte, Nachbarn, Freunde) eine elementare Bedeutung. Viele resiliente Kinder der Kauai-Studie (Werner & Smith, 2001; Werner, 2007a) verfügten ausserhalb ihrer Familie über entscheidende Quellen emotionaler und sozialer Unterstützung. So konnten viele der Befragten Lehrer benennen, die ihnen Aufmerksamkeit entgegenbrachten, sich für sie einsetzten und sie herausforderten. Diese unterstützenden Personen ausserhalb der Familie trugen nicht nur zur unmittelbaren Problemreduzierung bei, sondern dienten gleichzeitig auch als Modelle für ein aktives und konstruktives Bewältigungsverhalten sowie für prosoziale Handlungsweisen (Bender & Lösel, 1998).

Des Weiteren zeigte sich, dass die resilienten Kinder gern zur Schule gingen: Laut Werner (1990) machten sie in vielen Fällen die Schule sogar «zu einem Heim fern von daheim, einem Zufluchtsort vor einer konfusen Familiensituation» (zit. nach Göppel, 1999, S. 180; Opp, 2007). Die Schule kann damit bei Kindern in schwierigen Lebenssituationen «im günstigen Fall als Fluchtpunkt, als Nische, als Insel der Ordnung und der Struktur in einem sonst eher chaotischen Alltag, als Ort der persönlichen Zuwendung, der Einbindung in Freundschaftsbeziehungen und der Bestätigung eigener Werthaftigkeit erlebt werden» (ebd., S. 178). Nach Julius und Prater (1996) geht von solchen schulischen Bedingungen insofern ein protektiver Effekt aus, als dass sie den Aufbau von Selbstwirksamkeit und hohen Effizienzerwartungen sowie die Entwicklung eines positiven Selbstbildes unterstützen. Darüber hinaus tragen sie zur Entwicklung von Konflikt- und Problemlösefertigkeiten, Kontrollüberzeugungen und sozialen Kompetenzen bei und unterstützen die Entstehung eines Kohärenzgefühls.

Dieser protektive Effekt kann wohl für vorschulische Einrichtungen gleichermassen gelten: Auch Kindertageseinrichtungen können ein Ort der Sicherheit und Struktur sein, in dem die Entwicklung von Selbstwirksamkeitsüberzeugungen und positivem Selbstkonzept sowie die Bestätigung eigener Werthaftigkeit grundlegend gefördert werden. Es liegt auf der Hand, dass dieser Entwicklungsförderung gerade für Kinder, deren Entwicklungsrisiko im familialen Umfeld liegt, im Betreuungsumfeld Kindertageseinrichtung eine entscheidende Bedeutung zukommt. Bildungs- und Erziehungskontexte haben hier konsequenter und nachhaltiger als bisher auf die Erkenntnisse der Resilienzforschung zu reagieren. Sie müssen und können auf der Basis ihres Bildungs- und Betreuungsauftrags ihr präventives Potenzial bewusster ausschöpfen und die Resilienz der ihnen anvertrauten Kinder gezielt stärken. Resilienzförderung heisst in diesem Zusammenhang vor allem, jene wichtigen Grundlagen (Person- und Umweltressourcen) zu schaffen, zu festigen und zu optimieren, die es Kindern ermöglichen bzw. die sie motivieren, selbst weiterzukommen (Aktivierung von Selbsthilfekräften).

Daniel und Wassell (2002) fassen folgende drei Grundbausteine der Resilienzförderung – insbesondere für den Frühbereich – zusammen:

(1) eine sichere Basis,
(2) eine gute Selbstwertschätzung (Selbstvertrauen aufgrund von Kompetenzerfahrung) und
(3) ein Gefühl der Selbstwirksamkeit, dem Einfluss und Wirken des eigenen Handelns, der eigenen Stärken und Grenzen.

Die jüngste Untersuchung von Hall et al. (2009) im Rahmen der grossangelegten EPPE-Studie bestätigt, dass der Besuch von Bildungs- und Betreuungseinrichtungen mit hoher pädagogischer Prozessqualität die Resilienzentwicklung von Risikokindern entscheidend unterstützen kann (vgl. auch den Beitrag von König in dieser Publikation). Insbesondere Merkmale der ErzieherIn-Kind-Interaktion zeigen sich als einflussreiche protektive Faktoren. Die ErzieherIn kann für das Kind ein wichtiger «Stütz- und Ankerpunkt» darstellen und seine Entwicklung massgeblich begleiten. Durch ein fortdauerndes, genaues Wahrnehmen und Be-obachten kann sie die Bedürfnisse und Potenziale des Kindes erfassen und darauf unterstützend, responsiv reagieren (Wustmann, 2007). Auf dieser Basis kann sie die Fähigkeiten, Kompetenzen und Fortschritte des Kindes erkennen und das Kind dazu ermutigen, diese bei sich selbst wahrzunehmen. Die Kenntnis der eigenen Stärken und Grenzen, das Gefühl, etwas geschafft zu haben und sich selbst als Verursacher zu erleben sowie die Möglichkeit, aktiv zu sein und das eigene Verhalten zu steuern, sind wichtige Grundlagen für das Herangehen an neue Situationen sowie das Gestalten von sozialen Beziehungen.

Die erziehende Person kann auch für belastete Eltern als Ressource fungieren: Sie kann Modell sein, wie mit Kindern entwicklungsförderlich umgegangen wird und den Eltern anhand ihrer Beobachtungen aufzeigen, wo die spezifischen Besonderheiten und Potenziale des individuellen Kindes bestehen. Gemeinsam kann im Austausch besprochen werden, worin die momentanen Bedürfnisse und Interessen des Kindes liegen und wie es zuhause und in der Kindertageseinrichtung im Sinne einer «Bildungs- und Erziehungspartnerschaft» (Textor, 2006) weiter unterstützt werden kann.

2. Bildungsverständnis und Bildungsförderung im Frühbereich

In der Bildungsdiskussion wird immer stärker betont, dass in den frühen Lebensjahren enormes Potenzial besteht und der Grundstein für spätere Bildungschancen in diesem frühen Alter gelegt wird. Entgegen früherer Annahmen hat die neuere Forschung gezeigt, dass Säuglinge bereits von Geburt an neugierig und «bildungshungrig» sind und versuchen, mit all ihrer Energie die Welt um sie herum zu verstehen (Gopnik, Kuhl & Meltzoff, 2000). Wenn es darum geht, was frühe Bildung konkret ausmacht, wird die Bedeutung in erster Linie darin gesehen, Kindern wichtige Erfahrungs- und Lernfelder zur Erkundung und Erschliessung der Welt zu ermöglichen (Ahnert, 2006; Fthenakis, 2004; Laewen & Andres, 2002; Schäfer, 2004, 2005). Kinder brauchen aufmerksame Erwachsene, die ihnen vielfältige Anregungs- und Kommunikationsmöglichkeiten bereitstellen, die auf ihre Signale reagieren und ihnen den nötigen Spielraum lassen, selbst initiativ zu sein und zu explorieren. Aufgabe von Erwachsenen ist es, dem Forscher- und Entdeckungsdrang der Kinder mit einem breiten Angebot an individuellen Bildungs- und Entwicklungsmöglichkeiten zu begegnen (Viernickel & Völkel, 2005). Frühpädagogische ExpertInnen sind sich heute darin einig, dass frühkindliche Bildung nicht über Belehrung, Instruktion und reine Wissensvermittlung erfolgt, sondern eigenaktiv und ganzheitlich. Junge Kinder lernen nicht nur mit dem Kopf, sondern über vielfältige Wege, wie z. B. durch Bewegung, Nachahmen, Explorieren, Ausprobieren, Beobachten, Fragen oder Wiederholen. Lernen in der frühen Kindheit ist handlungsorientiert und an konkrete, alltägliche Situationen, Personen und Aktivitäten gebunden. Dem anregenden Potenzial verlässlicher sozialer Kontakte zu anderen Kinder und zu Erwachsenen kommt dabei eine wichtige Rolle zu (Simoni, 2008).

Wenn von «früher Bildung» gesprochen wird, dann geht es weder um «Verschulung» noch um heilpädagogische «Frühförderung» (Simoni & Wustmann, 2008). Frühe Bildungsförderung ist nicht mit «Lektionenunterricht» und vorverlegtem Erlernen der Kulturtechniken Lesen, Schreiben, Rechnen gleichzusetzen. Vielmehr geht es um die Anerkennung und Begleitung der selbstbildenden Aktivitäten von Kindern in ihrem natürlichen Lebensumfeld. Frühkindliche Bildung orientiert sich an den Lernprozessen von «allen» Kleinkindern, nicht nur von denen mit besonderen Bedürfnissen, Defiziten oder Begabungen.

Wahrnehmung – Beobachtung – Beachtung kindlicher Potenziale als pädagogische Aufgabe

Zur Realisierung und Umsetzung eines solchen frühpädagogischen Bildungsverständnisses sind methodisch-didaktische Überlegungen gefragt (Viernickel & Simoni, 2008). Diese müssen erstens darauf abzielen, die Bildungsaktivitäten und Bedeutungszuschreibungen der Kinder zu erfassen. Zweitens müssen sie die sozial-interaktive Dimension von Bildungsprozessen berücksichtigen: Wie lassen sich soziale Interaktionen gestalten, bei denen die Kinder für die «Zone der nächsten Entwicklung» (Vygotsky, 1978) herausgefordert werden?

Für den Frühbereich hat sich hier das systematische Beobachten und Dokumentieren der individuellen Bildungs- und Entwicklungswege von Kindern als wichtiges Qualitätsmerkmal herausgestellt. In der Fachdiskussion herrscht weitgehend Konsens darüber, dass das Beobachten der kindlichen Bildungs- und

Entwicklungsprozesse eine «pädagogische Grundhaltung» sein muss, die es erst ermöglicht, sich als Erwachsener auf die kindliche «Weltsicht» einzulassen und eine individuelle Förderung umzusetzen (Bensel & Haug-Schnabel, 2005; Kazemi-Veisari, 2004; Lipp-Peetz, 2007; Strätz & Demandewitz, 2007; Viernickel & Völkel, 2005). Systematisches Beobachten und Dokumentieren gehören heute zu den wichtigsten Aufgaben von pädagogischen Fachkräften im Frühbereich. Die kontinuierliche Beobachtung und Dokumentation wird in Qualitätshandbüchern als Kriterium professionellen Handelns bzw. als notwendige professionelle Kompetenz beschrieben (Tietze & Viernickel, 2003).

Auch wenn man davon ausgehen kann, dass viele pädagogische Fachkräfte durchaus «intuitiv» erfassen, wie sie Kinder am besten fördern können, hat die Erfahrung doch gezeigt, dass sie hier deutlich an ihre Grenzen stossen und dazu mehr Fachkompetenzen, pädagogisches Handwerkszeug sowie professionelle und empirisch-theoretisch fundierte Unterstützung brauchen (Leu, 2006). Punktuelle Beobachtungen einzelner Kinder ohne eine systematische Auswertung sind für eine genaue Beschreibung von kindlichen Bildungs- und Entwicklungsprozessen nicht ausreichend. Dazu braucht es einen klar definierten Beobachtungsgegenstand, systematische Auswertungskriterien sowie eine geregelte Nutzung der Beobachtungserkenntnisse, wofür die Beobachtungsergebnisse überhaupt als hilfreich erachtet werden (Leu, 2005; Viernickel & Völkel, 2005). Unerlässlich ist auch eine vertiefte Auseinandersetzung mit dem «Bild vom Kind», mit Bildungsprozessen von Kindern sowie mit den Aufgaben, die den Erwachsenen in der Unterstützung von Kindern zukommt.

Für die pädagogische Arbeit in Bildungs- und Betreuungssettings bedeutet frühe Bildungs- und Resilienzförderung, kontinuierlich die individuelle Situation von Kindern in den Blick zu nehmen, um Beziehungsangebote zu gewährleisten, Ressourcen zu aktivieren und mögliche Belastungen frühzeitig erkennen zu können. Im Vordergrund stehen die Entwicklungspotenziale, die persönlichen Kompetenzprofile, die sozialen Bedürfnisse und die Individualität jedes einzelnen Kindes. Kinder auf dieser Basis in ihren eigenen Stärken zu stärken, um die Schwächen zu schwächen (Neuhäuser, 2004), kann als Leitsatz für pädagogisches Handeln verstanden werden.

Corina Wustmann & Heidi Simoni

3. Die Methode der «Bildungs- und Lerngeschichten» als Instrument zur frühen Bildungs- und Resilienzförderung

Das Verfahren der «Bildungs- und Lerngeschichten» (Carr, 2001; Leu et al., 2007) stellt eine gute Möglichkeit dar, eine solche stärkende Pädagogik im Alltag von Kindertageseinrichtungen umzusetzen. Dabei handelt es sich um ein Beobachtungs- und Dokumentationsverfahren aus Neuseeland, das vor allem die Lern- und Entwicklungsfortschritte von Kindern fokussiert und diese für alle Beteiligten – die Kinder, Eltern und das pädagogische Personal – transparent macht. Das Verfahren der «Learning stories» wurde von Margaret Carr in Neuseeland mit dem Ziel entwickelt, ein angemessenes Verfahren für die Beobachtung und Beschreibung von Lernerfolgen in der Alltagspraxis zu finden, das sich nicht am klassischen Defizitblick orientiert, sondern das dazu dient, zu erkennen, wo sich Kinder in ihren Bildungs- und Entwicklungsprozessen befinden, wo ihre Interessen, Talente und Stärken liegen. Carr versteht ihr Verfahren ausdrücklich als ein ressourcenorientiertes Instrument, mit dem Fähigkeiten und Kompetenzen von Kindern erfasst und auf dieser Grundlage Ansatzpunkte für die Weiterentwicklung und Unterstützung der kindlichen Fähigkeiten gewonnen werden können. Es geht hier nicht darum, was Kinder nicht können oder noch nicht können, sondern darum, was sie tun, was sie können, was sie interessiert und beschäftigt, wie sie sich neues Wissen aneignen und welche Strategien sie dabei verfolgen. Ziel der Arbeit mit den «Bildungs- und Lerngeschichten» ist es, jedem Kind den Aufbau eines Selbstbildes als kompetent lernendes Kind zu ermöglichen.

Die Beobachtungen der pädagogischen Fachkräfte münden am Ende in individuelle Lerngeschichten, die jederzeit mit dem Kind und seinen Eltern gelesen, besprochen und gemeinsam reflektiert werden können. Allen Beteiligten wird es dadurch möglich, Lern- und Entwicklungsfortschritte bewusster wahrzunehmen. Das Kind entwickelt auf dieser Basis Selbstvertrauen in sein eigenes Handeln und es erlebt, dass seine individuellen Kompetenzen und Interessen auch von den pädagogischen Fachkräften und Eltern anerkannt und wertgeschätzt werden. Zudem lernt es seine eigenen Stärken und Grenzen besser kennen und kann sich dadurch auch selbst besser einschätzen. Durch die Lerngeschichten kann sich das Kind an konkrete Situationen erinnern, in denen es sich sicher, wirkend, könnend und auch für andere nützlich verhalten konnte. Diese positiven Erinnerungen sind Bausteine für neue und noch unsichere Situationen: Sie geben Zuversicht und Mut, sich solchen Situationen auszusetzen (Kazemi-Veisari, 2006). Lerngeschichten sind persönliche Geschichten: In ihnen drücken sich die Beziehungen des Kindes zu anderen Menschen, zu sich selbst und zur Welt aus (Klein, 2006). Besonderheit der Lerngeschichten ist, dass sie die subjektive Seite, wie ein Kind seine Lernprozesse selbst erlebt, transparent machen und den Fachpersonen damit eine wichtige Hilfestellung für die Gestaltung des Dialogs geben (Wustmann, 2008). Die Lerngeschichten ermöglichen den Fachkräften, Einblick in die aktuellen Themen, Interessen und Herausforderungen des Kindes zu gewinnen. Dadurch können sie sensibler auf die Lernprozesse und Bedürfnisse des Kindes reagieren und sich besser in seine Perspektive hineinversetzen.

Bislang fehlen jedoch empirisch gesicherte Erkenntnisse darüber, inwieweit das Verfahren der «Bildungs- und Lerngeschichten» tatsächlich auf die Kinder und die beteiligten Erwachsenen wirkt und als ein ressourcenorientiertes Instrument die Entwicklung von Resilienz bei belasteten Kindern unterstützt. Die Ergebnisse der wissenschaftlichen Begleitforschung zum Projekt «Bildungs- und Lerngeschichten» am Deutschen Jugendinstitut e.V. zeigen im Ansatz, dass mit dem Verfahren der «Bildungs- und Lerngeschichten» Eltern mit nichtdeutschem Sprachhintergrund und geringen beruflichen Qualifikationen sehr gut angesprochen werden können (Deutsches Jugendinstitut e.V., 2007).

4. Schlussfolgerungen

Zurzeit besteht eine erhebliche Diskrepanz zwischen vorhandenen Erkenntnissen zur Relevanz früher Bildungsförderung und dem Bildungssystem in der Schweiz, in dem der Frühbereich als Bildungszeit empirisch, konzeptuell und praktisch gleichermassen vernachlässigt wird. Für die Schweiz ist vor dem Hintergrund des zeitgemässen Bildungsverständnis «Lernen ab Geburt» eine Perspektivenerweiterung gefragt: Kindertageseinrichtungen dürfen nicht länger einseitig als sozial- und familienpolitische «Betreuungseinrichtungen» zur Vereinbarkeit von Familie und Beruf verstanden werden (vgl. auch die Beiträge von Carle, Stamm oder Reinwand in diesem Band). Vielmehr müssen der «Bildungsauftrag» und die «Bildungsrelevanz» von Kindertageseinrichtungen ins Zentrum der Aufmerksamkeit rücken. Es geht insbesondere darum, die Möglichkeiten von

Corina Wustmann & Heidi Simoni

Kindertageseinrichtungen zur Unterstützung früher Bildungs- und Entwicklungsprozesse besser zu nutzen. Im internationalen Vergleich zeigt sich die Situation in der Schweiz hier deutlich entwicklungsbedürftig: Bislang liegen in der Schweiz weder eine inhaltliche frühpädagogische Bildungsforschung noch bewährte Bildungskonzepte für den Frühbereich vor (Viernickel & Simoni, 2008). Als ein erster Schritt in diese Richtung kann die von der Schweizerischen UNESCO-Kommission geförderte Studie *Frühkindliche Bildung in der Schweiz: Eine Grundlagenstudie zur nachhaltigen Etablierung der Thematik in Gesellschaft, Politik und Wissenschaft* (Stamm et al., 2009) verstanden werden. Was in der Schweiz aber dennoch fehlt, sind inhaltliche Forschungsvorhaben, die sich direkt mit der pädagogischen Arbeit in Kindertageseinrichtungen befassen: Grundlagenforschung, in denen jene Prozesse genauer untersucht werden, wie sich Kindertageseinrichtungen konkret zu Bildungseinrichtungen in der Schweiz entwickeln können, was die «Bildungsarbeit» qualitativ ausmacht und wie sie sich effektiv umsetzen lässt.

Bildungs- und Erziehungskontexte haben darüber hinaus konsequenter und nachhaltiger als bisher auf die Erkenntnisse der neueren Resilienzforschung zu reagieren. Notwendig sind an dieser Stelle Methoden und Konzepte, die eine Unterstützung von belasteten Kindern in Kindertageseinrichtungen verbessern und gewährleisten. Bislang liegen im deutschsprachigen Raum kaum empirisch gesicherte Beispiele für eine Resilienzförderung in Kindertageseinrichtungen vor. Einmalige Trainingsprogramme wie z. B. das Programm *PRIK – Prävention und Resilienzförderung in Kindertageseinrichtungen* (Fröhlich-Gildhoff, Dörner & Rönnau, 2007) sind vor diesem Hintergrund durchaus sinnvoll. Nachhaltiger könnte eine Resilienzförderung aber sein, wenn sie direkt im pädagogischen Alltagsgeschehen der Kindertageseinrichtung verankert ist und damit kontinuierlich und unmittelbar alle Kinder erreichen kann.

Im Rahmen eines neuen Forschungsprojektes *Bildungs- und Resilienzförderung im Frühbereich* wird am Marie Meierhofer Institut für das Kind seit Juni 2009 versucht, diesen skizzierten Forschungsdesiderata im Anfang nachzugehen (vgl. www.mmizuerich.ch/bildungsprojekt). Dabei wird das Verfahren der «Bildungs- und Lerngeschichten» in Schweizer Kindertageseinrichtungen eingeführt und erprobt. Neben der Praxisimplementierung werden in vier Teilstudien verschiedene Forschungsfragen untersucht und evaluiert:

(1) Professionalisierungsprozesse und Bildungsverständnis bei pädagogischen Fachkräften in Schweizer Kindertageseinrichtungen
(2) Stärkende Lerndialoge zwischen ErzieherIn und Kind(ern): Eine explorative Beobachtungsstudie
(3) Externe Messung der Qualitätsentwicklung in Kindertageseinrichtungen mit «Bildungs- und Lerngeschichten» im Vergleich zu Kontrolleinrichtungen ohne «Bildungs- und Lerngeschichten» und Kindertageseinrichtungen mit einem anderen Beobachtungsverfahren
(4) «Bildungs- und Lerngeschichten» als Instrument zur Resilienzförderung im Alltag von Kindertageseinrichtungen.

Die Forschungsfragen werden multimethodal, teils vertiefend-explorativ und längsschnittlich, teils mit Kontrollgruppendesign erforscht. Die Ergebnisse des Projekts werden Mitte 2011 vorliegen.

Literatur

Ahnert, L. (2006). Anfänge der frühen Bildungskarriere: Familiäre und institutionelle Perspektiven. *Frühe Kindheit, 6,* 18-23.

Antonovsky, A. (1979). *Health, stress, and coping: New perspectives on mental and physical well-being.* San Francisco: Jossey-Bass.

Bensel, J. & Haug-Schnabel, G. (2005). *Kinder beobachten und ihre Entwicklung dokumentieren. Kindergarten heute spezial.* Freiburg: Herder.

Carr, M. (2001). *Assessment in early childhood settings. Learning stories.* London u. a.: SAGE Publications.

Daniel, B. & Wassell, S. (2002). The *early years. Assessing and promoting resilience in vulnerable children 1.* London: Jessica Kingsley Publishers.

Deutsches Jugendinstitut e.V. (2007). *Abschlussbericht des Projekts «Bildungs- und Lerngeschichten als Instrument zur Konkretisierung und Umsetzung des Bildungsauftrags im Elementarbereich».* München: Eigenverlag.

Dornes, M. (1993). *Der kompetente Säugling. Die präverbale Entwicklung des Menschen.* Frankfurt a. M.: Fischer.

Fingerle, M. (2007). Der «riskante» Begriff der Resilienz. Überlegungen zur Resilienzförderung im Sinne der Organisation von Passungsverhältnissen. In G. Opp & M. Fingerle (Hrsg.), *Was Kinder stärkt: Erziehung zwischen Risiko und Resilienz* (2., neu bearb. Aufl.) (S. 299-310). München: Ernst Reinhardt.

Fröhlich-Gildhoff, K., Dörner, T. & Rönnau, M. (2007). *Prävention und Resilienzförderung in Kindertageseinrichtungen – PriK: Trainingsmanual für ErzieherInnen.* München: Ernst Reinhardt.

Fthenakis, W. E. (2004). *Der Bildungsauftrag in Kindertageseinrichtungen: ein umstrittenes Terrain?* Zugriff am: 01.07.2009. Verfügbar unter http://www.familienhandbuch.de/cmain/f_Aktuelles/a_Kindertagesbetreuung/s_739.html

Göppel, R. (1999). Bildung als Chance. In G. Opp, M. Fingerle & A. Freytag (Hrsg.), *Was Kinder stärkt: Erziehung zwischen Risiko und Resilienz* (S. 170-190). München: Ernst Reinhardt.

Gopnik, A., Kuhl, P. & Meltzoff, A. (2000). *Forschergeist in Windeln: Wie Ihr Kind die Welt begreift.* Kreuzlingen, München: Hugendubel.

Hall, J. et al. (2009). The role of pre-school quality in promoting resilience in the cognitive development of young children. *Oxford Review of Education, 35(3),* 331-352.

Hüther, G. (2007). Resilienz im Spiegel entwicklungsneurobiologischer Erkenntnisse. In G. Opp & M. Fingerle (Hrsg.), *Was Kinder stärkt: Erziehung zwischen Risiko und Resilienz* (2., neu bearb. Aufl.) (S. 45-56). München: Ernst Reinhardt.

Ittel, A. & Scheithauer, H. (2007). Geschlecht als «Stärke» oder «Risiko»? Überlegungen zur geschlechtsspezifischen Resilienz. In G. Opp & M. Fingerle (Hrsg.), *Was Kinder stärkt: Erziehung zwischen Risiko und Resilienz* (2., neu bearbeitete Aufl.) (S. 98-115). München: Ernst Reinhardt.

Julius, H. & Prater, M. A. (1996). Resilienz. *Sonderpädagogik, 26,* 228-235.

Kasten, H. (2003). Die Bedeutung der ersten Lebensjahre: Ein Blick über den entwicklungspsychologischen Tellerrand hinaus. In W. E. Fthenakis (Hrsg.), *Elementarpädagogik nach PISA: Wie aus Kindertageseinrichtungen Bildungseinrichtungen werden können* (S. 57-66). Freiburg: Herder.

Kazemi-Veisari, E. (2004). *Kinder verstehen lernen: Wie Beobachtung zu Achtung führt.* Seelze-Velber: Kallmeyer'sche Verlagsbuchhandlung.

Kazemi-Veisari, E. (2006). Beobachtungen sind Lerngeschichten: Sie schärfen den Blick für Entdeckungen am Kind. *TPS Theorie und Praxis der Sozialpädagogik, 4,* 8-11.

Klein, L. (2006). Auf den Spuren persönlicher Sinngebung: Lerngeschichten öffnen den Blick auf die subjektive Seite des Lernens. *TPS Theorie und Praxis der Sozialpädagogik, 4,* 4-7.

Kumpfer, K. L. (1999). Factors and processes contributing to resilience: The resilience framework. In M. D. Glantz & J. L. Johnson (Hrsg.), *Resilience and development: Positive life adaptations* (pp. 179-224). New York: Kluwer Academic/Plenum Publisher.

Laewen, H.-J. & Andres, B. (Hrsg.). (2002). *Bildung und Erziehung in der frühen Kindheit: Bausteine zum Bildungsauftrag von Kindertageseinrichtungen.* Weinheim u. a.: Beltz.

Leu, H. R. (2005). Lerndispositionen als Gegenstand von Beobachtung. In Bertelsmann Stiftung (Hrsg.), *Guck mal! Bildungsprozesse des Kindes beobachten und dokumentieren* (S. 66-78). Gütersloh: Bertelsmann Stiftung.

Leu, H. R. (2006). Beobachtung in der Praxis. In L. Fried & S. Roux (Hrsg.), *Pädagogik der frühen Kindheit* (S. 232-243). Weinheim, Basel: Beltz.

Leu, H. R., Flämig, K., Frankenstein, Y., Koch, S., Pack, I., Schneider, K. & Schweiger, M. (2007). *Bildungs- und Lerngeschichten: Bildungsprozesse in früher Kindheit beobachten, dokumentieren und unterstützen.* Weimar, Berlin: verlag das netz.

Lipp-Peetz, C. (Hrsg.). (2007). *Praxis Beobachtung: Auf dem Weg zu individuellen Bildungs- und Erziehungsplänen.* Berlin u.a.: Cornelsen Scriptor.

Lösel, F. & Bender, D. (2007). Von generellen Schutzfaktoren zu spezifischen protektiven Prozessen: Konzeptuelle Grundlagen und Ergebnisse der Resilienzforschung. In G. Opp & M. Fingerle (Hrsg.), *Was Kinder stärkt: Erziehung zwischen Risiko und Resilienz* (2., neu bearbeitete Aufl.) (S. 57-78). München: Ernst Reinhardt.

Luthar, S. S. (2006). Resilience in development: A synthesis of research across five decades. In D. Cicchetti & D. J. Cohen (eds.), *Developmental psychopathology: Risk, disorder, and adaptation* (pp. 740-795). New York: Wiley.

Luthar, S. S. & Cicchetti, D. (2000). The construct of resilience: Implications for interventions and social policies. *Development and Psychopathology, 12*, 857-885.

Masten, A. (2007). Resilience in developing systems: Progress and promise as the fourth wave rises. *Development and Psychopathology, 19(3)*, 921-930.

Masten, A. S. & Coatsworth, J. D. (1998). The development of competence in favorable and unfavorable environments. Lessons from research on successful children. *American Psychologist, 53(2)*, 205-220.

Neuhäuser, G. (2004). An den Stärken oder an den Schwächen ansetzen? Die Stärken stärken, um die Schwächen zu schwächen. *TPS Theorie und Praxis der Sozialpädagogik, 2*, 17-19.

Opp, G. (2007). Schule – Chance oder Risiko? In G. Opp & M. Fingerle (Hrsg.), *Was Kinder stärkt: Erziehung zwischen Risiko und Resilienz* (2., neu bearb. Aufl.) (S. 227-244). München: Ernst Reinhardt.

Rutter, M. (2000). Resilience reconsidered: Conceptual considerations, empirical findings, and policy implications. In J. P. Shonkoff & S. J. Meisels (Hrsg.), *Handbook of early childhood intervention* (S. 651-682). Cambridge: Cambridge University Press.

Schäfer, G. (2004). Bildung von Anfang an: Aufgaben frühkindlicher Bildung in Familie, Krippe, Kindergarten. In I. Wehrmann (Hrsg.), *Kindergärten und ihre Zukunft* (S. 123-137). Weinheim u. a.: Beltz.

Schäfer, G. (2005). *Bildung beginnt mit der Geburt. Ein offener Bildungsplan für Kindertageseinrichtungen in Nordrhein-Westfalen*. Weinheim, Basel: Beltz.

Seligman, M. E. P. & Csikszentmihalyi, M. (2000). Positive psychology: An introduction. *American Psychologist, 55*, 5-14.

Simoni, H. (2008). Bildung und Erziehung in Kitas. Beziehungsnetze bewusst fördern. *Frühförderung interdisziplinär, 27,* 155-163.

Simoni, H. & Wustmann, C. (2008). Bildung beginnt mit der Geburt. Für ein zeitgemässes Bildungsverständnis. *Neue Zürcher Zeitung,* 17. März.

Singer, W. (2003). Was kann ein Mensch wann lernen? Ein Beitrag aus Sicht der Hirnforschung. In W. E. Fthenakis (Hrsg.), *Elementarpädagogik nach PISA: Wie aus Kindertageseinrichtungen Bildungseinrichtungen werden können* (S. 67-74). Freiburg: Herder.

Snyder, C. R. & Lopez, S. J. (eds.)(2002). *Handbook of positive psychology.* Oxford: Oxford University Press.

Stamm, M. et al. (2009). *Frühkindliche Bildung in der Schweiz: Eine Grundlagenstudie im Auftrag der UNESCO-Kommission Schweiz.* Fribourg: Universität Fribourg.

Strätz, R. & Demandewitz, H. (2007). *Beobachten und Dokumentieren in Tageseinrichtungen für Kinder* (5., vollst. überarb. und aktualisierte Aufl.). Berlin: Cornelson Scriptor.

Sturzbecher, D. & Dietrich, P. S. (2007). Risiko- und Schutzfaktoren in der Entwicklung von Kindern und Jugendlichen. *Interdisziplinäre Fachzeitschrift der DGgKV (Deutschen Gesellschaft gegen Kindesmisshandlung und -vernachlässigung e.V.), 10(1),* 3-24.

Textor, M. (Hrsg.). (2006). *Erziehungs- und Bildungspartnerschaft mit Eltern: Gemeinsam Verantwortung übernehmen.* Freiburg i. Br.: Herder.

Tietze, W. & Viernickel, S. (Hrsg.). (2003). *Pädagogische Qualität in Tageseinrichtungen für Kinder. Ein nationaler Kriterienkatalog* (2., unveränd. Aufl.). Weinheim: Beltz.

Viernickel, S. & Simoni, H. (2008). Frühkindliche Erziehung und Bildung. In Eidgenössische Koordinationskommission für Familienfragen EKFF (Hrsg.), *Familien, Bildung, Erziehung* (S. 22-34). Bern: EKFF.

Viernickel, S. & Völkel, P. (2005). *Beobachten und dokumentieren im pädagogischen Alltag.* Freiburg i. Br.: Herder.

Vygotsky, L. (1978). *Mind in society: The development of higher psychological processes.* Cambridge, MA: Harvard University Press.

Waller, M. A. (2001). Resilience in ecosystemic context: Evolution of the concept. *American Journal of Orthopsychiatry, 71(3),* 290-297.

Werner, E. E. (2007a). Entwicklung zwischen Risiko und Resilienz. In G. Opp & M. Fingerle (Hrsg.), *Was Kinder stärkt: Erziehung zwischen Risiko und Resilienz* (2., neu bearb. Aufl.) (S. 20-31). München: Ernst Reinhardt.

Werner, E. E. (2007b). Resilienz: ein Überblick über internationale Längsschnittstudien. In G. Opp & M. Fingerle (Hrsg.), *Was Kinder stärkt: Erziehung zwischen Risiko und Resilienz* (2., neu bearb. Aufl.) (S. 311-326). München: Ernst Reinhardt.

Werner, E. E. & Smith, R. S. (2001). *Journeys from childhood to midlife: Risk, resilience, and recovery.* Ithaca: Cornell University Press.

Wustmann, C. (2004). *Resilienz: Widerstandsfähigkeit von Kindern in Tageseinrichtungen fördern. Beiträge zur Bildungsqualität, hrsg. von Prof. Dr. W. E. Fthenakis.* Berlin u. a.: Cornelsen Scriptor.

Wustmann, C. (2005). Die Blickrichtung der neueren Resilienzforschung: Wie Kinder Lebensbelastungen bewältigen. *Zeitschrift für Pädagogik, 51(2),* 192-206.

Wustmann, C. (2007). Die Stärken und Entwicklungsprozesse der Kinder be(ob)achten: Eine Botschaft aus der Resilienzforschung. *<undKinder>, 79,* 41-53.

Wustmann, C. (2008). Stärkende Lerndialoge zwischen Erwachsenen und Kind: Warum wir das Potenzial von Dialogen stärker nutzen sollten. *<undKinder>, 80,* 89-96.

Margrit Stamm

Bildung und Betreuung kontrovers
Probleme und Perspektiven des frühpädagogischen Diskurses

1. Kontroversen des frühpädagogischen Diskurses

Frühkindliche Bildung, Betreuung und Erziehung (FBBE) fokussiert weder auf eine einzelne Entität noch auf ein allgemeines Verständnis dessen, was mit den Begriffen gemeint sein soll. Hinter ihnen steckt vielmehr eine grosse Bandbreite an Programmen, Entwicklungsabschnitten oder institutionellen Zugängen für Kinder zwischen Geburt und acht Jahren. Bildung und Betreuung kann zu Hause in der Familie stattfinden oder in öffentlich resp. privat finanzierten Institutionen, in Kinderkrippen, Spielgruppen oder in Tagespflege, z. B. bei Tagesmüttern. Jedes dieser Settings zeichnet sich durch unterschiedliche Charakteristika in Bezug auf Betreuungsschlüssel, Gruppengrösse und Altersspanne, kulturelle Praktiken, Ausbildungsniveau des Personals und Unterrichtsstile aus. Diese Charakteristika wiederum beeinflussen, was und wie Kinder lernen.

Eine ähnliche Vielfalt gilt für die Forschung. Auch sie gestaltet sich je nach fokussierter Akteurgruppe unterschiedlich. Fachpersonal, Anbieter und Eltern haben unterschiedliche Vorstellungen und Interessen, die sich wiederum bedeutsam von den Interessen der Bildungspolitik unterscheiden. Während beispielsweise Lehrpersonen an anwendungsorientierter Forschung interessiert sind, wenn sie zur Entwicklung von Beobachtungs- und Unterrichtsmaterialien beiträgt (Tietze et al., 2001; Pianta et al., 2005), steht für Anbieter eher die Frage der institutionellen Qualität im Vordergrund (Tietze, 1998; Howes & Ritchie, 2002; Roux, 2003; Early et al., 2007; LoCasale-Crouch et al., 2007). Eltern wiederum interessieren sich am stärksten für Erkenntnisse zu möglichen negativen Auswirkungen des Vorschulbesuchs auf das kindliche Verhalten (Bates et al., 1994; Belsky, 2002; Hymel & Ford, 2003).

Alle diese Studien stützen sich auf unterschiedliche Modelle, entweder auf das spielbasierte Betreuungsparadigma oder auf das Paradigma der kognitiv orientierten Frühförderung und Schulvorbereitung. Zwar sind die Befürwortenden akzelerierender Bildungsprogramme in der Überzahl, nicht zuletzt auch deshalb, weil sie die grosse Bedeutung solcher Massnahmen im Hinblick auf eine erfolgreiche Schullaufbahn und auf ihren volkswirtschaftlichen Nutzen herausstreichen (vgl. Bryant et al., 2003; Ackerman & Barnett, 2005; Barnett & Masse, 2007). Doch gibt es auch stimmgewaltige Gegner wie beispielsweise Elkind (2001), der bereits seit zwanzig Jahren mit seinen Publikationen *Das gehetzte Kind* (1988) und *Wenn Eltern zuviel fordern – die Rettung der Kindheit vor leistungsorientierter Erziehung* (1989) vor der Ausweitung bildungsorientierter Curricula in die Vorschulzeit warnt oder Postman (1992), der in diesem Zusammenhang «Vom Verschwinden der Kindheit» spricht. Im deutschsprachigen Raum ist der Diskurs bis auf die Warnungen vor einer insgesamt unangemessenen Euphorie der Frühförderung von Dollase (2007) sowie einiger medialer Repliken auf die Fragen, die in der *Neuen Zürcher Zeitung* aufgeworfen wurden (vgl. Stamm, 2007, 2008a), ob eine glückliche Kindheit nur eine solche ohne Bildung sein könne und was angemessene Förderung durch das Elternhaus sei, noch kaum in Schwung gekommen. Insgesamt wirft diese Kontroverse ein Licht auf die vielleicht brisanteste Frage, welche die Pädagogik der frühen Kindheit betrifft: Sollen junge Kinder vor Schuleintritt lediglich gut und entwicklungsangemessen betreut oder auch durch gezielt implementierte Bildungsprogramme auf die Schule vorbereitet werden?

Dieses fragmentierte Feld sowie das in der UN-Kinderrechtskonvention festgehaltene Recht des Kindes auf Bildung und Chancengleichheit in Erziehungs- und Bildungseinrichtungen (Krappmann, 2006) sind für mich Anlass, in kritischer Absicht das Bildungs- und das Betreuungsparadigma und ihre historischen Hintergründe zu analysieren, die empirischen Fortschritte und verfügbaren Erklärungen in internationaler Perspektive aufzuzeigen, um dann mit Blick auf die aktuelle Diskussion in der Schweiz Konsequenzen für die pädagogische Praxis und für die professionelle Entwicklung des Fachpersonals aufzuzeigen. Dabei ist meine These, dass ein Konzept dynamisch-prozessorientierter frühpädagogischer Bildungsförderung, das sowohl Elemente kognitiver Frühförderung als auch des entwicklungsangemessenen Betreuungsansatzes enthält, kindliche Lernentwicklungen besser unterstützen kann als jedes der beiden Paradigmen für sich alleine. Dieses Konzept kann jedoch nur dann erfolgreich implementiert und mit der intendierten Wirksamkeit umgesetzt werden, wenn sich dieser Wechsel auch in den subjektiven Überzeugungs- und Handlungsmustern der professionell Erziehenden manifestiert (Fried, 2008). Zu berücksichtigen ist dabei, dass es im gesamten deutschsprachigen Raum im Gegensatz zur Betreuung junger Kinder nur eine sehr limitierte, fast ausschliesslich auf Interventionsprogramme für Risikokinder ausgerichtete Aufmerksamkeit gegenüber ihren bildenden Erfahrungen gibt (Stamm, 2008b). Dies ist der Grund, weshalb viele der in diesem Aufsatz diskutierten Überlegungen auf internationaler Literatur basieren müssen.

2. Frühkindliche Bildung und Betreuung im historischen Kontext

Historisch gesehen sind zwei Aspekte wichtig für den Entwicklungsgang der beiden Begriffe ‹Bildung› und ‹Betreuung›: erstens die bereits im 19. Jahrhundert vollzogene Unterscheidung zwischen Kindergarten und Tagesbetreuung. Während Kindergärten im Allgemeinen ein Werk inspirierter junger Pädagogen darstellten, lagen den Betreuungseinrichtungen gemeinnützige Initiativen zu Gunsten benachteiligter Kinder zu Grunde. Diese wurden in der Folge den Sozial-, Fürsorge- und Gesundheitsbehörden unterstellt, während die Kindergärten unter die Obhut der Gemeinden insgesamt kamen. In diesen auch heute noch bestehenden unterschiedlichen Verantwortlichkeiten liegt einer der Gründe für die fehlende Integration beider Bereiche zu einem gemeinsamen Bildungs- und Betreuungsraum. Der zweite Aspekt gründet in der international bedeutsamen Tatsache, dass früh schon unterschiedliche Entwicklungsströmungen die Ausgestaltung der Kindergartenprogramme bestimmten. In den deutschsprachigen Ländern wurden Pestalozzi und Fröbel die beiden Leitfiguren und damit das freie Spiel und die ganzheitliche Förderung die zentralen Programmelemente. Ganz anders in den angelsächsischen und frankophonen Ländern, wo das englische Modell der *infant school* mit kognitiver Frühförderung und gezielter Schulvorbereitung Pate stand. Diese unterschiedlichen Ausrichtungen änderten sich auch mit den kompensatorischen Erziehungs- und Bildungsprogrammen der 1960er- und 1970er-Jahre nicht. Denn die Idee, dass sich frühe Bildungserfahrungen positiv auf junge Kinder auswirken können, wurde nur in den angloamerikanischen Ländern Teil eines kollektiven Diskurses. Hierzulande blieb der Betreuungsaspekt lange Zeit massgebend. Aktuell hat die Diskussion um die Vorverlegung des Schuleintrittsalters zu Forderungen geführt, Vorschulbetreuung sei verstärkt mit Bildungsaufgaben zu versehen, damit der Aufbau von Startchancengleichheit für alle Kinder, insbesondere jedoch der Kinder mit Migrationshintergrund, verwirklicht werden könne.

3. Die Dichotomie «Bildung» versus «Betreuung»

Die Dichotomie ‹Bildung versus Betreuung› zeigt sich auch in den aktuell verwendeten Begrifflichkeiten. So wird frühkindliche Bildung vielerorts ausschliesslich mit der bewussten Anregung der kindlichen Aneignungstätigkeit durch Erwachsene im Umfeld des Kindes umschrieben und mit dem allgemeinen Kompetenzerwerb gleich gesetzt. Dass Bildung nicht nur Information und Wissen ist, sondern auch Erfahrung, die zu vorausschauendem und kompetentem Handeln befähigt und dass auch der Erwerb von Schlüsselkompetenzen jenseits von Sprache und Mathematik dazu gehört, liest man allerdings selten. Nach Rutter (1985), Sylva et al. (2004), Laewen (2006) oder Hayes (2007) sind sie das Ergebnis grundlegender Prozesse wie Erwartungshaltungen aufbauen, Aufgabenverpflichtung kennen lernen, soziale Fähigkeiten erwerben oder Verantwortung und Gefühle der Selbstwirksamkeit erleben. In einem solchen Verständnis werden Bildungsprozesse zu Konstruktionsprozessen, die jedoch durch eine betreuende Umgebung professionell angeregt werden müssen.

Ein Blick in Erklärungsversuche des Betreuungsbegriffs zeigt, dass er fast ausschliesslich in Bezug auf eine asymmetrische Beziehung über Bezüge zu Hilflosigkeit und Abhängigkeit definiert wird und damit das Bild vom hilflosen Kind weiter untermauert. Dies belegt auch eine soeben an unserem Departement fertiggestellte Masterarbeit (Mauron Schläppi, 2009). Soll der Betreuungsbegriff jedoch in frühpädagogischen Programmen Sinn machen, dann muss er aus Abhängigkeits- und Hilflosigkeitsbeziehungen herausgelöst und mit wechselseitiger Anerkennung, mit Bedürfnissen und Interessen in Zusammenhang gebracht werden. Aus diesem Grund wird nachfolgend für den Begriff der Förderung plädiert, der anstelle von Betreuung treten soll. Während Betreuung mit Pflege verbunden wird, die ein Minimum an Interaktion erfordert und von der erwachsenen Person lediglich verlangt, dass sie das Kind versorgt und nach ihm schaut, impliziert Förderung Engagement und Aktivität. Eine erwachsene Betreuungsperson zu sein, heisst somit nicht mehr nur zu pflegen, zu hüten oder dem Kind mit Wärme zu begegnen, sondern auch bereit zu sein, sich auf das Kind im Rahmen wechselseitiger Beziehungen und intellektueller Herausforderungen einzulassen und ihm als «sichere Basis für ihre Bildungsprozesse zur Verfügung zu stehen» (Laewen, 2006, S. 98).

Die Wortschöpfung «frühpädagogische Bildungsförderung» soll deshalb in diesem Aufsatz als Versuch einer Synthese gelten. Frühpädagogische Bildungsförderung verkörpert damit einen Zugang zu Bildung, der eine entwicklungsangemessene Mischung von Bildung und Betreuung, von Stimulation und Förderung, von Arbeit und Spiel, impliziert. Damit dient sie als Beispiel, wie man die beiden miteinander verlinkten Elemente ‹Bildung› und ‹Betreuung› betrachten kann und liefert gleichzeitig Hinweise, wie Betreuung rekonzeptualisierbar wird, um sie gleichwohl mit Bildung in die frühkindlichen Prozesspraktiken einordnen zu können.

4. Internationale Paradigmen

Das Ausmass, in dem sich ein Staat in frühkindlicher Bildung engagiert und sie eher als Betreuungs- oder als Bildungsaufgabe versteht, beeinflusst die Finanzierung, den Fokus und den Status, aber auch die Prozesse frühkindlicher Bildung. Um die unterschiedlichen staatlichen Finanzierungsmuster diskutieren zu können, schlägt Bennett (2003) ein Modell vor, das die verschiedenen Länder gemäss dem Ausmass ihrer öffentlichen Investitionen in frühkindliche Bildung und Betreuung zu drei Typen gruppiert (Abbildung 1).

Margrit Stamm

Investitionstyp	Hohe Investitionen in öffentliche Angebote	Mittlere Investitionen in Vorschulmodelle	Tiefe Investitionen in gemischte Modelle
Allgemeine Merkmale	Staatliche Unterstützung für alle Kinder; geringe Unterscheidung zwischen Bildung und Betreuung; Ganz- und Halbtagsangebote; Angebote auf Entwicklungspotenziale der Kinder und die Bedürfnisse arbeitender Eltern ausgerichtet.	Grosse flächendeckende Bildungsangebote für Drei- bis Vierjährige; Fokus auf Sprach- und Mathematikkompetenz als Schulvorbereitung; Bildung mit Betreuung verlinkt; Programme für Risikokinder.	Freier Markt; Bildung und Betreuung junger Kinder in privater Verantwortlichkeit und als Dienstleistung für arbeitende Mütter; Familienpolitik v. a. auf arme und risikobehaftete Familien/Kinder ausgerichtet.
Bruttosozialprodukt (BSP)	BSP >1,0 Prozent	BSP 0,4-1,0 Prozent	BSP <0,5 Prozent
Beispiele von Ländern	Skandinavien, Neuseeland, Kanada, Italien	Frankreich, Niederlande, USA, Grossbritannien	Österreich, Korea, Irland, Schweiz

Abbildung 1: Paradigmen vorschulischer Betreuungs- und Bildungsinvestitionen in internationaler Perspektive (sensu Bennett, 2003)

Das Modell gruppiert sich um das Niveau der öffentlichen Investitionen: Länder mit hohen Investitionen in öffentliche Angebote, Länder mit mittleren Investitionen in Vorschulmodelle und Länder mit tiefen Investitionen in gemischte Modelle. Der erste Typ umfasst Länder mit einem Bruttosozialprodukt (BSP) >1,0 Prozent. Dazu gehören Kanada, Italien, Skandinavien oder Neuseeland. In diesen Ländern sind sowohl als Unterstützungsleistungen für Eltern und Kinder als auch als bildungsorientierte Vorschulprogramme etabliert. Sie sind von staatlichen Mitteln getragen, und es wird keine Unterscheidung zwischen Betreuungs- und Bildungsdimensionen gemacht. Dabei handelt es sich durchgehend um Ganztagesangebote für alle Kinder. Der zweite Typ charakterisiert Länder mit einem BSP zwischen 0,4 Prozent und 1,0 Prozent und grossen, flächendeckenden Bildungsangeboten für drei- bis vierjährige Kinder. Dazu gehören Frankreich, Grossbritannien, Niederlande oder die USA. In diesen Ländern werden Kinder üblicherweise mit vier oder fünf Jahren eingeschult. Es gibt eine deutliche politische Unterscheidung zwischen Bildungs- und Betreuungsangeboten. Dies zeigt sich darin, dass Vorschulangebote ausserhalb des Schulsystems angesiedelt sind. Viele Angebote schliessen eine kompensatorische Bildungsdimension ein. Am bekanntesten sind die US-amerikanischen *Head-Start* und *Early Head-Start-Programme* (Bowman et al., 2000). Die Mehrheit der Vorschulangebote ist in Form von Betreuungsdienstleistungen mit Fokus auf Gesundheit, Sicherheit und Fürsorge konzipiert. Ihre Finanzierung erfolgt meist auf privater Basis, die gewinnorientiert oder gemeinnützig sein kann. Der dritte Typ schliesslich fasst Länder mit einem BSP <0,5 Prozent zusammen. Dazu gehören Staaten wie Österreich, Deutschland, die Schweiz, Irland oder Korea. Sie betonen vor allem den freien Markt und erachten als ihr erstes Ziel, die soziale Verantwortung zurückhaltend, bedürfnisorientiert und selektiv zu gestalten. Bildung und Betreuung junger Kinder liegen deshalb in der privaten Verantwortlichkeit der Eltern und gelten als Dienstleistung für arbeitende Mütter. Entsprechend niedrig sind die öffentlichen Investitionen, nicht zuletzt deshalb, weil die Familienpolitik vorwiegend auf arme und risikobehaftete Familien und Kinder ausgerichtet ist (vgl. auch die Beiträge von Muheim & Reinwand sowie Carle in diesem Band).

Ungeachtet dieser international unterschiedlichen Typologien haben in vielen westlichen Ländern die gesellschaftlichen Veränderungen, die zunehmend diverse Bevölkerung sowie der Wandel der familiären Bedingungen und ihrer Strukturen im Zusammenhang mit dem Angebot frühkindlicher Bildungs- und Betreuungsleistungen des Staates zu sozialpolitischen Grundsatzdiskussionen geführt (vgl. auch den Beitrag von Kost in dieser Publikation). Der Grund liegt darin, dass viele Familien heute auf den Verdienst beider Elternteile angewiesen sind. Die daraus resultierende enorm gestiegene Nachfrage nach ausserhäuslichen Betreuungsplätzen hat die grossen Schwierigkeiten der Familien ersichtlich gemacht. Aus ihr ist ein reguläres Familienmuster entstanden. Demzufolge wird die historische Position der Frauen als Familien- und Haushaltsbetreuerinnen und die gesellschaftspolitische Tradition, Kinderbetreuung als private Familienangelegenheit zu betrachten, zunehmend hinterfragt.

Die bisherige Vernachlässigung des frühkindlichen Bereichs hat jedoch dazu geführt, dass subventionierte Angebote für Familien nur beschränkt verfügbar sind, während bei sehr kostenintensiven Angeboten ein Überangebot besteht, weil sie für viele Eltern unerschwinglich sind (Stamm et al., 2009; vgl. auch Lanfranchis Ausführungen in diesem Buch). Nicht zuletzt aus solchen Gründen haben Eltern keine Möglichkeit, ein ihren Vorstellungen entsprechendes Angebot auszusuchen und müssen deshalb ihr Kind möglicherweise auch in einem Angebot variabler Qualität platzieren, in welchem entwicklungsangemessene Unterstützung nicht oder nur ungenügend gewährleistet ist.

5. Bildung und Betreuung in der Praxis

Schulvorbereitende respektive spielbasiert-betreuungsorientierte Curricula manifestieren ihre Polarität in Programmen unterschiedlicher Foki: Während der erste Typ auf ein akademisches, lernzielorientiertes und inhaltlich vorgegebenes Programm ausgerichtet und durch den Inhalt und die erwarteten Ergebnisse bestimmt ist, fokussiert der zweite Typ auf ein entwicklungsangemessenes Curriculum, das auf das Hier und Jetzt setzt, eher Absichten als Ziele betont und Lernen als Ergebnis von Aktivität versteht. Zu beiden curricularen Ausrichtungen liegen Kritiken vor. Elkind (2001) beispielsweise erachtet frühe schulvorbereitende Lernumgebungen als wenig entwicklungsangemessen. Siraj-Blatchford (2004) rügt die ungenügende Aufmerksamkeit schulvorbereitender Angebote gegenüber den Bedeutungen der Alltagserfahrungen, dem unmittelbaren Lernkontext sowie der sozialen und kulturellen Herkunft des Kindes. Aber auch entwicklungsangemessene Praktiken werden kritisiert, dass sie den Erwachsenen in die Rolle der beobachtenden Person zurückdrängen, junge Kinder zu wenig herausfordern und insgesamt einen Laissez-faire-Stil begünstigen (Lockenvits, 1996). Gemäss Fried (2003) haben solche Verhaltensweisen zur Folge, dass dem Kind keine Gegenstände zugemutet werden, zu denen es in eigener Regie keinen Zugang sucht. Angesichts des in diesem Aufsatz dargelegten komplexen Verständnisses von frühkindlichem Lernen ist keiner der beiden Zugänge für sich allein genügend. Eines ihrer Hauptprobleme besteht denn auch darin, dass beide die Curricula- und Praxismethoden *jenseits* der traditionellen Dichotomie Bildung und Betreuung übersehen und eine dritte Option untergewichten und unterbewerten, nämlich Curricula und pädagogische Zugänge, welche die aktuellen Interessen der Kinder und ihre intellektuellen Entwicklungsfortschritte betreffen. Diese Zugänge unterscheiden sich von der einseitigen Betonung des direkten, zielorientierten schulischen Lernens, des kindlichen Spiels oder des selbstinitiierten Lernens im Hier und Jetzt (Katz, 1999). Dieser dritte Zugang ist ein integrierender Zugang, der auf die Prozesse in der Lernumgebung fokussiert. Er erlaubt den Kindern,

Bildung und Betreuung kontrovers

ihre unmittelbaren Lernbedürfnisse zu befriedigen, aber auch den sie begleitenden Erwachsenen, die zukünftigen kindlichen Lernentwicklungen in Übereinstimmung mit den kindlichen Interessen und Erfahrungen und unter Berücksichtigung des Entwicklungsniveaus planend ermöglichen zu können. Eine solche Integration und Synthese von Bildung und Betreuung ist die Basis für eine dynamische frühkindliche Bildungsförderung.

Logischerweise muss eine derartige Betonung der dynamischen Natur von frühkindlicher Betreuung von herkömmlichen Curricula wegführen, wie wir sie von Kindergarten und Primarschule her kennen. International liegen dazu einige Modellvarianten vor oder sind in Erarbeitung. So sind beispielsweise in Ländern wie Neuseeland oder Skandinavien bereits Bildungspläne in Gebrauch und in Deutschland im Entstehen, welche auf der Basis zeitgenössischer Erkenntnisse entwicklungspsychologischer Theorien aufbauen und Kontextvariablen sowie dynamische Interaktion als Eckpfeiler definieren (Fthenakis & Oberhuemer, 2003). In anderen Ländern wie in den USA, Grossbritannien oder den Niederlanden ist dies noch nicht flächendeckend der Fall, doch existieren dort nationale Vereinigungen, welche Richtlinien für die Praxis erlassen haben (Bredekamp, 1997). Solche Entwicklungen haben zunehmend zu einer Abwendung von formal-didaktischen Instruktions- und auf Pflege und Versorgung ausgerichteten Betreuungsmodellen und zu einer grösseren Aufmerksamkeit gegenüber einem pädagogischen, kind- und kontextsensitiven Stil geführt, der die soziale, auf Erfahrung, Anregung und kindliche Aktivität beruhende Natur des Lernens und der Entwicklung betont.

Was jedoch bedeutet die hier eingeforderte Integration der beiden Perspektiven des Betreuungs- und Bildungsparadigmas für die *professionelle Praxis*? Zunächst einmal eine Hinterfragung vorherrschender Überzeugungen des Fachpersonals, welches das Kind mehrheitlich als vom Erwachsenen abhängiges Wesen und als Gegenstand seiner Bemühungen sieht, auf Reaktionen und Gegenreaktionen des Kindes verzichtet und die Präsenz geheimer Miterzieher unterschlägt. Gleiches gilt jedoch auch für die verbreitete Auffassung des Kindes als Subjekt seines Bildungsvorganges (vgl. dazu auch die Ausführungen von Viehhauser in diesem Band). Bildung ist zwar im Hinblick auf die Prämisse Pestalozzis, wonach der Mensch als Werk seiner selbst zu betrachten ist als auch auf die

Margrit Stamm

Humboldtsche Tradition der Selbstbildung oder die reformpädagogische Bewegung vom Kinde aus im Sinne von Montessori oder Korczak von einer subjektiven Eigenleistung abhängig. Doch kann diese Subjektorientierung nur so lange Gültigkeit haben, wie der Mensch in einem geschlossenen, der vorherrschenden Kultur entsprechenden System lebt und von aussen keine direkte Steuerung braucht (Tenorth, 1997). Dies trifft in erster Linie für Kinder mit privilegiertem Bildungshintergrund zu, die in anregungsreichen Milieus aufwachsen und deshalb vieles beiläufig lernen. Für ein Kind, das in benachteiligenden Verhältnissen aufwächst, genügt auch dieses Postulat kaum. Gemäss dem neuen integrativen Paradigma der dynamisch-prozessorientierten frühkindlichen Bildungsförderung gilt es für die pädagogische Praxis somit, diese beiden Postulate auf zweifache Weise zu überwinden: Indem sie erstens explizit den Austausch zwischen den Selbstbildungsfähigkeiten des Kindes und der Bereitstellung von Anregung durch Bildungsmöglichkeiten durch die Umwelt betont und indem zweitens das Erziehungs- und Ausbildungspersonal aktiv an der Aneignung dieser Welt beteiligt wird.

Damit ist ein neues Instruktionsverständnis gefordert. In seinem Mittelpunkt steht weder lediglich die Selbstbildung des Kindes noch eine traditionelle Vermittlungstaktik, sondern die aktive und behutsam-provokative Stärkung des Eigenanteils des Kindes an seiner Bildung. Folglich ist damit auch ein Paradigmawechsel der Erwachsenenrolle verbunden. Notwendig ist eine neue Balance zwischen einer provokativ-konstruktivistischen und einer instruktiven Vermittlungsstrategie, die sich von der ausschliesslich auf die Moderation von Lernprozessen und die Bereitstellung anregender Lernumgebungen ausgerichteten Strategie verabschiedet. Vorstellungen, welche dieser neuen Balance entsprechen, werden in Wygotskis (1987) Konzept zur Förderung der kognitiven Entwicklung des Vorschulkindes aufgegriffen und im Postulat konkretisiert, der Unterricht habe der Entwicklung vorauszueilen und sich an den noch nicht voll ausgebildeten, sondern in Entwicklung befindlichen psychischen Prozessen auszurichten (vgl. auch Kammermeyers Erörterungen in dieser Publikation).

Diese Erkenntnisse sowohl zur Rolle des Kindes als auch zu derjenigen der Erwachsenen können nur erfolgreich in die pädagogische Praxis umgesetzt werden, wenn sich der Paradigmenwechsel auch in einem Perspektivenwechsel manifestiert, in welchem das Kind als aktiver Lerner im Mittelpunkt steht. Ein solcher Perspektivenwechsel setzt ein Verständnis voraus, wonach jeder Mensch, auch der sehr junge, fähig ist, Ideen und Überzeugungen zu haben, welche durch Diskussion und Interaktion in Richtung eines geteilten Referenzrahmens bewegt werden kann. Es ist nicht einfach so, dass eine erwachsene Fachperson lediglich eine ‹kindzentrierte› Sichtweise einnehmen soll. Vielmehr muss sie sich als dem kindlichen Geist gegenüber weniger bevormundend erweisen. Auf dieser Basis muss sie versuchen, in den Intentionen des Kindes die Wurzeln systematischen Wissens zu suchen und dessen Heranbildung behutsam-provokativ zu fördern. Hierin scheint Deweys (1976) Sicht der Konstruktion und Rekonstruktion von Wissen als der Wiederherstellung des Alten durch die Vereinigung mit dem Neuen auf. Beispielhaft tut dies die international beachtete Reggio-Pädagogik, die vom starken und kompetenten Kind ausgeht und das Ausbildungspersonal verpflichtet, auf seine ‹hundert Sprachen› zu achten (Schäfer, 2006). Dies sind Gründe dafür, weshalb frühpädagogische Bildungsförderung aktiv, sozial, dynamisch, herausfordernd und transformierend sein muss.

6. Fazit und pädagogische Konsequenzen

In diesem Aufsatz standen einige Problembereiche des frühpädagogischen Diskurses zur Diskussion. Im Wesentlichen ging es dabei um die beiden interagierenden, jedoch kontrovers diskutierten Konzepte der Betreuung und der Bildung. Dabei versuchte ich die These zu belegen, wonach ein dynamisch-prozessorientiertes Konzept, das Elemente beider Paradigmen berücksichtigt, besser kindliche Lernentwicklungen fördern kann als dazu allein der akademisch ausgerichtete oder der entwicklungsangemessene Betreuungsansatz in der Lage ist. Dabei habe ich Konsequenzen für Curricula und Praxis, für ein effektives Lernen in frühkindlichen Settings sowie für die professionelle Entwicklung des Fachpersonals aufgezeigt. Insgesamt scheinen die Befunde eindeutig genug, um die These zu unterstützen und ein neues Konzept einzufordern, das die traditionelle Betreuungs-Bildungs-Dichotomie überwindet. Eine vielversprechendere Auffassung der Praxis ist demnach diejenige der dynamisch-prozessorientierten frühkindlichen Bildungsförderung, welche die bildende Rolle von Betreuung als Förderung erkennt und sowohl die Praktiker herausfordert als ihnen auch erlaubt, sich Zeit zu nehmen für die Planung von spielerischer Interaktion, Exploration, Dialog und kollaborativem Lernen. Ausgangspunkt des Aufsatzes war dabei das Verständnis, dass Lernen ein sozialer Prozess ist und dass Kinder zwar vom frühesten Alter an aktive Partizipierende in der geteilten Konstruktion von Wissen sind, sie jedoch – gerade im Hinblick auf Kinder aus eher benachteiligten Milieus – auf eine aktive, betreuende und zuweilen auch provokative Anleitung durch Erwachsene angewiesen sind. Dieses Verständnis der sozialen Natur von Lernen und die interaktive Kreation von Bedeutung ruft nach einer Diskussion von neuen Praktiken im Feld der frühkindlichen Bildung und Betreuung, die bildend, betreuend, reziprok und herausfordernd sind. Ein solches komplexeres Verständnis von Betreuung widerspiegelt nicht nur die komplexen Rollenanforderungen an Fachleute, die direkt mit den Kindern arbeiten, sondern konturiert auch das Bild des professionellen Raumes, in dem Bildung und Betreuung interagieren und miteinander verschmelzen. Vor diesem Hintergrund sollen abschliessend drei Punkte hervorgehoben werden, welche für eine erfolgreiche Implementation dieses Paradigmas der frühpädagogischen Bildungsförderung handlungsleitend sind.

- Die voneinander *unabhängige Entwicklung des Bildungs- und Betreuungssektors* ist ein Schlüsselproblem. Der Hauptgrund liegt im Umstand, dass die Kommunikation zwischen den beiden Sektoren traditionellerweise limitiert ist. Betreuung gilt als vorherrschendes Paradigma für unter drei- bis fünfjährige Kinder, Bildung hingegen als Paradigma für ältere Kinder. Trotz vieler Hinweise auf die Notwendigkeit, Betreuungs- und Bildungsaspekte auszubalancieren, gibt es nach wie vor eine international starke Tendenz, die bildende Rolle von Betreuung, aber auch die betreuende Rolle von Bildung, zu unterschätzen. Eine bedeutsame Veränderung dieses Verständnisses erfordert deshalb eine explizite Anerkennung des interpersonalen, betreuenden Anteils von früher Bildung. Andererseits muss Betreuung im Sinne von Förderung ihren Status als bildende Dimension betonen. Nur so können die Erwartungen an die Wirksamkeit frühkindlicher Bildung ansteigen.

- Eine in diesem Sinne verstandene frühpädagogische Bildungsförderung erfordert vom Erwachsenen, Lernschritte zu planen, welche beim Kind im Sinne Wygotskis (1987) Zonen der nächsten Entwicklung herausfordern und es weiterbringen. Dies weist dem Erwachsenen die Aufgabe zu, die individuelle und vor allem die kompensatorische Entwicklung des Kindes voranzubringen. Das bedeutet, es sowohl möglichst früh an seine individuellen Lernmöglichkeiten heranzuführen und ihm Gegenstände zuzumuten, zu denen es von sich aus keinen Zugang suchen würde, als sich gleichzeitig auch an seinen spezifischen Bedürfnissen zu orientieren.

- Wenn Erwachsene das kindliche Lernen als Teil des Bildungsprozesses fördern sollen, dann müssen sie Beobachtungs- und Reflexionsfähigkeiten entwickeln, welche sie für ihre (nicht aufdringliche) Planung einer unterstützenden und erweiternden Lernumgebung brauchen (vgl. dazu auch den Beitrag von König in diesem Band). Solch ein Verständnis lässt nicht nur die grundlegende Idee des Respekts für das Kind als partizipierenden Partner im Lernprozess hervortreten, sondern ebenso den Respekt vor der dualen Natur von Betreuung (als Förderung) und Bildung.

Zentral für ein Konzept dieser frühpädagogischen Bildungsförderung ist die Idee, dass die Zeit zwischen null und acht Jahren einen einmaligen Integrationsraum für Bildung und Betreuung anbietet. Um die Veränderungen in der hiesigen frühkindlichen Bildungs- und Betreuungspolitik und -praxis voranzutreiben, ist indes eine Strukturreform unumgänglich. Wenn wir uns bemühen, den kritischen Wert sowohl von Betreuung als auch von Bildung in allen frühkindlichen Settings anzuerkennen, dann gilt es auch, sich mit den Implikationen zu beschäftigen, welche sie für die Professionalisierung des Sektors haben. Die Möglichkeiten, welche durch die Verschiebung des Fokus von der Betreuungs-Bildungs-Dichotomie auf eine integrierte und integrierende frühkindliche Bildungsförderung entstehen, sind extensiv und herausfordernd. Sie bedingen einen signifikanten Wechsel im bisherigen Verständnis frühkindlicher Bildung und Betreuung und eine Reform der Ausbildung für all diejenigen, welche in solchen Settings arbeiten.

Literatur

Ackerman, D., & Barnett, W. S. (2005). *Prepared for kindergarten: What does «readiness» mean?* New Brunswick, NJ: National Institute for Early Education Research, Rutgers University.

Barnett, W. S., & Masse, L. N. (2007). Early childhood program design and economic returns: Comparative benefit-cost analysis of the abecedarian program and policy implications. *Economics of Education Review, 26*, 113-125.

Bates, J. E., Marvinney, D., Kelly, T., Dodge, K. A., Bennett, D. S. & Pettit, G. S. (1994). Childcare history and kindergarten adjustment. *Developmental Psychology, 30*, 690-700.

Belsky, J. (2002). Quantity counts: Amount of child care and children's socioemotional development. *Developmental and Behavioral Pediatrics, 23*, 167-170.

Bennett, J. (2003). Starting strong: The persistent division between care and education. *Journal of Early Childhood Research, 1*, 21-48.

Bowman, B. T., Donovan, S. M. & Burns, M. S. (2000). *Eager to learn: Educating our preschoolers*. Washington: National Research Council.

Bredekamp, S. (1997). NAEYC issues revised position statement on developmentally appropriate practice in early childhood programs. *Young Children, 52(2)*, 34-40.

Bryant, D., Maxwell, K., Taylor, K., Poe, M., Peisner-Feinberg, E., & Bernier, K. (2003). *Smart start and preschool child care quality in North Carolina: Change over time and relation to children's readiness*. Chapel Hill, NC: Frank Porter Graham Child Development Institute.

Dewey, J. (1976). The child and the curriculum. In J. A. Boydston (ed.), *The middle works*, 1899-1924. Vol. 2, (pp. 271-291). Carbondale: Southern Illinois University Press.

Dollase, R. (2007). Bildung im Kindergarten und Früheinschulung. Ein Fall von Ignoranz und Forschungsamnesie. *Zeitschrift für Pädagogische Psychologie, 21(1)*, 5-10.

Early, D. et al. (2007). Teachers' education, classroom quality, and young children's academic skills: Results from seven studies of preschool programs. *Child Development, 78(2)*, 558–580.

Elkind, D. (1988). *Das gehetzte Kind*. Hamburg: Kabel.

Elkind, D. (1989). *Wenn Eltern zuviel fordern – die Rettung der Kindheit vor leistungsorientierter Erziehung*. Hamburg: Hoffmann und Campe.

Elkind, D. (2001). *Early childhood education: developmental or academic?* Zugriff am 19.11.2009. Verfügbar unter http://media.hoover.org/documents/ednext20012 unabridged_elkind.pdf

Fried, L. (2003). Pädagogische Programme und subjektive Orientierungen. In L. Fried, B. Dippelhofer-Stiem, M.-S. Honig & L. Liegle (Hrsg.), *Einführung in die Pädagogik der frühen Kindheit* (S. 54-85). Weinheim: Beltz.

Fried, L. (Hrsg.). (2008). *Das wissbegierige Kind. Neue Perspektiven in der Früh- und Elementarpädagogik*. Weinheim: Juventa.

Fthenakis, W. E. & Oberhuemer, P. (Hrsg.) (2003). *Frühpädagogik international. Bildungsqualität im Blickpunkt*. Wiesbaden: VS Verlag für Sozialwissenschaften.

Hayes, N. (2007). *Perspectives on the relationship between education and care in early childhood* – a background paper. Dublin: National Council for Curriculum and Assessment.

Howes, C., & Ritchie, S. (2002). *A matter of trust: Connecting teachers and learners in the early childhood classroom*. New York: Teachers College.

Hymel, S. & Ford, L. (2003). *School completion and academic success: The impact of early social-emotional competence*. Encyclopedia on early childhood development. Zugriff am 19.11.2009. Verfügbar unter: http://www.excellence-earlychildhood.ca/documents/HymelFordAN-Gxp.pdf

Katz, L. (1999). Child development knowledge and teacher preparation: Confronting assumptions. *Early Childhood Research Quarterly, 11,* 135-146.

Krappmann, L. (2006). Sozialpolitik für Kinder und Kinderrechte. In A. Lange & F. Lettke (Hrsg.), *Generationen und Familien. Analysen – Konzepte – gesellschaftliche Spannungsfelder* (S. 197-212). Frankfurt am Main: Suhrkamp.

Laewen, H.-J. (2006). Funktionen der institutionellen Früherziehung: Bildung, Erziehung, Betreuung, Prävention. In L. Fried & S. Roux (Hrsg.), *Pädagogik der frühen Kindheit* (S. 96-107). Weinheim: Beltz.

LoCasale-Crouch, J., Konold, T., Pianta, R., Howes, C., Burchinal, M., Bryant, D., Clifford, R., Early, D., & Barbarin, O. (2007). Profiles of observed classroom quality in state-funded pre-kindergaten programs and associations with teacher, program, and classroom characteristics. *Early Childhood Research Quarterly, 22(1),* 3-17.

Lockenvits, T. (1996). *Kindertagesbetreuung zwischen Situationsorientierung und Bildungsorientierung.* Regensburg: Roderer.

Mauron Schäppi, A. (2009). *Frühkindliche Bildung in Kindertagesstätten? Die Sichtweise pädagogischer Fachkräfte zum Auftrag der Kindertagesstätten.* Unveröffentlichte Masterarbeit. Freiburg: Universität Freiburg, Departement Erziehungswissenschaften.

Pianta, R. C., Howes, C., Burchinal, M., Bryant, D., Clifford, R. & Early, D. (2005). Features of pre-kindergarten programs, classrooms, and teachers: Do they predict observed classroom quality and child-teacher-interactions? *Applied Developmental Science, 9(3),* 144-159.

Postman, N. (1992). *Das Verschwinden der Kindheit.* Frankfurt: Suhrkamp.

Roux, S. (2003). Pädagogische Qualität. In L. Fried et al. (Hrsg.), *Vorschulpädagogik* (S. 148-188). Baltmannsweiler: Schneider Hohengehren.

Rutter, M. (1985). Family and school influences on cognitive development. *Journal of Child Psychology, 26(5),* 683-704.

Schäfer, G. E. (2006). Der Bildungsbegriff in der Pädagogik der frühen Kindheit. In L. Fried, & S. Roux (Hrsg.), *Pädagogik der frühen Kindheit* (S. 33-43). Weinheim, Basel: Beltz.

Siraj-Blatchford, I. (2004). Soziale Gerechtigkeit und Lernen in der frühen Kindheit. In W. E. Fthenakis & P. Oberhuemer (Hrsg.), *Frühpädagogik international. Bildungsqualität im Blickpunkt* (S. 57-70). Wiesbaden: VS Verlag für Sozialwissenschaften.

Stamm, M. (2007). Geboren, geschöppelt – und dann gebildet? *Neue Zürcher Zeitung,* Beilage 1, 18. Juni.

Stamm, M. (2008a). Vorschulkinder im Treibhaus. Gedanken zur frühen Fördereuphorie der Eltern. *Neue Zürcher Zeitung,* NZZ, Beilage 1, 14. Januar.

Stamm, M. (2008b). Die Wirkung frühkindlicher Bildung auf den Schulerfolg. *Schweizerische Zeitschrift für Bildungswissenschaften, 3,* 595-614.

Stamm, M., Reinwand, V., Burger, K., Schmid, K. Viehhauser, M. & Muheim, V. (2009). *Frühkindliche Bildung in der Schweiz*. Eine Grundlagenstudie im Auftrag der UNESCO-Kommission Schweiz. Freiburg: Universität Freiburg, Departement Erziehungswissenschaften.

Sylva, K., Melhuish, E. C., Sammons, P., Siraj-Blatchford, I. & Taggart, B. (2004). The effective provision of preschool education (EPPE) project. Zu den Auswirkungen vorschulischer Einrichtungen in England. In G. Faust, M. Götz, H. Hacker & H.-G. Roßbach (Hrsg.), *Anschlussfähige Bildungsprozesse im Elementar- und Primarbereich* (S. 154-167): Bad Heilbrunn: Klinkhardt.

Tenorth, H.-E. (1997). «Bildung» - Thematisierungsformen und Bedeutung in der Erziehungswissenschaft. *Zeitschrift für Pädagogik, 43(6)*, 969-984.

Tietze, W. (Hrsg.). (1998). *Wie gut sind unsere Kindergärten?* Eine Untersuchung zur pädagogischen Qualität in deutschen Kindergärten. Weinheim: Beltz.

Tietze, W., Schuster, K.-M., Grenner, K., Roßbach, H.-G. (2001). *Kindergarten-Skala*. Revidierte Fassung (KES-R). Weinheim: Beltz.

Wygotski, L. (1987). *Ausgewählte Schriften. Band 2: Arbeiten zur psychischen Entwicklung der Persönlichkeit*. Köln: Pahl-Rugenstein.

Lilian Fried

Sprachliche Bildung

Einleitung

In den letzten Jahren haben internationale Untersuchungen vielfach belegt, dass mehrjährige hochqualitative institutionelle Früh- und Elementarerziehung (IFE) eine positive Wirkung auf die Entwicklung von Kindern hat (u. a. Halle et al., 2003). Das ergeben auch die wenigen Untersuchungen zur Situation in Deutschland. So dokumentieren die Ergebnisse der IGLU-Studien, dass Kinder mit mindestens zweijähriger IFE am Ende der Grundschulzeit bedeutsam bessere Leseleistungen aufwiesen, als Kinder ohne oder maximal einjähriger IFE (vgl. Bos et al., 2003, 2007). Ausserdem zeigen die Ergebnisse einer longitudinalen Qualitätsstudie, dass die sprachliche Entwicklung und die Schulleistungen von Kindern mit hochqualitativer IFE bedeutsam günstiger verliefen, als dies bei Kindern mit niedrigqualitativer IFE der Fall war; wobei der Entwicklungsvorteil der begünstigten Kinder einem Altersunterschied von bis zu einem Jahr entsprach (vgl. Tietze, 1998, S. 389); und sogar noch am Ende der zweiten Grundschulklasse nachweisbar war (vgl. Tietze, Roßbach & Grenner, 2005, S. 270). Wie prägend die pädagogische Qualität der IFE ist, mag man daran ablesen, dass die Varianz der Sprachentwicklung und verschiedener Schulleistungen bei Kindern am Ende des zweiten Schuljahres in mindestens gleichem Masse durch die pädagogische Qualität des ehemals besuchten Kindergartens (7,8 Prozent bzw. 7,5 Prozent) wie durch die pädagogische Qualität des aktuell besuchten zweiten Schuljahres (6,6 Prozent bzw. 7,0 Prozent) erklärt wird.
Schliesslich belegen die Befunde der IGLU-Studien, dass sich die positive Wirkung des Besuchs einer vorschulischen Einrichtung besonders bei Kindern mit Sozialisationsrisiken (Bildungsferne, sozioökonomischer Status, Migrationshintergrund) ausprägt (Bos et al., 2003, 2007; vgl. auch den Beitrag von Edelmann in diesem Band). Wenn z. B. Deutsch die vom Kind zu Hause durchgängig gesprochene Sprache ist und kein Elternteil einen Hochschulabschluss hat, so liegt die gemessene Lesekompetenz bei Kindern mit längerer IFE um durchschnittlich 25 Punkte signifikant höher. Dieser Effekt entspricht in etwa einem ¾

Schuljahr. Deutlich geringer und nicht signifikant ist der Unterschied mit 15 Punkten bei Kindern, deren Familiensprache nicht oder nicht ausschliesslich Deutsch ist. Inwieweit dies mit der Qualität der Sprachförderung im Kindergarten oder etwa auch damit zusammenhängt, dass sich Kinder aus Familien, bei denen zu Hause nicht deutsch gesprochen wird, überzufällig häufig in einzelnen Einrichtungen konzentrieren, lässt sich auf der Basis der vorliegenden Daten nicht klären, zumal bei all diesen Daten die Ausgangslage beim Eintritt der Kinder in den Kindergarten nicht berücksichtigt wird (vgl. Autorengruppe Bildungsbericht, 2008).

Anders als in der Schweiz, wo laut Stamm et al. (2009, S. 10) «ein (...) relativ vehementer Widerstand gegenüber dem Ansinnen» besteht, «die ‹Bildung› in der frühen Kindheit zu verankern», weil dies «sogar einer glücklichen Kindheit als abträglich erachtet» wird, haben derartige Erkenntnisse in Deutschland dazu beigetragen, dass die Bedeutsamkeit früher Bildung und damit auch der Stellenwert der IFE inzwischen weithin anerkannt ist. Dem entsprechen politische Bemühungen, diesen Bereich weiterzuentwickeln. Derzeit konzentrieren sich diese – neben der Etablierung mehr oder minder verbindlicher Bildungsrahmenpläne – vornehmlich auf Massnahmen zur «Professionalisierung» der Sprachförderung. Was die Sprachförderung betrifft, könnte also ein Blick auf die Situation der IFE in Deutschland anregend sein. Im Weiteren wird deshalb ein knapper Überblick zur Sprachförderung in Deutschland gegeben. (Ohne dass damit kaschiert werden soll, dass die institutionelle Früh- und Elementarerziehung in Deutschland – ähnlich wie von Stamm (2009, S. 8ff.) für die Schweiz konstatiert – in vielerlei anderer Hinsicht noch längst nicht international anschlussfähig ist).

1. Pädagogische Sprachbildung

Mit dem Begriff «pädagogische Sprachbildung» sind hier alle pädagogischen Bemühungen gemeint, dem Kind durch direkte oder indirekte Massnahmen diejenigen Sprachkontexte zu bereiten, die es braucht, um seine Sprachentwicklungspotenziale in möglichst allen Facetten optimal zu entwickeln (vgl. Fried, 2007; ebenso den Beitrag von Kammermeyer in diesem Band).

Bei Kindern mit Sprachentwicklungsproblemen ist eine über generelle Sprachbildung hinausgehende «präventive Sprachförderung» notwendig, also systematische Angebote, welche die gefährdete Sprachentwicklung so gezielt unterstützen bzw. stimulieren, dass potenzielle Entwicklungs- bzw. Sozialisationsrisiken abgepuffert und dadurch Sprachentwicklungsprobleme vermieden oder zumindest vermindert werden. Liesse man dieser Gruppe nämlich nur generelle Sprachbildung zukommen, so bestände die Gefahr, dass sich Sprachentwicklungsprobleme bzw. Lese-Rechtschreib-Schwächen manifestierten und bis in die spätere Kindheit und Jugend persistierten; mit eventuellen Folgeproblemen, wie z. B. sozial-emotionale Schwierigkeiten, Lernschwierigkeiten, Handicaps beim Schriftspracherwerb, Schulprobleme usw. (vgl. z. B. Fried, Briedigkeit & Schunder, 2009). Angesichts des Tatbestands, dass kein anderer Entwicklungsbereich so häufig von Störungen betroffen ist, wie der sprachliche (vgl. Grimm, 2003), sind Notwendigkeit und Chancen einer präventiven Sprachförderung somit nicht gering zu schätzen.

Wie sich die Situation der generellen Sprachbildung sowie der präventiven Sprachförderung derzeit in Deutschland darstellt, lässt sich vor allem an den Bildungsrahmenplänen sowie den vorhandenen bzw. genutzten professionellen Tools ablesen.

1.1 Bildungsrahmenpläne

In den letzten Jahren haben alle 16 Bundesländer Bildungsrahmenpläne für die IFE erarbeitet. Damit ist eine – angesichts der speziellen Geschichte und Verfasstheit der (westdeutschen) Kinder- und Jugendhilfe – geradezu als radikal anzusehende politische IFE-Reform eingeleitet und noch dazu erstaunlich «geräuschfrei» umgesetzt worden (vgl. Diskowski, 2009).

1.1.1 Status

Die Pläne thematisieren vorwiegend Prinzipien, Inhalte und Methoden der Bildungsarbeit. Sie strukturieren damit Bildungsaufgaben, sagen aber nichts über zu erreichende Kompetenzniveaus bei den Kindern aus. Auch sind sie bislang nur zum Teil verbindlich. Dennoch haben sie schon Wirkung gezeigt. Inzwischen wird die lange Zeit vorherrschende «Beliebigkeit» von Bildungsangeboten deutlich kritisiert; und die Aufgliederung der Pläne in definierte «Bildungsbereiche» scheint weithin akzeptiert.

Noch ist diese Reform nicht abgeschlossen, denn die Länder haben ihre Pläne zumeist als Erprobungsfassungen oder Entwürfe veröffentlicht, die erst nach einer breiteren öffentlichen Diskussion oder nach einer Erprobung in der Praxis Gültigkeit erlangen sollen (ebd.). Dabei machen erste Evaluationsergebnisse deutlich, dass die Pläne noch längst nicht überall in der Praxis angekommen sind (vgl. dazu auch die Ausfeser Publikation). Schreiber (2007) hat jedenfalls bei einer Befragung in den Ländern Niedersachsen, Rheinland-Pfalz und Schleswig-Holstein festgestellt, dass sich lediglich rund die Hälfte der Einrichtungen in mittlerem Masse mit den neuen Plänen beschäftigt hat. Diese Beschäftigung bestand vor allem darin, den Text zu lesen und im Team zu besprechen. Ein Viertel beschäftigte sich demgegenüber eingehend mit den Plänen und nutzte sie für die Weiterentwicklung des eigenen pädagogischen Konzepts. Ein weiteres Viertel nahm die Pläne dagegen kaum oder gar nicht zur Kenntnis. Ernüchternd ist auch, dass der Informationsstand der Eltern zu den neuen Plänen aus Sicht der Einrichtungen nicht besonders gut ist. Dies wird durch in Rheinland-Pfalz zusätzlich durchgeführte Elterninterviews bestätigt. Demnach besitzen viele Eltern nur vage Vorstellungen von den Zielsetzungen und Inhalten der Pläne.

1.1.2 Bereich: Sprachbildung

In allen Plänen werden Angaben zur pädagogischen Sprachbildung gemacht. Vergleicht man diese miteinander, so treten zunächst Gemeinsamkeiten hervor. Ebenfalls vorhandene Unterschiede lassen sich meist darauf zurückführen, dass die Pläne mehr oder weniger stark am aktuellen Forschungsstand orientiert sind. Bei allen Plänen geht es vornehmlich um die generelle Sprachbildung. Dabei steht die soziale Funktion von Sprache im Vordergrund. Dementsprechend geht es zuvorderst darum, dass Kinder die Sprache nutzen lernen, um sich anderen mitzuteilen und sich mit ihnen über gemeinsame Vorhaben, Absichten oder Konflikte zu verständigen. Das umfasst auch, sich eine Dialogkultur anzueignen. So sollen die Kinder z. B. erkennen lernen, welcher Sprachcode der Situation jeweils angemessen ist oder welche Höflichkeitsregeln jeweils einzuhalten sind usw. Darüber hinaus sollen Kinder lernen, ihre Gefühle, Bedürfnisse und Wünsche nonverbal und verbal angemessen zum Ausdruck zu bringen.

Das alles setzt voraus, dass den Kindern ermöglicht wird, die grundsätzlich in ihnen angelegte Lust am Sprechen bzw. an Sprache(n), Schrift, Geschichten, Büchern usw. auszuleben und dadurch weiterzuentwickeln. Auf dieser Basis können sie nämlich ein positives Bild bzw. Konzept von sich selbst als Sprecher erlangen bzw. Zutrauen in die eigenen sprachlichen Kompetenzen entwickeln.

In mehreren, aber längst nicht allen Plänen wird ausserdem darauf verwiesen, dass Kinder diese Ziele nur erreichen können, wenn sie über die dafür erforderlichen Sprachmittel verfügen, sie also die phonetisch, semantisch und syntaktisch richtige Bildung von Lauten, Silben, Wörtern und Sätzen beherrschen.

Dagegen wird in allen Plänen gefordert, die Grundlagen der Schriftsprachfähigkeit zu legen (frühe Literacyerziehung). Ermöglicht werden sollen u. a.: frühe Begegnungen mit Buchstaben, geschriebenen Wörtern, Texten, Büchern, elektronischen Medien, Zeichen- und Schreibutensilien. Bei diesen Begegnungen sollen Kinder allmählich erfassen, dass Schriftzeichen die gesprochene Sprache repräsentieren.

In nur wenigen Plänen wird darüber hinaus angesprochen, dass Kinder sich zentrale Vorläuferfähigkeiten der Schriftsprachfähigkeit aneignen sollten, wie z. B. die Phonembewusstheit. Noch seltener wird gefordert, metasprachliche Fähigkeiten anzubahnen. Vereinzelt wird aber angeraten, die Kinder nach der Bedeutung von Worten oder Sätzen zu fragen oder kontextfreie Sprache, wie z. B. abstrakte Begriffe, zu verwenden und erläutern.

Präventive Sprachförderung spielt in den Plänen eine untergeordnete Rolle. Wenn überhaupt, wird die Situation von Kindern mit Migrationshintergrund reflektiert. Dabei geht es zuvorderst darum, bei allen Kindern darauf hinzuwirken, dass sie Wertschätzung und Interesse für andere Sprachen und Kulturen entwickeln und Zwei- oder Mehrsprachigkeit als Bereicherung erfahren. Mitunter wird darüber hinaus gefordert, bei Kindern mit Migrationshintergrund die nichtdeutsche Muttersprache eigens zu fördern und ihnen gleichzeitig die deutsche Sprache soweit zu vermitteln, dass sie in der Lage sind, sich im Kindergarten auf Deutsch zu verständigen und später dem Unterricht zu folgen.

Kinder aus bildungsfernen Familien bzw. Familien in Armutslagen werden demgegenüber nicht eigens bedacht. Vor dem Hintergrund des Forschungsstands, der deutlich macht, dass diese Kinder in unserem Bildungssystem benachteiligt

werden, ist das sehr zu bedauern: Zumal wir wissen, dass diesen Gruppen durch gezielte lexikalisch-semantische Förderunterstützung entscheidend geholfen werden kann (vgl. Fried, Briedigkeit & Schunder, 2009).
Neben diesen inhaltsbezogenen gibt es in den Plänen auch didaktisch-methodische Empfehlungen. Durchgängig betont wird, dass sich Kinder die Sprache selbstbestimmt und aktiv aneignen. Dementsprechend wird Sprachbildung als Massnahme angesehen, welche diese Selbsttätigkeit nicht einschränkt, sondern nur unterstützt. Wie das konkret gehen kann, wird beispielhaft veranschaulicht, z. B. durch Hinweise auf die Bedeutsamkeit einer positiven Beziehungsqualität, eines guten Sprachmodells, spielerischer Anregungen (Reime, Lieder, Sprachspiele), ganzheitlicher (Wahrnehmung, Musik, Bewegung und Sprache bzw. mehrere Bildungsbereiche integrierende) und alltagsintegrierter Möglichkeiten (Gespräche, Kinderkonferenzen usw.). Zielgerichtete systematische Übungsangebote werden dagegen kaum je gefordert. Vor dem Hintergrund der Erkenntnis, dass Kinder mit Sprachentwicklungsproblemen ganz gezielt und intensiv gefördert werden müssen, wenn sie ihre Schwierigkeiten überwinden sollen, erscheinen diese Hinweise als viel zu vage (ebd.).
Immerhin wird in den meisten Plänen darauf verwiesen, sich professioneller Tools zu bedienen. Allerdings gibt man sich fast immer damit zufrieden, ganz allgemein auf die Möglichkeiten der Beobachtung und Dokumentation zu verweisen. Angesichts des Befunds, dass sich ErzieherInnen nicht gut genug ausgebildet fühlen, um zwischen guten und schlechten Tools unterscheiden zu können (z. B. Fried, 2009a), ist auch das nicht genug.
Eine Sprachstandserhebung im engeren Sinne wird nur selten gefordert. Hier wird verkannt, dass Beobachtung, Dokumentation bzw. Portfolio einerseits und Tests andererseits je wichtige komplementäre Funktionen haben, man also weder auf das eine noch auf das andere verzichten kann.
Vor diesem Hintergrund stellt sich die Frage, welche Rolle professionelle Tools derzeit in der deutschen IFE eigentlich spielen.

Sprachliche Bildung

1.2 Professionelle Tools

1.2.1 Status

Seit einigen Jahren werden den pädagogischen Fachkräften in der IFE immer mehr professionelle Tools für die Sprachförderung angeboten. Inzwischen liegen dazu Dokumentationen und Analysen vor, die erkennen lassen, wie es um deren Verbreitung steht.

Hervorzuheben sind in diesem Zusammenhang die im Rahmen des «Bundesweiten Integrationsprogramms» erstellten Dokumentationsbände plus Analyseband des Bundesamtes für Migration und Flüchtlinge[1]. Dieses hat im Sommer 2006 eine Erfassung der Sprachförderangebote für MigrantInnen in Deutschland durchgeführt (Bundesamt für Migration und Flüchtlinge, 2008). Zielsetzung dieser Untersuchung, die mittels teilstandardisierter Fragebögen durchgeführt wurde, war die möglichst umfassende Dokumentation und Analyse der Sprachförderangebote von Bund und Ländern sowie ergänzend eine explorativ-exemplarische Dokumentation und Analyse von Sprachförderangeboten von Kommunen und Kreisen sowie privaten Trägern. Im Rahmen dieser Bestandesaufnahme wurden auch Angebote zur Sprachförderung in der IFE erfasst. Im Hinblick auf Sprachfördermassnahmen zeigte sich, dass Zahl und Umfang der Sprachförderangebote in den letzten Jahren zugenommen haben (ebd., S. 13ff.). Fast ein Viertel (21 Prozent) der von den Ländern gemachten Angebote setzt in der IFE an. Kern der Angebote ist die Vermittlung von, für die Einschulung ausreichenden, Deutschkenntnissen. Dabei richten sich die Angebote der Länder vielfach an Kinder mit Sprachförderbedarf, unabhängig von der Herkunftssprache. Demgegenüber sind die Angebote von Kommunen/Kreisen und privaten Trägern explizit für Kinder mit nicht-deutscher Herkunftssprache gedacht. Bei etwa der Hälfte dieser Angebote wird die Sprachförderung durch Integrationsförderung ergänzt.

---

[1] Weitere Einblicke bezüglich der Qualität derzeit angebotener Tools vermitteln drei Sprachtest-Expertisen von Ehlich, Fried sowie Roßbach/Weinert (vgl. Fried, 2009b) und eine bundesweite Recherche zu Massnahmen und Aktivitäten im Bereich der sprachlichen Bildung und der Sprachförderung in Tageseinrichtungen für Kinder (Jampert et al., 2007). Aus Ressourcengründen kann hier nicht näher auf deren Ergebnisse eingegangen werden.

Lilian Fried

Die Sprachförderansätze der Länder, Kommunen/Kreise und privaten Träger ähneln sich. Sprachvermittlung wird als Grundlage für die Integration in Gesellschaft und Bildungssystem verstanden. Aktive Elternarbeit, die Einbindung der Eltern in den Sprachförderprozess der Kinder und Elternbildung bzw. die Stärkung der Erziehungskompetenzen sind Bestandteil der meisten Angebote. Ausserdem ist meist eine Fortbildung der pädagogischen Fachkräfte vorgesehen. Wie diese jeweils beschaffen ist, bleibt allerdings offen.

Bei der Mehrzahl der Angebote findet eine Kooperation mit diversen Partnern statt. Ein Teil der Angebote arbeitet zusätzlich in vernetzten Kontexten, primär auf lokaler Ebene. Für fast alle Angebote des Bundes, weit über die Hälfte der Angebote der Länder bzw. der Kommunen und Kreise sowie fast 75 Prozent der Angebote privater Träger, werden (zumeist interne) Evaluationen durchgeführt. Wie belastbar die Befunde sind, ist allerdings nicht einzuschätzen (vgl. auch den Beitrag von Roux in diesem Band).

Sprachdiagnostik hat in der Praxis inzwischen einen erheblichen Stellenwert. So wurde ermittelt, dass bei 64 Prozent der Sprachförderangebote der Länder Sprachstandsdiagnosen durchgeführt werden, bei 26 Prozent ist dies nicht der Fall, für acht Prozent wurden keine Angaben gemacht. Ziel ist dabei vorrangig die Ermittlung des individuellen Sprachstands der Kinder als Ausgangspunkt einer gezielten Sprachförderung. Dabei kommen unterschiedliche Diagnosemethoden zum Einsatz: 41 Prozent Screenings, 27 Prozent Tests, 36 Prozent Beobachtungsbogen, neun Prozent mehrsprachige Verfahren; bei 45 Prozent der Massnahmen werden sonstige Verfahren eingesetzt. Die Instrumente werden vielfach im Rahmen der Schuleingangsuntersuchung eingesetzt. Die Zeitspanne vor der Einschulung reicht dabei von neun Monaten in Hessen bis zu zwei Jahren in Nordrhein-Westfalen und Sachsen-Anhalt (vgl. Arbeitsgruppe Bildungsberichterstattung, 2008).

1.2.2 Forschung

Die Praxis greift zwar gerne auf professionelle Tools zurück, bedient sich dabei aber nicht unbedingt der Ansätze, die als wissenschaftlich abgesichert gelten können. Davon gibt es mehrere, wenn auch noch längst nicht genügend. So haben Marx und Klauer (2007) z. B. ein Programm vorgelegt, mit dessen Hilfe

Sprachliche Bildung

fundamentale Prozesse des Denkens und der Sprache gefördert werden können, wie z. B. durch Übungen zur Begriffsklassifikation und zur Erfassung semantischer Felder. Das Programm kann als Einzel- oder Kleingruppentraining mit zwei bis drei Kindern durchgeführt werden. Die zehn Übungseinheiten erfordern einen Zeitraum von fünf Wochen. Dabei sollten sie zwei- bis dreimal pro Woche spielerisch eingesetzt werden. Eine Übungseinheit mit je sechs Aufgaben dauert zirka 30 Minuten. In Wirkungsstudien konnten bei über 400 Kindergartenkindern bedeutsame und nachhaltige Effekte auf die kindliche Intelligenz und Sprachkompetenz nachgewiesen werden. Die höchsten signifikanten Effekte betreffen die Bereiche Wortschatz und Morpho-Syntax. Noch sechs Monate nach dem Training waren die Entwicklungsgewinne stabil (Marx, 2006).

Solche Wirkungsstudien dürfen allerdings nicht darüber hinwegtäuschen, dass Programme in der Praxis nicht unbedingt so eingesetzt und wirksam werden, wie von den Konstrukteuren erhofft. Das legen jedenfalls vorläufige Ergebnisse einer Evaluation des Programms *Sag mal was – Sprachförderung für Vorschulkinder* der Landesstiftung Baden-Württemberg nahe. Im Rahmen dieser Initiative wurden in Kindertageseinrichtungen der Städte Mannheim und Heidelberg Kinder mit mangelnden Deutschkenntnissen im letzten Kindergartenjahr zusätzlich gefördert. Was die Ausgestaltung der Sprachförderung betrifft, so waren die Träger innerhalb gewisser Grenzen frei. Es konnten u. a. drei verschiedene Sprachförderprogramme eingesetzt werden. Die Fördermassnahmen waren immerhin insoweit standardisiert, als ihre Dauer ohne Vorbereitungszeit 120 Stunden umfassen sollte. Sie sollten sich in einem Mindestzeitraum von sechs Monaten im Kindergartenjahr auf vier bis fünf Stunden wöchentliche Förderzeit verteilen. Gefördert werden sollte in Gruppen, die zwischen sechs bis maximal zehn Kinder umfassen durften. Auch sollten die Eltern der Kinder an den Fördermassnahmen beteiligt werden (z. B. in Form von Teilnahme an den Förderstunden, Vorlesestunden oder Besuch von Sprachkursen). Die Wirkungsanalysen ergaben zwar bedeutsame Verbesserungen der Sprachfähigkeiten der Kinder, aber diese liessen sich nicht auf die drei Sprachförderprogramme zurückführen, denn auch die Kinder ohne zusätzliche Förderung verbesserten ihre Sprachfähigkeiten in mehr oder minder vergleichbarem Masse. Es gelang den Kindern mit Sprachentwicklungsproblemen also trotz umfassender Sprachförderung nicht, den Entwicklungsvorsprung der anderen Kinder aufzuholen (Gasteiger Klicpera et al., 2007, 2008; Schakib-Ekbatan et al., 2007). Da machte auch die Art des eingesetzten Sprachförderprogramms keinen Unterschied. Alles in allem sind Programme also nicht *die* Lösung. Zumindest scheint es erforderlich, sie in ein umfassenderes System zur Weiterentwicklung der Sprachförderung einzubetten. Was damit gemeint ist, soll im Weiteren an einem Beispiel veranschaulicht werden.

2. Delfin 4[2]

Delfin 4 steht für «Diagnose, Förderung und Elternarbeit in Bezug auf die Sprachkompetenz vierjähriger Kinder». Es handelt sich dabei um ein System von aufeinander bezogenen professionellen Hilfen zur Sprachförderung, entwickelt für die Hand von pädagogischen Fachkräften. Das System wurde von meinen MitarbeiterInnen und mir am Lehrstuhl «Pädagogik der frühen Kindheit» der Technischen Universität Dortmund konstruiert und evaluiert (Fried et al., 2008a, 2008b, Fried, 2009c; Fried et al., erscheint 2009). Derzeit wird es in den Bundesländern Nordrhein-Westfalen und Sachsen-Anhalt flächendeckend angewandt.

2.1 System

2.1.1 Ziele

Das System dient dazu, bei «Kindern schon zwei Jahre vor der Grundschule»
- festzustellen, ob die Sprachentwicklung altersgerecht ist bzw. ob sie die deutsche Sprache hinreichend beherrschen.
- eine stärkere Verzahnung von Elementar- und Primarbereich zu erreichen.
- transparent zu machen, was sich aus dem Ergebnis einer Sprachstandsfeststellung für eine individuelle bzw. adaptive Planung und Gestaltung der vorschulischen Sprachförderkurse ableiten lässt.
- deutlich zu machen, was sich aus dem Ergebnis einer Sprachstandsfeststellung für eine individuelle Elternarbeit ableiten lässt.

---

[2] Die Konstruktion und Evaluation von Delfin 4 wird finanziell gefördert durch das Ministerium für Schule und Weiterbildung des Landes Nordrhein-Westfalen sowie das Ministerium für Generationen, Familie, Frauen und Integration des Landes Nordrhein-Westfalen.

- anzuregen, wie pädagogische Fachkräfte ihre Sprachförderkompetenz in Anlehnung an aktuelle Forschungsergebnisse verbessern können.
- zu konzipieren, wie pädagogische Fach- und Lehrkräfte durch Fort- und Weiterbildungsmassnahmen zum kompetenten Umgang mit Delfin 4 geführt werden können.

2.1.2 Form

Delfin 4 setzt sich aus mehreren Bestandteilen zusammen.

- Sprachtest (Screeningverfahren):

Das Screeningverfahren ist zweistufig angelegt. Die erste Stufe «Besuch im Zoo» (BiZ) (Fried et al., 2008a) trennt grob zwischen den Kindern, deren Sprachentwicklung gut verläuft, und denjenigen, bei denen dies möglicherweise nicht der Fall ist. BiZ ist ein ökonomisch messendes Gruppentestverfahren. Die zweite Stufe «Besuch im Pfiffikushaus» (BiP) (Fried et al., 2008b) dient dazu, fundiert zu entscheiden, ob eine zusätzliche Sprachförderung erforderlich ist. BiP ist ein wesentlich differenzierter messendes Einzeltestverfahren.

Derzeit wird eine dritte Stufe (Delfin 5) entwickelt, mit deren Hilfe etwa ein Jahr nach erfolgter Sprachförderung geprüft werden kann, ob bzw. wie weit die gewünschten Erfolge schon eingetreten sind oder noch weiter bzw. gezielter gefördert werden muss.

- Handreichungen zur Sprachförderung

Die Sprachförderorientierungen beinhalten Hinweise, wie das Diagnoseergebnis in eine individuelle bzw. adaptive Sprachförderung übersetzt werden kann, welche begleitende Elternarbeit dabei hilfreich sein könnte und welche Selbst- und Teamqualifizierungsmöglichkeiten der ErzieherIn bzw. Grundschullehrkraft dabei helfen könnten, die eigene Sprachförderkompetenz so weiterzuentwickeln, dass sie eine optimal am aktuellen Erkenntnisstand ausgerichtete Sprachförderung gewährleisten kann.

Lilian Fried

- Fortbildungskonzepte

Das Konzept umfasst zwei Ansätze. Der erste Ansatz ist ein in Nordrhein-Westfalen eingeführtes «Curriculum Aufbaubildungsgang Sprachförderung der Fachschulen des Sozialwesens» (Becker et al., 2008a), nebst Handreichungen (Becker et al., 2008b). Der Aufbaubildungsgang «Sprachförderung» ist ein 600 Stunden umfassendes Weiterbildungsangebot für im Beruf stehende pädagogische Fachkräfte. Es soll diese dabei unterstützen, ihre Sprachförderkompetenz weiterzuentwickeln. Der Ansatz setzt sich aus folgenden Modulen zusammen: Sprachliche Bildung in früher Kindheit, Sprachliche Sozialisation, Grundlagen interkultureller Erziehung, Kommunikation und Gesprächsführung, Sprachdiagnostik, Didaktik und Methodik der Sprachförderung, Delfin 4, Differenzierungsbereich und Projekt «Sprachfördereinheit». (Curriculum und Handreichungen werden durch eine Lernplattform ergänzt, die sich an pädagogische Fach- und Lehrkräfte wendet).

Der zweite Ansatz befindet sich noch in der Entwicklung. Er soll Lehrkräften an Fachschulen für Sozialpädagogik, welche pädagogische Fachkräfte ausbilden, dabei helfen, ihre sprachförderbezogene Fach-, Fachdidaktik- und Unterrichtskompetenz weiterzuentwickeln. Bislang wurden drei Module entwickelt und erprobt: «Sprache im Dialog», «Delfin 4» und «Sprachförderkompetenz».

2.2 Forschung

2.2.1 Problem

Ein zentrales Problem bei der Konstruktion von Spracherfassungsverfahren ist, dass unser linguistisch gesichertes Wissen über die Sprachaneignung von Kindern zwischen drei und elf Jahren noch erhebliche Lücken aufweist. So konnten jüngst z. B. Ehlich, Bredel und Reich (2008, S. 14) nicht anders, als die – leider sehr zahlreichen – Bereiche zu identifizieren, «in denen es bisher an präzisen Kenntnissen über die Sprachaneignung fehlt»; denn: «Viele Phänomene sind nur unzureichend empirisch erfasst, viele noch gar nicht». Hier können wissenschaftlich basierte Spracherfassungsverfahren insofern weiterhelfen, als bei deren Konstruktion und Evaluation meist mit umfasseneren, häufig auch repräsentativeren Stichproben gearbeitet wird, als in der Spracherwerbsforschung bislang

Sprachliche Bildung

der Fall war. Die auf der Basis dieser Stichproben erhobenen Daten taugen zu mehr, als nur zum schieren Nachweis der Messgüte. Sie können helfen, den Erkenntnisstand zur Sprachentwicklung junger Kinder auszuweiten. Wie das gehen kann und wozu das führt, soll anhand einer Problemstellung beispielhaft konkretisiert werden.

Mengering (2005, S. 261) stellt in seinen empirischen Analysen des (inzwischen durch ein anderes Instrument abgelösten) Spracherhebungsverfahrens *Bärenstark* fest, dass «die Sprachkompetenz stark abhängig ist vom ethnischen und sozialen Hintergrund der Kinder»; und fragt sich, ob dies nicht darauf deute, dass die «Resultate der Sprachstandserhebung (...) für die rationale Verteilung von Fördermitteln» entbehrlich sind, «da eine Verteilung der Mittel anhand der variablen Einkommen und Anteil an Kindern mit nicht-deutscher innerfamiliärer Verkehrssprache auf Ortsteilebene zu einem sehr ähnlichen Ergebnis führt» und somit «der zusätzliche Legitimationsertrag der Fördermittelverteilung durch Sprachstandserhebung gering» ist. Gleichzeitig räumt er ein, dass noch zu untersuchen wäre, «ob die erstellten Sprachstandsprofile in der Praxis der konkreten individuellen Förderung den Aufwand der Sprachstandserhebung rechtfertigen.»

2.2.2 Studie «Heterogenität»

Dem sind wir mit Hilfe der im Verlauf der Erprobung und Evaluation der Delfin 4-Sprachtests (vgl. Fried et al., 2009) gewonnenen Daten weiter nachgegangen. Zu diesem Zweck haben wir die Rohwerte, welche die Kinder bei der Testdurchführung erreicht haben, in standardisierte Werte (Z-Werte) transformiert. Dadurch wurde es möglich, die Ergebnisse, welche die Kinder beim Gesamttest oder bei einzelnen Untertests erzielt haben, direkt aufeinander zu beziehen. Bei diesen deskriptiven und statistischen Studien sind wir auf Muster gestossen, die u. E. dafür sprechen, dass der Aufwand der Sprachstandserhebung betrieben werden muss, weil dies der einzige Weg ist, den differenten Sprachentwicklungsprofilen der Kinder in der Förderung entsprechen zu können. (Allerdings konnten wir in unseren Analysen nur auf grobe Informationen zum ethnischen Hintergrund[3] der Kinder zurückgreifen, während uns Informationen zum sozioökonomischen Status nicht zugänglich waren.)

---

[3] Kind hat nicht-deutsche bzw. deutsche Muttersprache.

Die erste Studie wurde 2007 durchgeführt. Sie basiert auf den mit Hilfe von «Delfin 4», Stufe 1 (BiZ) erhobenen Daten von Kindern mit nicht-deutscher Muttersprache (N = 5.712). Berechnet wurde eine Clusteranalyse. Dabei handelt es sich um ein statistisches Verfahren. Damit können Kinder mit ähnlichen Sprachkompetenzprofilen gruppiert (Sprachkompetenzprofiltyp) und von deutlich differierenden Sprachkompetenzprofiltypen abgegrenzt werden.

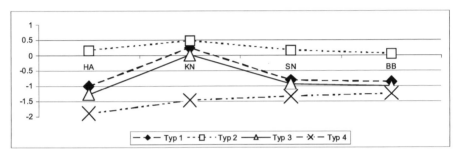

Abbildung 1: Vier Typen von Sprachkompetenzprofilen innerhalb der Gruppe der Kinder mit nicht-deutscher Muttersprache

Mit Hilfe der Abbildung 1 kann nachvollzogen werden, welch differente Sprachkompetenzprofiltypen es innerhalb der Gruppe der Kinder mit nichtdeutscher Muttersprache gibt. So weicht zum Beispiel der Typus 2 in den Bereichen Satzverständnis (HA), Satzproduktion (SN) und Phonembewusstheit bzw. Arbeitsgedächtnis für Phoneme (KN) positiv, und nur in Bezug auf das Erzählen (BB) negativ vom Mittelwert ab, während der Typus 1, mit Ausnahme von KN, in allen erfassten Bereichen stark negativ vom Mittelwert abweicht. Beide Typen gehören der Gruppe der Kinder mit nicht-deutscher Muttersprache an, benötigen aber ganz unterschiedliche Sprachförderangebote. Damit tritt hervor, dass die Gruppe der Kinder mit nicht-deutscher Muttersprache ausgesprochen heterogen ist.

2.2.3 Studie «Strukturabweichungen»

Mit weiteren Studien liess sich aufzeigen, dass es – ungeachtet der Differenzen innerhalb der Gruppe der Kinder mit nicht-deutscher Muttersprache – strukturelle (qualitative) Unterschiede zwischen den Wortschatzprofilen von Kindern mit

Sprachliche Bildung

deutscher und mit nicht-deutscher Muttersprache gibt. Diese Studie basiert auf den mit Hilfe von «Delfin 4», Stufe 2 (BiP) 2008 erhobenen Daten einer Stichprobe aus dem Raum Recklinghausen (N = 1.382).

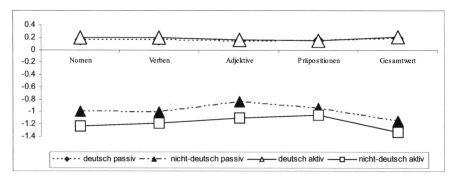

Abbildung 2: Profile des passiven und des aktiven Wortschatzes von Kindern mit nichtdeutscher und deutscher Muttersprache

Beim Betrachten dieser Abbildung springt förmlich ins Auge, dass die Kinder mit deutscher Muttersprache sowohl in Bezug auf die Repräsentanz der Wortarten als auch im Hinblick auf das Verhältnis von rezeptivem und aktivem Wortschatz sehr ausgewogene Profile aufweisen. Verglichen damit weisen die Kinder mit nicht-deutscher Muttersprache nicht nur einen quantitativ eingeschränkten, sondern auch einen qualitativ unausgewogenen Wortschatz auf. Dieser Tatbestand ist vor dem Hintergrund von Befunden bedeutsam, die bei Kindern mit Sprachauffälligkeiten im lexikalisch-semantischen Bereich eine grössere Asymmetrie zwischen rezeptiven und aktiven Leistungen ermittelt haben, als dies bei sprachlich unauffälligen Kindern der Fall ist. Bei diesen Kindern mit nicht vollständig aufgebautem oder wenig vernetztem Wortwissen ist das rezeptive Wortverständnis oft besser entwickelt als die aktive Wortproduktion (vgl. z. B. Rothweiler, 2001). Diese Parallelität der Muster soll hier natürlich nicht «überdeutet» werden, indem den Kindern mit nicht-deutscher Muttersprache lexikalisch-semantische Störungen angelastet werden, aber sie sollte Anlass sein, die Wortschatzförderung bei Kindern mit nicht-deutscher Muttersprache sorgfältig auf deren individuelle Wortschatzarchitektur abzustimmen. Und dazu können wissenschaftlich fundierte Spracherfassungsverfahren wertvolle Beiträge leisten.

Lilian Fried

Unter anderem deshalb folgere ich, dass die mit Hilfe von wissenschaftlich fundierten Sprachtests mögliche Ermittlung von Sprachkompetenzprofilen aus pädagogischer Perspektive «in der Praxis der konkreten individuellen Förderung den Aufwand der Sprachstandserhebung rechtfertigen» (Mengering, 2005, S. 261).

3. Bilanz

Soweit ein kurzer Blick auf einige ausgewählte Aspekte im Zusammenhang mit der Weiterentwicklung der Sprachförderung in der deutschen IFE. Was lässt sich daraus ableiten?

In dem Beitrag wurde herausgestellt, dass Massnahmen zur Professionalisierung der Sprachförderung einen prominenten Stellenwert bei der Reform der deutschen IFE haben. Dementsprechend wurden und werden in allen Bundesländern Bildungsrahmenpläne sowie professionelle Tools entwickelt, bereitgestellt bzw. eingesetzt. In jüngerer Zeit zeichnet sich allerdings immer deutlicher ab, dass das allein nicht ausreicht. So machen zum Beispiel Ergebnisse von Erzieherbefragungen (z. B. Fried, 2009a) deutlich, wie wenig sich pädagogische Fachkräfte den Herausforderungen gewachsen fühlen, welche die Anwendung solcher professioneller Hilfen in der Sprachförderaufgabe mit sich bringt. Deshalb ist Stamm et al. (2009, S. 14) zuzupflichten, wenn sie fordert, «die Professionalisierungsfrage» so voranzutreiben, dass «vermehrt die erforderlichen Inhalte und nicht ausschliesslich das Ausbildungs*niveau* debattiert werden»; wobei es darauf ankommt, nicht nur die Ausbildung zu reformieren, sondern «auch qualifizierende Weiterbildungsangebote für die Praxis» vorzusehen.

Bezogen auf die Sprachförderaufgabe sind forschungsbasierte koordinierte Qualifizierungsmassnahmen in der Aus-, Fort- und Weiterbildung erforderlich (z. B. Mroz & Hall, 2003; Pianta & Hamre, 2009), welche es zukünftigen bzw. praktizierenden pädagogischen Fachkräften ermöglichen, bereichsspezifische fachdidaktische Kompetenz; oder anders ausgedrückt: professionelle Sprachförderkompetenz auszubilden (vgl. Fried & Briedigkeit, 2008). Das setzt voraus, ihnen angemessene fachliche und fachdidaktische Haltungen sowie Wissens- und Könnensvorräte zu vermitteln, welche sowohl die Oberflächenstruktur (z. B. professionelle Förderformate, professionelle Tools), als auch die Tiefenstruktur von

Sprachliche Bildung

Fördermassnahmen (z. B. Rückmeldeformen, Unterstützungstechniken, Herausforderungsstrategien) reflektieren. Das alles brauchen sie, um «mögliche Bestimmungsstücke», also «praktisch unendliche kombinatorische Möglichkeiten» einer adaptiv-didaktischen Umgebung für Kinder «vorhalten» und daraus – im Sinne sozial-konstruktivistischer Bildungsangebote – das kind- und situationsspezifisch Angemessenste auswählen und rekombinieren zu können (Luhmann & Schorr 1979, S. 123f.). Dabei muss das, was in den Qualifizierungsmassnahmen geschieht, den Anforderungen an eine sozial-konstruktivistische Erwachsenenbildung gerecht werden. Das heisst: Es muss zuvorderst darum gehen, überholte Handlungsmuster zu erkennen, zu hinterfragen, anschliessend bewusst zu modifizieren bzw. sich die modifizierten Muster anzueignen (vgl. z. B. Arnold & Siebert, 1995). Hierfür sind Qualifizierungsformate geeignet, in denen die «gewachsenen» individuellen Haltungen, Handlungsschemata bzw. -präferenzen und Problembewältigungsheuristiken von pädagogischen Fachkräften sicht- und bearbeitbar gemacht werden können.

Literatur

Arnold, R. & Siebert, H. (1995). *Konstruktivistische Erwachsenenbildung. Von der Deutung zur Konstruktion von Wirklichkeit*. Baltmannsweiler: Hohengehren.

Autorengruppe Bildungsberichterstattung (2008). *Bildung in Deutschland 2008. Ein indikatorengestützter Bericht mit einer Analyse zu Übergängen im Anschluss an den Sekundarbereich*. Berlin: BMBF.

Becker, B., Böker, M., Bremer, A., Fried, L., Hanel, T., Kosse, W., Metschies, H., Müller, M., Schäfers, A., Schulte, A., Torkler, K., Wäsche, I., Weßler, B., Wolf, K.-H. & Wolf, P. (2008a). *Curriculumsentwurf Aufbaubildungsgang «Sprachförderung» der Fachschulen des Sozialwesens*. Düsseldorf: MSW NRW.

Becker, B., Böker, M., Bremer, A., Fried, L., Hanel, T., Kosse, W., Metschies, H., Müller, M., Schäfers, A., Schulte, A., Torkler, K., Wäsche, I., Weßler, B., Wolf, K.-H. & Wolf, P. (2008b). *Handreichungen zum Curriculumsentwurf Aufbaubildungsgang «Sprachförderung» der Fachschulen des Sozialwesens*. Düsseldorf: MSW NRW.

Bos, W., Lankes, E.-M., Prenzel, M., Schwippert, K., Walther, G. & Valtin, R. (Hrsg.). (2003). *Erste Ergebnisse aus IGLU. Schülerleistungen am Ende der vierten Jahrgangsstufe im internationalen Vergleich.* Münster: Waxmann.

Bos, W., Hornberg, S., Arnold, K.-H., Faust, G., Fried, L., Lankes, E.-M., Schwippert, K. & Valtin, R. (Hrsg.). (2007). *IGLU 2006. Lesekompetenzen von Grundschulkindern in Deutschland im internationalen Vergleich.* Münster: Waxmann.

Bundesamt für Migration und Flüchtlinge (2008). *Sprachliche Bildung für Menschen mit Migrationshintergrund in Deutschland. Vorschläge zur Weiterentwicklung.* – Nürnberg: BMF.

Diskowski, D. (2009). Bildungspläne für Kindertagesstätten — ein neues und noch unbegriffenes Steuerungsinstrument. *Zeitschrift für Erziehungswissenschaft, 10, Sonderheft 11/2008,* 47-61.

Ehlich, K., Bredel, U. & Reich, H. (2008). *Referenzrahmen zur altersspezifischen Sprachaneignung – Forschungsgrundlagen.* Berlin: BMBF (= Bildungsforschung Band 29/II).

Fried, L. (2007). Sprachförderung. In L. Fried & S. Roux (Hrsg.), *Pädagogik der frühen Kindheit* (S. 173-178). Weinheim: Beltz.

Fried, L. (2008). Bildung und didaktische Kompetenz. In W. Thole, H.-G. Roßbach, M. Fölling-Albers & R. Tippelt, R. (Hrsg.), *Bildung und Kindheit. Pädagogik der Frühen Kindheit in Wissenschaft und Lehre* (S. 141-151). Opladen: Barbara Budrich.

Fried, L. (2009a). Education, language and professionalism: issues in the professional development of early years practitioners in Germany. *Early Years, 29,* 19-30.

Fried, L. (2009b). Pädagogische Sprachdiagnostik für Vorschulkinder – Dynamik, Stand und Ausblick. *Zeitschrift für Erziehungswissenschaft, 10, Sonderheft 11/2008,* 63-78.

Fried, L., unter Mitarbeit von Briedigkeit, E. & Schunder, R. (2009c). *Sprachkompetenzmodell Delfin 4. Testmanual (1. Teil).* Dortmund: Technische Universität Dortmund, Lehrstuhl Pädagogik der frühen Kindheit.

Fried, L. & Briedigkeit, E. (2008). *Sprachförderkompetenz. Selbst- und Teamqualifizierung für Erzieherinnen, Fachberatungen und Ausbilder*. Berlin: Cornelsen Scriptor.

Fried, L., Briedigkeit, E. & Schunder, R. (2008). *Delfin 4 – Sprachförderorientierungen. Eine Handreichung*. Düsseldorf, MGFFI NRW.

Fried, L., Briedigkeit, E., Isele, P. & Schunder, R. (2008a). *Besuch im Zoo (BiZ). Delfin 4 – Stufe 1*. Düsseldorf: MSW NRW.

Fried, L., Briedigkeit, E., Isele, P. & Schunder, R. (2008b). *Besuch im Pfiffikushaus (BiP). Delfin 4 – Stufe 2*. Düsseldorf: MSW NRW.

Fried, L., Briedigkeit, E., Isele, P. & Schunder, R. (2009). Delfin 4 – theoretische Grundlagen und konstruktionsmethodische Aspekte eines Instrumentariums zur Diagnose, Förderung und Elternarbeit in Bezug auf die Sprachkompetenz vierjähriger Kinder. *Zeitschrift für Grundschulforschung, 2(2)*, in Druck.

Gasteiger-Klicpera, B., Knapp, W., Kucharz, D., Patzelt, D. & Vomhof, B. (2007). *Ergebnisse aus der ersten Längsschnittuntersuchung nach einem Jahr Sprachförderung. Wissenschaftliche Begleitung des Programms «Sag' mal was - Sprachförderung für Vorschulkinder» der LandesstiftungBaden-Württemberg. Forschungsbericht*. Weingarten: Pädagogische Hochschule Weingarten.

Gasteiger-Klicpera, B., Knapp, W., Kucharz, D., Patzelt, D., Brede, J. R. & Vomhof, B. (2008). *Zwischenbericht der wissenschaftlichen Begleitung des Programms «Sag' mal was – Sprachförderung für Vorschulkinder» der Landesstiftung Baden-Württemberg*. Weingarten: Pädagogische Hochschule Weingarten.

Grimm, H. (2003). *Störungen der Sprachentwicklung: Grundlagen – Ursachen – Diagnose – Intervention – Prävention*. Göttingen: Hogrefe.

Halle, T., Calkins, J., Berry, D. & Johnson, R. (2003). *Promoting language and literacy in early childhood care and education settings*. Washington: Child Care & Early Education Research Connections CCEERC.

Jampert, K., Best, P., Guadatiello, A., Holler, D. & Zehnbauer, A. (2007). *Schlüsselkompetenz Sprache. Sprachliche Bildung und Förderung im Kindergarten. Konzepte, Projekte, Maßnahmen*. Weimar: das Netz.

Luhmann, N. & Schorr, K.-E. (1979). *Reflexionsprobleme im Erziehungssystem*. Stuttgart: Klett-Cotta.

Marx, E. (2006). Profitiert das kindliche Sprachsystem von anderen kognitiven Entwicklungsbereichen? Pilotstudie zum Zusammenhang von Spracherwerb und induktivem Denken. *Zeitschrift für Entwicklungspsychologie und Pädagogische Psychologie, 38*, 139-145.

Marx, E. & Klauer, K. J. (2007). *Keiner ist so schlau wie ich*. Göttingen: Vandenhoek & Ruprecht.

Mengering, F. (2005). Bärenstark – Empirische Ergebnisse der Berliner Sprachstandserhebung an Kindern im Vorschulalter. *Zeitschrift für Erziehungswissenschaft, 8*, 241-262.

Mroz, M. & Hall, E. (2003). Not yet identified: the knowledge, skills, and training needs of early years professionals in relation to children's speech and language development. *Early Years, 23*, 117-130.

Pianta, R. C. & Hamre, B. K. (2009). Conceptualization, measurement, and improvement of classroom processes: Standardized observation can leverage capacity. *Educational Researcher, 38*, 109-119.

Rothweiler, M. (2001). *Wortschatz und Störungen des lexikalischen Erwerbs bei spezifisch sprachentwicklungsgestörten Kindern*. Heidelberg: Winter.

Schakib-Ekbatan, K., Hasselbach, P, Roos, J. & Schöler, H. (2007). *Die Wirksamkeit der Sprachförderungen in Mannheim und Heidelberg auf die Sprachentwicklung im letzten Kindergartenjahr. Bericht Nr. 3. EVAS Evaluationsstudie zur Sprachförderung von Vorschulkindern Wissenschaftliche Begleitung der Sprachfördermaßnahmen im Programm ‹Sag' mal was – Sprachförderung für Vorschulkinder› im Auftrag der Landesstiftung*. Heidelberg: Pädagogische Hochschule.

Schreiber, N. (2007). *Wissenschaftliche Begleitstudien zur Einführung der Bildungspläne in den Kindertageseinrichtungen von Niedersachsen, Rheinland-Pfalz und Schleswig-Holstein – Konzeption, Methoden und Ergebnisse*. Zugriff am: 12.9.2008. Verfügbar unter: www.kindergartenpaedagogik.de.

Stamm, M., Reinwand, V., Burger, C., Schmid, K., Viehhausen, M. & Muheim, V. (2009). *Frühkindliche Bildung in der Schweiz. Eine Grundlagenstudie im Auftrag der Schweizerischen UNESCO-Kommission.* Fribourg: Universität Fribourg, Departement für Erziehungswissenschaften.

Tietze, W. (Hrsg.). (1998). *Wie gut sind unsere Kindergärten? Eine Untersuchung zur pädagogischen Qualität in deutschen Kindergärten.* Neuwied: Luchterhand.

Tietze, W., Roßbach, H.-G. & Grenner, K. (2005). *Kinder von 4 bis 8 Jahren. Zur Qualität der Erziehung und Bildung in Kindergarten, Grundschule und Familie.* Weinheim: Beltz.

Erich Ch. Wittmann

Grundsätzliche Überlegungen zur frühkindlichen Bildung in der Mathematik

Prüfet aber alles und das Gute behaltet.
1. Brief an die Thessaloniker 5, Vers 21

Einleitung

Es war ein deutscher Pädagoge, Friedrich Fröbel, der nach einer Lehre bei Johann Heinrich Pestalozzi in der Schweiz die Kindergärten als *Bildungs*institutionen gegründet und mit seinen geometrischen Spielgaben auch Massstäbe für eine fachliche Frühförderung gesetzt hat. Umso merkwürdiger erscheint es, dass die Kindergärten ausgerechnet in den deutschsprachigen Ländern im Laufe der Zeit ihren Charakter als Bildungsinstitutionen verloren haben. Besonders deutlich wird dies im Vergleich mit der école maternelle in Frankreich. Aus der Sicht des Autors dürfte der Hauptgrund für die fachliche Abstinenz der Kindergärten in diesen Ländern darin liegen, dass die Reformpädagogik im deutschsprachigen Raum in der Regel Partei für das «Kind» gegenüber dem «Fach» ergriffen und zumindest latent eine Sperre gegenüber dem fachlichen Lernen entwickelt hat, die bis heute fortbesteht. In den 70er-Jahren des vergangenen Jahrhunderts hat sich die Distanz gegenüber fachlichem Lernen vor der Schule sogar noch verstärkt. Damals wurde das Bildungssystem einschliesslich des Kindergartens von Strömungen zur Unterrichtsreform erfasst, denen ein formalistisches Verständnis der Fächer zugrunde lag. Das Fach Mathematik stand dabei mit der «Mengenlehre» im Rampenlicht. Der «situationsorientierte Ansatz», der in der Pädagogik der frühen Kindheit heute vorherrscht (Preissing, 2003; Zimmer, 2006) ist damals aus verständlichen Gründen in bewusster Distanz zu diesen Strömungen formuliert worden.

Heute wird im Zuge der Rückbesinnung auf die Bildungsaufgabe des Kindergartens auch wieder Raum für die mathematische Frühförderung gefordert. Dies ist grundsätzlich zu begrüssen, stellt allerdings keineswegs schon eine Entwicklung in die richtige Richtung sicher, im Gegenteil: Da über das Wesen des Faches Mathematik und über authentisches Mathematiklernen weithin unklare Auffas-

Erich Ch. Wittmann

sungen vorherrschen, besteht die grosse Gefahr, dass sich Konzepte von mathematischer Frühförderung ausbreiten, die als «kindgemäss» angesehen werden, aber das Fach Mathematik nicht angemessen repräsentieren und nicht im langfristigen Interesse der Kinder liegen.

Es kommt in dieser Situation entscheidend darauf an, einen kritischen Blick zu entwickeln, der hilft, sowohl bei den angebotenen Materialien die Spreu vom Weizen zu trennen, als auch bei der Aus- und Fortbildung der Kindergärtnerinnen und Kindergärtner resp. der im Vorschulbereich tätigen Fachpersonen die Weichen richtig zu stellen. Intention des vorliegenden Beitrags ist es, die Aufmerksamkeit auf einen Punkt zu lenken, der nach Auffassung des Autors hier von massgeblicher Bedeutung ist: das richtige Verständnis vom Fach Mathematik. Ein zweiter wichtiger Punkt, die Anschlussfähigkeit der mathematischen Frühförderung an den Anfangsunterricht, kann aus Raumgründen hier nicht behandelt werden. Dazu sei auf Wittmann & Müller 2009a, Abschnitt 3, verwiesen.

Der Beitrag ist folgendermassen gegliedert: Im ersten Abschnitt werden typische Beispiele von Frühförderangeboten im Lichte der Auffassung von Mathematik als Wissenschaft von Mustern einer kritischen Analyse unterzogen. Dabei werden Kriterien zur fachlichen Bewertung von Materialien formuliert. Im Anschluss daran wird im zweiten Abschnitt aus dem Wesen der Mathematik die Notwendigkeit eines «abstrakten» Zugangs zur Mathematik bereits in der frühkindlichen Bildung abgeleitet.

1. Mathematische Massstäbe zur Bewertung von Frühförderansätzen

Im Anschluss an die Piagetschen Forschungen zur Entwicklung des Zahlbegriffs und des räumlichen Denkens sind seit etwa 1980 in der Psychologie und der Mathematikdidaktik zahlreiche empirische Untersuchungen zur Entwicklung des Zahlbegriffs und zur Ermittlung der Vorkenntnisse von Schulanfängern durchgeführt worden (z. B. Schmidt & Weiser, 1982; Van den Heuvel-Panhuizen, 1995; Hengartner & Röthlisberger, 1995; Waldow & Wittmann, 2001; Krajewski, 2008; Clarke et al., 2008), aus denen folgende Schlüsse zu ziehen sind:

Grundsätzliche Überlegungen zur frühkindlichen Bildung in der Mathematik

(1) Kinder können bereits weit vor der Schule mathematisches Grundwissen erwerben und bringen insgesamt gesehen weit mehr Vorkenntnisse mit, als Lehrerinnen und Lehrern im Allgemeinen bewusst ist.

(2) Es hängt vom sozialen Umfeld ab, inwieweit Kinder ihr mathematisches Potenzial entfalten können. Unter ungünstigen Verhältnissen sind die Vorkenntnisse gering. Eine Förderung vor der Schule ist daher vor allem für Kinder wichtig, die in ihrem Umfeld nicht genügend gefördert werden, z. B. für Kinder mit Migrationshintergrund.

(3) Eine frühe Förderung hat positive Effekte auf die Entwicklung des mathematischen Denkens.

Empirische Untersuchungen liefern somit gute Gründe für eine mathematische Frühförderung. Sie liefern aber keine Massstäbe zur Beurteilung der fachlichen Qualität der Bildungsangebote. Gerade bei den von psychologischer Seite durchgeführten Untersuchungen werden fachliche Aspekte oft ausgeklammert. Ein typisches Beispiel ist die Untersuchung von Pauen (2009), bei der zwei höchst unterschiedliche Programme verglichen und gemessen an dem verwendeten Test im Wesentlichen als gleichwertig befunden wurden.

1.1 Zehn Angebote für die mathematische Frühförderung

Es ist bei fehlenden Massstäben zur Beurteilung der fachlichen Qualität von Frühförderansätzen kein Wunder, dass auf dem Markt eine bunte Vielfalt unterschiedlichster Materialien zu finden ist, die alle den Anspruch erheben, die Kinder mathematisch zu fördern. Die folgenden zehn Angebote vermitteln einen Eindruck von der Vielfalt. Sie werden hier zunächst beschrieben und im folgenden Abschnitt bewertet.

(1) *Wickie und die starken Männer*
Dieses «Vorschulbuch» einer Firma, die sich im Internet als einer der «führenden europäischen Produzenten und Vertriebsgesellschaften von Animationsprogrammen für Kinder und Jugendliche sowie von Family Musicals und Show-Events» präsentiert, bietet «Aufgaben zum Suchen, Finden, Verbinden, Zählen und Zuordnen». Der aus einer Fernsehserie bekannte Wickie begleitet die Kinder

bei ihren Aktivitäten. Beispiel: Auf einer typischen Doppelseite, bei der es um die Begriffe links und rechts geht, sind Umrisse von Elchen gezeichnet. Die Anleitung lautet:

> Wie ärgerlich! Immer wieder vergisst Halvar, wo links und rechts ist. Das muss sich unbedingt ändern. Male bitte alle Elche, die nach links gehen, rot aus. Elche die nach rechts gehen, malst du grün aus. Dann fällt es Halvar leichter, links und rechts zu unterscheiden.

(2) *Make a bigger puddle, make a smaller worm* (Walter 1972)
In diesem Kinderbuch der amerikanischen Mathematikdidaktikerin Marion Walter ist auf jeder Seite ein Lebewesen oder ein Objekt zu sehen, das mit einem beigefügten kleinen Handspiegel «bearbeitet» werden kann, sodass im Zusammenwirken des Bildteils vor dem Spiegel und dessen Spiegelbild ein neues Bild entsteht. Ein Wurm kann z. B. kürzer und länger gemacht werden, eine Pfütze grösser und kleiner, eine Wäscheleine kürzer und länger, eine Leiter länger, kürzer, breiter und schmaler. Ein weinendes Gesicht kann zum Lachen gebracht werden, ein am Rand beschädigter Teller kann ganz gemacht werden, usw.
Marion Walter hat diese Aktivitäten zur Erfassung der Achsensymmetrie fortgesetzt in ihren «mirror cards», einem Material für die Grundschule, das von Hartmut Spiegel weiterentwickelt wurde (Walter, 1986; Spiegel, 1997).

(3) *Zahlenland* (Preiß, 2004)
In diesem Frühförderprogramm, das hauptsächlich auf die Entwicklung des Zahlbegriffs abzielt, werden Zahlen durch Puppen verkörpert, die wie Menschen sprechen und angesprochen werden können: «Guten Morgen, liebe Zahlen!» ist der Slogan des Programms. Zur Durchführung des Programms muss ein Zimmer des Kindergartens ausgeräumt werden, damit eine Zahlenlandschaft aufgebaut werden kann. Es gibt einen Zahlenweg, Zahlenländer, zwei Fehlerteufel und einen Fehlerwald. Die Aktivitäten der Kinder werden durch Geschichten gesteuert, in denen bewusst an ihre Vorliebe für Fantasiewelten angeknüpft wird.
Beispiel: In der Geschichte *Die 4 ist krank* wird erzählt, wie die im Bett liegende Zahl 4 von den Zahlen 1, 2 und 3 besucht und dadurch geheilt wird, dass die 1

Grundsätzliche Überlegungen zur frühkindlichen Bildung in der Mathematik

der 4 ein grosses Herz schenkt, die 2 mit zwei klingenden Kugeln läutet und die 3 der 4 drei Tropfen einer blauen Medizin gibt.

(4) *Mathe-König* (Hoenisch & Niggemeyer, 2004, S. 76)
Im Frühförderprogamm *Mathe-Kings* findet sich die Aktivität «Mathe-König» zur Übung des Anfangs der Zahlenreihe: Die Kinder stehen im Kreis. Ein Kind steht am Anfang in der Mitte des Kreises und ist durch eine Krone, auf der die Zahlsymbole für die Zahlen von 1 bis 6 stehen, als «Mathe-König» erkennbar. Der König beginnt bei einem bestimmten Kind zu zählen und zählt immer bis zu einer bestimmten Zahl ab, z. B. bis 6. Das Kind, auf das die 6 fällt, muss aus dem Kreis heraustreten. Dann wird beim nächsten Kind wieder mit 1 begonnen und bis 6 gezählt. Wieder muss das Kind, dem die 6 zugeordnet wird, ausscheiden. Auf diese Weise werden es im Kreis immer weniger Kinder. Am Schluss bleibt ein einziges Kind übrig, dem die Krone aufgesetzt wird und das in der nächsten Spielrunde als neuer «Mathe-König» agiert.

(5) *Körpererfahrungen zur Geometrie* (Hoenisch & Niggemeyer, 2004, S. 89 ff.)
Im Programm *Mathe-Kings* werden die Kinder auch angeregt, geometrische Formen mit ihrem Körper zu erfassen. Sie spannen z. B. einen ringförmigen Faden mit den Zähnen und den beiden Händen zu einem Dreieck, sie legen sich zu dritt oder zu viert so auf den Boden, dass die gestreckten Körper die Seiten eines Dreiecks oder Vierecks bilden, oder sie zeichnen geometrische Formen auf den Boden und stellen fest, wie viele Kinder in den Umrissen Platz haben.

(6) *Legespiel mit Dreiecken und Rauten*
In der Nachfolge von Friedrich Fröbel ist ein Legespiel entwickelt worden, bei dem zwei Typen von Legesteinen aus Holz (in verschiedenen Farben) benutzt werden: gleich grosse halbe Quadrate (gleichschenklig rechtwinklige Dreiecke) und gleich grosse Rauten mit den Innenwinkeln 45° und 135°, deren Seite ebenso lang ist wie die Quadratseite (Abb. 1).

Erich Ch. Wittmann

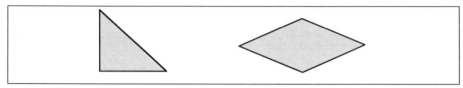

Abbildung 1: Legespiel mit Dreiecken und Rauten

Diese Legesteine können lückenlos und überschneidungsfrei zu grösseren Figuren zusammengesetzt werden. Sowohl freies Legen ist möglich als auch das Auslegen vorgegebener Umrisse. Dabei muss genau darauf geachtet werden, dass die Formen zusammenpassen. Die Umrisse können reale Objekte andeuten (z. B. Häuser, Boote), aber auch reine geometrische Formen repräsentieren (Dreiecke, Quadrate, usw.).

(7) *Rechnen lernen mit der Maus* (Vogel, 2004)
Dieses Heft mit dem Untertitel «Einfaches Zählen und Rechnen für Vorschulkinder» wird von einem Grundschulverlag herausgegeben. Auf dem Rückumschlag heisst es: «So macht Lernen doppelt so viel Spaß! Zusammen mit ihren Freunden Ente und Elefant begleitet die bekannte und beliebte Figur Vorschulkinder durch dieses Heft und motiviert zum Lösen der vielfältigen Aufgaben.»
Auf jeder Seite stehen Aufgaben, wie man sie in Arbeitsheften traditioneller Schulbücher für das erste Schuljahr findet:

- Zuordnung von Zahlsymbolen zu bildlich dargestellten Mengen
- Ergänzung fehlender Zahlen in gesetzmässigen Zahlreihen
- Aufschreiben der Rechnung zu einer bildlich dargestellten Plusaufgabe (z. B. sieben Bälle in der ersten, fünf Bälle in der zweiten Zeile)
- Ausrechnen von Plus- und Minusaufgaben mit bildlicher Unterstützung (darunter auch Aufgaben wie 7 + 5 und 7 – 5)

Die Richtigkeit der Lösungen wird mit Hilfe eines Prüfgeräts festgestellt.

(8) Zahlenspiel *Oware*

Alle Hochkulturen haben Spiele hervorgebracht, die auch dem Ziel dienen, Kinder in grundlegende Fertigkeiten und Kenntnisse einzuführen. Als Beispiel sei das Zahlenspiel *Oware* aus Afrika angeführt, das zur Klasse der Mancala-Spiele gehört. *Oware* wird auf einem Holzbrett gespielt, das auf jeder Längsseite sechs kleine Mulden und auf jeder Breitseite eine grosse Mulde aufweist (vgl. Abb. 2). Zu jedem Spieler gehören sechs kleine Mulden und eine grosse Mulde («Haus»). Gespielt wird mit 48 kugelförmigen Spielsteinen («Bohnen»).

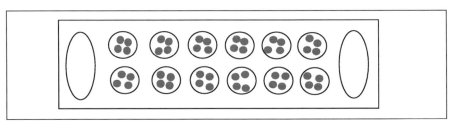

Abbildung 2: Zahlenspiel Oware aus Afrika

Jeder Spieler legt am Anfang vier Bohnen in jeder seiner sechs kleinen Mulden (vgl.. Abb. 2). Beim ersten Spiel beginnt immer das jüngere Kind, später jeweils der Verlierer des vorhergehenden Spiels.

Spielregeln:

(i) Jeder Spieler entnimmt bei jedem Spielzug einer seiner Mulden alle Bohnen und legt je eine in die im Uhrzeigersinn nachfolgenden Mulden, auch in Mulden des Gegners.

(ii) Wenn ein Spieler die letzte Bohne in eine Mulde legt, die dann zwei oder drei Bohnen enthält, darf er die Bohnen dieser Mulde entnehmen und in sein Haus legen, ebenso auch die Bohnen aller vorherigen Mulden, wenn diese in lückenloser Folge zwei oder drei Bohnen enthalten.

(iii) Sind alle sechs Mulden eines Spielers leer, so darf der andere Spieler alleine weiterspielen, bis der andere wieder einsetzen kann oder bis alle Bohnen verteilt sind. Die letzten unter Umständen endlos zirkulierenden Steine werden möglichst gleichmässig an die beiden Spieler verteilt.

(iv) Sieger ist, wer die meisten Bohnen in sein Haus geholt hat.

Erich Ch. Wittmann

(9) *Was die Maus alles kann* (Schmitt-Menzel & Streich, 2001)
Durch dieses Buch, das in einem namhaften Kinderbuchverlag erschienen ist, führt ebenfalls die aus der Kindersendung bekannte Maus. Auf einer Doppelseite, die unter dem Thema steht «Die Maus plant eine Reise», finden sich durch Bilder illustriert folgende Aufgaben:
«1 Hammer + 4 Nägel + 1 Seil + 1 Handtuch = ?
6 Äste + 1 Sieb + 1 Schachtel = ?
1 Topf + 2 Kochlöffel = ?
5 Dosen + 1 Brett = ?
2 Handtücher + 1 Rucksack = ?»

(10) *Muster legen* (Wittmann & Müller, 2009)
Der Physiker Richard Feynman (1918-1988), dem 1965 der Nobelpreis verliehen wurde, hat in einem Vortrag berichtet, wie er in seiner frühen Kindheit von seinem Vater mathematisch gefördert wurde (Feynman 1968, S. 315, Übers. E. Ch. W.):

Als ich noch sehr klein war und in einem Hochstuhl am Tisch ass, pflegte mein Vater mit mir nach dem Essen ein Spiel zu spielen. Er hatte aus einem Laden in Long Island eine Menge alter rechteckiger Fliesen mitgebracht. Wir stellten sie vertikal auf, eine neben die andere, und ich durfte die erste anstossen und beobachten, wie die ganze Reihe umfiel. So weit, so gut. Als Nächstes wurde das Spiel verbessert. Die Fliesen hatten verschiedene Farben, Ich musste eine weisse aufstellen, dann zwei blaue, dann eine weisse, zwei blaue, usw. Wenn ich neben zwei blauen eine weitere blaue setzen wollte, insistierte mein Vater auf einer weissen. Meine Mutter, die eine mitfühlende Frau ist, durchschaute die Hinterhältigkeit meines Vaters und sagte: «Mel, bitte lass den Jungen eine blaue Fliese aufstellen, wenn er es möchte. Er ist ja noch so klein.» Mein Vater erwiderte: «Nein, ich möchte, dass er auf Muster achtet. Das ist das Einzige, was ich in seinem jungen Alter für seine mathematische Erziehung tun kann.» Wenn ich einen Vortrag über die Frage «Was ist Mathematik?» halten müsste, hätte ich damit die Antwort schon gegeben: Mathematik heisst auf Muster achten.

Grundsätzliche Überlegungen zur frühkindlichen Bildung in der Mathematik

Angeregt durch diese Episode wurde in das *mathe 2000*-Frühförderprogramm folgende Aktivität aufgenommen (Wittmann & Müller 2009b, S. 30). Vorgegeben werden regelhafte Folgen von roten und blauen Plättchen, z. B.

r b r b r b r (abwechselnd rot und blau)
r r b r r b r r b (abwechselnd zwei rote, ein blaues)
r b r r b r r r b r (ein rotes, ein blaues, zwei rote, ein blaues, drei rote, ein blaues, ...) usw.

Aufgabe der Kinder ist es, passende Regeln zu entdecken und die Folgen entsprechend fortzusetzen. Nach einiger Übung können sich die Kinder auch eigene Regeln ausdenken und sie andere Kinder entdecken lassen.

1.2 Mathematische Bewertung der zehn Angebote

Oberflächlich betrachtet erscheinen die obigen Angebote für die mathematische Frühförderung in gleicher Weise geeignet. Es geht ja, wenn auch in unterschiedlicher Weise, offensichtlich immer um das Erlernen mathematischer Begriffe (Zahlbegriff, Formbegriffe). Tatsächlich bestehen jedoch fundamentale Unterschiede zwischen den Angeboten (2), (4), (6), (8) und (10) einerseits und den Angeboten (1), (3), (5), (7) und (9) andererseits. Dies wird deutlich, wenn man den Angeboten mathematisch auf den Grund geht. Mathematik wird heute aufgefasst als Wissenschaft von schönen und nützlichen Mustern, die in aktiven und interaktiven Prozessen erforscht und angewandt werden (Sawyer, 1955; Steen, 1988; Devlin, 1998, 2000; Wittmann & Müller, 2007). Unter einem mathematischen «Muster» wird dabei eine Beziehung zwischen Zahlen, Formen, Daten usw. verstanden, die nicht vereinzelt auftritt, sondern in einem gewissen Bereich regelmässig wiederkehrt, also in diesem Bereich allgemeine Gültigkeit hat. Beispiele sind die Rechengesetze und die schriftlichen Rechenverfahren, die auf beliebige natürliche Zahlen angewandt werden können, die binomischen Formeln in der Algebra, in die man beliebige Zahlen einsetzen kann, der Satz von Pythagoras in der Geometrie, der für alle rechtwinkligen Dreiecke gilt, und der Dreisatz, der in vielen Sachgebieten angewandt werden kann. Statt von «Mustern» spricht man oft auch von «Strukturen». In den letzten Jahren hat sich aber die Bezeichnung «Muster» als Oberbegriff für alle möglichen Arten von Regelmässigkeiten eingebürgert.

Erich Ch. Wittmann

Zum Wesen der Mathematik gehört die komplementäre Beziehung zwischen zwei Aspekten. In der «*angewandten Mathematik*» werden mathematische Muster und Strukturen zur Lösung praktischer Probleme in allen möglichen Lebensbereichen abgewandt. Bei der «*reinen Mathematik*» werden mathematische Muster und Strukturen *für sich genommen und um ihrer selbst willen* untersucht, Beziehungen zur Realität werden ausgeklammert. Im Lauf der Geschichte sind auf diese Weise eindrucksvolle mathematische Theorien mit einem unermesslichen Reichtum an Mustern entstanden. Obwohl diese spielerisch entwickelten Muster oft ohne Bezug zu praktischen Anwendungen entwickelt wurden, sind sie keineswegs nutzlos, ganz im Gegenteil: Die Geschichte der Mathematik zeigt deutlich, dass solche reinen Muster später sehr oft praktische Anwendungen gefunden haben. Z. B. beruht die allgemeine Relativitätstheorie von Albert Einstein auf der «Riemannschen Geometrie», die der Mathematiker Bernhard Riemann, ein Schüler von Gauß, 50 Jahre vorher aus rein mathematischen Überlegungen heraus entwickelt hatte. Durch die reine Mathematik wird gewissermassen ein Vorrat von Strukturen geschaffen, auf den man bei der mathematischen Erfassung von Situationen zurückgreifen kann. Je grösser der Vorrat ist, desto grösser sind die Chancen, darin passende Bausteine für die Modellierung einer realen Situation vorzufinden oder Bausteine, die man anpassen kann.

Die Suche nach Mustern, ihre Untersuchung, Umgestaltung und Weiterentwicklung ist eine produktive Tätigkeit (Freudenthal, 1973, S. 110): Der Forscher lässt seiner Fantasie freien Lauf, probiert neugierig diese und jene Idee aus, nimmt Fehler als unvermeidliche Begleiterscheinung des Forschens hin und freut sich an der Schönheit der Strukturen und Muster, die er entdeckt und erfindet, sowie an der Lösung der Probleme, die sich in seinem Arbeitsgebiet stellen.

Eine *echte mathematische* Tätigkeit weist folgende Merkmale auf:

1. Es sind «Elemente» vorgegeben, die *mathematische* Eigenschaften haben und in *mathematischen* Beziehungen stehen.
2. Mit diesen Elementen wird nach mathematischen Regeln operiert.
3. Die mathematische Tätigkeit ist zielgerichtet. Immer geht es um die Erforschung von Mustern und die Lösung von Aufgaben unter Nutzung von Mustern.

Grundsätzliche Überlegungen zur frühkindlichen Bildung in der Mathematik

Anhand dieser Merkmale ist leicht zu sehen, dass es sich bei den Angeboten (2), (4), (6), (8) und (10) um echte mathematische Aktivitäten handelt:

In dem Kinderbuch (2) von Marion Walter erforschen die Kinder mit dem Spiegel die Beziehungen zwischen Figuren und ihren Spiegelbildern. Sie entdecken durch Operationen mit dem Spiegel, dass Figur und Spiegelbild deckungsgleich, aber spiegelverkehrt sind. Sie nutzen die Symmetrie aus, um bestimmte Ziele zu erreichen, z. B. einen Wurm möglichst lang, eine Pfütze möglichst gross zu machen, usw. Auf diese Weise lernen sie handlungsorientiert die Achsensymmetrie kennen.

Bei dem Spiel *Mathe-König* (4) geht es um den Anfang der Zahlenreihe. Die Kinder wenden eine Auszählregel wiederholt an und können dabei beobachten, nach welchen Mustern Kinder ausscheiden. Wenn es am Schluss nur noch zwei oder drei Kinder sind, wird das Kind «Mathe-König», bei dem der nächste Abzählschritt beginnt. Wenn es noch vier oder sechs Kinder sind, wird das Kind «Mathe-König», das dem Kind gegenübersteht, bei dem der folgende Zählschritt beginnt. Die eine oder andere dieser Beziehungen wird einigen Kindern bestimmt auffallen, wenn das Spiel häufiger gespielt wird. Das Spiel regt zum Denken über Beziehungen an, erfüllt also alle Anforderungen guter Mathematik.

Das Legespiel (6) vermittelt grundlegende Erfahrungen über das Zerlegen und Zusammensetzen von Figuren, einer fundamentalen Idee der Geometrie. Die Kinder erfassen grundlegende Eigenschaften von Figuren (Anzahl der Ecken, Seiten, Winkel) und gewinnen Einsicht in Längen- und Winkelbeziehungen. Sie erfahren z. B., dass man aus Dreiecken andere Vielecke zusammensetzen kann, dass man mit kongruenten Dreiecken die Ebene lückenlos und überschneidungsfrei ausfüllen kann, usw. Im Geometrieunterricht werden diese Kenntnisse später gezielt weiterentwickelt.

Dem Spiel *Oware* (8) liegen mathematisch definierte Regeln zugrunde. Im Spielen ergeben sich fortlaufend unterschiedliche Anzahlen, die von den Spielern genau bestimmt werden müssen. Die Spielzüge müssen so ausgewählt werden, dass möglichst viele Bohnen eingesammelt werden. Dies fördert vorausschauendes Denken.

Auch die Aktivität (10) erfüllt die Merkmale einer echten mathematischen Tätigkeit, denn das Legen von Folgen unterliegt Regeln, die entdeckt werden müssen. Ausserdem besteht die Möglichkeit, Regeln abzuwandeln und eigene Regeln zu erfinden.

Im Gegensatz dazu weisen die Beispiele (1), (3), (5), (7) und (9) deutliche fachliche Defizite auf. Es gibt keine mathematischen Regeln, nach denen operiert wird, es sind weder Muster zu erforschen noch Aufgaben zu lösen, die zusammenhängende Denkprozesse erfordern. Was die Kinder tun sollen, wird wesentlich durch Rahmengeschichten bestimmt, die mit Mathematik nichts zu tun haben. Im Vergleich der Beispiele (5) und (6) wird der Gegensatz besonders deutlich: Wenn Kinder mit Stöcken oder mit dem eigenen Körper Dreiecke und Vierecke bilden, treten weder die Ecken, noch die Seiten, erst recht nicht die Winkel markant in Erscheinung. Das Zusammensetzen von Vielecken zu grösseren Figuren (Passen) ist in diesem Kontext gar nicht möglich. Diese Aktivität bleibt für den späteren Unterricht folgenlos.

Die Angebote (2), (4), (6), (8) und (10) unterscheiden sich von den Angeboten (1), (3), (5), (7) und (9) auch hinsichtlich der Motivation fundamental. Bei der ersten Gruppe ergibt sich die Motivation intrinsisch aus der mathematischen Tätigkeit, die von mathematischen Regeln und einem mathematisch definierten Ziel gesteuert wird. Bei der zweiten Gruppe werden extrinsische Formen der Motivation eingesetzt und müssen auch eingesetzt werden, da die auftretenden mathematischen Begriffe keine eigene Bedeutung haben. Die Aktivitäten der Kinder werden hier durch Rahmenhandlungen gesteuert, nicht durch mathematische Prozesse. Die Förderprogramme, aus denen diese Aktivitäten entstammen, sind typische edutainment-Produkte. Das massenhafte Auftreten solcher Formen der mathematischen Frühförderung ist ein deutliches Indiz dafür, dass einerseits kaum die Möglichkeit gesehen wird, die Mathematik aus der Sache heraus zu motivieren, und andererseits der Glaube verbreitet ist, man könne die Kinder in diesem fälschlicher Weise als «trocken» geltenden Fach nur durch Anreize unabhängig vom Fach aktivieren.

Grundsätzliche Überlegungen zur frühkindlichen Bildung in der Mathematik

Die Art von «mathematischer» Frühförderung, wie sie in den Aktivitäten (1), (3), (5) (7) und (9) verkörpert ist, erfasst allenfalls nur die untersten Stufen mathematischer Begriffsbildung, vermittelt den Kindern insgesamt eine falsche Vorstellung von Mathematik und liefert keine tragfähige Grundlage für langfristige Lernprozesse. Die Aktivität (9) ist darüber hinaus ein Musterbeispiel für fachlich und didaktisch mangelhafte Angebote, wie sie in der frühkindlichen Bildung leider weit verbreitet sind. Die Bestimmung der Anzahl der Elemente so heterogener Mengen schreibt man nicht als Gleichung auf. Das Gleichheitszeichen gehört auch nicht in die Frühförderung.

Extrinsische Formen von Motivation dürfen aber in der frühkindlichen Bildung nicht grundsätzlich ausgeschlossen werden. In mathematisch fundierten Programmen können sie dosiert eingesetzt eine positive Wirkung entfalten, da sie helfen gewisse Schwellen auf dem Weg zu intrinsisch gesteuerten Aktivitäten zu überwinden (s. dazu die neuropsychologische Analyse in Zull, 2002, 53-55). Natürlich kommen auch mathematisch fundierte Frühförderprogramme nicht ohne Angebote auf der Ebene des Begriffslernens aus, aber diese sind dort eingebettet in mathematisch reichhaltige Aktivitäten.

2. Besonderheiten der mathematisch fundierten Frühförderung

Dem Wesen der Mathematik entsprechend, darf sich die mathematische Frühförderung nicht auf Situationen in der Lebenswelt der Kinder beschränken, in denen Zahlen und Formen vorkommen. Dadurch würde nur der «angewandte» Aspekt der Mathematik zu einem gewissen Recht kommen. Um auch den «reinen» Aspekt zur Geltung zu bringen, müssen die Kinder die Mathematik zusätzlich als eine von Menschen geschaffene künstliche Welt kennen lernen, in der mathematische Regeln gelten.

Wie die Erfahrungen zeigen, ist diese Position gewöhnungsbedürftig. Die Erfahrungen zeigen, dass KindergärtnerInnen mathematisch wenig ergiebige Aktivitäten spontan bevorzugen, die als «Lernen mit allen Sinnen» erscheinen, z. B. die Aktivität (5) als Einführung in geometrische Grundbegriffe. Demgegenüber werden mathematisch reichhaltige Aktivitäten wie (6) oft als «Tischspiel», abqualifiziert und als «trocken», «nicht kindgemäss» und «nicht motivierend» empfunden.

Erich Ch. Wittmann

An genau dieser Stelle muss die Aufklärung einsetzen. Glücklicherweise sind Mathematikdidaktiker hier nicht auf sich alleine gestellt, sondern erhalten starke Rückendeckung aus der Psychologie. Insbesondere Margaret Donaldson hat die Forderung nach einer kindgemässen Auseinandersetzung mit Symbolsystemen im Gegensatz zum «Lernen mit allen Sinnen» in einem Buch ausführlich untermauert. Im Kapitel «Abgelöstes Denken und die Werte unserer Gesellschaft» (Donaldson, 1982, 84 ff.) zeigt sie auf, wie wichtig es ist, dass Kinder möglichst früh lernen, über die unmittelbar erlebte Welt und alltägliche Erfahrungen hinauszugehen und in abstrakten Zusammenhängen zu denken (Donaldson, 1982, S. 91 und S. 137):

(...) paradoxerweise ist es so, dass unsere erfolgreichsten praktischen Aktivitäten – wie beispielsweise in allen Bereichen der Technik – nicht möglich wären, wenn wir uns nicht bemühen würden, auch ohne den stützenden Rahmen vertrauter Ereignisse folgerichtig zu denken und zu handeln. Damit wir uns mit grösstmöglichem Erfolg mit der Umwelt auseinander setzen können, müssen wir uns an der Struktur der Dinge [nicht an ihrer oberflächlichen Erscheinung] orientieren. Es ist unumgänglich zu lernen, wie man mit Systemen, abstrakten Formen und Mustern umgeht. Dies ist ein Faktum, das die Menschheit allmählich begriffen hat. Wollten wir unsere diesbezüglichen Bemühungen jemals einstellen, müssten wir es bitter büssen...
Um seine geistigen Fähigkeiten entwickeln zu können, muss das Kind [lernen], sich über die Grenzen von Alltagszusammenhängen hinaus zu bewegen. Von diesem Schritt hängen alle höheren geistigen Funktionen ab.

Margaret Donaldson sieht es als grosses Problem an, dass in weiten Teilen der Gesellschaft und auch der Pädagogik «abgelöste» Formen von Denken für den Kindergarten und die Grundschule abgelehnt werden, weil man glaubt, dieses «staubtrockene Zeug» habe mit dem Leben der Kinder nichts zu tun und sei für ihre Entwicklung schädlich (Donaldson, 1982, S. 136):

Das Gefühl, dass derartige Anforderungen ‹unnatürlich› seien – was sie in einem gewissen Sinn ja tatsächlich sind – veranlasst viele besorgte Pädagogen, sie

Grundsätzliche Überlegungen zur frühkindlichen Bildung in der Mathematik

möglichst gering zu halten. Ihrer Ansicht nach sollten die Kinder stattdessen lediglich Gelegenheit zu selbständigen Lernerfahrungen erhalten – sie sollten ermutigt werden, ihre eigenen Fragen zu stellen, sollten sich mit Unterstützung des Lehrers jenes Wissen erarbeiten, das sie wirklich interessiert, sich frei und ungehemmt ausdrücken dürfen und durch keinerlei Zwänge eingeengt sein.

Hinter derartigen Überlegungen steht häufig, ausgesprochen oder unausgesprochen, ein Bild des Kindes als eines heranwachsenden Pflänzchens, das Gefahr läuft, in dem Dunkel und dem schlechten, steinigen Boden der traditionellen Schule oder unter der harten Hand des Lehrers zu verkrüppeln.

Diese Gefahr besteht tatsächlich. Doch die Kinder sind keine Pflanzen, für die es nur einen ‹natürlichen› Entwicklungsweg gibt. Sie sind Wesen, die vielfältige Entwicklungsmöglichkeiten und zudem das Potenzial besitzen, über diese Entwicklung schliesslich selbst zu bestimmen. Sie können [lernen] mit ihren geistigen Fähigkeiten bewusst umzugehen und selbst zu entscheiden, für welche Ziele sie diese einsetzen wollen. Dies ist ihnen allerdings nicht ohne Hilfe möglich.

Die Autorin leitet daraus die Forderung an die Erwachsenen ab, Kinder bei der «Grenzüberschreitung» von der Alltagswelt zum «abgelösten Denken» bewusst zu unterstützen (Donaldson, 1982, S. 137):

Der Prozess, durch den das Kind diese Grenzen alltäglicher Beziehungsstrukturen überschreitet, ist insofern als unnatürlich zu bezeichnen, als er sich nicht von selbst ergibt. Dass dieser Schritt überhaupt möglich ist, ist langen Jahren kultureller Entwicklung zu verdanken. Das einzelne Kind kann diese Möglichkeit in seinem Leben nur realisieren, wenn alle in seiner Kultur verfügbaren Hilfsmittel in unverminderter Anstrengung auf dieses Ziel hin ausgerichtet sind. Von einem anderen Gesichtspunkt aus betrachtet, ist dieser Schritt jedoch keineswegs unnatürlich – bedeutet er nichts anderes als die Entwicklung einer latent vorhandenen Fähigkeit.

Die mathematische Frühförderung erfordert eine solche Grenzüberschreitung in besonderer Weise, da die Mathematik das Paradefach für abstraktes Denken ist.

Erich Ch. Wittmann

Wesentlich unterstützt wird sowohl der aktive als auch der abstrakte Zugang zur Mathematik durch die genetische Epistemologie und Psychologie von Jean Piaget und Bärbel Inhelder. Dieses geniale Forscherpaar hat in seinen umfangreichen Studien über die kognitive Entwicklung von Kindern nachgewiesen, dass Wissen über Zahlen und Formen nicht durch Sinneserfahrungen erworben, sondern aus Handlungen (Operationen) mit Zahlen und Formen «konstruiert» wird. «Denken heisst operieren», lautet einer der Schlüsselsätze der Genfer Schule. Mathematisches Wissen ergibt sich dementsprechend nicht daraus, dass die Kinder nur ablesen, wie viele Elemente eine Menge und welche Form ein Gegenstand hat. Sie müssen vielmehr Elemente von Mengen, Zahlen und Formen in mathematisch sinnvollen Zusammenhängen vergleichen, sortieren, anordnen, vergrössern, verkleinern, zerlegen, zusammensetzen, verändern, usw. und dabei beobachten, was mit den Eigenschaften und Beziehungen dieser mathematischen Objekte geschieht. Bei diesen Aktivitäten wird Kindern im Lauf der Zeit z. B. bewusst, dass die Anzahl der Elemente einer Menge nicht von deren räumlicher Anordnung abhängt und dass sich die Länge einer Schnur nicht ändert, wenn die Schnur verformt wird. Die Ergebnisse und Methoden der Genfer Experimente mit Kindern, in denen solche Entwicklungsprozesse dokumentiert sind, wurden später zwar stark relativiert und z. T. korrigiert. Der Grundgedanke, dass «Wissen keine vorgefertigte Sache» ist, sondern durch eigenes Tun aus angeborenen Wissenselementen konstruiert wird, bleibt aber unberührt.

Jean Piaget hat von diesem «operativen» Standpunkt aus die «anschaulichen» Unterrichtsmethoden einer grundsätzlichen Kritik unterzogen und entschieden für «aktive Methoden» plädiert (Piaget, 1972, S. 79-81):

Einer der Gründe für den mangelnden Fortschritt der aktiven Methoden (...) ist die Unklarheit, die manchmal über den Unterschied zwischen den aktiven Verfahren und den anschaulichen Methoden herrscht. Manche Pädagogen meinen nämlich – und oft im besten Glauben –, dass die letzteren den ersteren äquivalent seien und zumindest die gleichen Ergebnisse lieferten wie die aktiven Methoden (...) Man vergisst hier (...), dass Wissen nicht im Entferntesten bedeutet, sich eine anschauliche Kopie der Realität zu verschaffen; vielmehr beruht sie stets auf operativen Vorgängen, die das Reale durch konkrete oder vorgestellte Handlun-

Grundsätzliche Überlegungen zur frühkindlichen Bildung in der Mathematik

gen transformieren (...) Da dies übersehen wird, liefern die anschaulichen Methoden den Schülern nicht mehr als bildhafte Vorstellungen, sei es von den Objekten oder Vorgängen selbst, sei es vom Resultat möglicher Operationen, jedoch ohne zu einer tatsächlichen Realisierung dieser letzteren zu führen. Die anschaulichen Methoden (...) stellen zwar einen Fortschritt gegenüber rein verbalen oder formalen Verfahren dar. Aber sie reichen keinesfalls aus, um die operative Aktivität zu entwickeln.

Die in der Vor- und Grundschulpädagogik häufig vertretene und dort positiv besetzte Forderung «Lernen mit allen Sinnen» stellt sich *für die Mathematik* aus dieser Sicht als sehr problematisch dar. Zahlen und Formen sind *gedankliche Konstruktionen* (mentale Objekte). Man kann sie weder sehen, hören, riechen, schmecken noch tasten. Wohl kann man Zahlen und Formen durch Materialien darstellen (repräsentieren), aber wie man damit umgeht, welche Aufgaben man bearbeitet und welche Eigenschaften und Beziehungen (Muster) von Zahlen und Formen man dabei entdeckt, wird nicht durch die sinnliche Wahrnehmung bestimmt, sondern ergibt sich aus dem zielgerichteten handelnden Umgang mit ihnen. Je früher Kindern die «operative» Natur mathematischer Begriffe bewusst wird, desto leichter fällt ihnen dieses Fach.

3. Schlussbemerkung

Auch junge Kinder lernen Mathematik nur durch Mathematik und zwar umso besser, je authentischer sie diesem Fach begegnen. Der langfristige Erfolg der mathematischen Frühförderung steht und fällt aber nicht nur mit der fachlichen Qualität der Bildungspläne und Materialangebote, sondern auch mit der richtigen Einstellung aller Beteiligten zum Fach. An dieser Stelle muss in der Aus- und Fortbildung der KindergärtnerInnen angesetzt werden. Am besten gelingt dies in der Auseinandersetzung mit Materialien, die Mathematik authentisch verkörpern und die Möglichkeit für eigene mathematische Aktivitäten eröffnen. Dadurch wird nicht nur das Verständnis für mathematische Prozesse entwickelt, sondern auch das Gefühl für Qualität geschärft. Auf die Frage eines Interviewers, was einen guten Schriftsteller auszeichne, gab Ernest Hemingway einst zur Antwort: «Er muss einen wasserdichten Schunddetektor besitzen». Auf die Bildung lässt sich dieser Satz voll übertragen.

Literatur

Anonymus (2006). *Wickie und die starken Männer. Vorschulbuch. Suchen, Finden, Zählen, Zuordnen.* Köln: Schwager & Steinlein.

Clarke, B. et al. (2008). Mathematische Kompetenzen von Vorschulkindern. Ergebnisse eines Ländervergleichs zwischen Australien und Deutschland. *Journal für Mathematik-Didaktik, 29, 3/4,* 259-286.

Devlin, K. (1998). *Muster der Mathematik.* Heidelberg: Spektrum.

Devlin, K. (2000). *Das Mathe-Gen.* Stuttgart: Klett-Cotta.

Donaldson, M. (1982). *Wie Kinder denken.* Bern: Huber.

Feynman, R. Ph. (1968). What is science? *The Physics Teacher, 7(6),* 313-320.

Freudenthal, H. (1973). *Mathematik als pädagogische Aufgabe.* Band 1. Stuttgart: Klett.

Hengartner, E. & Röthlisberger H. (1995). Rechenfähigkeit von Schulanfängern. In H. Brügelmann u. a. (Hrsg.), *Am Rande der Schrift. Jahrbuch der Deutschen Gesellschaft Lesen und Schreiben* 6 (S. 66-86). Bottighofen: Lybelle Verlag.

Hoenisch, N. & Niggemeyer, E. (2004). *Mathe-Kings. Junge Kinder fassen Mathematik an.* Weimar/Berlin: verlag das netz.

Krajewski, K. (2008). Prävention der Rechenschwäche. In W. Schneider & M. Hasselhorn (Hrsg.), *Handbuch der Psychologie, Bd. Pädagogische Psychologie* (S. 360-370). Göttingen: Hogrefe.

Pauen, S. (2009). Die Wirksamkeit mathematischer Frühförderung in der Kindertageseinrichtung. In S. Pauen & V. Herber (Hrsg.), *Vom Kleinsein zum Einstein* (S. 50-58). Cornelsen: Berlin.

Piaget, J. (1972). *Theorien und Methoden der modernen Erziehung.* Wien/ München/Zürich: Molden.

Preiß, G. (2004). *Geschichten aus dem Zahlenland 1 bis 5.* Kirchzarten: Verlag Zahlenland.

Preissing, Ch. (Hrsg.). (2003). *Qualität im Situationsansatz.* Weinheim: Beltz.

Schmidt, S. & Weiser, W. (1982). Zählen und Zahlverständnis von Schulanfängern. *Journal für Mathematik-Didaktik, 3,* 227-263.

Schmitt-Menzel, I. & Streich F (2001). *Was die Maus alles kann.* Ravensburg: Maier.

Sawyer, W. W. (1955). *A prelude to mathematics.* London: Penguin.

Spiegel, H. (1997). *Spiegeln mit dem Spiegel.* Stuttgart: Klett.

Steen, L. (1988). The science of patterns. *Science, 240,* 611-616.

Van den Heuvel-Panhuizen, M. (1995). *Assessment and realistic mathematics education.* Utrecht: CD-β, chapter 5.

Vogel, H. (2004). *Rechnen lernen mit der Maus 1.* Braunschweig: Westermann Lernspielverlag.

Waldow, N. & Wittmann, E. Ch. (2001). Ein Blick auf die geometrischen Vorkenntnisse von Schulanfängern mit dem Mathe 2000-Geometrie-Test. In W. Weiser & B. Wollring (Hrsg.), *Beiträge zur Didaktik der Mathematik für die Primarstufe. Festschrift für Siegbert Schmidt* (S. 247-261). Hamburg: Dr. Kovac.

Walter, M. (1972). *Make a bigger puddle, make a smaller worm.* London: Evans & Co.

Walter, M. (1986). *The mirror puzzle book.* London: Tarquin.

Wittmann, E. Ch. & Müller, G. N. (2007). Muster und Strukturen als Grundkonzept. In G. Walther u. a. (Hrsg.), *Bildungsstandards Mathematik für die Grundschule: Mathematik konkret* (S. 42-65). Berlin: Cornelsen Scriptor.

Wittmann, E. Ch. & Müller, G. N. (2009a). *Das Zahlenbuch. Handbuch zum Frühförderprogramm.* Stuttgart/Leipzig: Klett (Bearbeitung für die Schweiz in Vorbereitung. Zug: Klett und Balmer).

Wittmann, E. Ch. & Müller, G. N. (2009b). *Das Zahlenbuch. Spiele für die Frühförderung 2.* Stuttgart/Leipzig: Klett.

Zimmer, J. (2008). *Das kleine Handbuch zum Situationsansatz.* Weinheim: Beltz.

Zull, J. E. (2002). *The art of changing the brain.* Sterling, VA.: Stylus Publishing.

Doris Edelmann

Frühe Förderung von Kindern aus Familien mit Migrationshintergrund – von Betreuung und Erziehung hin zu Bildung und Integration

> *The education of the child shall be directed to the development of the child's personality, talents and mental and physical abilities to their fullest potential.*
>
> *(Article 29, Convention on the Rights of the Child)*

Einleitung

In einer Welt, die von Globalisierungs- und Internationalisierungsprozessen gekennzeichnet ist, prägen räumliche Mobilität, migrationsbedingte Heterogenität und transnationale Orientierungen sowohl die individuellen Lebenswelten als auch die Gesellschaft und ihr Bildungswesen. In der Schweiz sind rund 20 Prozent der Bevölkerung ausländische Staatsangehörige, wobei vier von fünf Personen erst im Laufe ihres Lebens in die Schweiz migrierten. Mehr als die Hälfte aller in den vergangenen Jahren geborenen Kinder verfügt über mindestens einen Elternteil mit Migrationshintergrund (vgl. BFS, 2008). Im Kontext dieser anhaltenden Migrationsprozesse wird Bildung im Allgemeinen die integrierende Wirkung zugesprochen, «als Scharnierstelle zwischen Individuum und Gesellschaft, zwischen dem einzelnen *homo educandus* und den je gültigen Vorstellungen *guter Ordnung* des sozialen Gemeinwesens» (Diehm, 2008, S. 203) zu fungieren. Von frühkindlicher Bildung im Besonderen wird erwartet, dass sie einen massgeblichen Beitrag zur Bildungsgerechtigkeit leistet und damit Optionen zur persönlichen Verwirklichung sowie zur gesellschaftlichen Teilhabe über die Lebensspanne eröffnet.

Damit diese Zielsetzungen erreicht werden können, bedarf es koordinierter, intensiver und kontinuierlicher Förderung. Das bekannte afrikanische Sprichwort, dass es zur Erziehung – dem aktuellen Paradigma entsprechend auch zur Bildung und Integration – eines Kindes ein ganzes Dorf braucht, bringt diesen Anspruch an die frühe Förderung sehr treffend zum Ausdruck. Ein unterstützendes Umfeld sowie tragfähige soziale Kontakte sind in postmodernen Gesellschaften jedoch längst keine Selbstverständlichkeit mehr und bei Familien mit Migrationshintergrund durch eine besondere Fragilität gekennzeichnet, da sich das familiale Netzwerk häufig über transnationale Räume entspannt (vgl. Edelmann, 2007), die den Rückhalt im Alltag erschweren, und neue Kontakte – sei es zu Mitgliedern der gleichen Herkunftskultur oder zu solchen der Residenzgesellschaft – erst noch aufgebaut werden müssen. Dabei können sich sprachliche, kulturelle und ökonomische Hintergründe ebenso als erschwerend erweisen wie das Wohnviertel an sich, weshalb Familien mit Migrationshintergrund nicht selten von sozialer Isolation bedroht sind (vgl. Heitkötter, Rauschenbach & Diller, 2008; ebenfalls Fried in diesem Band). Aufgrund der Tatsache, dass «ein stabiles Geländer der Lebensführung, die Koproduzenten der Alltagsbildung und Alltagserziehung von Kindern instabil geworden sind oder ganz fehlen» (vgl. Heitkötter, Rauschenbach & Diller, 2008, S. 9), bedarf es neuer Soziotope, die nicht nur stellvertretend für die traditionellen Dorfgemeinschaften stehen, sondern zukunftsweisend darüber hinausführen. Im frühkindlichen Förderdiskurs werden in diesem Zusammenhang vor allem Unterstützungsstrukturen wie Early-Excellence-Zentren, Familienbildungszentren oder Mehrgenerationenhäuser thematisiert, die in einigen Staaten bereits implementiert wurden (vgl. EKM, 2009; siehe auch Carle in diesem Band). Von solchen multifunktionalen Einrichtungen ist die Schweiz noch weit entfernt, umso mehr können sie wegweisend sein für innovative Weiterentwicklungen im Bereich der frühkindlichen Bildung, Betreuung, Erziehung und Integration.

Im folgenden Beitrag wird zunächst aufgezeigt, dass Bildung im Zusammenhang mit der frühkindlichen Förderung von Kindern aus Familien mit Migrationshintergrund aus drei verschiedenen Perspektiven gesehen werden kann, die zu je spezifischen Akzentuierungen der Förderintentionen führen. Anschliessend werden die Integrationserwartungen an die frühkindliche Bildung erläutert und verdeutlicht, dass sie sich nur realisieren lassen, wenn Familien mit Migrationshintergrund eine gesellschaftliche Anerkennung erfahren. In einem dritten Abschnitt werden frühkindliche Förderangebote beleuchtet, die in der Schweiz derzeit für Kinder aus Familien mit Migrationshintergrund angeboten werden. Im Ausblick werden Desiderate an zukünftige Entwicklungslinien der frühkindlichen Bildung, Betreuung, Erziehung und Integration entfaltet.

1. Unterschiedliche Zugänge zur frühkindlichen Bildung

In der heutigen Wissensgesellschaft wird Bildung als zentrale Grundlage für die individuelle, gesellschaftliche und politische Entwicklung aufgefasst und ihr daher ein hoher Stellenwert in bildungspolitischen Diskursen und Strategien eingeräumt. In diesem Kontext kommt auch dem Thema Bildungsgerechtigkeit als Voraussetzung von Chancengerechtigkeit eine hohe internationale Bedeutung zu (vgl. Andresen, 2009). Trotz der gesellschaftlichen Entwicklung und ihrer damit einhergehenden Bildungsexpansion, die zu einer erweiterten Durchlässigkeit von sozialen Strukturen beigetragen hat, verweisen in der Schweiz die Ergebnisse von Schulleistungsstudien immer noch auf einen stabilen Zusammenhang zwischen der familiären Herkunft und des erreichten Bildungserfolgs. Das bedeutet, dass Kinder aus sozioökonomisch schwächeren und bildungsfernen Familien – darunter zahlreiche aus Familien mit Migrationshintergrund – nicht nur einen beschränkten Zugang zur frühkindlichen Bildung erhalten und damit weniger gut vorbereitet als andere Kinder in die Schule eintreten, sondern sich die ungleichen Voraussetzungen im Laufe der Schulzeit auch noch verstärken. Das Ziel der Chancengerechtigkeit, verstanden als «learning environment in which individuals can consider options and make choices throughout their lives based on their abilities and talents, not on the basis of stereotypes, biased expectations or discrimination» (Coradi Vellacott & Wolter, 2005, S. 7) bleibt damit bis heute unerreicht.

Vor diesem Hintergrund wird frühkindliche Bildung seit ein paar Jahren als Prämisse für den Abbau von Bildungsdisparitäten auf dem Weg des lebensbegleitenden Lernens verstanden, weniger klar ist hingegen, welche Funktion Bildung in diesen Diskursen zugeschrieben wird. Robeyns (2006) konnte im Rahmen ihrer Analysen über die Rolle von Bildung im Kontext von Genderdiskussionen drei dominierende Zugänge feststellen: Bildung als Rechtsanspruch (*rights discourse*), Bildung als Humankapital (*human capital theory*) und Bildung als Handlungsbefähigung (*capability approach*). Diese drei Zugänge prägen auch die Bildungsdiskussion im frühkindlichen Bereich, wie nachfolgend aufgezeigt wird. Es wird dafür plädiert, alle drei Ansätze und vor allem ihr synergetisches Potenzial zu berücksichtigen, damit die intendierte Zielsetzung der frühen Förderung erreicht werden kann, für «die gesamte intellektuelle und sozial-emotionale Entwicklung bedeutsame und nachhaltig wirksame Grundlagen» (Viernickel & Simoni, 2008, S. 20) zu legen.

1.1 Bildung als Recht

Die rechtliche Perspektive auf Bildung bezieht sich auf die gesellschaftliche Verantwortung, für alle Menschen den Zugang zu Bildung über die Lebensspanne sicherzustellen. Dies bedingt sowohl die Überwindung von Ungleichheiten bezüglich Geschlecht und Herkunft als auch aufgrund regionaler Disparitäten. Die weitaus prominenteste Grundlage für das Recht auf Bildung ist die Allgemeine Erklärung der Menschenrechte von 1948. Ebenso beziehen sich die Entwicklungsziele der Vereinten Nationen auf den rechtlichen Zugang zu Bildung, wobei an erster Stelle eingefordert wird, dass frühkindliche Förderung und Erziehung für benachteiligte Kinder ausgebaut wird (vgl. Stamm et al., 2009, S. 3ff.). Weiterhin sind die Kinderrechte der Vereinten Nationen von Relevanz, in dessen Grundlagen die frühkindliche Bildung seit 2005 eine explizite Verankerung gefunden hat (vgl. Andresen, 2009). In Bezug auf das Recht auf Bildung für Kinder mit Migrationshintergrund spielen vor allem die Empfehlungen des Europarates eine Bedeutung, die im Februar 2008 verabschiedet wurden und die Rolle der Eltern in der frühen Phase der Kindheit betonen (vgl. Moret & Fibbi, 2008, S. 7f.).

Die besondere Wichtigkeit des rechtlichen Zugangs zur frühkindlichen Bildung liegt darin, dass er auf juristischer Ebene den Bildungsverantwortlichen die prinzipielle Verpflichtung zuspricht, dafür zu sorgen, dass allen Kindern frühkindliche Bildungsangebote zur Verfügung stehen, unabhängig von regionalen und schichtspezifischen Disparitäten: «Rights are an instrument in reaching that goal» (Robeyns, 2006, p. 82).

1.2 Bildung als Humankapital

Aus humankapitalistischer Perspektive ist es zwingend, dass Investitionen in Bildung gewinnbringend sind und auf der Makro-Ebene zur internationalen Wettbewerbsfähigkeit, zur wirtschaftlichen Prosperität sowie zur sozialen Kohäsion beitragen, da der Bildungsstand der Gesellschaft als Wachstumspotenzial aufgefasst wird. Auf der Mikro-Ebene werden die Mitglieder einer Gesellschaft vor allem als Humanressource wahrgenommen und Bildung mit Integrationsfähigkeit in die Arbeitswelt gleichgesetzt (vgl. Robeyns, 2006). Diesen Zielsetzungen entsprechend wird auch frühkindliche Bildung als Investition in zukünftiges Humankapital verstanden, die einen volkswirtschaftlichen Nutzen bringen soll, indem eine gut ausgebildete innovative Generation im Sinne produktiver Arbeitskräfte heranwächst, die unabhängig von staatlicher Unterstützung agiert, was auf gesellschaftlicher Ebene besonderes deutlich für Personen mit Migrationshintergrund thematisiert wird.

Inzwischen gibt es zahlreiche Untersuchungen, die belegen, dass sich Investitionen in die frühkindliche Bildung tatsächlich lohnen, einerseits, weil «Interventionen in der Vorschulerziehung den Staat billiger zu stehen kommen als alle Versuche, Bildungsversäumnisse später zu kompensieren» (MIX, 2008, S. 4). Andererseits liegen volkswirtschaftliche Berechnungen vor, die nachweisen, dass Bildungsinvestitionen in Humankapital den grössten sozialen und wirtschaftlichen Gewinn bringen, wenn sie auf die Vorschulzeit ausgerichtet sind (vgl. Heckman, 2006; Stamm et al., 2009).

Die enge Perspektive des humankapitalistischen Ansatzes, die bereits junge Kinder mit «ganz unterschiedlichen Lebensvoraussetzungen und Lebensperspektiven pauschal als Arbeitsbürger der Zukunft und als Objekt eines verengten sozialinvestiven Denkens und Handelns» (Büchner, 2008, S. 184) begreift, ist aufgrund bildungstheoretischer Analysen kritisch zurückzuweisen. «Understanding education exclusively as human capital is severely limiting and damaging, as it does not recognize the intrinsic importance of education, nor the personal and collective instrumental social roles of education» (Robeyns, 2006, S. 74). Dennoch ist dieser Zugang zu Bildung im Hinblick auf frühkindliche Fördermassnahmen von Kindern mit Migrationshintergrund strategisch wertvoll, weil diese finanzielle Investitionen bedingen, die in einer humankapitalistisch ausgerichteten Gesellschaft nur unter der Voraussetzung geleistet werden, dass ein volkswirtschaftlicher Nutzen zu erwarten ist.

1.3 Bildung als Verwirklichungschance

Ein Zugang zu Bildung, der weit über die rechtliche und die humankapitalistische Auffassung von Bildung hinausreicht, ist der Capability-Ansatz, der auf theoretischen Konzepten von Sen (vgl. 1992) und Nussbaum (vgl. 1999) basiert. Dieser gerechtigkeitstheoretische Ansatz gewinnt in der internationalen Diskussion zunehmend an Bedeutung und wird in der Erziehungswissenschaft vor allem im Zusammenhang mit Bildungsgerechtigkeit als Voraussetzung gesellschaftlicher Inklusion thematisiert (vgl. Andresen, 2009; Oelkers, Otto & Ziegler, 2008). «Gefragt wird z. B. danach, wie deprivierte Bevölkerungsgruppen durch Bildung zu einem Leben in relativem Wohlstand befähigt werden können», wobei «Handlungsbefähigung als eine Handlungsressource definiert wird, die sich im Wissen um Handlungsalternativen und den Möglichkeiten gesellschaftlicher Teilhabe äussert» (Grundmann, 2008, S. 131). Bildung im Sinne von Capabilities wird demzufolge als grundlegende Voraussetzung für Handlungs- und Daseinsmöglichkeiten aufgefasst, die zur Verwirklichung individueller Vorstellungen einer guten Lebensführung beitragen, denn «capabilities are the real opportunities to achieve valuable states of being and doing» (Robeyns, 2006, p. 78). Das Ausmass der sozialen Gerechtigkeit und Wohlfahrt wird in diesem Ansatz als «die Summe der gesellschaftlich eröffneten Befähigungen und Verwirklichungschancen von AkteurInnen» (Oelkers, Otto & Ziegler, 2008, S. 87) aufgefasst, die notwendig sind, damit persönliche Lebensziele realisiert werden können.

Im Hinblick auf die frühe Förderung von Kindern mit Migrationshintergrund weist der Capability-Ansatz darauf hin, dass die Implementierung von Bildungsangeboten unter rechtlicher und humankapitalistischer Perspektive nicht ausreichend ist. Vielmehr geht es darum, Angebote zu konzipieren, die eine individuelle Entfaltung sowie eine kulturelle und gesellschaftliche Teilhabe ermöglichen. Für Bildungsverantwortliche liegt darin die Aufforderung, «to work towards high quality education for all, as part of a more comprehensive view on what we

Frühe Förderung von Kindern aus Familien mit Migrationshintergrund

owe to each other, and especially to children, in a just society, and a just world»
(Robeyns, 2006, p. 83).

2. Integrationserwartungen an die frühkindliche Bildung

Das wachsende politische und wissenschaftliche Interesse an frühkindlicher Förderung, das den bildungspolitischen Diskurs in der Schweiz seit einigen Jahren kennzeichnet, basiert vor allem auf drei Entwicklungen. Es sind dies erstens gesellschaftliche Veränderungen, die zu einem kontinuierlichen Geburtenrückgang, neuen Rollenverständnissen und Lebensgemeinschaften, einer zunehmenden Erwerbsarbeitsbeteiligung von Frauen und darin einhergehenden Forderungen nach familienexterner Kinderbetreuung führen. Zweitens verstärken sich auf bildungspolitischer Ebene vor allem im Anschluss an internationale Leistungsstudien die Intentionen, allen Kindern einen frühen Zugang zu Bildung zu erschliessen, um damit Bildungsgerechtigkeit und Wettbewerbsfähigkeit zu erhöhen (z. B. Bildungsbericht, 2006).

Während folglich der Paradigmenwechsel von der externen frühkindlichen Betreuung und Erziehung hin zur frühkindlichen Bildung führte, der die Förderung der emotionalen, motorischen, sozialen und primären kognitiven Entwicklung einforderte, was auch die Hinführung zum selbstständigen Lernen, die Anregung zum Austausch mit Gleichaltrigen sowie die Unterstützung der Erziehenden bedingte (vgl. Roßbach & Weinert, 2008; vgl. auch Stamm in dieser Publikation), werden diese Ansprüche in Bezug auf Familien mit Migrationshintergrund – und damit wird als dritte Entwicklungslinie auf die anhaltenden Migrationsprozesse verwiesen – um eine integrationspolitische Funktion erweitert. Von frühkindlichen Einrichtungen wird daher erwartet, integrative Prozesse von Kindern und ihren Familien mit Migrationshintergrund in die lokale Gesellschaft gezielt zu unterstützen (vgl. MIX, 2008; EKFF, 2008; EKM, 2009). Die Teilnahme an frühkindlicher Bildung soll dazu beitragen, dass Kinder und ihre Familien mit Migrationshintergrund frühe Kontakte zu pädagogischen Einrichtungen, zum pädagogischen Fachpersonal sowie zu einheimischen Familien und deren Kindern erhalten. Ebenso soll sie zur Förderung der lokalen Landessprache und zur Entwicklung schulrelevanter Vorläuferkompetenzen beitragen. Aufgrund des hohen Stellenwerts, der dem Integrationsauftrag im Rahmen der frühkindlichen

Doris Edelmann

Bildung zukommt, wird dafür plädiert, die im wissenschaftlichen Diskurs etablierte Abkürzung FBBE (= Frühkindliche Bildung, Betreuung und Erziehung) in FIBBE zu erweitern: Frühkindliche *Integration*, Bildung, Betreuung und Erziehung (vgl. MIX 2008, S. 4f.; EKFF, 2008, S. 39).

2.1 Integrationsprozesse als gesamtgesellschaftliches Projekt

Damit Integrationsprozesse gelingen können, sind drei gesellschaftliche Bedingungen zu erfüllen. Erstens muss die Integration von jungen Kindern mit Migrationshintergrund als Familienprojekt verstanden werden, bei dem «sich der Bund und die Kantone ergänzend zu den Eltern für die Entwicklung und die Integration von Kindern» (MIX 2008, S. 4) einsetzen. Zweitens muss Integration als «gegenseitiger Prozess» verstanden werden, «der die Offenheit der Aufnahmegesellschaft voraussetzt, also letztlich die gesamte schweizerische Gesellschaft ebenso betrifft wie die MigrantInnen» (EKFF, 2002, S. 8). Drittens bedingt Integration, als wechselseitiger Austauschprozess verstanden, dass Menschen mit Migrationshintergrund eine über die juristische und ökonomische Gleichstellung hinausgehende gesellschaftliche Anerkennung ihrer «kulturellen, lingualen und identitätsbildenden Disponiertheiten» (Mecheril & Plösser, 2009, S. 199) erfahren. Eine solche Anerkennung kann nur aufgrund einer respektvollen Wertschätzung durch Andere entstehen – nach Mead (1968) im Dialog mit den «signifikanten Anderen» –, womit im Kontext von Integrationsprozessen die Mehrheitsbevölkerung gemeint ist. Damit wird klar, dass sich frühe Förderung, «die sich einem integrativen Bildungsauftrag in einer Einwanderungsgesellschaft verpflichtet fühlt, nicht auf Sprachförderung reduzieren» (Diehm, 2008, S. 209) lässt. Vielmehr bedingt sie neben der Entwicklung entsprechender Bildungsprogramme, dass das Personal in den pädagogischen Einrichtungen über «ausreichend Differenzsensibilität und Vorurteilsbewusstsein» verfügt und mit möglichen «Diskriminierungserfahrungen der Kinder und Eltern umzugehen» (Diehm, 2008, S. 210) weiss.

2.2 Anerkennung von Familien mit Migrationshintergrund

Bevor Familien mit Migrationshintergrund weiter thematisiert werden, ist es wichtig anzumerken, dass dies sehr wohl im Bewusstsein geschieht, dass es sich dabei um eine heterogene Gruppe handelt, die sich bezüglich ihrer Staatsangehörigkeit, ihrer Migrationsmotivation, ihrem Rechtsstatus, ihrer sozialen und ökonomischen Lage sowie ihres Bildungsniveaus und ihrer Familienformen unterscheidet. Wie bei Schweizer Familien kann es sich um Mehrgenerationen- und Kleinfamilien, alleinerziehende Väter und Mütter sowie Scheidungs- oder Patchworkfamilien handeln. Dennoch gibt es Besonderheiten, die vor allem auf Familien mit Migrationshintergrund zutreffen können, wie etwas ein unsicherer Aufenthaltsstatus, Einschränkungen hinsichtlich des Familiennachzuges, Familiensprachen, die sich von der lokalen Landessprache unterscheiden sowie transnationale Familiennetzwerke: alles Faktoren, die sich auf die Lebens- und Bildungsplanung auswirken können (vgl. EKFF, 2002; Krüger-Potratz, 2004).

Zum Thema Anerkennung fällt im Kontext von Familien mit Migrationshintergrund auf, dass sich in der bildungspolitischen, gesellschaftlichen und wissenschaftlichen Thematisierung häufig mehr oder weniger direkt formulierte Vorurteile und Stereotypen manifestieren. Besonders häufig sind Aussagen und Annahmen über defizitäre Sozialisations- und Bildungsbedingungen, die Kinder in Familien mit Migrationshintergrund antreffen würden. Während Familien grundsätzlich als Gegenstruktur zur Gesellschaft konstituiert werden, denen selbstverständlich «sozialpolitische Funktionen von der Erziehung [und Bildung, D. E.] der nachwachsenden Generation bis hin zur Pflege der abtretenden Generation übertragen werden» (Hamburger & Hummrich, 2007, S. 112), werden Familien mit Migrationshintergrund genau diese Funktionen abgesprochen. Auch im Zusammenhang mit der Förderung von jungen Kindern mit Migrationshintergrund werden besonders prominent Belastungen und Risiken des Aufwachsens betont. Der Bildungsort dieser Familien wird als bildungsarm, mitunter sogar hinderlich bezeichnet und oftmals werden «Migrantenfamilien ohne jegliche empirische Prüfung im gleichen Atemzug mit total desorganisierten Unterschichtsfamilien» (Hamburger & Hummrich, 2007, S. 113) gleichgesetzt.

Verzerrende Effekte, die in Bezug auf Familien mit Migrationshintergrund wirksam werden können, hat Herwartz-Emden (2000, S. 77) im Kontext ihrer langjährigen Forschungstätigkeit im interkulturellen Bereich aufgearbeitet. Sie bezeichnet sie als Paternalismus-, Ethnisierungs-, Kultur-, Gender- und Tabuisierungseffekte. Insbesondere die ersten drei Effekte kommen in Diskursen, Konzepten und Berichten über Förderprogramme für junge Kinder aus Familien mit Migrationshintergrund zum Ausdruck. So tragen Paternalismuseffekte dazu bei, dass Familien mit Migrationshintergrund als «weniger entwickelt, weniger gebildet, weniger emanzipiert und weniger frei» (Herwartz-Emden, 2000, S. 79) eingeschätzt werden. Ethnisierungs- und Kultureffekte führen dazu, dass diesen Familien generell Differenz und Fremdheit zugeschrieben und mögliche Problemlagen grundsätzlich mit ihrer kulturellen und religiösen Orientierung begründet werden. Drittens führen Gendereffekte dazu, dass Vätern und Müttern mit Migrationshintergrund feste Rollen zugeschrieben werden, die häufig in die Vorstellung eines dominanten Vaters und einer bildungsfernen Mutter münden. Herwartz-Emden (2000, S. 77) warnt daher, dass «das Potenzial an solchen gesellschaftlichen Bildern [...] gepaart mit Empathie und Allmachtsvorstellungen bzw. Beherrschungsphantasien leicht in eine selbstüberschätzende Helfer-Haltung» münden kann. Ein Bewusstsein über solche Effekte ist daher ebenso unabdingbar wie die korrekte Wahl der Worte über Familien mit Migrationshintergrund, damit ihre Anerkennung tatsächlich realisiert werden kann.

3. Projekte zur frühen Förderung von Kindern aus Familien mit Migrationshintergrund

In der Schweiz gib es eine grosse Anzahl von Angeboten zur frühen Förderung, wie Mütter- und Väterberatungen, Elternbildungskurse sowie soziokulturelle Begegnungszentren, die sicher ein «nicht zu unterschätzendes Potenzial für die Ziele der frühkindlichen Förderung» (EKM, 2009, S. 5) bedeuten. Bei einer genaueren Analyse der Angebote zeigt sich hingegen, dass es sich bei zahlreichen Projekten um regionale Einzelinitiativen handelt und diejenigen Angebote, die sich explizit auf die frühe Förderung von jungen Kindern aus Familien mit Migrationshintergrund beziehen, gering ausfällt. Die bestehenden Programmangebote können vier verschiedenen Ansätzen zugeordnet werden (vgl. Leseman, 2008, p. 130ff.; Moret & Fibbi, 2008):

Frühe Förderung von Kindern aus Familien mit Migrationshintergrund

1. Kindzentriert: in frühpädagogischen Einrichtungen z. B. Sprachspielgruppen
2. Elternzentriert: Beratungsstellen und informelle Treffen z. B. Ich lerne Deutsch fürs Kind; FemmesTISCHE; Schulstart+; Elterncafés
3. Kind- und elternzentriert: zu Hause z. B. Schritt:weise (Opstapje)
4. Kind- und elternzentriert: frühpädagogische Einrichtungen und zu Hause z. B. Schenk mir eine Geschichte; Spiki

Nachfolgend werden die verschiedenen Ansätze beschrieben und mit Projekten illustriert, die in der Schweiz aktuell durchgeführt werden. Sofern vorhanden, werden auch Evaluationsergebnisse oder Ergebnisse aus internationalen Untersuchungen herangezogen, die sich auf die Wirksamkeit der Projekte beziehen. Als Ausgangslage der nachfolgenden Erörterungen dient die Studie von Moret & Fibbi (2008), die im Auftrag der Schweizerischen Konferenz der kantonalen Erziehungsdirektoren (EDK) eine Übersicht über frühpädagogische Projekte in der Schweiz realisierten sowie die Bestandesaufnahme von Schulte-Haller (vgl. EKM, 2009), die im Auftrag der Eidgenössischen Kommission für Migrationsfragen (EKM) durchgeführt wurde und explizit Kinder und Familien mit Migrationshintergrund fokussiert. Weiterhin trägt die Studie der Eidgenössischen Koordinationskommission für Familienfragen (vgl. EKFF, 2008) sowie die UNESCO-Studie von Stamm et al. (2009) zur Situation der frühkindlichen Bildung in der Schweiz wichtige Informationen über aktuelle Praxisprojekte bei.

3.1 Kindzentriert: in frühpädagogischen Einrichtungen

In allen Industriestaaten findet die Förderung am häufigsten in frühpädagogischen Einrichtungen statt. Dabei zeigt sich, dass die Besuchsquote von Kindern mit Migrationshintergrund in den letzten Jahren deutlich angestiegen und in vielen Ländern inzwischen fast gleich hoch ist wie von einheimischen Kindern (vgl. OECD, 2006). Unterschiede sind hingegen festzustellen, was die Qualität der in Anspruch genommenen Förderangebote auszeichnet, denn verschiedene Untersuchungen verweisen darauf, dass Eltern mit Migrationshintergrund dazu tendieren, qualitativ schlechtere Angebote für ihre Kinder auszuwählen als einheimische Eltern (vgl. Sylva et al., 2007). Die Gründe dafür liegen in den Unkenntnissen über die Qualität der Angebote, den hohen Kosten oder schlicht am Wohnort

Doris Edelmann

dieser Familien, da aufgrund des freien Marktes in sozioökonomisch besser gestellten Wohnvierteln in der Regel ein grösseres Angebot an gut ausgestatteten Einrichtungen vorhanden ist. Auf die Situation in der Schweiz trifft dies in besonderem Masse zu.

Als Beispiele frühpädagogischer Angebote, die sich speziell an Kinder mit Migrationshintergrund richten, sind an erster Stelle Spielgruppen und Kindertagesstätten zu nennen, die Kurse zum Erlernen der lokalen Landessprache respektive der Standardsprache anbieten. Ihre Programme unterscheiden sich in Bezug auf die Sprachlernkonzepte, die Dauer, Intensität und Qualifikation des Personals sowie hinsichtlich ihrer Trägerschaft. Bei zwei herausragenden Beispielen zur frühen Sprachförderung handelt es sich erstens um das Projekt *Spielgruppe plus* (Kanton Zürich), das im Jahr 2007 mit dem Schweizerischen Integrationspreis ausgezeichnet wurde. Auch das zweite Projekt *Mit ausreichenden Deutschkenntnissen in den Kindergarten* (Kanton Basel-Stadt) fördert die sprachlichen Kompetenzen von Kindern ab drei Jahren vor ihrem Eintritt in den Kindergarten. Das Besondere an diesem Projekt ist die bildungspolitische Zielsetzung eines selektiven Obligatoriums sowie der grosse Stellenwert, der einer adäquaten Qualifizierung des frühpädagogischen Personals im Bereich der Förderung von Deutsch als Zweitsprache für junge Kinder beigemessen wird.

Trotz der grossen Erfolgspotenziale von frühkindlichen Kursen in der Zweitsprache, die einen massgeblichen Schritt in Richtung Bildungschancen für alle bedeuten, ist kritisch anzumerken, dass diejenigen Sprachspielgruppen, die sich ausschliesslich an Kinder mit Migrationshintergrund richten, den gegenseitigen Austausch mit Schweizer Eltern und Kindern nicht ermöglichen und daher der Intention einer *Integration durch frühe Förderung* nicht entsprechen können. Für die zukünftige Förderung von Chancengerechtigkeit und Integration wird es daher unabdingbar sein, dass die Angebote flächendeckend und in Einrichtungen angeboten werden, die von einer heterogenen Kindergruppe (bezüglich soziokultureller und ökonomischer Herkunft) besucht werden. Zweitens ist es eine Bedingung, dass das pädagogische Personal in allen frühpädagogischen Einrichtungen für die frühe Deutschförderung aus- und weitergebildet wird, denn die Qualität der Angebote – das zeigen alle Studien im Bereich der frühkindlichen

Frühe Förderung von Kindern aus Familien mit Migrationshintergrund

Förderung – ist die zentrale Prämisse für den Erfolg (z. B. Roßbach & Weinert, 2008; Sylva et al., 2007).

3.2 Elternzentriert: Beratungsstellen und informelle Treffen

Programme zur Elternbildung umfassen vielfältige Angebote, die alle nur indirekt auf die Förderung der Kinder ausgerichtet sind. Eine Metaanalyse solcher Programme (vgl. Blok et al., 2005) verdeutlicht, dass sie nur geringe Auswirkungen auf die kognitive und sprachliche Entwicklung von Kindern zeigen, jedoch zu besseren Erziehungsbedingungen beitragen können.

Im Bereich der Förderung von Eltern mit Migrationhintergrund haben sich in der Schweiz seit ein paar Jahren die Kurse *Ich lerne Deutsch fürs Kind* etabliert. Sie finden an zukünftigen Schulen oder Kindergärten der Kinder statt, was den Müttern, die mehrheitlich an diesen Kursen teilnehmen, den Kontakt zur Institution Schule ermöglicht. Neben Sprachkenntnissen werden auch Informationen über das Schweizer Schulsystem vermittelt und allgemeine Erziehungsfragen thematisiert. Eine grosse Verbreitung zeigt auch das seit zehn Jahren bestehende Programm *FemmesTISCHE*, das auf informelle Diskussionsrunden für Mütter zu Erziehungs- und Gesundheitsfragen basiert, die von geschulten ehrenamtlichen Moderatorinnen geleitet werden. Die Treffen finden jeweils bei einer Mutter zu Hause statt, die andere Teilnehmerinnen als Gäste einlädt. Die Gruppentreffen finden in unregelmässigen Abständen statt und setzen sich immer wieder aus anderen Teilnehmerinnen zusammen. Je nach Standort richtet sich das Programm an Migrantinnen oder an Schweizerinnen, nur vereinzelt an kulturell heterogene Gruppen. Eine vom Institut für Sozial- und Präventivmedizin der Universität Bern durchgeführte Evaluation zeigt, dass sich dieses Angebot für Migrantinnen bewährt, weil die Teilnahme *niederschwellig* ist und auf einfache Weise zu einer Erweiterung des sozialen Netzwerkes beiträgt. Ebenso stärkt es das Selbstbewusstsein der Teilnehmerinnen und vermittelt ihnen Vertrauen in ihre Erziehungskompetenzen (vgl. Dellenbach, Bisegger & Meier, 2002). Solche Effekte sind bestimmt auch mit den Deutschkursen für Mütter zu erreichen oder durch das Informationsprogramm *Schulstart +* der Caritas Zürich, das die Eltern von zwei- bis fünfjährigen Kindern während acht Kurseinheiten über das Schweizer Bildungsystem informiert. Auch andere informelle Treffen wie die immer

Doris Edelmann

populärer werdenden *Elterncafés* üben eine wichtige Funktion aus, die Eltern respektive die Mütter in ihren Kompetenzen zu unterstützen. Sie markieren daher sicher einen bedeutenden Abschnitt auf dem Weg zur Integration. Trotzdem gilt es kritisch anzumerken, dass mit diesen Programmen die Kontakte zu Schweizer Müttern und Familien noch zu wenig gefördert werden, ein Element, das bei der Weiterentwicklung solcher Programme sicher noch stärker berücksichtigt werden muss. Weiterhin müssen die Möglichkeiten zur Förderung der Kinder weitergedacht werden, die während solcher Treffen in der Regel anwesend sind.

3.3 Kind- und elternzentriert: zu Hause

Eine Alternative und/oder Ergänzung zu den oben genannten Varianten der frühkindlichen Förderung sind Angebote, welche die Familien respektive die Mütter und ihre Kinder zu Hause unterstützen. In der Schweiz hat sich seit einigen Jahren das Programm *Schritt:weise* etabliert, das in Anlehnung an das holländische Projekt *Opstapje* und das israelische Projekt *Hippy* an die regionalen Bedürfnisse adaptiert wurde. Dieses Besuchsprogramm richtet sich an sozial benachteiligte und bildungsferne Mütter sowie an Migrantinnen, die sich im Rahmen von Hausbesuchen Kenntnisse über altersgerechte Spiel- und Lernprogramme erwerben, die sie mit ihren Kindern selbständig durchführen können. Die Mütter werden darüber hinaus bestärkt, mit ihren Kindern in der Familiensprache zu sprechen. Die paraprofessionellen Hausbesucherinnen, die in der Regel über den gleichen kulturellen Hintergrund wie die besuchten Familien verfügen, werden für ihre Aufgabe geschult. Parallel zu den zunächst wöchentlichen, später vierzehntäglichen Besuchen, die etwa eine halbe Stunde dauern, finden freiwillige Gruppentreffen statt. Das Programm dauert rund eineinhalb Jahre und richtet sich an Kinder zwischen 18 Monaten und vier Jahren. In der Schweiz wird das Programm durch den Verein *a:primo* koordiniert.

Obschon eine Metaanalyse von Blok et al. (2005) darauf verweist, dass häusliche Vorschulbildungsprogramme weniger effektiv sind als solche, die in Betreuungseinrichtungen stattfinden, ist das Programm als eine wertvolle Massnahme einzuschätzen, da es den Bildungsort der Familie unterstützt, den Ort also, an dem das junge Kind die meiste Zeit verbringt. Ein weiteres Potenzial der Hausbesuchsprogramme liegt in den Massnahmen zur Förderung der Erstsprache

Frühe Förderung von Kindern aus Familien mit Migrationshintergrund

(= L1), die den Eltern die Rolle als L1-Experten zuweist. Es wird damit signalisiert, dass die Erstsprache oder die Erstsprachen, die in der Familie gesprochen werden, wichtig sind für die Identitätsentwicklung und als Grundlage für den Erwerb weiterer Sprachen (vgl. Gogolin & Neumann, 2009).

Kritisch anzumerken ist, dass dieses Projekt nur in Kombination mit anderen Programmen zur Unterstützung von Startchancen und zur sozialen Integration des Kindes und der Familie beitragen kann, weil dafür Kenntnisse in der Zweitsprache sowie Kontakte zu Mitgliedern der Mehrheitsgesellschaft unerlässlich sind. Als ein Beispiel einer zukunftsweisenden Kombination von Förderprogrammen ist das Pilotprojekt *Primano* der Stadt Bern zu erwähnen, das 2007 startete und eine Vernetzung verschiedener Programme sowie den Dialog zwischen Eltern und Fachstellen unterstützt.

3.4 Kind- und elternzentriert: frühpädagogische Einrichtungen und zu Hause

Übergreifende Konzepte zur frühen Förderung sind in der Schweiz noch kaum entwickelt, obschon die verfügbaren Forschungsergebnisse verdeutlichen, dass «ein auf Bildung in einer Betreuungseinrichtung ausgerichtetes Konzept, kombiniert mit Bemühungen, die Eltern zu beteiligen, zu bilden und zu unterstützen, am effektivsten ist» (Leseman, 2008, S. 132). Dem Anspruch eines Förderdialogs zwischen der frühkindlichen Einrichtung und dem Bildungsort der Familie wird ansatzweise mit dem Projekt *Spiki* der Stadt St. Gallen entsprochen. Dafür werden die Eltern regelmässig in die Spielgruppe eingeladen, die von ihren Kindern besucht werden. Durch gemeinsame Aktivitäten und Informationsgespräche werden den Eltern Kenntnisse vermittelt, wie sie das Kind zu Hause fördern können. Ein weiteres Ziel ist es, dass die Spielgruppen von Kindern aus allen sozialen Schichten besucht werden, was ein entscheidendes Integrationspotenzial verspricht. Die Spielgruppe findet in der Regel einmal wöchentlich während zwei Stunden statt.

Die explizite Förderung von Literacy wird mit dem Projekt *Schenk mir eine Geschichte* für Familien und ihre zwei- bis fünfjährigen Kinder mit Migrationshintergrund angestrebt, das vom Schweizerischen Institut für Kinder- und Jugendmedien (SIKJM) in Kooperation mit kantonalen und regionalen Organisationen getragen wird. Dazu finden etwa 90-minütige Leseanimationen in Bibliotheken, Gemeinde- und Kulturzentren statt, während denen die Freude an Sprachen über Verse, Lieder und Geschichten in der Herkunftssprache gefördert wird. Die Eltern können an diesen Anlässen Anregungen erhalten, wie sie die Freude an der (Familien-)Sprache zu Hause fördern können. Da die Leseanimationen unregelmässig und an verschiedenen Orten stattfinden, ist allerdings nicht gewährleistet, dass alle interessierten Familien damit erreicht werden können.

Beide Projekte sind sicher wichtige Schritte in Richtung umfassender frühkindlicher Förderprogramme. Für ihre Weiterentwicklung wird es jedoch entscheidend sein, über Kenntnisse zum tatsächlichen Transfer in den Bildungsort der Familie zu verfügen, damit die Effektivität weiterentwickelt werden kann.

4. Ausblick

Wie die Intentionen der laufenden Projekte im Bereich der frühen Förderung von Kindern aus Familien mit Migrationshintergrund verdeutlichen, wird dem Thema Sprachförderung ein besonders grosser Stellenwert beigemessen, da Sprachkenntnisse als Schlüssel zur Integration und zum schulischen Erfolg verstanden werden. Ebenfalls wird ersichtlich, dass sich die Kontroverse bezüglich der Erst- und Zweitsprachförderung (z. B. Gogolin & Neumann, 2009) auch in den Zielsetzungen der verschiedenen Fördermassnahmen abzeichnet, wobei aus wissenschaftlicher Perspektive die Förderung beider Sprachen unbedingt anzustreben ist. Für die frühe Förderung der Erstsprache ist es empfehlenswert, dass die Eltern als Experten ihrer Familiensprache unterstützt und beraten werden, damit sie ihre Kinder zu Hause adäquat fördern können (vgl. Leseman, 2008; EKM, 2009). In Bezug auf die Zweisprache ist eine institutionelle Förderung ab dem dritten Lebensjahr angebracht, weil Kinder in diesem Alter nicht nur mühelos mehrsprachige Kompetenzen aufbauen können, sondern darüber hinaus auch die entsprechende Intonation erwerben, was nach dem Erreichen des sechsten Lebensjahrs bereits deutlich schwieriger wird. Ein Abweichen von der erwarteten Intonation kann hingegen je nach gesellschaftlicher Anerkennung des damit verbundenen Herkunftslandes zu Auf- oder Abwertungen einer Person führen, wobei «im Falle von Kindern und Jugendlichen mit Migrationshintergrund aufgrund ihrer häufig prekären Lebenslagen negative Bewertungen eines *unnor-*

malen Sprachgebrauchs eher zu erwarten sind als positive» (Gogolin, 2008, S. 82).

Damit die frühkindliche Förderung von Kindern aus Familien mit Migrationshintergrund gelingt – so kann zusammenfassend festgehalten werden –, braucht es eine kontinuierliche, intensive und multisystemische Förderung zu Hause und in pädagogischen Einrichtungen, die verschiedene familiale Lebenslagen anerkennt und mit den nachfolgenden Bildungsstufen vernetzt ist. Weiterhin müssen regionale Disparitäten abgebaut werden, damit allen Kindern das Recht auf frühe Bildung zusteht, und Investitionen in die Qualität der Angebote getätigt werden – darin einhergehend die Professionalisierung des Personals –, da hochwertige Vorschulprogramme eine Voraussetzung für eine kompensatorische Wirkung und günstige Kosten-Nutzen-Relationen sind. Nicht zuletzt ist mit frühkindlicher Förderung die Entfaltung umfassender Verwirklichungschancen im Sinne des Capability-Ansatzes anzustreben, die den individuellen Dispositionen aller jungen Kinder entsprechen und den Austausch zwischen Familien mit und ohne Migrationshintergrund unterstützen, so dass die angestrebte Integration realisierbar wird. Damit wird abschliessend auf das eingangs erwähnte *Dorf* als Sinnbild innovativer Gesamtförderkonzepte verwiesen, die für die Bildung, Betreuung, Erziehung und Integration von Kindern aus Familien mit Migrationshintergrund eine Voraussetzung sind.

Literatur

Andresen, S. (2009). Bildung. In S. Andresen, R. Casale, T. Gabriel, R. Horlacher, S. Larcher Klee & J. Oelkers (Hrsg.), *Handwörterbuch Erziehungswissenschaft* (S. 76-90). Weinheim/Basel: Beltz.

Blok, H., Fukkink, R., Gebhardt, E. & Leseman, P. (2005). The relevance of delivery mode and other program characteristics for the effectiveness of early childhood interventions with disadvantaged children. *International Journal of Behavioral Development, 29,* 35-47.

Bundesamt für Statistik [BFS] (2008). *Demografisches Porträt der Schweiz.* Neuchâtel.

Büchner, P. (2008). Pädagogik der frühen Kindheit in der Einwanderungsgesellschaft. In W. Thole, H.-G. Roßbach, M. Fölling-Albers & R. Tippelt (Hrsg.), *Bildung und Kindheit. Pädagogik der frühen Kindheit in Wissenschaft und Lehre* (S. 185-194). Opladen & Farmington Hills: Barbara Budrich.

Coradi Vellacott, M. & Wolter, S. C. (2005). *Chancengerechtigkeit im schweizerischen Bildungswesen.* Trendbericht Nr. 9. Aarau: Schweizerische Koordinationsstelle für Bildungsforschung.

Dellenbach, M., Bisegger, C. & Meier, C. (2002). *Evaluation des Projektes FemmesTISCHE. Wertstatt Evaluation der Abteilung für Gesundheitsforschung.* Bern: Institut für Sozial- und Präventivmedizin der Universität Bern.

Diehm, I. (2008). Pädagogik der frühen Kindheit in der Einwanderungsgesellschaft. In W. Thole, H.-G. Roßbach, M. Fölling-Albers & R. Tippelt (Hrsg.), *Bildung und Kindheit. Pädagogik der frühen Kindheit in Wissenschaft und Lehre* (S. 203-213). Opladen & Farmington Hills: Barbara Budrich.

Diehm, I. (2000). Erziehung zur Toleranz. Handlungstheoretische Implikationen Interkultureller Pädagogik. *Zeitschrift für Pädagogik, 2,* 251-273.

Edelmann, D. (2008). Lehrer/-innenbildung im Kontext migrationsbedingter Heterogenität. In C. Allemann-Ghionda & S. Pfeiffer, S. (Hrsg.), *Bildungserfolg, Migration und Zweisprachigkeit* (S. 129-138). Berlin: Frank & Timme.

Edelmann, D. (2007). *Pädagogische Professionalität im transnationalen sozialen Raum. Eine qualitative Untersuchung über den Umgang von Lehrpersonen mit der migrationsbedingten Heterogenität ihrer Schulklassen.* Wien/Zürich: LIT.

Eidgenössische Kommission für Migrationsfragen [EKM] (2009). *Frühe Förderung. Forschung, Praxis und Politik im Bereich der Frühförderung: Bestandsaufnahme und Handlungsfelder.* Bern: EKM.

Eidgenössische Koordinationskommission für Familienfragen [EKFF] (2008). *Familien- und Schulergänzende Kinderbetreuung.* Bern: EKFF.

Eidgenössische Koordinationskommission für Familienfragen [EKFF] (2002). *Familien und Migration. Beiträge zur Lage der Migrationsfamilien und Empfehlungen der Eidgenössischen Koordinationskommission für Familienfragen.* Bern: EKFF.

Gogolin, I. (2008). Förderung von Kindern mit Migrationshintergrund im Elementarbereich. *Zeitschrift für Erziehungswissenschaft, Sonderheft 11,* 79-90.

Gogolin, I. & Neumann, U. (Hrsg.). (2009). *Streitfall Zweisprachigkeit – The Bilingualism Controversy.* Wiesbaden: VS Verlag für Sozialwissenschaften.

Grundmann, M. (2008). Handlungsbefähigung – eine sozialisationstheoretische Perspektive. In H.-U. Otto & H. Ziegler (Hrsg.), *Capabilities – Handlungsbefähigung und Verwirklichungschancen in der Erziehungswissenschaft* (S. 131-143). Wiesbaden: VS-Verlag für Sozialwissenschaften.

Hamburger, F. & Hummrich, M. (2007). Familie und Migration. In J. Ecarius (Hrsg.), *Handbuch Familie* (S. 112-136). Wiesbaden: VS Verlag für Sozialwissenschaften.

Heckman, J. (2006). Skill formation and the economics of investing in disadvantaged children. *Science, 5728,* 1901-1902.

Heitkötter, M., Rauschenbach, T. & Diller, A. (2008). Einleitung. In A. Diller, M. Heitkötter & T. Rauschenbach (Hrsg.), *Familie im Zentrum. Kinderfördernde und elternunterstützende Einrichtungen: aktuelle Entwicklungslinien und Herausforderungen* (S. 7-15). München: Verlag Deutsches Jugendinstitut.

Herwartz-Emden, L. (2000). Datenerhebung und Datenanalyse: das Forschungsprojekt FARA. In dies. (Hrsg.), *Einwandererfamilien, Geschlechterverhältnisse, Erziehung und Akkulturation* (S. 53-84). Osnabrück: Universitätsverlag: Rasch.

Krüger-Potratz, M. (Hrsg.). (2004). *Familien in der Einwanderungsgesellschaft. Beiträge der Akademie für Migration und Integration.* Göttingen: V&R Unipress.

Leseman, P. (2008). Integration braucht frühkindliche Bildung: Wie Einwandererkinder früher gefördert werden können. In Bertelsmann Stiftung Migration Policy Institute (Hrsg.), *Migration und Integration gestalten. Transatlantische Impulse für globale Herausforderungen* (S. 125-150). Gütersloh: Verlag Bertelsmann Stiftung.

Mead, G. H. (1968). Mind, self, and society. Frankfurt a. M: Suhrkamp.

Mecheril, P. & Plößer, M. (2009). Differenz. In S. Andresen, R. Casale, T. Gabriel, R. Horlacher, S. Larcher Klee & J. Oelkers (Hrsg.), *Handwörterbuch Erziehungswissenschaft* (S. 194-208). Weinheim/Basel: Beltz.

MIX (2008). Auf den Spuren der frühen Förderung. *Migrationszeitung MIX, 15,* 4-6.

Moret, J. & Fibbi, R. (2008). *Kinder mit Migrationshintergrund im Frühbereich und in der obligatorischen Schule: Wie können die Eltern partizipieren?* Studie realisiert vom Schweizerischen Forum für Migrations- und Bevölkerungsstudien (SFM). Bern: EDK.

Nussbaum, M. (1999). *Gerechtigkeit oder das gute Leben.* Frankfurt a. M.: Suhrkamp.

OECD (2006). *Where immigrant students succeed. A comparative review of performance and engagement in PISA 2003.* Paris: OECD.

Oelkers, N., Otto, H.-U. & Ziegler, H. (2008). Handlungsbefähigung und Wohlergehen – der Capabilities-Ansatz als alternatives Fundamt der Bildungs- und Wohlfahrtsforschung. In H.-U. Otto & H. Ziegler (Hrsg.), *Capabilities – Handlungsbefähigung und Verwirklichungschancen in der Erziehungswissenschaft* (S. 85-90). Wiesbaden: VS-Verlag für Sozialwissenschaften.

Robeyns, I. (2006). Three models of education. Rights, capabilites and human capital. *Theory and Research in Education, 4,* 69-84.

Roßbach, H.-G. & Weinert, S. (2008). *Kindliche Kompetenzen im Elementarbereich: Förderbarkeit, Bedeutung und Messung.* Bildungsforschung Band 24. Berlin: Bundesministerium für Bildung und Forschung.

Schweizerische Koordinationsstelle für Bildungsforschung [SKBF] (Hrsg.). (2006). *Bildungsbericht Schweiz.* Aarau: SKBF.

Sen, A. (1992). *Inequality re-examined.* Oxford: University Press.

Stamm, M., Reinwand, V., Burger, K., Schmid, K., Viehhauser, M. & Muheim, V. (2009). *Frühkindliche Bildung in der Schweiz. Eine Grundlagenstudie im Auftrag der Schweizer UNESCO-Kommission.* Fribourg: Universität Fribourg, Departement für Erziehungswissenschaften.

Sylva, K., Melhuish, E., Sammons, P., Siraj-Blatchford, I. & Taggart, B. (2007). *Effective pre-school and primary education 3-11 project (EPPE 3-11). Promoting equality in the early years.* University of London: Institute of Education.

Viernickel, S. & Simoni, H. (2008). Frühkindliche Erziehung und Bildung. In Eidgenössische Koordinationskommission für Familienfragen (Hrsg.), *Familie – Erziehung – Bildung* (S. 22-33). Bern: EKFF.

Miriam Leuchter & Evelyne Wannack

Aus- und Weiterbildung von Lehrpersonen für die Schuleingangsstufe

Einleitung

Der Begriff Schuleingangsstufe verweist auf eine Reihe von Reformen, die in den letzten 15 Jahren in der deutschsprachigen Schweiz Gestalt angenommen haben. Ausgangspunkt waren die Diskussionen, wie der Übertritt vom Kindergarten in die Primarunterstufe kontinuierlicher gestaltet werden könnte (vgl. Schweizerische Konferenz der kantonalen Erziehungsdirektoren, 1997). Daraus resultierte das Schulentwicklungsprojekt *edk-ost-4bis8*[1]. Seit 2003 werden Versuchsklassen der Basisstufe (zwei Kindergartenjahre und 1. + 2. Primarklasse) oder Grundstufe (zwei Kindergartenjahre und 1. Primarklasse) in verschiedenen Kantonen geführt. Im Rahmen der *Interkantonalen Vereinbarung über die Harmonisierung der obligatorischen Schule* (Schweizerische Konferenz der kantonalen Erziehungsdirektoren, 2006) wird die Bildungsstufe der vier- bis achtjährigen Kinder – unabhängig, ob es sich um Kindergarten oder Primarunterstufe, Basis- oder Grundstufe handelt – neu als Eingangs- oder Schuleingangsstufe definiert.

Die Reformbestrebungen betreffen nicht nur die Zusammenführung von Kindergarten und Primarunterstufe zur Basis- oder Grundstufe, sondern weiten sich auch auf die Ausbildung von Lehrpersonen – insbesondere von Kindergartenlehrpersonen – aus. In unserem Beitrag skizzieren wir zunächst die Reform der Lehrerbildung unter den Vorzeichen Tertiarisierung, Akademisierung und Professionalisierung. Die Anforderungen an den Beruf der Schuleingangslehrperson werden anhand der anzustrebenden Unterrichtsqualität in der Schuleingangsstufe beleuchtet. Daraus werden zum einen Schlüsse für die Aus- und Weiterbildung von Schuleingangslehrpersonen gezogen, und zum anderen werden Aufgaben der pädagogischen Hochschulen aufgezeigt.

---

[1] Nähere Informationen zum Schulentwicklungsprojekt *edk-ost-4bis8* sind zu finden unter: <http://www.edk-ost.ch>

Miriam Leuchter & Evelyne Wannack

1. Die Reform der Ausbildung von Kindergarten- und Primarstufenlehrpersonen

Mit der Bildungsreform in den 1960er-Jahren einhergehend wurde auch die Lehrerbildung einer genaueren Analyse unterzogen. Die Schweizerische Konferenz der kantonalen Erziehungsdirektoren rief 1970 die Kommission *Lehrerbildung von morgen* ins Leben (vgl. Müller, 1975). Primär ging es darum, die Lehrerbildung zwischen den Kantonen besser zu koordinieren und den Lehrerberuf zu professionalisieren. Diskutiert wurde u. a., ob am seminaristischen Weg festzuhalten sei oder ob der maturitätsbezogene Weg – und damit eine Tertiarisierung der Primarlehrerbildung – eingeschlagen werden solle. Es wurde beschlossen, die seminaristische Ausbildung der Primarlehrpersonen von vier auf fünf Jahre zu verlängern, auf die Tertiarisierung hingegen wurde zunächst verzichtet.

Nicht einbezogen in diese Reformen wurde die KindergärtnerInnen-Ausbildung. Die Initiative zur Erneuerung ergriff jedoch der Schweizerische KindergärtnerInnen-Verein. Ziel war es, die zweijährige seminaristische Ausbildung zur KindergärtnerIn auf drei Jahre zu verlängern und gleichzeitig die allgemeinbildenden Anteile zu erhöhen (vgl. Schweizerischer Kindergartenverein, 1971). Nach und nach setzte sich ab den 1970er Jahren die dreijährige Ausbildung in den Deutschschweizer Kantonen durch (vgl. Criblez, 1994).

In den 1990er-Jahren entzündeten sich aufgrund der Schaffung von Fachhochschulen, der Maturitätsanerkennungsreform und nicht zuletzt (wieder) aufgrund von Koordinationsbestrebungen zur gesamtschweizerischen Anerkennung der Lehrdiplome (vgl. Schweizerische Konferenz der kantonalen Erziehungsdirektoren, 1993), grundsätzliche Fragen zur Lehrerbildung. Überlegungen zur Tertiarisierung standen im Zentrum und mündeten in die Frage, ob die Ausbildung an pädagogischen Hochschulen oder an Universitäten zu erfolgen habe (vgl. Reusser, 1996). Aus aktueller Sicht gesehen, hat sich das Modell der pädagogischen Hochschulen (PH) durchgesetzt. Die Zukunft wird weisen, ob diese eigenständigen Hochschulen bleiben oder in Universitäten oder Fachhochschulen integriert werden.

Neu hinzu kam bei dieser Reform der Einbezug der Ausbildung zur Kindergartenlehrperson. Anlass waren einerseits aktuelle Tendenzen, die Bildung der vier- bis achtjährigen Kinder in Form der Basis- oder Grundstufe zusammenzufassen,

Aus- und Weiterbildung von Lehrpersonen für die Schuleingangsstufe

und andererseits das gewerkschaftliche Anliegen des Verbandes KindergärtnerInnen Schweiz, die Ausbildung der Kindergarten-Lehrpersonen an die der Primarlehrpersonen anzugleichen (vgl. Verband KindergärtnerInnen Schweiz, 1994). Diese Forderungen riefen heftige Diskussionen hervor, weil als Zulassungsvoraussetzung die Matura verlangt wurde. Die Angst war gross, dass dadurch die «falschen» Studierenden rekrutiert würden, denn für die Stufe Kindergarten sei nicht Intellekt, sondern Gemüt und Kreativität gefragt (vgl. z. B. Kriesi, 1995). Trotz dieser Kritik gewannen die Befürworterinnen und Befürworter einer Tertiarisierung in den kantonalen Parlamenten die Oberhand, sodass nach und nach die seminaristische Ausbildung durch Studiengänge an pädagogischen Hochschulen abgelöst wurde (vgl. Wannack, 2008).

Bezogen auf die Studiengänge für den Kindergarten und die Primarschule gingen die pädagogischen Hochschulen je eigene Wege und bieten unterschiedliche Ausbildungsgänge an, beispielsweise zur Lehrperson Kindergarten und Unterstufe oder zur integralen Lehrperson Kindergarten und gesamte Primarstufe. Insofern wurde mit dieser Reform zunächst das Ziel, die Vielfalt der Lehrdiplome für Kindergarten und Primarstufe zu minimieren, nicht erreicht, die Bearbeitung dieser Problematik ist jedoch im Gang.

In der Umsetzung zeigt sich, dass die gemeinsame Ausbildung für Lehrpersonen Kindergarten und Primarunterstufe nach wie vor eine grosse Herausforderung darstellt. Die Gründe liegen in der eigenständigen Entwicklung der Berufsfelder. Der Kindergarten hat sich in Abgrenzung zu Kinderkrippen und Kleinkinderschulen positioniert, indem er weder ausschliesslich kustodiale noch schulvorbereitende Funktionen einnehmen wollte (Nuspliger & Marcet, 1982). Es wurde ein eigenständiges pädagogisches Profil geschaffen. Die Grundschulpädagogik und -didaktik hat sich unabhängig davon entwickelt. Für die gleichwertige Integration der pädagogischen und didaktischen Grundlagen des Kindergartens und der Primarunterstufe und für deren Weiterentwicklung im Lichte der aktuellen Reformen müssen weiterhin grosse Anstrengungen unternommen werden.

Die Ausführungen zeigen, dass die Ausbildung von Lehrpersonen für die Schuleingangsstufe auf eine gemeinsame pädagogisch-didaktischen Grundlage und einen gemeinsamen Begriff von Unterrichtsqualität angewiesen ist. Im nächsten

Abschnitt werden Merkmale der Unterrichtsqualität sowie in Abstimmung damit Kompetenzen der Lehrpersonen für die Schuleingangsstufe skizziert.

2. Unterrichtsqualität in der Schuleingangsstufe und Kompetenzen von Lehrpersonen

Um die erforderlichen Kompetenzen der Lehrpersonen bestimmen zu können, muss zunächst guter Unterricht auf der Schuleingangsstufe beschrieben werden. Optimaler Unterricht ermöglicht es Kindern zwischen vier und acht Jahren, anhand von Lernerfahrungen in der Zone ihrer nächsten Entwicklung ihre Sach-, Selbst- und Sozialkompetenz zu erweitern, zu flexibilisieren und zu vertiefen, um weiteres Wissen und Können zunehmend zu differenzieren und zu integrieren. Gute Unterrichtsqualität setzt Grundlagen auf zwei Ebenen optimal um: Auf der Ressourcenebene, die Bedingungen für gelingendes Lehren und Lernen bereitstellt, und auf der Prozessebene, auf der pädagogische Interaktionen erfolgen. Wichtigste Voraussetzung für eine angemessene Nutzung der Ressourcenebene und eine hochwertige Umsetzung auf Prozessebene sind gut ausgebildete Lehrpersonen (vgl. auch den Beitrag von König in dieser Publikation).

Auf der Ebene der Ressourcen kann sich die Lehrperson zwar politisch für bessere Bedingungen engagieren, meist muss sie sich jedoch mit dem Gegebenen arrangieren und daraus das Bestmögliche machen. Unterschiedliche Bereiche tragen dazu bei, optimale Bedingungen für Lehren und Lernen bereitzustellen.

Im Bereich *Raum* bilden Innen- und Aussenräume sowie ihre Ausstattung eine wichtige vorgegebene Rahmenbedingung für verschiedene Sach-, Selbst- und Sozialerfahrungen der jungen Kinder. Genügend Platz im Innenraum ist eine wichtige Voraussetzung (empfohlen werden mindestens $2{,}5m^2$ pro Kind, vgl. Tietze et al., 2007, was aber gegenwärtig keineswegs immer umgesetzt wird). Dazu gehört auch angemessenes Mobiliar, das einerseits verschiedene Aktivitäten, andererseits auch Entspannung gestattet. Die Innen- und Aussenräume legen eine Grundlage für eine dynamische Raumgestaltung durch die Lehrperson, in der mit unterschiedlichen Funktionsbereichen eine Vielfalt an Spiel- und Lernerfahrungen angeregt wird (z. B. Mathematik, Sprache, Musik, Rollenspiel, Gestalten, Grob- und Feinmotorik, usw.).

Aus- und Weiterbildung von Lehrpersonen für die Schuleingangsstufe

Im Bereich *Anzahl Erwachsene und Kinder* in der Gruppe wird ein angemessenes Betreuungsverhältnis als Voraussetzung für anregende, aktivierende Interaktionen zwischen Kindern und Erwachsenen gesehen. Empfohlen ist ein Erwachsenen-Kind-Verhältnis von 1:8 bis 1:10 bei Kindern zwischen vier und acht Jahren, (vgl. National Association for the Education of Young Children, 1991) – in der aktuellen schweizerischen Realität ist ein Verhältnis von 1:24 keine Seltenheit.

Der Bereich *Lehrpläne* ist eine weitere wichtige Ressource für die Gestaltung eines Unterrichts, an denen sich unterschiedliche gesellschaftliche Vorstellungen von Unterricht spiegeln (Wannack, 2004), die sich sowohl am individuellen Entwicklungs- und Lernstand der Kinder als auch an den Bildungszielen orientieren – hier sind mit dem Deutschschweizer Lehrplan momentan grössere Entwicklungen im Gang.

Auch im Bereich *Organisationsform* der Schuleingangsstufe zeigen Projekte den Wandel in der Bildungslandschaft an: Kindergarten oder Unterstufe, Basis- oder Grundstufe und integrative oder separative heilpädagogische Förderung sowie unterschiedliche Zeitstrukturen (Blockzeiten, Tagesschulen) bieten unterschiedliche Bedingungen.

Im *externen* Bereich sind Elternhaus, Spielgruppe, Krippe und institutionalisierte sonderpädagogische Angebote weitere Ressourcen, die von den Lehrpersonen der Schuleingangsstufe konstruktiv genutzt werden müssen, um das Kind im Übergang von Elternhaus, Spielgruppe, Krippe, Schuleingangsstufe und weiterführende Volksschule angemessen zu begleiten, die unterschiedlichen Klassenzusammensetzungen (kultureller/bildungsbezogener Hintergrund der Kinder) zu berücksichtigen sowie die optimale Entwicklung und Integration von Kindern mit besonderen Bedürfnissen anzuregen (Strehmel, 2008; vgl. auch Roßbach & Edelmann in dieser Publikation).

Auf der Prozessebene sind die Lehrpersonen in unterschiedlichen Bereichen herausgefordert, den Unterricht adaptiv zu arrangieren sowie ihre Begleitung und Unterstützung von Lernprozessen den Bedürfnissen der Kinder anzupassen und auf die gesellschaftlichen Anforderungen und Bildungsziele zu beziehen.

Die *Interaktion* mit den Kindern im Unterricht ist ein grundlegender Kompetenzbereich der Lehrperson. Die Kinder werden in einer wertschätzenden, respektvollen, kommunikativen Atmosphäre dabei unterstützt, sich anerkannt, sicher und zugehörig zu fühlen, sich in der Gruppe zu orientieren und Kontakt zu Erwachsenen und Kindern aufzubauen. Durch unterstützende, emotional, sozial und kognitiv aktivierende Kommunikation werden die Kinder zur aktiven Partizipation ermutigt und zum Lernen in der Zone der nächsten Entwicklung angeregt (Siraj-Batchford et al., 2006).

Im Bereich der *Klassenführung* werden die Unterrichtsabläufe transparent gestaltet. Dazu gehören klare Regeln, Rituale (z. B. Übergänge), präventiver Umgang mit Disziplinstörungen, vorausschauende Massnahmen und die Thematisierung von Konflikten. Der Tagesablauf wird der Gruppe und den einzelnen Kindern angepasst und so organisiert und rhythmisiert, dass produktiver Unterricht möglich wird (Helmke, 2003).

Im Bereich der *Angebote* werden mit unterschiedlichen Methoden vielfältige, anspruchsvolle Aufgaben in einer sinnvollen Auswahl bereit gehalten, die an das Vorwissen der Kinder anknüpfen (Stern & Möller, 2004), die Bedürfnisse und Eigeninteressen der Kinder unterstützen sowie soziales und individuelles Lernen anregen (Petillon, 2002). Die Angebote fördern die entwicklungsgerechte Anregung von fachspezifischen und fachübergreifenden Lernprozessen in Mathematik, Deutsch, Mensch und Umwelt, Gestalten, Musik und Bewegung. Das musische Potenzial der Lernsituation wird in allen Fächern genutzt und kreativer Ausdruck angeregt. Die Lehrperson der Schuleingangsstufe versteht es, Spiel als Lerngelegenheit zu erkennen und Spiel in verschiedenen Formen zu ermöglichen, zu initiieren und bewusst einzusetzen.

Im Bereich der *Lernhilfe und Unterstützung* orientiert sich die Lehrperson daran, die spezifischen Bedürfnisse der Kinder zu diagnostizieren und entsprechende Förderinstrumente einzusetzen sowie die Kinder entwicklungsgerecht im aktiven, individuellen und sozialen Spielen, Denken und Lernen differenziert zu begleiten, zu fördern und anzuleiten. Die Lehrperson unterstützt intrinsische Motivation, indem sie das Erleben von Selbstwirksamkeit, Autonomie und sozialer Eingebundenheit ermöglicht, sie fördert das bewusste Erleben und Verarbeiten von Erfolgen und Misserfolgen und trägt so zum Aufbau des Selbstkonzepts und zu realistischer Selbsteinschätzung bei (Hasselhorn & Lohaus, 2008).

Aus- und Weiterbildung von Lehrpersonen für die Schuleingangsstufe

Hohe Qualität im Unterricht mit jungen Kindern kann nur von gut ausgebildeten Lehrpersonen mit breitem, flexiblem und fundiertem professionellen Wissen und Können erreicht werden. Diese professionelle Kompetenz von Lehrpersonen entsteht aus dem Zusammenspiel von deklarativem und prozeduralem Wissen in Verknüpfung mit reflektierter Erfahrung: Handlungskompetenzen und Wissen der Lehrpersonen bedingen einander gegenseitig. Bezüglich des professionellen Wissens von Lehrpersonen hat z. B. Shulman (1987) sieben Wissensbereiche unterschieden, nämlich disziplinäres Fachwissen, allgemeines pädagogisches Wissen, curriculares Wissen, fachspezifisch-pädagogisches Wissen, Wissen über die Lernenden, Wissen über den erzieherischen Kontext und Wissen über erzieherische Ziele.

Das charakteristische Wissen der Lehrperson der Schuleingangsstufe wird insbesondere durch das Wissen über Lernende differenziert, welches spezifische entwicklungspsychologische, lehr-lernpsychologische und motivationspsychologische Komponenten bezogen auf das vier- bis achtjährige Kind aufweisen muss. Wissen über Lernende ist bestimmend auch für Fachwissen und Fach-/Didaktisches Wissen, welche der Planung, Durchführung und Evaluation von Unterricht auf der Schuleingangsstufe zugrunde liegen und die es ermöglichen, fachliche Zusammenhänge zu ordnen, zu verdichten und zu vereinfachen, um diese problembezogen und situationsgerecht aufzubereiten sowie Lernprozesse bei jungen Kindern anzuregen und zu begleiten. Lehr-Lernpsychologisches und entwicklungspsychologisches sowie motivationspsychologisches Wissen sind ebenfalls ausschlaggebend für die spezifische Ausbildung von pädagogischem Wissen, mit dem erziehungsphilosophische und bildungstheoretische Grundlagen, Werte und Normen reflektiert werden. Damit die Wissensbereiche Handlungs- und Reflexionsfähigkeit gewährleisten können, müssen sie zu einem Amalgam von pädagogisch-psychologisch-didaktischem Wissen verdichtet werden, das disziplinäre Anteile mit situationsspezifischen Aspekten verknüpft (Leuchter, 2009). Das reziproke Gefüge des professionellen Wissens und Handelns ist der Ausgangspunkt einer wirksamen Aus- und Weiterbildung von Lehrpersonen der Schuleingangsstufe. Diese muss theoretische und praktische, handlungsorientierte Aspekte verbinden, um handlungswirksame, die Reflexion unterstützende Theorien aufzubauen. Für die Professionalisierung der Lehrpersonen der Schuleingangsstufe gilt demnach der Anspruch, Wissen und Können von Anfang an sinnvoll zusammenzufügen, um reflexionsfähige, kompetente, pädagogisch-psychologisch-didaktisch versierte Lehrpersonen auszubilden, denen es gelingt, Unterricht auf der Schuleingangsstufe mit hoher Qualität anzubieten und ihren Unterricht wechselnden Gegebenheiten anzupassen. Der Bildbarkeit des Wissens und Könnens der Lehrpersonen sind jedoch auch Grenzen gesetzt; Werte, Normen, Haltungen können nur schwer beeinflusst werden. An den pädagogischen Hochschulen wird persönliche Entwicklung in diesen Bereichen unterstützt, in erster Linie konzentriert sich die Ausbildung jedoch auf den Aufbau von Wissen und Können.

Die pädagogischen Hochschulen sind in der Aus- und Weiterbildung nicht nur in Bezug auf das komplexe Zusammenspiel von Wissen und Handeln gefordert, sondern unterstützen die angehenden Schuleingangsstufenlehrpersonen beim Aufbau ihrer professionellen Kompetenz in einem vielschichtigen Umfeld, wie im nächsten Abschnitt aufgezeigt wird.

2. Herausfordernde Bedingungen für die Ausbildung von Schuleingangsstufenlehrpersonen

Ausgangspunkt und Ziel der Ausbildung von Lehrpersonen ist es, professionelles Wissen und Können von Beginn an kontinuierlich aufeinander zu beziehen. Notwendige Voraussetzung dafür ist die Bereitstellung berufspraktischer Studien auf der entsprechenden Stufe. Wie ausgeführt wurde, werden verschiedene Berufsfelder – Kindergarten, Primarunterstufe, Basis- oder Grundstufe – unter dem Begriff Schuleingangsstufe subsumiert. Die Basis- oder Grundstufenklassen werden im Rahmen des Schulentwicklungsprojekts *edk-ost-4bis8* derzeit als Versuchsklassen geführt. Noch stehen die bildungspolitischen Entscheidungen in den Kantonen aus, ob die Schuleingangsstufe künftig Basis- oder Grundstufen umfassen wird. Diese Situation bringt es mit sich, dass die Studierenden lediglich vereinzelt die Möglichkeit haben, mittels Hospitationen oder kürzeren Praktika Einblick in die Versuchsklassen zu erhalten. Primär absolvieren die Studierenden ihre berufspraktischen Studien in Kindergarten und Primarunterstufe.

Bei diesen Stufen handelt es sich nach wie vor um zwei getrennte Berufsfelder, auch wenn seit den 1990er-Jahren eine stärkere Annäherung erkennbar ist (Wannack, 2004). Ausgehend von den Lehrplänen lassen sich Unterschiedlichkeiten und Gemeinsamkeiten verdeutlichen (Wannack, 2003). Der Vergleich zwischen Lehrplänen für die Volksschule und dem Lehrplan für den Kindergarten des Kantons Bern (Erziehungsdirektion des Kantons Bern, 1999), der in zehn Deutschschweizer Kantonen eingeführt wurde, verweist auf die unterschiedlichen Strukturierungsweisen der Inhalte. In den Lehrplänen der Volksschule sind die Fachbereiche massgebend für die Formulierung der Richt- und Grobziele sowie die Zusammenstellung der Stundentafel bezüglich Lektionenanteile. Im Gegensatz zur Fächerorientierung ist der Lehrplan Kindergarten fächerübergreifend aufgebaut, indem er sich der Bereiche Selbst-, Sozial- und Sachkompetenz zur Formulierung der Richt- und Grobziele bedient. Als zeitlicher Rahmen wird lediglich die wöchentlich zu besuchende Stundenanzahl durch die Kinder angegeben.

Die Lehrpläne sind für die Unterrichtsgestaltung der Lehrpersonen konstitutiv und schlagen sich deshalb auch in ihr nieder. In ihren allgemeinen pädagogischen und didaktischen Zugängen legt die Grundschulpädagogik einen Akzent auf offenen Unterricht (Drews & Wallrabenstein, 2002), fachliche und fachdidaktische Schwerpunkte bilden jedoch dessen Kern. So folgt der Unterricht in der Primarunterstufe mehrheitlich den Fächern, ohne auf fächerübergreifende Spiel- und Lerngelegenheiten zu verzichten. Im Zentrum der Kindergartenpädagogik steht das freie geleitete Spiel, welches offene, von den Kindern selbst gewählte Spielformen und von den Lehrpersonen vorbereitete Materialien sowie kontinuierliche Anregungen durch die Lehrpersonen umfasst. In diesem Rahmen werden auch im Kindergarten gezielt fachliche Inhalte erarbeitet, jedoch bilden fächerübergreifende Angebote den Schwerpunkt der Unterrichtsgestaltung. Einerseits ist die Bandbreite an Unterrichtsformen im Kindergarten und der Primarunterstufe also ähnlich, andererseits liegen die Schwerpunkte auf der Primarunterstufe eher auf fachbezogenen Aktivitäten und im Kindergarten eher auf fächerübergreifenden Aktivitäten im freien geleiteten Spiel.

Hinter diesen unterschiedlichen Unterrichtsarrangements stehen Lehrpersonen mit einem je spezifischen Berufswissen und einer mehrheitlich seminaristischen Ausbildung für den Kindergarten oder die Primarstufe. Die Ausbildungen unterschieden sich nicht nur in ihrer Länge, sondern auch dadurch, dass mit der

Verlängerung der seminaristischen Primarlehrerausbildung die Fachdidaktiken neu eingerichtet wurden. In der seminaristischen KindergärtnerInnen-Ausbildung hingegen wurde das Primat einer auf das Spiel bezogenen Didaktik weiterverfolgt, in der die Fachdidaktiken lediglich eine untergeordnete Rolle spielten.

Für die Ausbildung der Studierenden ergeben sich folgende Herausforderungen: In einem ihrer möglichen künftigen Berufsfelder – Basis- oder Grundstufe – können sie nur wenig praktische Erfahrungen sammeln. Durch den Schwerpunkt der Praktika im Kindergarten und der Primarunterstufe übernehmen sie in doppelter Weise eine transmittierende Funktion. Weil Kindergarten und Primarunterstufe relativ eigenständige Berufsfelder sind und nicht davon ausgegangen werden kann, dass die Praxislehrpersonen einen differenzierten Einblick in das andere Berufsfeld haben, sind die Studierenden sozusagen Vermittelnde zwischen den Berufsfeldern. Hinzu kommt, dass sie auch Vermittlungsarbeit zwischen der seminaristischen Ausbildung ihrer Praxislehrpersonen sowie der eigenen Hochschulausbildung zu leisten haben.

Was sich auf der Ebene der Lehrpersonen auf den Zielstufen manifestiert, trifft ebenfalls für die Dozierenden in den Ausbildungsgängen für Kindergarten und Primarunterstufe zu (Leuchter, 2005). In der Regel sind die Dozierenden mit einem Berufsfeld – Kindergarten oder Primarstufe – vertraut und weisen den entsprechenden theoretischen Hintergrund auf. Besonders davon betroffen ist der didaktische Bereich, weil dieser in der Regel von Dozierenden mit dem entsprechenden Zielstufenbezug (Kindergarten oder Primarstufe) in der seminaristischen Ausbildung unterrichtet wurde. Wie erwähnt, wurde der fachdidaktische Fokus vor allem auf die Primarstufe gelegt, sodass sich für die Ausbildung von Lehrpersonen Schuleingangsstufe die Notwendigkeit ergibt, dass die Dozierenden über das entsprechende Grundlagenwissen für die Altersspanne der vier- bis achtjährigen Kinder in ihrer Disziplin verfügen und das ihnen unvertraute Berufsfeld kennen, damit sie die angehenden Lehrpersonen im Aufbau eines professionellen Wissens und Könnens begleiten können.

Soll die Aus- und Weiterbildung einen nachhaltigen Beitrag zum Erreichen der hohen Qualitätsansprüche in der Schuleingangsstufe leisten, sind innovative

Aus- und Weiterbildung von Lehrpersonen für die Schuleingangsstufe

pädagogische Hochschulen gefragt, die sich den im folgenden Abschnitt skizzierten Aufgaben stellen.

4. Aufgaben der pädagogischen Hochschulen

Welche Implikationen ergeben sich aus den oben beschriebenen Herausforderungen und Qualitätsansprüchen für das zu vermittelnde Wissen in der Lehrerinnen- und Lehrerbildung der PH? Eine wirksame Aus- und Weiterbildung von Lehrpersonen ist höchst anspruchsvoll zu konzipieren und umzusetzen, da sie sich dem Theorie-Praxisproblem stellen und Anregungen für reflexives Lernen in Wissenschaft und Praxis schaffen muss, indem sie Wissenschaft und Praxis integriert. Für die Professionalisierung der Lehrpersonen gilt der hohe Anspruch, Wissen und Können sinnvoll zusammenzufügen (Terhart, 2001). Wissen um das interaktive und reziproke Gefüge von Lehr- und Lernhandeln sowie um die zugrunde liegenden Kognitionen der Lehrpersonen sind Ausgangspunkt einer wirksamen Aus- und Weiterbildung von Lehrpersonen. In Bezug auf die Schuleingangsstufenlehrpersonen muss den spezifischen Bedingungen, resultierend aus den strukturellen und bildungspolitischen Umwälzungen, Rechnung getragen werden (vgl. auch Schwerzmann Humbel & Leuchter, 2007). Daraus ergeben sich fünf zentrale Herausforderungen:

1. Die Schuleingangsstufenlehrpersonen müssen sich in den zwar nur graduell unterschiedlichen, aber nicht minder bedeutsamen Besonderheiten des Lernens und der Entwicklung von jungen Kindern, der Stufe und der Organisationsformen sowie der curricularen Anforderungen und gesellschaftlichen Bedingungen auskennen und diese als Ausgangspunkte ihrer Planung, Organisation, Durchführung und Reflexion von Unterricht nutzen.
2. Die Erfahrungen, die in der Praxis erworben werden, bedürfen – gerade wegen der unterschiedlichen Praxishintergründe der begleitenden Lehrpersonen – einer konstanten Spiegelung und In-Frage-Stellung durch die Theorie sowie einer besonderen Anstrengung, die beiden unterschiedlichen Praxisansätze zu verbinden.

3. Zur Unterstützung der Weiterentwicklung der Professionalität der Schuleingangsstufenlehrperson gehören die Beschreibung und Analyse von Unterricht aus den Perspektiven von Eltern, Lehrpersonen, Kindern und Forschenden. Aufgrund von theoretischen und empirischen Grundlagen werden Unterrichtsqualitätsmerkmale entwickelt, anschliessend einer Validierung unterzogen und in Zusammenarbeit mit den Schuleingangsstufenlehrpersonen auf ihre praktische Relevanz hin geprüft.
4. Die verstärkte Verkettung der Aus- und Weiterbildung von Lehrpersonen der Schuleingangsstufe ist insbesondere vor dem Hintergrund der Weiterentwicklung der Praxis und dem Einbezug von theoretisch basierten Reflexionen zentral.
5. Die Kommunikation der strukturellen und unterrichtsspezifischen Innovationen der Schuleingangsstufe ermöglicht deren Nutzung in weiterführenden Stufen und dient als Anregung bei der Herausforderung, die weiterführenden Stufen anschlussfähig zu gestalten.

Um diese Aufgaben zu unterstützen, müssen die pädagogischen Hochschulen einerseits Wissen und Konzepte für die Praxis generieren und überprüfen, andererseits die Erfahrungen der Praxis und das zugrunde liegende implizite Wissen aufnehmen, explizit machen und einordnen. Bei diesen Bemühungen steht die Verbindung von Theorie und Praxis im Vordergrund. Hierbei ist der Anschluss an bestehende Diskurse und Begrifflichkeiten zentral, der insbesondere für die ersten zwei Jahre der Schuleingangsstufe (vormals Kindergarten) eine Herausforderung und Chance darstellt. Die Entwicklungen der letzten Jahre haben gezeigt, dass eine gemeinsame Weiterentwicklung des wissenschaftlichen Diskurses und der theoretisch reflektierten Praxis wichtige Impulse für das Berufsfeld und die Forschung geben.

Den Forschungsstellen an den pädagogischen Hochschulen kommt hier eine besondere Bedeutung zu: Durch den Forschungs- und Entwicklungsauftrag, in Verbindung mit stufenspezifischen Studiengängen, ergibt sich die Möglichkeit, diese Herausforderungen zu bearbeiten. Ergebnisse aus Forschungs- und Entwicklungsprojekten fliessen in die Lehre in Aus- und Weiterbildung ein. Dozierende erhalten Einblick in sämtliche Modelle der Schuleingangsstufe, arbeiten in

Entwicklungsprojekten mit und können sich auf diese Weise thematisch und stufenspezifisch spezialisieren. So bearbeitet beispielsweise die PH Bern ein Forschungsprojekt, in welchem unterschiedliche Praktiken des Classroom Management in unterschiedlichen Organisationsformen der Schuleingangsstufe systematisch und auf ihre Wirksamkeit in Bezug auf Unterrichtsqualität untersucht werden. An der PH Zentralschweiz werden z. B. Bedingungen des konzeptuellen Wandels im naturwissenschaftlichen Unterricht mit vier- bis achtjährigen Kindern untersucht, um darauf aufbauend ein Unterrichtsdesign zu entwickeln, zu implementieren und zu evaluieren. Weitere Projekte sind im Gang[2] und zeigen die grossen Anstrengungen, die unternommen werden, um Berufsfeld(er), Lehre, Forschung und Entwicklung zu integrieren, empirische Erkenntnisse zu erzeugen und für verschiedene Schul- und Unterrichtsentwicklungsprojekte zu nutzen.

5. Fazit und Ausblick

Die Bildung junger Kinder auf der Schuleingangsstufe soll u. a. gewährleisten, dass Bildungsdisparitäten minimiert werden und Kindern ein optimaler Start in ihre Bildungslaufbahn gelingt (Stamm et al., 2009). Gleichzeitig geht die Angst um, dass frühere Bildung eine Vorverlegung schulischer Inhalte bedeute. Die Grundlagenstudie *Frühkindliche Bildung in der Schweiz* (ebd.) liest sich wie eine Zusammenfassung der Geschichte des Kindergartens (Wannack, 2008). Auch da ging es um die gesetzliche Verankerung, um die Schaffung eines Rahmenplans, um die Professionalisierung und um die Frage nach entwicklungsgemässer Bildung.

Mit unserem Beitrag haben wir Herausforderungen und Gestaltungsfreiräume, die durch die Entwicklung der Schuleingangsstufe und durch die Ausbildung zur Schuleingangsstufenlehrperson entstanden sind, beschrieben. Erfahrungen mit Studierenden an pädagogischen Hochschulen und Einblicke ins Berufsfeld zeigen, dass sich die Ängste einer Verschulung des Kindergartens, einer Intellektualisierung und De-Emotionalisierung der Schuleingangsstufenlehrperson nicht bewahrheiten. Das verstärkte Zusammenfassen von Kindergarten und Unterstufe in einer Bildungsstufe bringt hingegen eine Reihe von Vorteilen mit, die sich gerade im Hinblick auf den Unterricht mit jungen Kindern produktiv nutzen lassen.

---

[2] Vergleiche die kürzlich durchgeführte Tagung «Entwicklung und Lernen junger Kinder» http://www.phsg.ch

Miriam Leuchter & Evelyne Wannack

Die professionelle Differenzierung erlaubt eine Stärkung der Orientierung auf eine entwicklungsgemässe Unterrichtsgestaltung für vier- bis achtjährige Kinder, die sowohl ihren Spiel- und Lernbedürfnissen entspricht als auch die Bildungsziele berücksichtigt. Stufenspezifische Studiengänge ermöglichen es Schuleingangslehrpersonen, sich charakteristische professionelle Kompetenzen anzueignen, um entwicklungsgerechte Spiel- und Lernprozesse adäquat zu initiieren und zu begleiten und ihren Unterricht angemessen zu reflektieren. Darüber hinaus wird der hohe Bedarf an empirischer Forschung im Bereich der Schuleingangsstufe evident, nicht zuletzt, um das Ziel einer wissenschaftsbasierten Lehre zu erreichen. Zusammenfassend ist das Fazit zu ziehen, dass die konzentrierte Bearbeitung der Herausforderungen sowohl zur Professionalisierung der Lehrpersonen wie auch zur Profilierung und Beachtung der Bildungsstufe beiträgt.

Wenn es gelingt, einen ähnlichen Entwicklungsprozess für den Bereich der frühkindlichen Bildung in Gang zu setzen, können die hohen gesellschaftlichen Erwartungen, die an die Bildung der Kinder gestellt werden, adäquat und kohärent umgesetzt werden.

Literatur

Criblez, L. (1994). Mehr Koordination erwünscht. *Kindergarten, Zeitschrift für Erziehung im Vorschulalter, 84(10)*, 9-11.

Drews, U. & Wallrabenstein, W. (Hrsg.). (2002). *Freiarbeit in der Grundschule. Offener Unterricht in Theorie, Forschung und Praxis*. Frankfurt am Main: Grundschulverband.

Erziehungsdirektion des Kantons Bern (1999). *Lehrplan Kindergarten für den deutschsprachigen Teil des Kantons Bern*. Bern: Erziehungsdirektion des Kantons Bern.

Hasselhorn, M. & Lohaus, A. (2008). Entwicklungsvoraussetzungen und Herausforderungen des Schuleintritts. In M. Hasselhorn & R. K. Silbereisen (Hrsg.), *Entwicklungspsychologie des Säuglings- und Kindesalters. Enzyklopädie der Psychologie. Serie V, Entwicklungspsychologie, Bd. 4* (S. 409-428). Göttingen: Hogrefe.

Helmke, A. (2003). *Unterrichtsqualität erfassen, bewerten, verbessern*. Berlin: Kallmeyer.

Kriesi, K. F. (1995). Matur hält junge Frauen ab. In Verband KindergärtnerInnen Schweiz (Hrsg.), *Ausbildungsreformen I: Grundlagen / Meinungen. Das aktuelle Dossier, 2* (S. 11-12). Bern: Dokumentationsstelle KgCH.

Leuchter, M. (2005). Die Ausbildung zur Kindergarten-/Unterstufenlehrperson: Theoretische Überlegungen und praktische Umsetzung. *Beiträge zur Lehrerbildung, 22(1),* 113-123.

Leuchter, M. (2009). *Die Rolle der Lehrperson bei der Aufgabenbearbeitung. Unterrichtsbezogene Kognitionen von Lehrpersonen.* Münster: Waxmann.

Müller, F. (Hrsg.). (1975). *Lehrerbildung von morgen. Grundlagen – Strukturen – Inhalte.* Hitzkirch: Comenius Verlag.

National Association for the Education of Young Children (1991). *Accreditation criteria and procedures of the national academy of early childhood programs.* Washington: National Association for the Education of Young Children.

Nuspliger, K. & Marcet, A. (1982). *Der Kindergarten im Kanton Bern.* Bern: Schweizerischer Kindergärtnerinnenverein.

Petillon, H. (Hrsg.). (2002). *Individuelles und soziales Lernen in der Grundschule.* Opladen: Leske + Budrich.

Reusser, K. (1996). Lehrerbildung als Herausforderung für die Hochschule – Hochschule als Herausforderung für die Lehrerbildung. *Beiträge zur Lehrerbildung, 14(3),* 265-278.

Schweizerische Konferenz der kantonalen Erziehungsdirektoren (Hrsg.). (1993). *Thesen zur Entwicklung Pädagogischer Hochschulen.* Bern: Schweizerische Konferenz der kantonalen Erziehungsdirektoren.

Schweizerische Konferenz der kantonalen Erziehungsdirektoren (Hrsg.). (1997). *Bildung und Erziehung der Vier- bis Achtjährigen in der Schweiz.* Bern: Schweizerische Konferenz der kantonalen Erziehungsdirektoren.

Schweizerische Konferenz der kantonalen Erziehungsdirektoren (Hrsg.). (2006). *Interkantonale Vereinbarung über die Harmonisierung der obligatorischen Schule – HarmoS-Konkordat.* Bern: Schweizerische Konferenz der kantonalen Erziehungsdirektoren.

Schweizerischer Kindergartenverein (1971). Jahresbericht des Zentralvorstandes für das Jahr 1970. *Der Schweizerische Kindergarten. Monatsschrift für Erziehung im vorschulpflichtigen Alter, 61,* 340-353.

Schwerzmann Humbel, P. & Leuchter, M. (2007). Problemfeld der Bildung und Erziehung von vier- bis achtjährigen Kinder: Begründungen und Perspektiven zu Modellen der Schuleingangsstufe. In Schweizerische Konferenz der kantonalen Erziehungsdirektoren (EDK) (Hrsg.), *Heterogenität, Gerechtigkeit und Exzellenz* (S. 24-40). Innsbruck: Studienverlag.

Shulman, L. S. (1987). Knowledge and teaching: Foundations of the new reform. *Harvard Educational Review, 57(1),* 1-22.

Siraj-Blatchford, I., Sylva, K., Taggart, B., Melhuish, E., Sammons, P. & Elliot, K. (2006). Was kennzeichnet eine gute Vorschulbildung? Ergebnisse von Einzelfallstudien in britischen Vorschuleinrichtungen. In K. Steinhardt, C. Büttner & B. Müller (Hrsg.), *Kinder zwischen drei und sechs. Bildungsprozesse und Psychoanalytische Pädagogik im Vorschulalter* (S. 127-138). Giessen: Psychosozial-Verlag.

Stamm, M., Reinwand, V., Burger, K., Schmid, K., Viehhauser, M. & Muheim, V. (2009). *Frühkindliche Bildung in der Schweiz. Eine Grundlagenstudie im Auftrag der Schweizerischen UNESCO-Kommission (Bd. 2009).* Fribourg: Universität Fribourg.

Stern, E. & Möller, K. (2004). Der Erwerb anschlussfähigen Wissens als Ziel des Grundschulunterrichts. *Zeitschrift für Erziehungswissenschaft, 3(7),* 25-36.

Strehmel, P. (2008). Frühe Förderung von Kindern in Tageseinrichtungen. In F. Petermann & W. Schneider (Hrsg.), *Angewandte Entwicklungspsychologie. Enzyklopädie der Psychologie. Serie V, Entwicklungspsychologie, Bd. 7* (S. 205-236). Göttingen: Hogrefe.

Terhart, E. (2001). *Lehrerberuf und Lehrerbildung.* Weinheim: Beltz.

Tietze, W., Schuster, K.-M., Grenner, K. & Roßbach, H.-G. (2007). *Kindergarten-Skala (KES-R). Feststellung und Unterstützung pädagogischer Qualität in Kindergärten.* Berlin: Cornelsen.

Verband KindergärtnerInnen Schweiz (1994). Jahresbericht Zentralvorstand und Kommissionen KgCH. *Der Schweizerische Kindergarten. Zeitschrift für Erziehung im Vorschulalter, 84(10),* JB 5 – JB 8.

Wannack, E. (2003). Kindergarten und Schule – Lehrpläne im Vergleich. *Schweizerische Zeitschrift für Bildungswissenschaften, 25(2),* 271-286.

Wannack, E. (2004). *Kindergarten und Grundschule zwischen Annäherung und Abgrenzung.* Münster: Waxmann.

Wannack, E. (2008). *Kindergarten – Programm und Vision.* Bern: Verband KindergärtnerInnen Schweiz (KgCH).

Pamela Oberhuemer & Inge Schreyer

Professionelle Bildung des frühpädagogischen Fachpersonals: Europäische Trends

1. Qualifikation der Fachkräfte als Schlüssel zur Bildungs- und Betreuungsqualität?

In Zeiten des europaweiten Ausbaus der Systeme der Frühpädagogik sind die Fachkräfte und deren professionelle Expertise ein bedeutender Qualitätsaspekt. In der OECD-Studie (2006) zur Lage der Kindertagesbetreuung in 16 europäischen und vier aussereuropäischen Ländern wird das Fachpersonal als «Schlüssel» zur Bildungs- und Betreuungsqualität hervorgehoben. Auch neuere Forschungsergebnisse bestätigen diese Annahme. So fand zum Beispiel die britische EPPE[1]-Längsschnittstudie von rund 3000 Kindern im Vorschulalter eine positive Verbindung zwischen dem Qualifikationsniveau der Einrichtungsleitung und den globalen Qualitätsprofilen der Einrichtungen (Sylva et al., 2004). Kinder, die Tageseinrichtungen mit hoch eingeschätztem Qualitätsprofil besucht hatten, wo das leitende Fachpersonal eine Ausbildung auf Bachelor-Niveau oder höher hatte, zeigen sogar noch mit elf Jahren vergleichbar höhere Ergebnisse in den Bereichen Lesen, Mathematik und Sozialverhalten als die Kinder, die entweder keine Tageseinrichtung oder eine mit niedrig bewertetem Qualitätsprofil besucht hatten (Sammons et al., 2008).
Als eine Teilstudie von EPPE wurden zwölf elementarpädagogische Tageseinrichtungen und zwei Eingangsklassen an Grundschulen genauer in den Blick genommen (Siraj-Blatchford et al., 2002). Es waren Einrichtungen, die besonders gute Ergebnisse hinsichtlich der sozialen und kognitiven Leistungen der Kinder erzielt hatten. Eine Erkenntnis dieser Fallstudien war, dass hochqualifizierte Fachkräfte – in England sind das Lehrkräfte mit einer Ausbildung auf Niveau 5A der *International Standard Classification of Education* (ISCED) – nachhaltige Denkprozesse bei den Kindern und Aktivitäten mit hoher kognitiver Herausforderung wesentlich effektiver initiieren und unterstützen als weniger qualifiziertes

---

[1] Effective Provision of Pre-School Education Project, http://www.ioe.ac.uk/research/153.html

Personal. Ausserdem profitiert das Begleitpersonal mit formal niedrigerem Ausbildungsabschluss von der Zusammenarbeit mit Fachkräften mit hohem Qualifikationsniveau. In England wurde auf Grund dieser Forschungsergebnisse die Entscheidung getroffen, den Anteil der akademisch ausgebildeten Fachkräfte in den integrierten Bildungs- und Betreuungsangeboten (*Children's Centres*) deutlich zu erhöhen. Im Rahmen einer Regierungsstrategie zur Anhebung des Qualifikationsniveaus in den vielen privaten, elternverwalteten und gemeinnützigen Tageseinrichtungen wurde ein neuartiger Abschluss auf Hochschulniveau eingeführt. Qualifizierungskurse für KandidatInnen, die diesen *Early Years Professional Status* (EYPS) erreichen wollen, werden zurzeit von staatlicher Seite voll finanziert.

Amerikanische Studien über den Zusammenhang zwischen dem formalen Bildungsabschluss der Fachkräfte und der globalen Einrichtungsqualität sowie den schulorientierten Leistungen der Kinder zeigen ebenfalls eine positive Verbindung. Der Zusammenhang ist bisher tendenziell positiver in Studien aus der Forschungsrichtung Kinderbetreuung («child care») als in Studien aus der Forschungsrichtung frühkindliche Bildung («early education»). So zeigen einerseits beispielsweise frühere Arbeiten über Bildungs- bzw. Qualifikationsniveau der Fachkräfte und beobachtete Einrichtungsqualität – wie z. B. Howes, Whitebook und Phillips (1992) und auch die NICHD-Studie (2002) – positive Korrelationen. Andererseits konnte eine umfangreiche Studie über das Qualifikationsniveau der Fachkräfte und die kognitiven Leistungen von 800 vierjährigen Kindern in 237 «Vorkindergärten» («pre-kindergarten – pre-K») in sechs verschiedenen Bundesstaaten keine konsistenten Korrelationen feststellen (Early et al., 2006). Es konnte lediglich bei den Fachkräften mit einem Abschluss, der höher als der Bachelor-Abschluss lag (Master-Abschluss oder Doktorgrad), ein stabiler positiver Zusammenhang zu verschiedenen Qualitätsdimensionen in der KiTa und zu den schulorientierten Leistungen der Kinder festgestellt werden. Auch eine weitere Arbeit, eine Sekundäranalyse von sieben Forschungsarbeiten über den Zusammenhang zwischen Fachkraftqualifikation und Bildungs- und Betreuungsqualität, kam zum Schluss, dass eine nur schwache Korrelation festzustellen war (Early et al., 2008). Zu einem anderen Ergebnis kam die wesentlich umfangreichere Meta-Analyse (23 Studien) von Kelley und Camilli (2007). Untersucht wurde, ob frühpädagogische Settings mit einer Fachkraft mit Bachelor-Abschluss eine höhere Qualität aufweisen als diejenigen, die von einer Fachkraft mit formal niedrigerem Ausbildungsniveau (inkl. einem zweijährigen Hochschulabschluss) geleitet werden. Hier waren die Ergebnisse bezüglich der Qualifikationsanforderungen eindeutiger: Fachkräfte mit einem Bachelor-Abschluss hatten eine positivere Wirkung auf verschiedene frühpädagogische Qualitätsdimensionen als diejenigen mit einem formal niedrigerem Abschluss; auch wenn die Effektgrösse klein war, war sie signifikant.

2. Das Fachpersonal in europäischen KiTa-Systemen: die SEEPRO-Studie

Die qualitative Seite des gewünschten Ausbaus der frühkindlichen Bildungs- und Betreuungsangebote wurde im politischen EU-Rahmen bisher nur wenig thematisiert. Erst 2007 wurde bei einer Konferenz der europäischen Bildungsministerinnen und -minister die Angebotsqualität explizit betont, unter anderem auch die Ausbildungsqualität des frühpädagogischen Personals (BMBF, 2007). Was aber gilt als eine qualitätsorientierte Ausbildung für frühpädagogische Fachkräfte? Welche Ausbildungswege und -schwerpunkte sind erforderlich für die Kernfachkräfte, Einrichtungsleitungen und Ergänzungskräfte in den verschiedenen Ländern? Welche Ähnlichkeiten und Unterschiede hinsichtlich der Berufsprofile gibt es? Die SEEPRO-Studie[2] (Systeme der Elementarerziehung und Professionalisierung in Europa) am Staatsinstitut für Frühpädagogik (IFP) in München ging diesen Fragen nach, und zwar speziell in den neueren EU-Staaten, d. h. in Ländern, die bisher nur wenig im Blickpunkt internationaler Analysen standen: Bulgarien, Estland, Lettland, Litauen, Malta, Polen, Rumänien, Slowenien, Slowakische Republik, Tschechische Republik, Ungarn und Zypern. Gleichzeitig wurden Daten einer früheren IFP-Studie über das frühpädagogische Personal in der EU15 aktualisiert.

---

[2] Das SEEPRO-Projekt wurde 2006-2008 vom deutschen Bundesministerium für Familie, Senioren, Frauen und Jugend gefördert. Neben den Autorinnen gehörte auch Dr. Michelle Neuman (internationale frühpädagogische Expertin, Washington, DC) zum Forschungsteam. Unterstützt wurde das Team durch Florian Bauer (wissenschaftliche Hilfskraft) und Roxana Matei (studentische Hilfskraft).

Pamela Oberhuemer & Inge Schreyer

Wesentliche Vorgehensweisen der Studie waren:
- Aufbau eines Netzwerks von Schlüsselpersonen in der frühpädagogischen Forschung und Fachwelt in den zwölf neueren Ländern und Reaktivierung der Netzwerke in den 15 Ländern der früheren IFP-Studie;
- Beauftragung von nationalen Expertisen durch FachwissenschaftlerInnen als Grundlage für gezielte und kontextbezogene Forschungsfragen;
- Durchführung leitfadengestützter Interviews in englischer Sprache in den zwölf neueren Ländern mit FachreferentInnen in Bildungs- und Sozialministerien, mit Lehrkräften an Hochschulen und anderen Ausbildungsstätten, mit Vertretungen aus Forschung und Fachberatung sowie mit Einrichtungsträgern und PraxisvertreterInnen – gegebenenfalls mit Hilfe von Dolmetschern;
- Auswertung von Forschungsberichten, Regierungsberichten, Ausbildungscurricula und anderen relevanten länderspezifischen Dokumenten;
- Heranziehung relevanter internationaler Datenbanken (Eurostat, Eurydice, OECD, UNESCO) zu Teilaspekten;
- Validierung der SEEPRO-Länderprofile durch jeweils einen nationalen Sachverständigen.

3. Ausbildungen im Umbruch

Mit Blick auf die Erfordernisse des Bologna-Prozesses bezüglich eines einheitlichen europäischen Hochschulrahmens bis 2010 befinden sich auch die Ausbildungen im frühpädagogischen Bereich im Umbruch. Für die pädagogische Arbeit mit Kindern in den zwei oder drei Jahren vor der Pflichtschule besteht jedoch weitgehend Übereinstimmung: Die Kernfachkräfte, d. h. die Fachkräfte mit Gruppen- oder Leitungsverantwortung, werden auf Hochschulniveau ausgebildet. In der Regel werden diese Fachkräfte in einem mindestens dreijährigen Studiengang auf Bachelor-Niveau (180 ECTS-Punkte) auf die Bildungs- und Erziehungsarbeit in frühpädagogischen Tageseinrichtungen vorbereitet. Von den 27 EU-Ländern gibt es nur in Deutschland, Malta, Österreich, der Slowakischen Republik und der Tschechischen Republik noch kein verbindliches Hochschulstudium für die Arbeit mit Drei- bis Sechsjährigen.

Das Qualifikationsbild für die Arbeit mit unter Dreijährigen sieht dagegen vielfältiger aus. Während die nordischen und baltischen EU-Länder und auch Slowenien eine Hochschulausbildung für die Arbeit mit Kindern im Alter von null bis sechs oder sieben Jahren (und manchmal darüber hinaus) eingeführt haben – was auch der einheitlich koordinierten Verwaltung im Bereich der Kindertagesbetreuung und Elementarbildung in diesen Ländern entspricht – gilt dies für die Mehrheit der EU-Länder nicht. In diesen Ländern haben getrennt organisierte Kita-Systeme mit unterschiedlichen ministeriellen Zuständigkeiten für die Tageseinrichtungen für Drei- bis Sechsjährige (die genaue Altersgruppe variiert vom Land zu Land) und für die Tageseinrichtungen für unter Dreijährige auch zu unterschiedlichen Standards bezüglich der Personalqualifikation geführt. Aber auch hier werden die ersten Hochschulstudiengänge speziell für die Arbeit mit unter Dreijährigen entwickelt, so zum Beispiel in Rumänien und in Ungarn.

4. Kein einheitliches Professionsprofil

Die Kernfachkräfte mit Gruppenleitungsfunktion haben im EU-Vergleich sehr unterschiedlich geprägte Professionsprofile. So können sie zum Beispiel eine Ausbildung absolvieren, die gezielt auf die Arbeit mit Kindern von null bis sechs oder sieben Jahren vorbereitet; oder auf den Lehrberuf in Vor- und Grundschulen; oder auf einen Beruf im Gesundheits- und Pflegewesen. Im Folgenden werden sechs wiederkehrende Professionsprofile kurz erläutert (vgl. Oberhuemer & Schreyer, 2008; Oberhuemer & Schreyer, im Druck).

- Frühpädagogische Fachkraft
  Die Kernfachkräfte werden auf Hochschulniveau für einen pädagogischen Beruf für die Arbeit mit Kindern vom ersten Lebensjahr bis zur Einschulung ausgebildet. Dieses Profil entspricht dem aktuellen Ausbildungskonzept z. B. in Estland, Lettland und Slowenien.

- Vorschulpädagogische Fachkraft
  Die Kernfachkräfte werden für die pädagogische Arbeit mit drei- bis fünf- oder sechsjährigen Kindern ausgebildet, d. h. für die Jahre unmittelbar vor der Einschulung. Dieses Profil entspricht aktuellen Ausbildungskonzepten z. B. in Malta, Polen, der Tschechischen Republik, Zypern, wobei sich das erforderliche Qualifikationsniveau in diesen Ländern sehr unterscheidet.

- Vor- und grundschulpädagogische Fachkraft
  Die Kernfachkräfte werden auf Hochschulniveau für eine Lehrtätigkeit im (schulischen) Bildungssystem ausgebildet, d. h. als ExpertInnen für die Bildungsarbeit mit Kindern in den zwei oder drei Jahren vor der Einschulung und in der Grundschule. Dieses Profil entspricht dem aktuellen Ausbildungskonzept z. B. in Bulgarien, Frankreich, Luxemburg («institutrice de l'education préscolaire») und Rumänien.

- Krippen- und Kinderbetreuungsfachkraft
  Diese Kernfachkräfte in Tageseinrichtungen für unter Dreijährige werden speziell für die pädagogische und pflegerische Arbeit mit dieser Altersgruppe (und manchmal darüber hinaus) ausgebildet. Dieses Profil ist zum Beispiel in Malta, Ungarn und Zypern zu finden.

- Gesundheits- und Pflegefachkraft
  Für die Arbeit mit unter Dreijährigen haben die Kernfachkräfte in manchen Ländern eine Ausbildung mit Fachrichtung Gesundheits- und Pflegewesen. Entweder ist dies eine spezifisch auf Kinder ausgerichtete Fachausbildung (z. B. Kinderkrankenschwester) oder eine allgemeine Fachausbildung für die Gesundheits- und Pflegeberufe. Dieses Profil entspricht den aktuellen Ausbildungskonzepten z. B. in Bulgarien, Frankreich, Rumänien und der Tschechischen Republik.

- Sozialpädagogische Fachkraft
  Diese Fachkräfte werden in der Regel auf Hochschulniveau für eine altersübergreifende, sozialpädagogisch orientierte professionelle Tätigkeit mit

Kindern, Jugendlichen und manchmal auch Erwachsenen ausgebildet. Sie können in frühpädagogischen Tageseinrichtungen arbeiten – aber auch in diversen anderen institutionellen und nicht institutionellen Arbeitsfeldern. Dieses Profil entspricht dem Ausbildungskonzept für Kernfachkräfte ausserhalb des schulischen Bildungssystems in Dänemark und Luxemburg («éducatrice») – und auch bisher in Deutschland.

In den folgenden Übersichten werden die Professionsprofile und professionellen Bildungswege in Slowenien, Frankreich, Dänemark und Ungarn detaillierter aufgeschlüsselt (vgl. Oberhuemer & Schreyer, im Druck).

Pamela Oberhuemer & Inge Schreyer

- **Frühpädagogische Fachkraft: das Beispiel Slowenien**

Titel: *Vzgojitelj* (Erzieherin)

Profil: Frühpädagogische Fachkraft

Ausbildungsstruktur	Arbeitsfelder
Seit 1995/96: **Zugangsvoraussetzungen:** Allgemeine Hochschulreife (*splošna matura*) oder fachgebundene Hochschulreife (*poklicna matura*) oder eine postsekundäre berufliche Bildung in Frühpädagogik + Musikprüfung **Ausbildung:** Drei Jahre Universität mit Schwerpunkt Frühpädagogik (210 ECTS-Punkte), ISCED 5A **Abschluss:** Bachelor (*Diplomirani / Diplomirana vzgojitelj / vzgojiteljica predšolskih otrok*), Postgraduale Ausbildung auch möglich: **Zugangsvoraussetzungen:** Abgeschlossener Studiengang in verwandten Fachgebieten (Erziehungs-, Sozial-, Geisteswissenschaften, Sozialarbeit) **Ausbildung:** Postgraduales Studienprogramm mit 375 bis 390 Stunden, ISCED 5A **Abschluss:** Postgraduales Diplom Frühpädagogik	**Frühpädagogische Tageseinrichtung** (*Vrtec*) ein bis sechs Jahre **Eingangsklasse an der Grundschule** (*Prvi razred osnovne šole*) Sechs- bis Siebenjährige, in Zusammenarbeit mit der Grundschullehrkraft **Ausserschulische Betreuung** (*Podaljšano varstvo*) Sechs- bis Siebenjährige der «Aufnahmeklasse» **Kindertagespflege** (*Družinsko varstvo/ varstvena družina*) vorwiegend unter drei Jahre im Haus der Fachkraft **Verwandte Arbeitsfelder:** z. B. pädagogische Arbeit mit Kindern in Krankenhäusern
Anmerkung: *Vzgojitelji* sind die Kernfachkräfte in elementarpädagogischen Tageseinrichtungen (mit Gruppen- und/oder Einrichtungsverantwortung). In den Jahren direkt vor 1995 genügte eine zweijährige Universitätsausbildung oder eine vierjährige höhere Sekundarausbildung mit Schwerpunkt Frühpädagogik. Davor (in den 1960er- und 1970er-Jahren) musste eine fünfjährige höhere sekundäre berufliche Ausbildung absolviert werden. Fachkräfte mit der zweijährigen universitären Ausbildung haben die Möglichkeit, diese durch den Besuch eines 176-stündigen Universitätskurses an der erziehungswissenschaftlichen Fakultät der Universität zu aktualisieren und den neuen Abschluss zu erwerben.	

- **Vor- und grundschulpädagogische Fachkraft: das Beispiel Frankreich**

Titel: *Professeur des écoles* (Schullehrerin)

Profil: Vor- und grundschulpädagogische Fachkraft

Ausbildungsstruktur	Arbeitsfelder
Zugangsvoraussetzungen: Allgemeine Hochschulreife (*Baccalauréat*); Abschluss nach einem dreijährigen Universitätsstudium (*Licence*); Aufnahmeprüfung **Ausbildung:** Ein Jahr Prüfungsvorbereitung und ein Jahr Ausbildung an einer berufsqualifizierenden Hochschule für Lehrberufe (*Institut universitaire de formation des maîtres - IUFM*). Die *IUFM* können einer Universität oder mehreren Universitäten im Rahmen einer *Académie* zugeordnet werden. ISCED 5A	**Vorschule** (*École maternelle*) (2½) drei bis sechs Jahre **Grundschule** (*École élémentaire*) sechs bis elf Jahre

Professionelle Bildung des frühpädagogischen Fachpersonals: Europäische Trends

Abschluss: Post-graduales Diplom als staatlich anerkannte Schullehrkraft *CAP/professeur des écoles (Certificat d'aptitude au professorat des écoles)*	
Anmerkung: Die Ausbildung befasst sich mit der Bildungs- und Erziehungsarbeit mit Kindern im Alter von knapp drei bis elf Jahren, d. h. mit Vorschule und Grundschule.	

- ## Sozialpädagogische Fachkraft: das Beispiel Dänemark

Titel: *Paedagog* (Pädagogin)

Profil: Sozialpädagogische Fachkraft

Ausbildungsstruktur	Arbeitsfelder
Seit 1992: Kandidatinnen werden nach einem Quotensystem in berufsqualifizierende, sozialpädagogische Hochschulen (Früher: sozialpäd. Seminar) zugelassen;	Sozialpädagogische Einrichtungen für Kinder, Jugendliche und Erwachsene. Allgemeine Einrichtungen für Kinder und Jugendliche sind u. a.:
Quote 1 (35 Prozent) besteht aus KandidatInnen mit den besten Schul-/ Abschlussnoten der höheren Sekundarstufe;	
Quote 2 (65 Prozent) besteht aus KandidatInnen, die nach ihren jeweils erworbenen Kompetenzen und Qualifikationen eingestuft werden.	**Kindergarten** (*Børnehaver*) drei bis sechs Jahre **Altersübergreifende Tageseinrichtungen**
Zugangsvoraussetzungen:	
Quote 1: Mindestalter 18 Jahre; zwölf Jahre allgemein bildende Schule mit erfolgreichem Schulabschluss (*Studentereksamen*) oder HF-Prüfung (Prüfungsergebnis einer vergleichbaren Institution) oder HH-Prüfung (höhere Berufsschule) oder HTX-Prüfung (höhere technische Schule) oder HF-Prüfung (spezielle Prüfung für Flüchtlinge)	(*Aldersintegredere Institutioner*) null bis sechs Jahre auch: sechs Monate bis 10/14 Jahre.
Quote 2: Hier gibt es verschiedene Zugangsmöglichkeiten:	**Kinderkrippen** (*Vuggestuer*) null bis drei Jahre
(1) Ausbildung als Sozial- und Gesundheits-AssistentIn (post-16 höhere Sekundarausbildung) oder	**Vorschulklassen in Grundschulen** (*Børnehaveklasse*)
(2) Grundausbildung (PGU) für pädagogische AssistentInnen, Tagespflegeeltern, PflegeassistentInnen usw. oder	Sechsjährige (Seit 2008 gelten diese offiziell als die erste Schulklasse)
(3) Vier Prüfungsfächer der höheren Sekundarstufe (Dänisch, Englisch, Sozialwissenschaften, Wahlfach) oder	**Ausserschulische Betreuungseinrichtungen: Freizeiteinrichtung / Schulklub** *Fritidshjem*
(4) Anerkannter höherer Sekundarstufenabschluss eines anderen Landes oder	(eigenständig)
(5) Einschätzung der lebensweltorientierten Alltagskompetenz: Erworbene berufliche Kompetenzen und Qualifikationen werden von jeder Hochschule eingeschätzt, die mit den oben genannten Punkten vergleichbar sind. Diese können sein: Allgemeine persönliche Qualifikationen und Erfahrungen (Berufserfahrung, berufliche Ausbildung, Arbeit im Ausland); Spezielle Qualifikationen und Erfahrungen, die relevant sind für die Ausbildung, z. B. Arbeit im Sozialdienst, Arbeit in Freizeiteinrichtungen, in humanitären	*Skolefritidshjem* (in der Schule) sechs bis 10/14 Jahre. Spezielle Einrichtungen für Kinder, Jugendliche und Erwachsene mit besonderen Bedürfnissen sind z. B.: **Wohnheime und Tageseinrichtungen für Erwachsene** mit schweren

Pamela Oberhuemer & Inge Schreyer

Organisationen usw. Relevante berufliche Qualifikationen, z. B. ein Fach in der HF-Prüfung, kommunale Arbeit, Gewerkschaftsarbeit, erfolgreich abgeschlossene Abendkurse usw. Darüber hinaus kann jede Universität andere Qualifikationen anrechnen, wenn es mehr Bewerber als Studienplätze gibt. **Ausbildung:** 3½ Jahre (41 Monate) an einer berufsqualifizierenden Hochschule (*Professionshøjskole*). ISCED 5A/B **Abschluss** (seit 2001): Bachelor *Professionsbachelor* (*210 ECTS-Punkte*)	Behinderungen **Wohnheime für Kinder und Jugendliche,** **Verschiedene Dienste für Erwachsene,** z. B. Drogenberatungsstellen, Angebote für Personen mit Mehrfachbehinderungen **Fachverwaltung und Fachberatung,** **Überwachung der Kindertagespflege.**
Anmerkung: Bis 1992 gab es drei getrennte Ausbildungsgänge als (1) KindergartenpädagogIn, (2) FreizeitpädagogIn und (3) SozialpädagogIn, die in die oben genannte Ausbildung zusammengeführt wurden.	

- Krippenfachkraft: das Beispiel Ungarn

Titel:	*Csecsemő és gyermekgondozó* oder *csecsemő és kisgyermekgondozó* oder *gondozónő* (Kinderbetreuungskraft)
Profil:	**Krippenfachkraft**

Ausbildungsstruktur	Arbeitsfelder
Seit 2003/2004: **Zugangsvoraussetzungen:** Zwölf Jahre Pflichtschule, davon vier Jahre im beruflichen Zweig der höheren Sekundarstufe; Mindestalter 18 Jahre **Ausbildung:** Drei Jahre (1950 Stunden) post-sekundäre Ausbildung an anerkannten Berufsschulen in Zusammenarbeit mit Pädagogischen Hochschulen und regionalen Weiterbildungszentren – zirka zwei Drittel Theorie, ein Drittel Praxis. ISCED 4A **Abschluss:** Diplom Kinderbetreuung (*Csecsemő és kisgyermekgondozó*) *Vor 2002:* **Ausbildung:** Vier Jahre höhere Sekundarstufe, drei weitere Jahre Sekundarschule mit Schwerpunkt Kleinkinderbetreuung, etwa 50 Prozent theoretische Grundlagen und 50 Prozent in Praxiseinrichtungen. ISCED 3B **Abschluss:** Diplom Kinderbetreuung (*Csecsemö és gyermekgondozó*) *Nach 2009 vorgesehen:* **Ausbildung:** Drei Jahre Universität. ISCED 5B **Abschluss:** Bachelor (*Csecsemö és kisgyermeknevelö-gondozó*)	Kinderkrippe (*Bölcsöde*) null bis drei Jahre *Weitere Arbeitsfelder:* Familienzentren (null bis 14 Jahre) Babysitterdienste Kurzzeitpflege für Familien Kinderheime (Betreuung von Kindern unter drei Jahren) Netzwerk für Pflegefamilien
Anmerkung: Kinderbetreuungsfachkräfte, die eine Leitungsposition anstreben, brauchen eine Zusatz-	

Professionelle Bildung des frühpädagogischen Fachpersonals: Europäische Trends

qualifikation. Hierfür müssen sie fünf Jahre Berufserfahrung nachweisen und einen zehnmonatigen (377 Stunden) Kurs in Kinderbetreuung an einer Pädagogischen Hochschule absolvieren. Der Abschluss ist ein Zusatzdiplom in Kinderbetreuung (*bölcsődei szakgondozó*).

Voranstehende Tabellen machen klar, dass europaweit sehr unterschiedliche Vorstellungen über das erforderliche Berufsprofil für die Bildungs- und Betreuungsarbeit in der frühen Kindheit zu finden sind. Wie sind nun die Ausbildungen in der Schweiz in diese bunte europäische Landschaft einzuordnen?

5. Die Ausbildungen in der Schweiz im europäischen Kontext

Wie in der Mehrzahl der EU-Länder ist das System der frühkindlichen Bildung und Betreuung in der Schweiz nicht einheitlich geregelt (Stamm et al., 2009). Es gelten unterschiedliche Standards für die Arbeit mit unter Vierjährigen (Frühbereich) und mit Vier- bis Sechsjährigen (Vorschulbereich) bzw. Vier- bis Achtjährigen (Kindergarten/Unterstufe – KU). Es sind unterschiedliche Ministerien für die beiden Bereiche zuständig. Die Qualifikationsanforderungen für die Arbeit mit unter Vierjährigen sind insgesamt niedriger als diejenigen für die Arbeit mit Kindern im Kindergarten und in der Unterstufe der Grundschule. Auch in der Schweiz ist die Ausbildungslandschaft im Umbruch.

Für den frühkindlichen Betreuungssektor gilt seit 2006 in der deutschsprachigen Schweiz der Qualifizierungsweg als «Fachfrau/Fachmann Betreuung» bzw. «Fachperson Betreuung» als reglementierte Ausbildung der berufsbildenden Sekundarstufe (ISCED 3A). Diese Qualifikation wird als berufliche Grundbildung bzw. als duale Lehre angeboten und löst die bisherige nicht reglementierte Ausbildung als KleinkinderzieherIn ab (Eggenberger, 2008). Eine dreijährige Hochschulausbildung (dipl. KindererzieherIn HF; ISCED 5B) wird demnächst an Höheren Fachschulen eingeführt – diese wird aber nicht gleich als Regelausbildung gelten. Daneben gibt es weitere Qualifikationswege, die nicht reglementiert sind, z. B. Ausbildungsangebote für angehende Spielgruppenleitungen. Die Qualifikationsanforderung für die Arbeit als Gruppenleitung im Kindergarten dagegen ist eine in der Regel dreijährige Ausbildung an einer berufsqualifizierenden Hochschule (Pädagogische Hochschule), die mit einem Bachelor-Abschluss endet. Als Reformmodell gilt die Schaffung einer «Lehrperson-Kategorie» für die Arbeit mit Vier- bis Achtjährigen in Kindergarten und Unterstufe bzw. in den ersten zwei Jahren der Grundschule – eine dreijährige Hochschulausbildung, die den Übergang vom Kindergarten in die Grundschule umspannt, mit jeweils stufenspezifischen Spezialisierungen (vgl. auch Roßbach & Edelmanns Ausführungen in diesem Band).

Wie in vielen anderen europäischen Ländern sind auch in der Schweiz einige Grundsatzfragen bezüglich der Professionalisierung des frühpädagogischen Fachpersonals zu klären. Sollen die bisherigen unterschiedlichen Qualifikationsstandards für die Arbeit mit unter Vierjährigen und mit Kindern ab vier Jahre bis zur Einschulung bzw. bis in die zweite Grundschulklasse beibehalten werden? Mit welchen Begründungen wird diese Qualifizierungsschere aufrechterhalten? Sind die unterschiedlichen Professionsprofile – eher breit und sozialpädagogisch orientiert für den frühkindlichen Betreuungssektor, eher pädagogisch und schulorientiert für den frühkindlichen Bildungssektor – weiterhin das Ziel? Was ist das leitende Konzept von Professionalität für die Arbeit mit Kindern in den Jahren vor der Pflichteinschulung? Dies sind noch offene Fragen für Beteiligte und Entscheidungsträger in beiden Bereichen.

Literatur

BMBF – Bundesministerium für Bildung und Forschung (2007). Education unites – Conference of the European Education Ministers, 1-2 March 2007. Final Communiqué. Zugriff am 04.07.2009. Verfügbar unter http://www.bmbf.de/pub/kommunique_eu_heidelberg_d.pdf

Early, D. M., Bryant, D. M., Pianta, R. C., Clifford, R. M., Burchinal, M. R., Ritchie, S., Howes, C. & Barbarin, O. (2006). Are teachers' education, major, and credentials related to classroom quality and children's academic gains in pre-kindergarten? *Early Childhood Research Quarterly, 21*, 174-195.

Early, D. M., Maxwell, K. L., Clifford, R. M. & Pianta, R. C. (2008). Teacher education and child outcomes: A reply to the commentary. *Early Childhood Research Quarterly, 23*, 7-9.

Eggenberger, D. (2008). *Ausbildung von Fachleuten in der familienergänzenden Kinderbetreuung. Aktuelle Situation in der deutschen Schweiz.* Zugriff am 04.05.2009. Verfügbar unter http://www.paeda-logics.ch/pdf/ausbildungssituation.pdf

Howes, C., Phillips, D. A. & Whitebook, M. (1992). Thresholds of quality: Implications for the social development of children in center-based child care. *Child Development, 63(2),* 449–460.

Kelley, P. & Camilli, G. (2007). *The impact of teacher education on outcomes in center-based early childhood education programs: A meta-analysis.* Zugriff am 04.04.2009. Verfügbar unter http://nieer.org/resources/research/ TeacherEd.pdf

NICHD Early Child Care Research Network (2002). Early child care and children's development prior to school entry: Results from the NICHD Study of Early Child Care. *American Educational Research Journal, 39(1),* 133–164.

Oberhuemer, P. & Schreyer, I. (2008). What professional? *Children in Europe, 15,* 9–12.

Oberhuemer, P. & Schreyer, I. (im Druck). *Kita-Fachpersonal in Europa. Ausbildungen und Professionsprofile.* Opladen & Farmington Hills: Barbara Budrich.

OECD (2006). *Starting strong II. Early childhood education and care.* Paris: Organisation for Economic Co-operation and Development.

Sammons, P., Sylva, K., Melhuish, E., Siraj-Blatchford, I., Taggart, B., Hunt, S. & Jelicic, H. (2008). *Influences on children's cognitive and social development in year 6.* EPPE 3-11 Project. DCSF-RBO48-049.

Siraj-Blatchford, I., Sylva, K., Muttock, S., Gilden, R. & Bell, D. (2002). *Researching effective pedagogy in the early years.* Research Report No. 356. London: Institute of Education, University of London.

Stamm, M., Reinwand, V., Burger, K., Schmid, K., Viehhauser, M. & Muheim, V. (2009). *Frühkindliche Bildung in der Schweiz. Eine Grundlagenstudie im Auftrag der Schweizerischen UNESCO-Kommission.* Universität Fribourg: Zugriff am 04.04.2009. Verfügbar unter http://www.fruehkindliche-bildung.ch/file-admin/documents/forschung/Grundlagenstudie_ FBBE.pdf

Sylva, K., Melhuish, E., Sammons, P., Siraj-Blatchford, I. & Taggart, B. (2004). *The effective provision of pre-school education project (EPPE)*. Zugriff am 03.07.2009. Verfügbar unter http://www.dcsf.gov.uk/research/data/uploadfiles/SSU_FR_2004_01.pdf

Uta Meier-Gräwe

Armut und Bildung in Deutschland

1. Bestandsaufnahme: Armutsentwicklung von Familien und Kindern in einem reichen Land

Angaben des Bundesministeriums für Familie, Senioren, Frauen und Jugend zufolge waren 2007 in Deutschland 2,4 Millionen Kinder und Jugendliche unter 18 Jahren in 1,4 Millionen Haushalten von Armut betroffen. Die Armutsrisikoquote der unter 18-jährigen Bevölkerung wird mit 17,7 Prozent ausgewiesen (BMFSFJ, 2009). Der Anteil armer oder armutsgefährdeter Kinder und Jugendlicher stieg damit gegenüber den 1990er-Jahren stetig an. Diese Entwicklung steht im Kontext der Zunahme von Armut und Einkommensungleichheit in der Bevölkerung insgesamt, die seit dem Jahr 2000 in der Bundesrepublik Deutschland stärker zugenommen hat als in allen anderen Mitgliedsländern der OECD. Alleinerziehende und Kinder sind besonders betroffen (OECD, 2008). Die Steuer- und Sozialpolitik in Deutschland hat diesen Trend offensichtlich nicht bremsen können, denn viele Massnahmen sind nach wie vor wenig zielgenau und helfen nicht unbedingt den Ärmsten oder Haushalten in prekären Lebenslagen, sondern werden relativ breit über die Bevölkerung gestreut. Lange Zeit waren die Einkommensunterschiede in Deutschland im Vergleich mit den anderen 29 OECD-Staaten eher gering, doch seit 2000 ist die Einkommensschere stark auseinandergegangen (ebd.). Das liegt vor allem daran, dass die Realeinkommen der meisten Arbeiter und Angestellten stagnieren, während die vorwiegend männlichen Spitzenverdiener ihre Einkünfte überproportional steigern konnten. Darüber hinaus belegt die Studie, dass jeder fünfte bundesdeutsche Haushalt über keinerlei Erwerbseinkommen verfügt. Nirgends sonst in den 30 untersuchten Ländern ist der Anteil der Haushalte ohne jedes Erwerbseinkommen höher. Trotz einer vorübergehenden Verbesserung auf dem Arbeitsmarkt zwischen 2006 und 2008 dürfte sich die Tendenz einer Zunahme von Armut und Ungleichheit angesichts der aktuellen Finanz- und Wirtschaftskrise in den nächsten Jahren eher fortsetzen. Mit dem Bericht *Lebenslagen in Deutschland – Der 3. Armuts- und Reichtumsbericht* wird die 2001 in der Bundesrepublik Deutschland begonnene, regelmässige Bestandsaufnahme über die soziale Lage der Bevölkerung fortgesetzt. Er beschreibt die zentralen Entwicklungen der vergangenen Jahre und stellt die Massnahmen der Bundesregierung zur Bekämpfung von Armut und sozialer Ausgrenzung dar. Wie die Vorgängerberichte beschränkt er sich dabei nicht nur auf die Entwicklung von finanzieller Armut, also von Einkommen und Vermögen, sondern bezieht weitere Lebensbereiche wie beispielsweise Erwerbsbeteiligung, Bildung, Familie, Gesundheitsversorgung und Wohnen ein (BMAS, 2008).

Charakteristisch für die Armutsentwicklung in Deutschland sind erhebliche regionale Disparitäten in der Armutsverteilung: Lebten 2008 in Ostdeutschland 27,5 Prozent der unter 15-jährigen Kinder von staatlichen Transferleistungen nach SGB II (*Hartz IV*), so waren es in Westdeutschland mit 13,8 Prozent ‹nur› etwa halb so viele. Allerdings ergeben sich auch innerhalb der einzelnen Bundesländer erhebliche Unterschiede in den Armutsquoten von Kindern (BA, 2008, S. 16). Hinzu kommen signifikante Unterschiede in der Armutsbetroffenheit zwischen verschiedenen Lebensformen. So lag das Haushaltsnettoäquivalenzeinkommen[1] in Ein-Eltern-Familien im Jahr 2006 pro Kopf lediglich bei 880 Euro, wohingegen es bei verheirateten Paaren mit Kindern rund 1400 Euro betrug (BMFSFJ, 2009, S. 47). Allerdings besteht bei Paarhaushalten mit drei und mehr Kindern ebenfalls ein hohes Armutsrisiko und ebenso bei Familien mit Zuwanderungsgeschichte.

Die Betroffenheit von Kindern durch temporäre bzw. verfestigte Einkommensarmut ist überwiegend eine Folge der Armutssituation ihrer Eltern aufgrund von fehlenden Möglichkeiten zum Einkommenserwerb, fehlenden oder niedrigen Bildungsabschlüssen, sie resultiert aber auch aus unzureichenden Möglichkeiten der Kinderbetreuung. Eine wesentliche Ursache für das überdurchschnittliche Armutsrisiko von allein erziehenden Müttern und ihren Kindern liegt in ihrer überproportionalen Betroffenheit von Erwerbslosigkeit bzw. wird durch zu niedrige oder nicht realisierbare Unterhaltsansprüche verursacht. Hinzu kommt, dass

---

[1] Die Struktur der Armutsquoten und die Zusammensetzung der Armutsrisikopopulation hängen entscheidend von der Wahl der verwendeten Äquivalenzskala ab. Äquivalenzskalen ermöglichen es, das Einkommen von Haushalten durch die Zuordnung unterschiedlicher Gewichte für die einzelnen Mitglieder differenziert nach Haushaltsgrösse zu analysieren. Die Äquivalenzskala der neuen OECD-Skala weist der ersten erwachsenen Person das Gewicht 1 zu. Weitere Erwachsene und Kinder ab 14 Jahren erhalten das Gewicht 0,5, Kinder unter 14 Jahren das Gewicht 0,3. Dahinter steht neben einem altersabhängigen Bedarf die Annahme, dass sich aus dem gemeinsamen Wohnen und Wirtschaften in einem Haushalt bestimmte Einspareffekte ergeben.

flexible und ganztägige Betreuungsangebote für Kinder als eine wichtige Voraussetzung zur Aufnahme einer Erwerbstätigkeit von Alleinerziehenden nach wie vor weitestgehend fehlen. Wie dringlich der Handlungsbedarf in dieser Hinsicht ist, belegt etwa der folgende Befund: Von den alleinerziehenden Aufstockerinnen, die mit mindestens einem Kind unter 15 Jahren in einem Haushalt zusammen leben und von denen 42,3 Prozent in den letzten vier Wochen nach Arbeit gesucht hatten, wurde lediglich 2,6 Prozent (!) eine Betreuungsmöglichkeit für ihr Kind durch die Agenturen für Arbeit (ARGE) vermittelt (Dietz et al., 2009, S. 6).

Aber auch die vergleichsweise niedrigen Einkommen in den so genannten frauentypischen Berufen erschweren eine eigenständige Existenzsicherung durch Erwerbsarbeit.

Armut bei Kindern hat spezifische Ausformungen, da sie sich – anders als Erwachsene – noch in ihrer körperlichen, geistigen und sozialen Entwicklung befinden (Chasse et al., 2003). Kinderarmut basiert zwar auf der Einkommensarmut ihrer Herkunftsfamilie, erzeugt aber eine eigenständige relevante Lebenslage für Kinder, die ihre Handlungs- und Entfaltungsmöglichkeiten im Lebensalltag einschränkt und Teilhabechancen in verschiedenster Hinsicht beschneidet. Arme Kinder sind oftmals materiell, gesundheitlich, kulturell und sozial unterversorgt, was ihre persönliche Kompetenz- und Ressourcenentwicklung behindert und im weiteren Lebensverlauf zu vergleichsweise problematischen Bildungs-, Berufs- und Lebenschancen führt, oft in Gestalt von kumulativer, sich verstetigender Deprivation. Davon zeugt nicht zuletzt der deutliche Anstieg der Zahl der Inobhutnahmen von Kindern durch die Jugendämter in Deutschland: Im Vergleich zu 2005 ergab sich bis Ende des Jahres 2008 eine Steigerung um 26 Prozent, wobei der Anlass in fast die Hälfte der Fälle eine Überforderung der Eltern war, in weiteren 24 Prozent waren Vernachlässigung beziehungsweise Anzeichen für Misshandlung oder für sexuellen Missbrauch festgestellt worden (STB, 2009).

Armut bleibt nicht auf die monetäre Ressourcenlage beschränkt. Es gibt nachweislich einen Zusammenhang zwischen geringen Einkommen und dem erhöhten Risiko von relativer Benachteiligung auch in anderen Lebenslagendimensionen wie Bildung, Gesundheit, Wohnen oder gesellschaftliche Teilhabe (vgl. exemplarisch Mardorf et al., 2001; Magistrat der Stadt Gießen, 2009; Landeshauptstadt Hannover, 2009). Allerdings bedurfte es in Deutschland offensichtlich erst des schlechten Abschneidens bei der PISA-Studie, um eine stärkere öffentliche Debatte über die Mehrdimensionalität von Armut im Allgemeinen und über den Zusammenhang von Armut und Bildung im Besonderen auszulösen.

2. Deutschland beginnt den Zusammenhang von Armut und Bildung nur langsam zu begreifen

Die PISA-2000-Studie bestätigte Anfang des 21. Jahrhunderts, was renommierte BildungsforscherInnen in Deutschland schon mehrfach analysiert und im Hinblick auf die problematischen Folgewirkungen für die bundesdeutsche Gesellschaft wiederholt in den politischen Raum kommuniziert hatten; ohne jedoch Gehör zu finden: Der Lernerfolg von Kindern und Jugendlichen ist – im schroffen Gegensatz zur offiziellen Rhetorik einer erreichten Bildungsgerechtigkeit für alle Kinder als Folge der Bildungsexpansion seit den 1970er-Jahren – nach wie vor sehr eng mit ihrer sozialen Herkunft verkoppelt. PISA wies nach, dass dieser Zusammenhang in Deutschland enger ist als in den meisten anderen westlichen Industrienationen; das Wort vom «Weltmeister in sozialer Selektion» machte schnell die Runde (Baumert et al., 2001).

Die im deutschen Bildungssystem strukturell angelegte Separierung von Schülerinnen und Schülern nach erzielter Schulleistung mit dem Ziel, homogene Lerngruppen zu schaffen, führt zu deutlich geringeren Chancen für diejenigen aus sozial benachteiligten Herkunftsmilieus mit und ohne Zuwanderungsgeschichte. Umgekehrt gilt, dass Kinder aus bildungshöheren Schichten deutlich seltener in unteren Bildungsgängen anzutreffen sind. Somit wird schon während der Schulzeit eine subkulturelle Abschottung von Kindern und Jugendlichen und infolgedessen eine herkunftsbedingte Differenzierung von sozialen Lernumwelten und schulischen Leistungsentwicklungsmilieus «wissentlich in Kauf genommen» (Solga & Wagner, 2008, S. 191). Die Autorinnen weisen empirisch nach, dass sich mit der Bildungsexpansion seit den 1970er-Jahren die Bedingungen des Schulerfolgs für Hauptschülerinnen und Hauptschüler verschlechtert haben. Auf der einen Seite ist es zu einer nachlassenden sozialen Akzeptanz des Hauptschulbesuchs bei gleichzeitiger Stigmatisierung ihrer Schülerschaft gekommen. Auf der anderen Seite hat die Abwanderung von Mädchen aus dieser Schulform und insbesondere von Kindern, deren Eltern in qualifizierten Tätigkeitssegmenten beschäftigt sind, zu einer fatalen sozialen Entmischung der Hauptschule und zugleich zur Reduzierung von sozialen Ressourcen für den Bildungserwerb der dort verbleibenden Schülerinnen und Schüler geführt. Es handelt sich überwiegend um Kinder, deren Eltern in einfachen Tätigkeiten beschäftigt oder gar nicht erwerbstätig sind und die überdurchschnittlich häufig in instabilen, finanziell prekären Familienverhältnissen aufwachsen. Eine Abwärtsspirale ergibt sich durch das sinkende Anspruchsniveau, fehlende Kompensationsmöglichkeiten und Vorbilder in der verarmten Hauptschule.

Nur sehr langsam beginnt man in Politik, Wirtschaft und Öffentlichkeit zu begreifen, dass diese Entwicklung auch unter demografischen Vorzeichen mit erheblichen Folgen verbunden sein wird. Negative Folgen des engen Zusammenhangs von sozialer Herkunft und Bildungserfolg betreffen hier zu Lande vor allem die Kinder von einheimischen ModernisierungsverliererInnen und Migrantenkinder der dritten und vierten Generation. Die Gründe liegen vor allem in einem Mangel an passgenauen Angeboten der Frühförderung, der vorschulischen Bildung und Erziehung sowie einem institutionellen Defizit an durchlässigen Schul- und Ausbildungskarrieren, sodass die Begabtenpotenziale dieser Kinder kaum erschlossen werden. Hinzu kommt die herkunftsabhängige Einschätzung des Leistungspotenzials von Kindern durch Lehrer und Eltern und die schichtspezifisch ungleichen Entscheidungen über den weiteren Bildungsweg der Kinder bei gleichen Kompetenzen. Wie die IGLU-Studie 2006 belegt, hat die durch PISA, TIMSS und IGLU initiierte öffentliche Bildungsdiskussion den Wettbewerb um Bildungschancen von Kindern gegenüber 2001 sogar weiter zuungunsten von Kindern aus benachteiligten Herkunftsmilieus verschoben (Solga, 2008). Diese Entwicklung stellt aber nicht nur für Kinder aus benachteiligten Milieus eine Ungerechtigkeit dar und verhindert erfolgreiche Bildungswege und Lebenschancen. Sie führt zugleich zu einer latenten Belastung für die bundesdeutsche Gesellschaft insgesamt, weil in alternden Gesellschaften eine insgesamt kleiner werdende Zahl von jungen Menschen eine grösser werdende Gruppe von hilfs- und transferabhängigen Menschen mittragen muss. In die Bildung der künftigen

Erwerbsbevölkerung zu investieren, ist demnach eine essentielle Zukunftsfrage, die durchaus auch ökonomische Relevanz besitzt. Nicht nur unter dem Aspekt von Bildungsgerechtigkeit, sondern ebenso aus der Perspektive der Zukunftssicherung der bundesdeutschen Gesellschaft und ihrer Positionierung im internationalen Standortwettbewerb ist es mehr als fahrlässig, wenn zwischen 20 und 30 Prozent der nachwachsenden Generation bildungsarm bleiben, funktionale Analphabeten sind und in der Folge selbst wieder auf staatliche Transferzahlungen zurückgreifen müssen (Esping-Andersen, 2003).

3. Investitionen in frühe Hilfen und frühkindliche Bildung rechnen sich

Aktuelle Befunde aus der neurobiologischen und entwicklungspsychologischen Forschung haben nachweisen können, dass Säuglinge schon im ersten Lebensjahr zur extrem raschen Nutzung von Information aus der Umwelt fähig sind – die Gehirnstrukturen werden bereits in den ersten Lebensmonaten durch erfahrungsabhängige Lernprozesse angereichert und differenziert. In dieser Zeit gibt es kritische und/oder sensible Phasen in dem Sinne, dass Versäumnisse in der Entwicklung von Fähigkeiten später nicht oder kaum mehr kompensiert werden können (Pfeiffer & Reuß, 2008, S. 4). Hier liegt der wesentliche Grund dafür, dass die frühe Kindheit die Phase der Humankapitalbildung im Lebenszyklus ist, in der Investitionen die höchsten erwarteten Erträge aufweisen (Amor, 2003; Heckman, 2000).

Diese Lebensphase liegt massgeblich in den Händen von Müttern, Vätern und anderen Betreuungspersonen. In dieser Zeit wird die konkrete Ausformung der Gehirnstrukturen, deren Rahmenwerk von der genetischen Ausstattung vorgegeben ist, durch positive und negative Erlebnisse wesentlich beeinflusst. Allerdings können Entwicklungs- und Bildungsangebote von Säuglingen und Kleinkindern nur dann gut angenommen werden, wenn sie in intakte und unterstützende Beziehungsstrukturen eingebettet sind. Von besonderer Bedeutung sind dabei zunächst die Bindungsbeziehungen, die ein Kind in seiner Herkunftsfamilie erfährt. Es handelt sich dabei um starke affektive und innige Beziehungen, wie sie ein Kind üblicherweise zu seinen Eltern entwickelt. Tatsächlich beginnen Entwicklungs- und Verhaltensprobleme bei Kindern häufig zunächst mit Problemen in der frühen Eltern-Kind-Interaktion und sind in diesem Frühstadium oft noch diskret und nicht klinisch auffällig. Hier liegen Chancen früher Förderung. Die Forschung belegt, dass die Stärkung elterlicher Beziehungs- und Erziehungskompetenzen ein kostengünstiges und wirkungsvolles Angebot zur Prävention von Kindeswohlgefährdung bzw. Vernachlässigung ist (Fegert, 2005). Dass Kinder aus armen und bildungsfernen Familien kaum Aufstiegschancen haben und deshalb frühe Förderung ein Gebot der Stunde ist, wird mittlerweile nicht nur in Spezialistenkreisen anerkannt, sondern ist auch Teil des ökonomischen ‹common sense›. Doch frühe Bildung und frühe Bindung, d. h. Erziehungskompetenz und Beziehungskompetenz sind gerade im frühen Lebensalter nicht zu trennen. Bindung ist die Voraussetzung für Neugier und Explorationsverhalten (Ziegenhain, 2007).

Demzufolge ist es für eine positive Entwicklung eines Kindes von grosser Bedeutung, seine Eltern und andere unmittelbare Bezugspersonen von Anfang an in einen Förderungs- und Behandlungsprozess einzubinden, aber auch deren Erziehungskompetenzen und Beziehungsfähigkeiten zu stärken und einer Überforderung mit der neuen Lebenssituation vorzubeugen; die Entwicklung eines Kindes ist in diesem Sinne unteilbar (Pauen, 2004). Mit anderen Worten: Nachhaltige Erziehungs- und Bildungspartnerschaften zwischen professionellen Akteuren und den Eltern ‹rund um die Geburt› sind ein Gebot der Vernunft, anstatt allein auf die kompensatorische Wirkung einer im weiteren Lebensverlauf eventuell besuchten Kindertagesstätte zu vertrauen, was in aller Regel nicht vor dem zweiten Lebensjahr der Fall sein wird[2], oder gar bis zum Schuleintritt zu warten.

In diesem Zusammenhang ist zu betonen, dass es hier zunächst um den Aufbau von Bindungssicherheit und die Vermittlung von nicht kognitiven Fähigkeiten des Kindes geht. Kinder, denen ein «kompetenter Anderer» (Holodynski, 2006) jeweils zur richtigen Zeit zur Verfügung steht, erwerben bereits in der frühen Kindheit diverse Strategien, um Bildungsangebote und humankapitalfördernde Prozesse im weiteren Lebensverlauf selbständig nutzen zu können. Inzwischen deuten viele Untersuchungen darauf hin, dass nichtkognitive Fähigkeiten für die Persönlichkeitsentwicklung eines Kindes unter Einschluss der Humankapitalbildung zumindest genauso wichtig sind wie kognitive Kompetenzen: So zeigt eine

---

[2] Hier ist zu bedenken, dass das insgesamt immer noch knappe Platzangebot für unter dreijährige Kinder vorrangig von bildungsaffinen Eltern nachgefragt und beansprucht wird, wohingegen benachteiligte Kinder eher länger im elterlichen Umfeld verbleiben.

neuere US-amerikanische Studie, dass die aus guten selbstregulatorischen Fähigkeiten abgeleitete Selbstdisziplin eines Individuums für den akademischen Erfolg offenkundig sogar eine grössere Rolle spielt als dessen Intelligenz (Duckworth & Seligman, 2005). Der Nobelpreisträger für Ökonomie, James Heckman, hat bei seiner Erforschung der Bedeutung früher Förderung aus wirtschaftlicher Sicht die Bedeutung nicht kognitiver Fähigkeiten betont und die Kosten für frühkindliche Bildungsprogramme den Folgekosten im Sozial-, Gesundheits- und Justizhaushalt gegenübergestellt, die einer Gesellschaft im weiteren Lebensverlauf benachteiligter Kinder entstehen, wenn solche Investitionen in Frühförderung und Bildung nicht vorgenommen werden. Seine Bilanz ist beeindruckend: die grösste Rendite ist bei kind- und familienunterstützenden Programmen zu erwarten, die dem Schulbesuch zeitlich bereits deutlich vorgelagert sind. Ausserdem sind solche Erträge bei Kindern aus benachteiligten sozialen Herkunftsmilieus deutlich höher als bei Kindern, die über einen bildungsstarken Familienbackground verfügen (Heckman & Masterow, 2007).

4. Sozialräumliche Perspektiven

Die Folgen des demografischen Wandels wurden lange Zeit vornehmlich mit Blick auf gesamtgesellschaftliche Entwicklungen bzw. gesamtstaatliche Probleme diskutiert. Das verwundert, weil sich letztlich auf der Ebene der Städte, Gemeinden und Landkreise die Problematik der zunehmenden vertikalen sozialen und ethnischen Schichtung der Bevölkerung gewissermassen horizontal ‹verräumlicht›. Polarisierungs- und Entmischungstendenzen zwischen privilegierten bzw. benachteiligten Stadtteilen sind die Folge. Renommierte Wissenschaftler warnen inzwischen in klaren Worten: «Die soziale und sozialräumliche *Polarisierung von Lebenslagen und Lebenschancen der nachwachsenden Generation im Ruhrgebiet* wird, wenn nichts geschieht, tiefgreifende und immer schwerer reparable Konsequenzen haben. Die soziale Ungleichheit wird zunehmen und sie wird verfestigt werden» (Schulz, Strohmeier, & Weischer, 2006, S. 63).

Diese sozialräumlichen Entwicklungen stellen die verschiedenen zuständigen Ämter und lokalen Akteure in den Gemeinden und Kreisen vor die Aufgabe, nach gangbaren Wegen und zukunftsfähigen Strategien zu suchen, um soziale Verwerfungen zu vermeiden und die Attraktivität ihres Standorts durch eine Integration aller ortsansässigen Bevölkerungsgruppen zu erhalten. Das Bewusstsein über die Notwendigkeit einer solchen integrativen Strategie ist vor dem Hintergrund des demografischen Wandels zweifellos grösser geworden: Konzeptionelle Überlegungen und praktische Strukturentwicklung dürfen sich dabei nicht allein auf die Handlungsfelder der lokalen Arbeitsmarkt- und Wohnraumpolitik beschränken. Es geht gleichermassen um die Handlungsfelder einer armutspräventiv angelegten Familien- und Bildungspolitik im Sozialraum.

Die wohlfahrtsstaatliche Bearbeitung von sozialen Problemen auf der lokalen Ebene in den beiden letztgenannten Handlungsfeldern wird allerdings nur dann nachhaltig sein können, wenn sie sich als armutspräventive Politik versteht und die Mehrdimensionalität von Armutslagen beachtet. Eine effektive Politik der Armutsprävention muss darauf gerichtet sein, gerade Kindern, die in Unterversorgungslagen aufwachsen, von Anfang an den Zugang zu kulturellen Ressourcen zu eröffnen, und zwar in ihrem unmittelbaren Lebensumfeld. Es gilt, die jüngsten Erkenntnisse der Hirnforschung aufzugreifen, die betonen, dass es für den Erwerb verschiedener lautsprachlicher sowie grob- und feinmotorischer, mathematischer und musikalischer Fähigkeiten so genannte Zeitfenster gibt, die bei allen Kindern von Anfang an Beachtung finden müssten (vgl. auch den Beitrag von Viehhauser in dieser Publikation). Je mehr kontextgebundene Anregung und individuelle Förderung ein Kind in seinen ersten Lebensjahren erhält, umso besser verläuft die Entwicklung seiner linken und rechten Gehirnhälfte und der Synapsen zwischen ihnen. Kinder profitieren am meisten, wenn sie ‹selbstwirksam›, ‹selbstbildend› lernen und aktiv beteiligt werden und wenn sie von Bezugspersonen begleitet werden, die sie bei den vielfältigen Lernprozessen ermutigen, fördern und fordern. Diese Kinder sind die künftigen Erwachsenen, die in den Gemeinden und Kreisen entweder als kompetente BürgerInnen ihr Leben gestalten oder aber aufgrund von Bildungsarmut und anderen Unterversorgungslagen lebenslang auf staatliche Hilfen und das Gesundheitssystem angewiesen bleiben.

Gelingt es, die familien- und kindbezogenen Angebotsstrukturen und Settings in benachteiligten Sozialräume in den Gemeinden und Kreisen so zu gestalten, dass sie für die ortsansässigen benachteiligten Kinder gesundheits- und resilienzförderlich sind, haben sie durchaus gute Chancen, ihre Potenziale zu entfalten und

Entwicklungsangebote anzunehmen und verarbeiten zu können. Bei aller Bedeutung, die dabei der persönlichen Disposition von Kindern und ihren Eltern zukommt, greift eine lediglich auf das Kind und/oder die Eltern zentrierte Perspektive zu kurz. Es sind ebenso die im Sozialraum angesiedelten Institutionen, die als strukturgebende und resilienzfördernde oder -behindernde Instanzen wirken, aber auch Erzieherinnen oder Lehrer, die als emotional stützende Bezugspersonen eine wichtige resilienzstärkende Rolle einnehmen können oder aber dabei versagen (vgl. auch die Ausführungen von Wustmann & Simoni in diesem Band). «Es stellt sich somit nicht nur die Frage, wie man das jeweilige Kind, sondern vor allem auch wie man sein Umfeld fit machen kann» (Lanfranchi, 2006, S. 128). Wenn familienunterstützende bzw. -ergänzende Einrichtungen wie Familienbildungsstätten, Kindertagesstätten oder Familienzentren und ihr Personal Kindern und ihren Eltern in belastenden Lebenssituationen so etwas wie eine ‹strukturelle zweite Heimat› bieten, erweisen sie sich als wichtiger Schutzfaktor (Bertelsmann-Stiftung, 2006). Dagegen sind diese Einrichtungen für arme Kinder und Familien ein Risiko, wenn fachliche Qualitätsstandards nicht eingehalten werden und eine entsprechende Prioritätensetzung bei Investitionen fehlt. Dann tragen diese Institutionen im ungünstigsten Fall selbst zur Erzeugung von sozialen Problemlagen und ihrer sozialräumlichen Verdichtung bei. Zugleich verstärken solche negativen Effekte wiederum lokale Disparitäten zwischen Stadtteilen und Wohnquartieren, was den Zusammenhalt und die Attraktivität des betreffenden Standorts gefährden kann.

Diese Entsolidarisierungs- und Polarisierungstendenzen gefährden letztlich den sozialen Zusammenhalt in den Städten, Gemeinden und Kreisen. Es wird beispielsweise schon heute immer offensichtlicher, dass solchen Entwicklungen mit Initiativen wie dem Bund-Länder-Programm *Soziale Stadt* allein nicht beizukommen ist. Die engen Gebietsabgrenzungen verhindern, dass das ökonomische, kulturelle, soziale und symbolische Kapital der bessergestellten und privilegierten Bevölkerung in angrenzenden Stadtteilen für die Quartiersarbeit und für den Aufbau von sozialem Kapital in Form von sozialen Netzwerken genutzt werden kann (Runge, 2008). Der Aufbau von brückenbildendem Kapital zwischen benachteiligten und privilegierten Sozialräumen könnte dazu beitragen, dass mehr Begegnung und Verständnis für den bedrückenden Alltag von Kindern und Jugendlichen aus benachteiligten Herkunftsmilieus und eine öffentliche Diskussion darüber entsteht, wie wichtig zum Beispiel sozialräumliche Gelegenheitsstrukturen für das gemeinsame Lernen von Kindern aus verschiedenen sozialen und ethnischen Herkunftsmilieus im Sinne eines intelligenten Umgangs mit Differenz sind. Gleichermassen befördert werden könnte über den Aufbau von brückenbildenden Kapital ein steigendes öffentliches Bewusstsein darüber, dass sich Investitionen in frühkindliche Förderung und Bildung von Kindern aus benachteiligten Lebenslagen volkswirtschaftlich auszahlen und vor dem Hintergrund des demografischen Wandels zum Standortvorteil im Wettbewerb um die Ansiedlung von Wirtschaftsunternehmen und Familien werden.

5. Differenzierte und vernetzte Hilfen zur Armutsprävention im Sozialraum als grundlegender Beitrag zur mehr Bildungsgerechtigkeit für benachteiligte Kinder

Kinder, die unter Bedingungen von Armut oder prekärem Wohlstand aufwachsen, brauchen vielfältige Bildungsangebote und Anregung jenseits ihrer Herkunftsfamilie. Sie benötigen Bildungsinstitutionen, die sie viel früher als bisher individuell und ganzheitlich fördern sowie Unterschiede beim Erwerb von Bildung abbauen. Eine zukunftsorientierte lokale Bildungspolitik muss sich dem Grundsatz ‹Bildung von Anfang an› verpflichtet fühlen. Es braucht eine frühe Förderung aller Kinder, eine kostenlose verpflichtende Vorschule von hoher Qualität und mit zumindest fachhochschulqualifizierten ErzieherInnen, welche die Lernfähigkeit der Kinder mit stimmigen und überprüften pädagogischen Konzepten unterstützen. Hier liegt einer der Schlüssel für die wirksame Förderung von Kindern aus benachteiligten Herkunftsverhältnissen, vorausgesetzt, Eltern und Kinder werden durch diverse Angebote der aufsuchenden und anleitenden Familienhilfe und -beratung bereits nach der Geburt von Kindern unterstützt und durch passgenaue Angebote entlastet. Das Grundschulsystem und die Sekundarstufen sollten zusätzlich auf ein ganztägiges Modell der Gemeinschaftsschulen umgestellt werden, in dem die Kinder wie in den meisten europäischen Ländern mit guten Bildungsresultaten nach ihren individuellen Begabungen gefördert werden.

Uta Meier-Gräwe

Bereits in den 1970er-Jahren gab es in der fachpolitischen Diskussion eine wissenschaftlich-konzeptionell begründete Präferenz für Ansätze der psychosozialen Prävention bei Kindern. Beratung und Hilfe sollte in einer entsprechenden Infrastruktur professionell sichergestellt werden. Auf diese Weise war intendiert, Krisen und Konflikte im Vorfeld einer Problemeskalation zu bearbeiten, sodass die Trennung von Kind und Eltern bzw. von seinem sozialen Umfeld vermieden werden konnte. In der Konsequenz kam es zum Ausbau von Frühförderzentren und gemeinwesenorientierten Beratungsstellen, die konzeptionell neueste Erkenntnisse der Entwicklungspsychologie und Pädagogik aufnahmen und dezidiert den Zielen von Prävention und Kooperation folgten.

Kontrastiert man den fachpolitisch hohen Stellenwert von präventiven Arbeitsformen mit der heutigen Situation, so fällt eine erhebliche Diskrepanz zwischen Anspruch und sozialer Beratungs- und Hilfepraxis auf. Zwar gehören präventive Ansätze nach wie vor in das Repertoire sozialpsychologischer Dienste als Option. Ihr faktischer Bedeutungsgehalt ist jedoch gegenüber kurativ-interventionistischen Arbeitsformen marginal. Diese Randständigkeit von Prävention steht vor dem Hintergrund des tiefgreifenden Strukturwandels von Kindheit und Familie in einem auffälligen Gegensatz zu den Bedarfslagen, etwa in den Kindertagesstätten. Zahlreiche Umfragen unter Erzieherinnen haben gezeigt, dass die Belastung des Kita-Alltags durch verhaltensauffällige Kinder inzwischen von den Befragten als das grösste Problem in ihrem Berufsleben beklagt wird. Der Bedarf an praktischer und präventiver Unterstützung ist in den Kitas offensichtlich so gross, dass Erzieherinnen vielfach das Gefühl haben, weder ihrem pädagogischen Basisauftrag noch den betroffenen Kindern gerecht werden zu können. Diese Diskrepanz verstärkt sich im Grundschulalter der Kinder und läuft in der chronisch unterfinanzierten und bildungspolitisch vernachlässigten Schulform der Hauptschule offensichtlich immer öfter aus dem Ruder.

Folglich braucht es eine präventiv angelegte und sozialräumlich orientierte Kooperation zwischen sozialpädagogischen, sozialpsychologischen, aber auch familienbezogenen gesundheitlichen und hauswirtschaftlichen Diensten, um Kinder und ihre Eltern so früh wie möglich zu erreichen und beim Aufwachsen zu begleiten. Es geht dabei weniger um die Etablierung neuer Dienste und Hilfsangebote als vielmehr um ihre verstärkte passgenaue Ausrichtung an den veränderten

Lebens- und Problemlagen von Kindern und ihrem häuslichen Umfeld sowie um eine strukturell bessere Vernetzung und Abstimmung der bestehenden Infrastrukturen vor Ort. Die Möglichkeiten für kooperative und interdisziplinäre Ansätze im Sozialraum werden bislang allerdings nur unzureichend erschlossen. Es überwiegt noch immer ein Herangehen, bei dem Kindertagesstätte, Schule, Familienbildung und Jugendhilfe ihre je ‹eigene› Perspektive von (Armuts-)Prävention oder Bildungsgerechtigkeit entwickeln.

Auch die seit 1997 vom Institut für Sozialarbeit und Sozialpädagogik längsschnittlich erforschten Lebenslagen und Zukunftschancen von (armen) Kindern bestätigen eindrucksvoll, dass sich Armut von frühester Kindheit an zeigt und in langfristigen Wirkungen manifestiert. Arme Kinder sind nachweislich beeinträchtigt, was ihre materielle Situation, ihre soziale Integration und ihre Bildungschancen betrifft. Das zeigt sich keineswegs erst bei den Fünfzehnjährigen, sondern bereits bei den sechsjährigen Kindern. Im Zeitverlauf betrachtet, ist diese Entwicklung das Resultat eines Sozialisationsprozesses, der schon in der Kita-Zeit – so die Langzeitstudie – erkennbar wird und sich in der Grundschulzeit massiv verstärkt (Holz et al., 2005). Dieser Prozess kumuliert dann durch die soziale Selektion im dreigliedrigen Schulsystem weiter: Auf diese Weise produziert die bundesdeutsche Gesellschaft in zunehmendem Masse «Kellerkinder» (Klemm, 2001, S.16), die ohne oder mit abgewertetem Hauptschulabschluss auf den Arbeitsmarkt treten und dort zunehmend ohne Chance auf eine existenzsichernde Berufsperspektive sind.

Der Vergleich mit den Entwicklungschancen nicht armer Kinder zeigt gleichwohl, dass Beeinträchtigungen und Auffälligkeiten von Kindern frühzeitig und dauerhaft vermeidbar sind. Lokale Betreuungs-, Bildungs- und Hilfesysteme sind gefordert, mit zielgruppenspezifischen, niedrigschwelligen und alltagstauglichen Konzepten und Hilfsangeboten auf den Tatbestand zu reagieren, dass in der bundesdeutschen Gesellschaft eine stetig wachsende Zahl von Kindern heranwächst, deren Eltern selbst zeitlebens keinen beruflichen Abschluss erlangen mit allen Konsequenzen, die daraus für die Lebens- und Bildungschancen dieser Kinder erwachsen. Vielfältige Projekte und Modellversuche, wie sie vor Ort erprobt werden, um diesen Entwicklungen wirkungsvoll und frühzeitig zu begegnen, gilt es in die Regelpraxis zu übertragen und durch adäquate politische Rahmenbedingungen auf allen föderativen Ebenen zu flankieren.

Kooperatives und interdisziplinäres Arbeiten als erklärtes Ziel einer stärkeren öffentlichen und professionellen Verantwortlichkeit für Kinder und deren Eltern meint in diesem Zusammenhang mehr als die Abstimmung der Zusammenarbeit verschiedener Dienste unter Beibehaltung einer selbst definierten Zuständigkeit und auch mehr als die Regelung von Schnittstellen und Zuständigkeiten. Es geht ebenso um die gegenseitige Anerkennung der Vielfältigkeit und Wertschätzung der je anderen Fachlichkeit und zwar ‹auf gleicher Augenhöhe› und um die gemeinsame eindeutige Klärung der zu bearbeitenden Problematik. An die Stelle des Abarbeitens von Vorgaben hätte die Entwicklung von bedarfs- und passgenauen Konzepten zu treten bei Berücksichtigung der jeweiligen Kontextbedingungen vor Ort. Zugleich ist es erforderlich, Erfolgsbewertungen und Qualifizierungsmassnahmen gemeinsam vorzunehmen.

Obwohl es in der Fachöffentlichkeit einen breiten Konsens über die Notwendigkeit zur Kooperation zwischen verschiedenen Diensten gibt, scheitert diese Bestrebung in der Realität sehr oft an versäumtem Verwaltungshandeln, einer ressortgebundenen Finanzierung von Projekten oder auch schon an der Befürchtung, das eigene Profil oder gar die Existenzberechtigung zu verlieren. Deshalb ist es dringend erforderlich, einen Verständigungs- und Kooperationsprozess entlang der Leitfrage zu entwickeln, wie Kindern und ihren Eltern in benachteiligten Lebenslagen eine bestmögliche und individuelle Unterstützung im Sozialraum gewährt werden kann. Dieser Prozess erfordert klare und verbindliche Regeln der Kooperation zwischen allen Beteiligten mit dem Ziel, ein integriertes Gesamtkonzept der kurzen Wege zu entwickeln, in dem die vor Ort bestehenden Angebote bedarfsorientiert aufeinander bezogen und keinesfalls konkurrierende Angebote vorgehalten werden.

Aufgrund der vielfältigen neuen Anforderungen an die professionelle Begleitung von frühkindlicher Förderung und Bildung von Kindern aus benachteiligten Herkunftsmilieus ergeben sich schliesslich Konsequenzen für die Qualifizierung und die Weiterbildung der in diesem Prozess zusammenwirkenden Fachkräfte. So ist ihre Sensibilisierung und die Vermittlung von Kenntnissen über gesellschaftliche Strukturveränderungen (Armutsentwicklung, Strukturwandel von Familie und Kindheit) ebenso erforderlich wie der Zugang zu neuesten Ergebnissen der neurobiologischen, entwicklungspsychologischen oder der Resilienz-Forschung. Schliesslich erfordert auch die Kooperation mit semiprofessionellen MitarbeiterInnen und Laien bzw. die Zusammenarbeit mit VertreterInnen anderer Hilfesysteme eine hoch professionelle Arbeit, die auf eine entsprechende Qualifizierung fusst (Meier-Gräwe, 2006).

Heute blicken wir in andere europäische Staaten, um positive Modelle und Erfahrungen bei der Prävention von Armut bzw. ihrer Bekämpfung zu studieren und sie bei der Konzipierung eigener Ansätze kreativ zu nutzen.

Einen international viel beachteten Weg, Eltern in die Erziehung ihrer Kinder einzubinden und dabei gezielt zu unterstützen, auch ihre eigene Lebenssituation zu verbessern, ist das Vereinigte Königreich gegangen. Dort musste sich die Politik ebenso wie die Bundesrepublik Deutschland mit dem Tatbestand zunehmender Armutsquoten von Kindern auseinandersetzen. Ihr Modell des *Early Excellence Centre* zielt konzeptionell wie praktisch darauf ab, jedem Kind einen sicheren Start ins Leben zu eröffnen. Die ZEIT hat diese Einrichtung durchaus treffend als eine gelungene «Mischung aus Luxuskindergarten für sozial Benachteiligte und Elterntreffpunkt» beschrieben. Einerseits geht es um die allseitige Förderung und Bildung der Kleinsten von Anfang an, indem ihre motorischen, sprachlichen, künstlerischen, aber auch naturwissenschaftliche und soziale Kompetenzen entwickelt werden. Andererseits stellt die Einbindung der Eltern in die Arbeit der *Early-Excellence*-Zentren, die zumeist in sozialen Problemquartieren eingerichtet worden sind, die konzeptionell entscheidende Weichenstellung dar, wohlwissend, dass die Familie nach wie vor die primäre Sozialisationsinstanz von Kindern ausmacht. Erzieherinnen machen Hausbesuche bei den Kindern, um sich ein Bild von ihren Lebensumständen und ihrem Entwicklungsstand zu machen. In den Zentren selbst werden den Eltern unterschiedliche konkrete Hilfen zur Bewältigung ihres Lebensalltags wie Sprachkurse, Konfliktlösungstrainings, Familien- und Gesundheitsberatung oder Kochkurse angeboten, sie werden aber auch bei der Arbeitsvermittlung oder bei ihrer beruflichen Qualifizierung unterstützt.

Was vormals – ebenso wie in Deutschland – an unterschiedlichen Orten offeriert und keineswegs vernetzt angeboten wurde, ist in den Zentren mit entsprechenden Querbezügen vorhanden, sodass Schwellenängste überwunden werden und

Fussläufigkeit gegeben ist. Mittelfristig sollen diese Eltern-Kind-Zentren so ausgebaut werden, dass Kinder vom Säuglingsalter bis zu ihrem zehnten Lebensjahr und ihre Eltern begleitet werden. Die *Early Excellence Centres* gelten inzwischen als ‹Kronjuwelen› von New Labour und bilden das grösste Programm im Bereich der frühkindlichen Betreuung und Erziehung, für das staatliche Gelder in Milliardenhöhe bereitstehen (McK. Wissen, 2005).

Eltern werden in ihrer Rolle als Mutter oder Vater, als ‹ExpertInnen› ihres Kindes ernst genommen und mit konkreten Hilfen unterstützt, was auf eine Überwindung des Defizitansatzes hinausläuft und eine entsprechende Kompetenzerweiterung auch auf Seiten der Erzieherinnen voraussetzt, etwa Hintergrund- und Spezialwissen über die gesellschaftlichen Armutsentwicklungen in ihren multidimensionalen Wirkungen auf den Familienalltag zu erlangen. So entstehen Chancen für neue Erziehungspartnerschaften, die dem Grundsatz des Förderns und Forderns ausbalanciert folgen. Die bewusste Einbindung von professioneller, semiprofessioneller und Laienkompetenz in die tägliche Elternarbeit verlangt den Müttern und Vätern ab, ihren elterlichen Aufgaben nachzukommen und führt sie dabei – wo immer es möglich ist – aus ihrer sozialen Isolation heraus.

Literatur

Armor, D. J. (2003). *Maximizing intelligence.* New Brunswick: Transaction Publishers.

Baumert, J., Stanat, P. & Demmrich, A. (2001). Untersuchungsgegenstand, theoretische Grundlagen und Durchführung der Studie. In Deutsches PISA-Konsortium (Hrsg.), *PISA 2001. Basiskompetenzen von Schülerinnen und Schülern im internationalen Vergleich* (S. 15-68). Opladen: Leske + Budrich.

Baumert, J. (2001). Lesen muss sein. *Wissenschaftszentrum Nordrhein-Westfalen, Das Magazin, 13(1),* 6-9.

Bertelsmann-Stiftung (2006). *«Jedes Kind mitnehmen». Bildungschancen für Kinder aus sozial benachteiligten Familien.* Gütersloh: Bertelsmann-Stiftung.

Dietz, M., Müller, G. & Trappmann, M. (2009). Bedarfsgemeinschaften im SGB II. Warum Aufstocker trotz Arbeit bedürftig bleiben. *IAB-Kurzbericht, 2,* 1-10.

BA (Bundesagentur für Arbeit) (2008). *Arbeitsmarkt in Zahlen. Statistik der Grundsicherung für Arbeitssuchende: SGB II-Bedarfsgemeinschaften und ihre Mitglieder nach drei Monaten Wartezeit.* Nürnberg: Bundesagentur für Arbeit.

BMAS (2008). *Lebenslagen in Deutschland – Der 3. Armuts- und Reichtumsbericht.* Berlin: Bundesministerium für Arbeit und Soziales.

BMFSFJ (2009). *Familienreport 2009. Leistungen. Wirkungen. Trends.* Berlin: Bundesministerium für Familie, Senioren, Frauen und Jugend.

Chasse, K. A., Zander, M. & Rasch, K. (2003). *Meine Familie ist arm. Wie Kinder im Grundschulalter Armut erleben und bewältigen.* Opladen: Leske + Budrich.

Duckworth, A. L. & Seligman, M. E. P. (2005). Self-discipline outdoes IQ in predicting academic performance. *Psychological Science 16(12),* 939-944.

Esping-Andersen, G. (2003). Aus reichen Kindern werden reiche Eltern. *Frankfurter Rundschau,* S. 7., 20. Dezember.

Fegert, J. M. (2005). Laudatio zum Präventionsprojekt «*Zukunft für Kinder*» in Düsseldorf am 15. Mai.

Heckman, J. J. (2000). Policies to foster human capital. *Research in Economics 54(1),* 3-56.

Heckman, J. J. & Masterov, D. (2007). The productivity argument for investing in young children. *Review of Agricultural Economics 29(3),* 446-493.

Holodynski, M. (2006). Die Entwicklung von Leistungsmotivation im Vorschulalter. Soziale Bewertungen und ihre Auswirkung auf Stolz, Scham und Ausdauerreaktion. *Zeitschrift für Entwicklungspsychologie und Pädagogische Psychologie, 38(1),* 2-17.

Holz, G. et al. (2005). *Zukunftschancen für Kinder. Wirkung von Armut bis zum Ende der Grundschulzeit.* Bonn, Berlin, Frankfurt am Main: Endbericht der 3. AWO-ISS-Studie.

Klemm, K. (2001). Mehr Förderung für die Kleinen. *Erziehung und Wissenschaft, Allgemeine Deutsche Lehrerzeitung, 2,* 11-16.

Landeshauptstadt Hannover (2009). *Bildung. Betreuung. Erziehung. Kommunale Bildungsplanung in der Landeshauptstadt Hannover.* Hannover: Stadt Hannover.

Lanfranchi, A. (2006). Resilienzförderung von Kindern bei Migration und Flucht. In R. Welter-Enderlin & B. Hildenbrand (Hrsg.), *Resilienz – Gedeihen trotz widriger Umstände* (S. 119-138). Heidelberg: Carl-Auer Systeme.

McK. Wissen. Das Magazin von McKinsey: Mama-Papa-Kindergärten. 14: Bildung, S. 25-29. Zugriff am 11.09.2009. Verfügbar unter www.b2edu.de/mckwissen.

Magistrat der Stadt Gießen (Hrsg.) (2009). *Sozialstrukturatlas der Universität Gießen.* Gießen: Universität Gießen.

Mardorf, S., Meier, U. & Preusse, H. (2001). *Kommunaler Armutsbericht der Universitätsstadt Gießen.* Gießen: Stadt Gießen.

Meier-Gräwe, U. (2006). Was brauchen Eltern in benachteiligten Lebenslagen? *KiTa spezial, Sonderausgabe Nr. 4,* 14-18.

OECD-Studie (2008). *Mehr Ungleichheit trotz Wachstum? Einkommensverteilung und Armut in OECD-Ländern.* Paris: OECD.

Pauen, S. (2004). Zeitfenster der Gehirn- und Verhaltensentwicklung. Modethema oder Klassiker? *Zeitschrift für Pädagogik, 4,* 521-530.

Pfeiffer, F. & Reuß, F. (2008). Ungleichheit und die differentiellen Erträge frühkindlicher Bildungsinvestitionen im Lebenszyklus. *ZWE Discussion Paper No. 08-001.*

Radtke, F.-O. (2007). Lokales Bildungs- und Integrationsmanagement. Plädoyer für eine zielorientierte Schulentwicklungsplanung. *vhw Forum Wohneigentum. Zeitschrift für Wohneigentum in der Stadtentwicklung und Immobilienwirtschaft, 1,* 19-22.

Runge, M. (2007). *Der Aufbau von brückenbildendem sozialem Kapital. Bereitschaft zu und Hindernisse von quartiersübergreifenden Austauschprozessen und Netzwerken.* Ulm: Ag Spak.

Schultz, A., Strohmeier, K.-P. & Weischer, C. (2006). Familienentwicklung im industriellen Ballungsraum. Lebensformen, Lebenslagen und die Zukunft der Familien. In H. Bertram, H. Krüger & C. K. Spieß (Hrsg.), *Wem gehört die Familie der Zukunft? Expertisen zum 7. Familienbericht.* Opladen: Leske + Budrich.

Solga, H. (2003). Institutionelle Ursachen von Bildungsungleichheiten. In Netzwerk Bildung (Hrsg.), *Soziale Herkunft entscheidet über Bildungserfolg. Konsequenzen aus IGLU 2006 und PISA III* (S. 15-17). Berlin: Friedrich-Ebert-Stiftung.

Solga, H. & Wagner, S. (2008). Die Zurückgelassenen – die soziale Verarmung der Lernumwelt von Hauptschülerinnen und Hauptschülern. In R. Becker & W. Lauterbach (Hrsg.), *Bildung als Privileg* (S. 191-219). Wiesbaden: VS Verlag für Sozialwissenschaften.

STA (Statistisches Bundesamt) (2009). Pressemitteilung Nr. 234 *«14 % mehr Inobhutnahmen durch Jugendämter im Jahr 2008».* Wiesbaden. Zugriff am 25.06.2009. Verfügbar unter www.destatis.de/jetspeed/portal/cms/Sites/destatis/Internet/DE/Presse/pm/ 2009

Stamm, M., Reinwand, V., Burger, K., Schmid, K., Viehhauser, M. & Muheim, V. (2009). *Frühkindliche Bildung in der Schweiz. Eine Grundlagenstudie im Auftrag der UNESCO-Kommission Schweiz.* Fribourg: Universität, Departement Erziehungswissenschaften.

Ziegenhain, U. (2007). Stärkung elterlicher Beziehungs- und Erziehungskompetenzen – Chance für präventive Hilfen im Kinderschutz. In J. Fegert & U. Ziegenhain (Hrsg.), *Kindeswohlgefährdung und Vernachlässigung* (S. 119-127). München: Ernst Reinhardt.

Kaspar Burger

Frühkindliche Bildungsforschung: Nationale und internationale Bestandsaufnahme und Konsequenzen für Bildungspraxis und -politik in der Schweiz

Einleitung
Die Wirkungen frühkindlicher Bildung, Betreuung und Erziehung auf die Entwicklung von Kindern wurden seit der Einführung des kompensatorischen Erziehungsprogramms *Head Start* im Jahr 1965 mehrfach untersucht. Diesen Wirkungen soll im vorliegenden Artikel nachgegangen werden. Im Zentrum steht die Frage, wie der Besuch institutionalisierter ausserfamiliärer Betreuungsprogramme im Vorschulalter die kindliche Entwicklung in den nachfolgenden Jahren beeinflusst. Diskutiert werden aktuelle Befunde aus der erziehungswissenschaftlichen und entwicklungspsychologischen Forschung. Nebst den zentralen Forschungsergebnissen aus der Schweiz werden Resultate aus weiteren Ländern Europas sowie aus Nordamerika, Afrika und Asien nachgezeichnet.

1. Was ist frühkindliche Bildung, Betreuung und Erziehung und was will sie?
Die meisten frühen Interventionsprogramme orientieren sich mehr oder weniger direkt an *Head Start*. Dies ist ein Halbtagesprogramm, zu dessen primären Zielen die Entwicklung sozialer Kompetenzen, die Erhöhung der Schulbereitschaft und die Verbesserung von Gesundheit und Ernährung von drei- bis fünfjährigen Kindern gehören (U.S. Department of Health and Human Services, 2008). Das Programm richtet sich an Kinder aus Familien mit einem Einkommen unterhalb der Armutsgrenze und an Kinder mit speziellen Lernbehinderungen. In diesen Zulassungsbeschränkungen drückt sich eines der zentralen Anliegen aus: *Head Start* will ökonomisch und sozial benachteiligten Kindern helfen, ihr Entwicklungspotenzial voll auszuschöpfen. Die Eltern werden dabei aktiv in die Lernprozesse ihrer Kinder einbezogen. Sie werden entsprechend geschult oder selbst

als Betreuer oder administrative Mitarbeiter an den *Head-Start* Programmen beteiligt.

Im Allgemeinen kennzeichnen sich frühpädagogische Programme dadurch, dass sie Kindern vor dem Kindergarten oder dem obligatorischen Schuleintritt Dienstleistungen im Bereich Bildung, Betreuung und Erziehung bereitstellen. Die meisten Programme streben die Förderung einer erfolgreichen kognitiven und psychosozialen Entwicklung der Kinder an. Meist versuchen sie dabei, Kindern mit unterschiedlichen Lernausgangslagen ähnliche Bildungschancen zu verschaffen, indem sie den Kindern die für einen erfolgreichen Schuleintritt erforderlichen Fähigkeiten vermitteln. Damit reagieren frühe Interventionsprojekte auf die Erkenntnis, dass Kinder aus bildungsfernen Familien oft weniger Möglichkeiten zum informellen Lernen im Elternhaus haben, wodurch sich ihre Chancen verringern, ihr Potenzial voll zu entwickeln (Leseman, 2007; Siraj-Blatchford, 2004). Ausserdem tragen diese Interventionsprojekte dem Wissen Rechnung, dass die schulische Laufbahn wesentlich von den in der Vorschulphase erworbenen Fähigkeiten abhängt (Moser, Bayer & Berweger, 2008; Osborn & Milbank, 1987; Sammons et al., 2008), dass sich die Kompetenzen einzelner Kinder bereits im Kindergarten- und Primarschulalter deutlich unterscheiden und dass diese Unterschiede in vielen Fällen durch die soziale Herkunft bedingt sind. Dies gilt sowohl in der Schweiz (Moser, Bayer & Berweger, 2008; Moser, Stamm & Hollenweger, 2005) wie auch beispielsweise in Deutschland, England und den USA (vgl. Duncan, Brooks-Gunn & Klebanov, 1994; McLoyd, 1998; Roberts, Bornstein, Slater & Barrett, 1999; Taylor, Dearing & McCartney, 2004). Kinder aus Familien mit tiefem sozioökonomischem Status sind dabei vielfach gefährdet, die für eine günstige Schullaufbahn erforderlichen Fähigkeiten nicht erfolgreich zu entwickeln. Weil der Zeitpunkt des Schulbeginns somit nicht als Stunde null in der Entwicklung verstanden werden kann (vgl. Selter, 1995), verfügen einzelne Kinder zu Beginn ihrer Bildungslaufbahn bereits über sehr ungleiche Bildungschancen. Viele frühpädagogischen Programme streben deshalb danach, möglichst allen Kindern gleiche Chancen im Bildungswesen zu verschaffen, das heisst allen ohne Rücksicht auf leistungsfremde Merkmale – wie etwa Geschlecht, Religion, Hautfarbe, politische Einstellung oder sozioökonomischem Status – die gleichen Möglichkeiten zu Leistungsentfaltung und Leistungsbestä-

Frühkindliche Bildungsforschung: Nationale und internationale Bestandsaufnahme

tigung einzuräumen (vgl. zu Chancengleichheit auch Hradil, 2001). Dieses Bestreben erweist sich insbesondere mit Blick auf die PISA-Studien als bedeutsam, welche unter anderem in Ländern wie der Schweiz und Deutschland einen engen Zusammenhang zwischen der sozialen Herkunft und dem Schulerfolg festgestellt haben (PISA, 2001, 2004, 2007). Es stellt sich daher die Frage, ob vorschulische Interventionen sozialen Differenzen entgegenwirken können. Im Folgenden sollen empirische Befunde zu dieser Fragestellung erläutert werden. Zunächst werden jedoch allgemeine Wirkungen vorschulischer Interventionen in einer nationalen und internationalen Bestandsaufnahme diskutiert.

2. Was können frühpädagogische Programme leisten?

Frühpädagogische Massnahmen haben in den meisten Fällen beträchtliche positive Wirkungen auf die kognitive Entwicklung von Kindern (vgl. Burger, 2009), während die Wirkungen auf die soziale Entwicklung unterschiedlich ausfallen. Die kognitiven Effekte zeigen sich dabei vielfach in besseren Werten in kognitiven Leistungstests und Schulexamen, in geringeren Raten an sonderpädagogischen Zuweisungen und Klassenwiederholungen sowie in höheren Schulabschlussquoten (bspw. Barnett, 1995). Die soziale Entwicklung wird meist mittels bestimmter Selbst- und Fremdeinschätzungstests, über teilnehmende Beobachtungen oder auch anhand von offiziellen Akten wie etwa Strafregisterauszügen erfasst (vgl. Yoshikawa, 1995). Von Interesse sind dabei vorwiegend Aspekte wie die soziale Anpassung, antisoziales Verhalten oder verschiedene Formen delinquenten Verhaltens. In Bezug auf die soziale Entwicklung zeichnen sich kaum allgemeine Tendenzen in den Wirkungen vorschulischer Programme ab. Während einige Studien positive Effekte auf soziales Verhalten in der Schule, Vermeidungsverhalten, aggressives Benehmen und Delinquenzraten nachwiesen (Karoly et al., 1998; Yoshikawa, 1995), zeigten andere Studien keine entsprechenden Effekte oder gar eine Zunahme ungünstigen sozialen Verhaltens auf (vgl. Magnuson, Ruhm & Waldfogel, 2004). Allgemein gilt: Die besonders positiven Forschungsbefunde stammen grösstenteils aus qualitativ hochwertigen Programmen, die über beträchtliche finanzielle Ressourcen und gut ausgebildetes Personal sowie einen günstigen Betreuungsschlüssel verfügten. In so genannten Modellprojekten wurden die deutlichsten positiven Effekte diagnostiziert.

Kaspar Burger

Das sind Projekte, in denen die Wirksamkeit vorschulischer Interventionen explizit unter Beweis gestellt werden sollte. Sie richten sich im Gegensatz zu grösser angelegten Projekten meist an eine nur kleine Zahl von Kindern aus sozioökonomisch benachteiligten Milieus, denen unter der Leitung gut ausgebildeten Fachpersonals besonders günstige Lern- und Entwicklungsbedingungen geschaffen wurden.

Im Folgenden werden die wichtigsten aktuellen Studien zur Wirkung frühpädagogischer Programme aus der Schweiz und dem Ausland dargestellt. Besonderes Augenmerk wird dabei auf die Evaluation der in der Schweiz versuchsweise eingeführten Grund- und Basisstufe gerichtet.

2.1 Forschungsergebnisse aus der Schweiz

In der Schweiz liegen bislang nur wenige Wirksamkeitsstudien zu frühen Interventionen vor. Zu den wichtigsten gehören jene von Lanfranchi (2002, 2007), Moser, Bayer und Berweger (2008) und Pierrehumbert et al. (1996, 2002). Lanfranchi (2002) konnte nachweisen, dass familienergänzend betreute Kinder den Übergang vom Kindergarten in die Schule erfolgreicher bewältigten als Kinder ohne eine entsprechende familienergänzende Betreuung. Er untersuchte, wie Kinderbetreuung in Krippen, Horten, Tagesfamilien oder Spielgruppen dazu beiträgt, die späteren Bildungschancen von Schweizer Kindern und Kindern mit Migrationshintergrund zu erhöhen. Seine Studie (ebd.) zeigte, dass Lehrpersonen der ersten Primarschulklasse die kognitiven, sprachlichen und sozialen Fähigkeiten von Kindern, die ab dem dritten Lebensjahr familienergänzend betreut wurden, als besser einschätzten als die Fähigkeiten von Kindern ohne familienergänzende Betreuungserfahrung. Dabei schien die Zusammenarbeit von Lehrpersonen mit den Eltern als Verbindungsglied zwischen den familialen Deutungsmustern und den Anforderungen der Schule eine wichtige Komponente für den kurzfristigen Schulerfolg der Kinder darzustellen. Eine Nachfolgeuntersuchung zeigte jedoch, dass längerfristig vor allem die Bildungsaspiration der Eltern eine Rolle spielte für den Bildungserfolg der Kinder (Lanfranchi, 2007; vgl. auch den Beitrag von Muheim & Reinwand in dieser Publikation).

In der Romandie analysierten Pierrehumbert und Mitarbeiter (2002) den Einfluss der Qualität von familiärer und ausserfamiliärer Kinderbetreuung im Alter von zwei Jahren auf den Stand der sozialen Entwicklung mit drei Jahren. Ihre Untersuchung zeigte im Gegensatz zu verschiedenen anderen Studien, dass die Qualität der ausserfamiliären Betreuung den Entwicklungsfortschritt der Kinder stärker beeinflusste als die Qualität der Betreuung durch die Familie. Dieses Resultat verweist auf die grosse Bedeutung, welche Qualitätskontrollen in der ausserfamiliären Betreuung zukommen, und es wirft die wichtige Frage nach der Festlegung und der regelmässigen Überprüfung verbindlicher pädagogischer Qualitätskriterien auf.

Die aktuelle Evaluation der Schulversuche der Grund- und Basisstufe (Moser, Bayer & Berweger, 2008) förderte für die Schweiz schliesslich weitere wichtige Einsichten zutage. Hier wurden die Leistungen von Kindern in zwei unterschiedlichen Schuleingangsstufen – dem herkömmlichen Kindergarten und der Grund- und Basisstufe – miteinander verglichen.

2.2 Zwischenevaluation der Grund- und Basisstufe in der Schweiz

In neun Kantonen der Schweiz (AG, BE, FR, GL, NW, LU, TG, SG und ZH) und im Fürstentum Liechtenstein werden zwischen 2003 und 2009 im Projekt *EDK-Ost 4bis8* Schulversuche durchgeführt. Untersucht werden zwei Schuleingangsmodelle für vier- bis achtjährige Kinder in 160 Schulversuchsklassen: die Grundstufe und die Basisstufe. Bei diesen beiden Modellen handelt es sich um eine pädagogische und organisatorische Neukonzeption der Schuleingangsstufe. Die dreijährige Grundstufe umfasst zwei Kindergartenjahre und die erste Klasse der Primarschule, in der vierjährigen Basisstufe werden zwei Kindergartenjahre und die ersten beiden Klassen der Primarschule zusammengefasst und gemeinsam unterrichtet. Die durch die Verbindung der Stufen resultierenden altersdurchmischten Klassen und die gemeinsame Verantwortung eines Lehrpersonenteams für eine Klasse sind konstitutive Elemente dieses neuen Modells. Das Lehrpersonenteam ist multiprofessionell und besteht aus Kindergarten- und Primarschullehrpersonen, welche zeitweise durch eine heilpädagogische Fachperson unterstützt werden. Die Grund- und Basisstufe sieht vor, den Kindern bereits vor dem obligatorischen Schuleintritt Kulturtechniken wie Lesen, Schreiben und

Kaspar Burger

Rechnen zu vermitteln, wobei der Erwerb dieser Techniken für Kinder fähigkeits-, interessen- und entwicklungsorientiert ablaufen soll. Zwar werden Kinder im bestehenden Kindergarten auch jetzt schon zum Erwerb von Kulturtechniken hingeführt, doch bisher ist die individuelle und systematische Förderung in dieser Hinsicht nicht als explizites Ziel festgehalten. Ein weiteres Merkmal der neuen Schuleingangsstufe sind die individuellen Durchlaufzeiten. Kinder können die Grund- und Basisstufe gemäss ihren Lernfähigkeiten in unterschiedlichem Tempo absolvieren. Mit dieser Möglichkeit reagiert die Grund- und Basisstufe auf die Erkenntnis, dass im Kindergartenalter und bei Schuleintritt bereits grosse Entwicklungsunterschiede zwischen einzelnen Kindern bestehen. Mit Rücksicht auf diesen Umstand wird versucht, den Bedürfnissen der Kinder in individualisiertem Unterricht gerecht zu werden. Angestrebt wird ein flexibler, den Entwicklungsfortschritten der einzelnen Kinder angemessener und kontinuierlicher Übergang vom spielerischen zum systematischen und zielgeleiteten Lernen. Dabei will auch die Grund- und Basisstufe den unterschiedlichen Startchancen aller Kinder gerecht werden und so zum Ausgleich sozialer Disparitäten beitragen (vgl. Stamm, 2007).

Für die Neukonzeption dieser ersten Stufe im Bildungswesen gab es verschiedene Gründe. Beispielsweise wurde erkannt, dass ungefähr jedes fünfte Kind die Lernziele der ersten Klasse bereits bei Schuleintritt erreicht hat (Stamm, 2005). Ferner verweist die entwicklungspsychologische und neurobiologische Forschung auf das grosse Entwicklungspotenzial junger Kinder (Fried, 2008; Kolb & Whishaw, 2001; Viernickel & Simoni, 2008), aber auch auf deutliche individuelle Entwicklungsunterschiede (Largo, 1999). So konnte gezeigt werden, dass sich die Lernausgangslagen von Kindern bei Eintritt in den Kindergarten (Stamm, 2004) und zu Beginn der Schulzeit (Moser, Stamm & Hollenweger, 2005) deutlich unterscheiden. Ausserdem wird ein beträchtlicher Anteil der Kinder bei Schuleintritt zurückgestellt oder aber Einschulungsklassen zugewiesen (SKBF, 2007; Stamm, 2005). Da eine frühe Aussonderung langfristig vielfach ungünstige Schulentwicklungen nach sich zieht, verfolgt die Grund- und Basisstufe das Ziel der Integration möglichst aller Kinder in Regelklassen.

Vogt und Mitarbeiter (2008) wiesen in einer Evaluation des Projekts *EDK-Ost 4bis8* nach, dass es der Grund- und Basisstufe aus der Perspektive der Lehrpersonen und der Eltern weitgehend gelang, die beiden Kulturen des Kindergartens und der Primarschule miteinander zu verbinden. Es kam dabei weder zu einer Verschulung noch zu einer allzu locker organisierten, beliebigen Form des Unterrichts. Die Lehrpersonen setzten Unterrichtsformen ein, die eine individuelle Förderung der Kinder ermöglichten, wobei sie das kognitive Lernen im Gegensatz zu Lehrpersonen im Kindergarten stärker betonten. Obwohl in altersgemischten Gruppen unterrichtet, fühlten sich die Kinder gemäss den Aussagen ihrer Eltern weitgehend wohl. Allerdings waren bei den vierjährigen (und teilweise auch fünfjährigen) Kindern beim Eintritt in die Eingangsstufe Phasen der Verunsicherung festzustellen. Diese jüngeren Kinder fühlten sich durch ältere beispielsweise tendenziell stärker unter Druck gesetzt.

Untersucht wurden im Projekt *EDK-Ost 4bis8* auch die Lernfortschritte der Kinder im herkömmlichen Modell von zwei Jahren Kindergarten und Primarschule einerseits und in der Grund- und Basisstufe andererseits. Gemäss der Zwischenevaluation vom Jahr 2008 verläuft der individualisierte Unterricht trotz grosser Lern- und Leistungsheterogenität bisher erfolgreich (Moser, Bayer & Berweger, 2008). In den ersten beiden Jahren erreichten Kinder der Grund- und Basisstufe im Vergleich zu Kindergartenkindern einen grösseren Lernfortschritt in Lesen, Schreiben und Mathematik. Allerdings wurde dieser Rückstand von den Kindergartenkindern bis zum Ende der ersten Klasse weitgehend aufgearbeitet. Im Hinblick auf Wortschatz, sozial-emotionale Fähigkeiten, Wohlbefinden, Akzeptanz durch Mitschüler und Selbstkonzept wurden beinahe keine Unterschiede zwischen den Kindern der beiden Eingangsstufen identifiziert. Die Frage nach der Integration von Kindern in der Regelklasse kann schliesslich zum jetzigen Zeitpunkt noch nicht beantwortet werden. Die Datenlage ist in dieser Hinsicht für verbindliche Aussagen noch zu knapp.

Insgesamt erscheinen die auf den ersten Blick bescheidenen Ergebnisse in der Praxis von grösserer Bedeutung, wenn berücksichtigt wird, dass es sich um einen Schulversuch handelt, der in den bestehenden Räumlichkeiten mit relativ grossen Lerngruppen durchgeführt wird, dass die Lehrpersonen «on the job» ausgebildet wurden und dass es vorgängig weder ein auf die Schulversuche ausgerichtetes, eigenes pädagogisches Konzept noch entsprechende Lehrmittel gab (vgl. dazu auch Stamm et al., 2009). Die positiven Befunde können daher mit grosser Wahrscheinlichkeit dem Konzept der altersgemischten Klassen und dem individualisierten Unterricht zugeschrieben werden. Hinsichtlich der Förderung benachteiligter Kinder besteht allerdings bisher kaum ein Unterschied zwischen dem herkömmlichen und dem neuen Schuleingangsmodell. Bis dato konnten soziale Ungleichheiten weder im einen noch im anderen Modell wirksam kompensiert werden. Kinder mit Migrationshintergrund, deren erste Sprache nicht Deutsch ist, hatten beim Eintritt in die Grund- und Basisstufe beziehungsweise in den Kindergarten geringere sprachliche und mathematische Fähigkeiten und sie konnten diesen Rückstand auch während der zwei nachfolgenden Jahre nicht ausgleichen. Dies traf auch auf Kinder aus sozioökonomisch benachteiligten Verhältnissen zu. Sie machten zwar Fortschritte wie Kinder aus privilegierteren Milieus, ihren ursprünglichen Rückstand konnten sie jedoch nicht wettmachen. Die Bildungschancen einzelner Kinder können somit erst dann ausgeglichen werden, wenn der Gedanke einer individuellen, auf den Lern- und Entwicklungsstand einzelner Kinder abgestimmten Förderung in Zukunft noch ernster genommen wird (vgl. auch den Beitrag von Edelmann in diesem Band).

2.3 Forschungsergebnisse aus dem Ausland

Nebst den genannten Befunden aus der Schweiz sollen im Folgenden einige zentrale Erkenntnisse der internationalen frühpädagogischen Wirkungsforschung dargestellt werden. In Deutschland konnte unlängst nachgewiesen werden, dass Kinder durch den Besuch eines Kindergartens auf die obligatorische Schule vorbereitet werden können und dadurch im Bildungswesen bessere Chancen erhalten als Kinder, die keinen Kindergarten besucht haben (Becker & Tremel, 2006; Landvoigt, Mühler & Pfeiffer, 2007). Dabei kann ein Kindergartenbesuch auch sozialen Disparitäten teilweise effektiv entgegenwirken (Spiess, Büchel & Wagner, 2003). In Grossbritannien konnte dieser Befund bestätigt werden. Von hier stammt die grösste Untersuchung Europas, welche explizit auf die Wirkungen institutionalisierter vorschulischer Programme bezogen ist: Das Projekt *Effective Provision of Preschool Education* (EPPE), welches später als *Effective Preschool, Primary and Secondary Education* weitergeführt wurde, förderte mehr-

Frühkindliche Bildungsforschung: Nationale und internationale Bestandsaufnahme

heitlich positive Effekte von frühpädagogischen Massnahmen auf die kognitive und auf die soziale Entwicklung zutage (EPPE, 2008a, 2008b). Wichtig war hier insbesondere die Beobachtung, dass die frühe häusliche Lernumgebung – und hier vor allem die intensive Beteiligung der Eltern an den Bildungsprozessen der Kinder – eine zentrale Rolle für die Entwicklung kognitiver und sozialer Kompetenzen spielt. Viele weitere Wirksamkeitsstudien stammen schliesslich aus den USA. Eine der bekanntesten wurde zum *High/Scope-Perry-Preschool* Projekt durchgeführt, in welchem Programmteilnehmer mittlerweile bis ins Alter von 40 Jahren im Längsschnitt untersucht wurden (Schweinhart et al., 2005). Dieses Modellprojekt zeigte langfristig positive Wirkungen für sozioökonomisch benachteiligte Kinder auf, nämlich höhere High-School-Abschlussraten, vermehrte berufliche Anstellung, häufigerer Hausbesitz, geringerer Sozialleistungsbezug sowie weniger delinquentes Verhalten (vgl. Abb. 1).

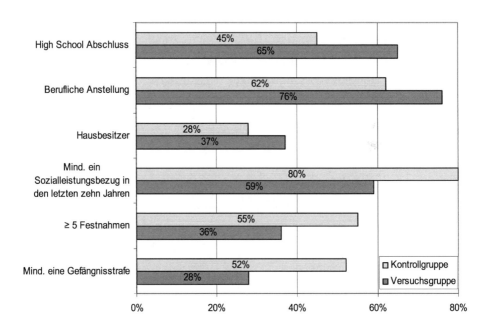

Abbildung 1: Ausgewählte Resultate des High/Scope-Perry-Preschool Projekts bei TeilnehmerInnen im Alter von 40 Jahren. Quelle: Schweinhart et al. (2005).

Nebst dieser Analyse zeigen auch verschiedene aktuelle Überblicksstudien aus den USA, dass vorschulische Programme die Entwicklung von Kindern mehrheitlich günstig beeinflussen (Anderson et al., 2003; Currie, 2001; Karoly et al., 1998). Die vorwiegend positiven Befunde aus den USA werden dabei bestätigt durch Studien aus Asien (Watanabe, Flores, Fujiwara & Huong Tran, 2005), Afrika (Mwaura, Sylva & Malmberg, 2008) und Neuseeland (Wylie & Thompson, 2003). Allerdings sind diese vorteilhaften Ergebnisse zu relativieren. Speziell die Effekte auf die soziale Entwicklung sind uneinheitlich (z. B. Yoshikawa, 1995). So wurde etwa in der *NICHD-Early-Child-Care* Studie mehrfach festgestellt, dass intensive und langanhaltende Fremdbetreuung von Kindern in Horten oder Krippen während des ersten Lebensjahrs mit einer Zunahme externalisierenden Problemverhaltens im weiteren Verlauf des Lebens einhergeht – und zwar unabhängig von der Qualität dieser Institutionen (Belsky, 2006). Von früher Fremdbetreuung kann zwar nur mit Vorbehalt auf frühpädagogische Interventionen generell geschlossen werden, doch Belskys Befund stimmt überein mit den Ergebnissen aus dem *EPPE* Projekt (2004) und verschiedenen Überblicksarbeiten (z. B. Mitchell, Wylie & Carr, 2008; Zigler, Taussig & Black, 1992), wonach frühpädagogische Programme die soziale Entwicklung teilweise negativ beeinflussen. Generelle Aussagen zu den Effekten auf das Sozialverhalten sind aus diesem Grund kaum möglich.

2.4 Frühpädagogik und Chancengleichheit

An dieser Stelle soll nun der eingangs gestellten Frage nachgegangen werden, inwieweit frühpädagogische Interventionen Chancengleichheit bewirken können. Zwei der oben genannten Studien wiesen nach, dass frühe Interventionen die Chancen von Kindern im Bildungswesen verbesserten (Lanfranchi, 2002; Spiess, Büchel & Wagner, 2003). Darüber hinaus legen weitere Studien nahe, dass Interventionen insbesondere bei jenen Kindern positive Effekte erzielten, deren häusliche Lernumgebungen deutlich weniger entwicklungsförderlich waren als die Lernumwelten in den Programmen. Daher profitierten sozial benachteiligte Kinder in der Regel am meisten (Barnett, 1995; UNESCO, 2007). Dies spricht zwar für eine egalisierende Wirkung der Programme. Oft können benachteiligte

Kinder jedoch trotz Programmbesuch in ihrer Entwicklung nicht zu ihren privilegierteren Altersgenossen aufschliessen, wenn diese die Vorschulinstitutionen ebenfalls besuchen (z. B. Caille, 2001; EPPE, 2004; Moser, Bayer & Berweger, 2008). Bildungsbenachteiligung kann daher durch frühpädagogische Massnahmen nur teilweise kompensiert werden. Sollte die Hoffnung auf Chancengleichheit durch entsprechende Förderprogramme effektiv erfüllt werden, so müssten sozial benachteiligte Kinder zukünftig in vielen Fällen spezifischer gefördert werden.

3. Was kann die Schweiz lernen?

Zahlreiche Untersuchungen wiesen nach, dass sich frühpädagogische Programme auf die kognitive Entwicklung meist günstig, auf die soziale Entwicklung jedoch unterschiedlich auswirken. Verbindliche Aussagen über die Wirksamkeit beschränken sich allerdings auf Programme, deren Anliegen es war, eine hohe Qualität durch gut ausgebildetes Personal, einen vorteilhaften Betreuungsschlüssel und eine intensive Elternbeteiligung zu gewährleisten. Startzeitpunkt, Dauer und Intensität der Programme haben ihren je eigenen Einfluss auf die kindliche Entwicklung. Lang andauernde und zeitintensive Programme, die bereits im ersten Lebensjahr einsetzen, drohen die kindliche Entwicklung negativ zu beeinflussen. Insbesondere für die jüngsten Kinder im ersten Lebensjahr sind daher Halbtagesprogramme vermutlich vorteilhafter als Ganztagesprogramme (vgl. Belsky, 2006).

Die altersadäquate pädagogische Begleitung der Kinder in den nachfolgenden Schuljahren und die Unterstützung der Lernprozesse in einem anregungsreichen häuslichen Lernumfeld durch die Eltern sind besonders für jene Kinder wichtig, die auch nach dem Besuch eines vorschulischen Programms in ihrer Kompetenzentwicklung deutlich hinter ihren Altersgenossen zurückbleiben. Das sind oft Kinder aus benachteiligten Milieus und solche, deren erste Sprache eine Fremdsprache ist. Speziell diese Kinder sollten gemäss ihren Bedürfnissen weiterhin spezifisch gefördert werden. Da nebst der familienergänzenden Betreuung auch die elterliche Unterstützung der kindlichen Entwicklungsprozesse eine Rolle spielt und da der Qualität der familiären Lernumgebung eine wichtige Bedeutung zukommt, wäre zu empfehlen, dass familieninterne Ressourcen zur Erziehung und Betreuung von Kindern vermehrt gestärkt werden. Zu diesem Zweck könnte der Mutterschaftsurlaub in einen Elternurlaub umgewandelt und zeitlich verlängert werden. Eine besonders zeitintensive familienexterne Betreuung im ersten Lebensjahr – welche sich auf die soziale Entwicklung nachweislich negativ auswirken kann – sollte auf diese Weise vermehrt verhindert werden. Eine optimale Unterstützung der kindlichen Entwicklung setzt pädagogisches Geschick und Wissen voraus. Investitionen des Bundes in Weiterbildungsangebote für Eltern, nahe Verwandte und Tagesmütter wären daher zu begrüssen. Entsprechende Schulungen sollten dabei mit den bereits bestehenden Angeboten der Elternarbeit wie beispielsweise Mütter- und Väterberatung verbunden werden.

Des Weiteren sollte in der Schweiz die Debatte um pädagogische Qualitätskriterien für familienergänzende Betreuungsinstitutionen intensiviert werden (vgl. dazu Bolz & Schüpbach, 2007; EDK, 2005; EKFF, 2002; Tietze, Roßbach & Grenner, 2005). Während der Verband Kindertagesstätten Schweiz (KiTaS) und die Bundesverordnung über die Aufnahme von Kindern zur Pflege und zur Adoption (PAVO) die strukturelle Qualität bereits streng reglementieren, gibt es bislang keine Richtlinien zur pädagogischen Prozessqualität (Stamm et al., 2009). Hier sollte sich die Schweiz der internationalen Diskussion um Bildungsstandards anschliessen und erwägen, entsprechende Qualitätsvorgaben einzuführen sowie deren Einhaltung durch eine Schweizer Fachstelle überwachen zu lassen. Ferner müssten die Leistungen einzelner Einrichtungen vereinheitlicht werden, indem für alle pädagogischen Fachkräfte je nach beruflicher Position in der gesamten Schweiz dieselbe Ausbildung gefordert würde. Diese Ausbildung sollte dabei ebenfalls bestimmten Qualitätsstandards verpflichtet sein. Wenn die verschiedenen Einrichtungen in ihren Leistungen vergleichbarer werden, dürften auch die Bildungschancen einzelner Kinder vor Beginn der obligatorischen Schulzeit besser ausgeglichen werden können. Minimalstandards müssten sicherstellen, dass einzelne Institutionen gewünschten Anforderungen genügen und Kinder überall die gleichen Chancen auf eine gute Betreuung und Förderung haben. Zu einem Ausgleich von Chancen für Kinder mit unterschiedlicher sozialer Herkunft könnte im frühpädagogischen Bereich auch eine Senkung der Kosten für die Betreuung von Kindern aus sozioökonomisch benachteiligten Familien beitragen (vgl. auch die Ausführungen von Meier-Gräwe in diesem Buch).

Werden Kindertageseinrichtungen in der Schweiz vermehrt aus der öffentlichen Hand mitfinanziert, so ist dies nicht nur ein Zeichen einer ausgewogenen und familienfreundlichen Politik, sondern auch eine Investition in die Zukunft (vgl. Fritschi, Strub & Stutz, 2007; Mackenzie Oth, 2002; Müller Kucera & Bauer, 2000).

Literatur

Anderson, L. M., Shinn, C., Fullilove, M. T., Scrimshaw, S. C., Fielding, J. E., Normand, J. & Carande-Kulis, V. G. (2003). The effectiveness of early childhood development programs. *American Journal of Preventive Medicine, 24,* 32-46.

Barnett, W. S. (1995). Long-term effects of early childhood programs on cognitive and school outcomes. *The Future of Children, 5,* 25-50.

Becker, R. & Tremel, P. (2006). Auswirkungen vorschulischer Kinderbetreuung auf die Bildungschancen von Migrantenkindern. *Soziale Welt, 57,* 397-418.

Belsky, J. (2006). Early child care and early child development: Major findings of the NICHD Study of Early Child Care. *European Journal of Developmental Psychology, 3,* 95-110.

Bolz, M. & Schüpbach, M. (2007). *EduCare – Qualität und Wirksamkeit familialer und ausserfamilialer Bildung und Betreuung von Primarschulkindern* (Zwischenbericht Herbst). Bern: Universität, Institut für Erziehungswissenschaft und PH FHNW.

Burger, K. (2009). Frühkindliche Bildung und der Ausgleich von Bildungschancen. In N. Flindt & K. Panitz (Hrsg.), *Frühkindliche Bildung – Entwicklung und Förderung von Kompetenzen* (S. 67-74). Saarbrücken: Südwestdeutscher Verlag für Hochschulschriften.

Caille, J.-P. (2001). Scolarisation à 2 ans et réussite de la carrière scolaire au début de l'école élémentaire. *Éducation & formations, 60,* 7-18.

Currie, J. (2001). Early childhood education programs. *Journal of Economic Perspectives, 15,* 213-238.

Duncan, G. J., Brooks-Gunn, J. & Klebanov, P. K. (1994). Economic deprivation and early childhood development. *Child Development, 65,* 296-318.

ECCE. (1999). *European child care and education study. School-age assessment of child development: Long-term impact of pre-school experiences on school success, and family-school relationships* (Report submitted to European Union DG XII: Science, Research and Development). RTD Action: Targeted Socio-Economic Research.

EDK. (2005). *Educare: betreuen – erziehen – bilden*. Tagungsbericht. Bern: Schweizerische Konferenz der kantonalen Erziehungsdirektoren (EDK). Zugriff am 13.04.2009. Verfügbar unter http://edudoc.ch/getfile.py?docid=345&name=StuB24A&format=pdf&version=1

EKFF. (2002). *Position der EKFF zur Qualität familienergänzender Kinderbetreuung*. Zugriff am 15.11.2008. Verfügbar unter www.ekff.admin.ch/c_data/d_Pub_Qualitaet_118KB.pdf

EPPE. (2004). *The effective provision of pre-school education (EPPE) project* (Final Report). London: University of London, Institute of Education.

EPPE. (2008a). *Influences on children's attainment and progress in key stage 2: Cognitive outcomes in year 6* (Research Report DCSF-RR048). London: Department for Children, Schools and Families.

EPPE. (2008b). *Influences on children's development and progress in key stage 2: Social/behavioural out-comes in year 6* (Research Report DCSF-RR049). London: Department for Children, Schools and Families.

Fried, L. (Hrsg.). (2008). *Das wissbegierige Kind. Neue Perspektiven in der Früh- und Elementarpädagogik*. Weinheim: Juventa.

Fritschi, T., Strub, S. & Stutz, H. (2007). *Volkswirtschaftlicher Nutzen von Kindertageseinrichtungen in der Region Bern* (Schlussbericht). Bern: Büro für arbeits- und sozialpolitische Studien.

Hradil, S. (2001). *Soziale Ungleichheit in Deutschland* (8. Auflage). Wiesbaden: VS Verlag für Sozialwissenschaften.

Iten, R., Stern, S., Menegale, S., Filippini, M., Banfi, S., Pióro, D., Farsi, M., Tassinari, S. & Schrottmann, R. (2005). *Familienergänzende Kinderbetreuung in der Schweiz: Aktuelle und zukünftige Nachfragepotenziale* (Wissenschaftlicher Bericht). Zürich: Infras.

Karoly, L. A., Greenwood, P. W., Everingham, S. S., Houbé, J., Kilburn, M. R., Rydell et al. (1998). *Investing in our children: What we know and don't know about the costs and benefits of early childhood interventions.* Santa Monica: Rand.

Kolb, K. & Whishaw, I. Q. (2001). *An introduction to brain and behaviour.* New York: Worth Publishers.

Landvoigt, T., Muehler, G. & Pfeiffer, F. (2007). *Duration and intensity of kindergarten attendance and secondary school track choice* (Discussion Paper No. 07-051). Mannheim: Zentrum für Europäische Wirtschaftsforschung.

Lanfranchi, A. (2002). *Schulerfolg von Migrationskindern.* Opladen: Leske + Budrich.

Lanfranchi, A. (2007, 3.-5. September). *Langfristige Effekte familienergänzender Betreuung im Vorkindergartenalter auf die Schulleistungen.* Vortrag gehalten am 5. Schweizer Heilpädagogik-Kongress 2007 zu Übergängen. Zugriff am 27.02.2009. Verfügbar unter www.hfh.ch/webautor-data/70/szh-kongress07.pdf

Largo, R. (1999). *Kinderjahre. Die Individualität des Kindes als erzieherische Herausforderung.* München: Piper.

Leseman, P. P. M. (2007). *Early education for immigrant children* (Report of the Transatlantic Task Force on Immigration and Integration). Utrecht: MPI and Bertelsmann Stiftung.

Mackenzie Oth, L. (2002). *La crèche est rentable, c'est son absence qui coûte.* Genève: Bureaux de l'égalité, Conférence latine des déléguées à l'égalité.

Magnuson, K. A., Ruhm, C. J. & Waldfogel, J. (2004). *Does prekindergarten improve school preparation and performance?* (National Bureau of Economic Research [NBER] Working Paper 10452). Zugriff am 11.11.2008. Verfügbar unter www.nber.org/papers/w10452

McLoyd, V. C. (1998). Socioeconomic disadvantage and child development. *American Psychologist, 53,* 185-204.

Mitchell, L., Wylie, C. & Carr, M. (2008). *Outcomes of early childhood education: Literature review* (Report to the ministry of education). New Zealand: Council for Educational Research.

Moser, U., Bayer, N. & Berweger, S. (2008). *Summative Evaluation Grundstufe und Basisstufe* (Zwischenbericht zuhanden der EDK-OST). Zürich: Universität Zürich, Institut für Bildungsevaluation.

Moser, U., Stamm, M. & Hollenweger, J. (2005). *Für die Schule bereit? Lesen, Wortschatz, Mathematik und soziale Kompetenzen beim Schuleintritt.* Aarau: Sauerländer.

Müller Kucera, K. & Bauer, T. (2000). *Volkswirtschaftlicher Nutzen von Kindertagesstätten: Welchen Nutzen lösen die privaten und städtischen Kindertagesstätten in der Stadt Zürich aus?* (Schlussbericht zuhanden des Sozialdepartements der Stadt Zürich). Bern: Büro für arbeits- und sozialpolitische Studien.

Mwaura, P. A. M., Sylva, K. & Malmberg, L.-E. (2008). Evaluating the Madrasa preschool programme in east Africa: a quasi-experimental study. *International Journal of Early Years Education, 16,* 237-255.

NFP 52. (2007). Impulse für eine politische Agenda aus dem Nationalen Forschungsprogramm Kindheit, Jugend und Generationenbeziehungen (NFP 52). Zugriff am 28.02.2009. Verfügbar unter www.nfp52.ch/files/download/d_NFP52_ Agenda.pdf

Osborn, A. F. & Milbank, J. E. (1987). *The effects of early education: a report from the child health and education study.* Oxford: Clarendon Press.

Pierrehumbert, B., Ramstein, T., Karmaniola, A. & Halfon, O. (1996). Childcare in the preschool years: Attachment, behaviour problems and cognitive development. *European Journal of Psychology of Education, 2,* 201-214.

Pierrehumbert, B., Ramstein, T., Karmaniola, A., Miljkovitch, R. & Halfon, O. (2002). Quality of child care in the preschool years: A comparison of the influence of home care and day care characteristics on child outcome. *International Journal of Behavioral Development, 26,* 385-396.

PISA. (2001). *Knowledge and skills for life: first results from the OECD programme for international student assessment* (PISA) 2000. Paris: OECD.

PISA. (2004). *Learning for tomorrow's world: first results from PISA 2003.* Paris: OECD.

PISA. (2007). *Science competencies for tomorrow's world.* Paris: OECD.

Reynolds, A. J., Temple, J. A., Robertson, D. L. & Mann, E. A. (2001). Long-term effects of an early childhood intervention on educational achievement and juvenile arrest: A 15-year follow-up of low-income children in public schools. *JAMA, 285,* 2339-2346.

Roberts, E., Bornstein, M. H., Slater, A. M. & Barrett, J. (1999). Early cognitive development and parental education. *Infant and Child Development, 8,* 49-62.

Sammons, P., Sylva, K., Melhuish, E., Siraj-Blatchford, I., Taggart, B. & Hunt, S. (2008). *Effective pre-school and primary education 3-11 project (EPPE 3-11). Influences on children's attainment and progress in key stage 2: cognitive outcomes in year 6* (Research Report DCSF-RR048). London: Department for Children, Schools and Families.

Schweinhart, L. J., Montie, J., Xiang, Z., Barnett, W. S., Belfield, C. R. & Nores, M. (2005). *Lifetime effects: The high/scope perry preschool study through age 40.* Ypsilanti, MI: High/Scope Press.

Selter, C. (1995). Zur Fiktivität der «Stunde Null» im arithmetischen Anfangsunterricht. *Mathematische Unterrichtspraxis, 16,* 11-19.

Siraj-Blatchford, I. (2004). Educational disadvantage in the early years: How do we overcome it? Some lessons from research. *European Early Childhood Education Research Journal, 12,* 5-20.

SKBF. (2007). *Bildungsbericht Schweiz 2006.* Aarau: Schweizerische Koordinationsstelle für Bildungsforschung.

Spiess, C. K., Büchel, F. & Wagner, G. G. (2003). *Children's school placement in Germany: Does kindergarten attendance matter?* (IZA Discussion Paper No. 722). Bonn: Institute for the Study of Labor.

Stamm, M. (2004). *Lernen und Leisten in der Vorschule: Eine empirische Studie zur Bildungsförderung im Vorschulalter* (Forschungsbericht). Aarau: Institut für Bildungs- und Forschungsfragen.

Stamm, M. (2005). *Zwischen Exzellenz und Versagen. Frühleser und Frührechnerinnen werden erwachsen.* Zürich, Chur: Rüegger.

Stamm, M. (2007). Basisstufe - eine Antwort auf Heterogenität? Ein Blick auf die nationale und internationale Szene. In C. Bollier & M. Sigrist (Hrsg.), *Auf dem Weg zu einer integrativen Basisstufe* (S. 27-46). Luzern: Schweizerische Zentralstelle für Heilpädagogik (SZH).

Stamm, M., Reinwand, V., Burger, K., Schmid, K., Viehhauser, M. & Muheim, V. (2009). *Frühkindliche Bildung in der Schweiz. Eine Grundlagenstudie im Auftrag der UNESCO-Kommission Schweiz.* Fribourg: Universität Fribourg, Departement Erziehungswissenschaften. Zugriff am 13.03.2009. Verfügbar unter www.frueh-kindliche-bildung.ch/fileadmin/documents/forschung/Grundlagenstudie_FBBE.pdf

Taylor, B. A., Dearing, E. & McCartney, K. (2004). Incomes and outcomes in early childhood. *The Journal of Human Resources, 39,* 980-1007.

Tietze, W., Roßbach, H.-G. & Grenner, K. (2005). *Kinder von 4 bis 8 Jahren: Zur Qualität der Erziehung und Bildung in Kindergarten, Grundschule und Familie.* Weinheim: Beltz.

UNESCO. (2007). *Strong foundations: Early childhood care and education.* Paris: UNESCO.

U.S. Department of Health and Human Services. (2008). *Head Start Program Fact Sheet.* Zugriff am 18.01.2009. Verfügbar unter www.acf.hhs.gov/programs/ohs/ about/fy2008.html

Viernickel, S. & Simoni, H. (2008) Frühkindliche Erziehung und Bildung. In D. Efionayi-Mäder, C. Ermert Kaufmann, R. Fibbi, J. Krummenacher, A. Lanfranchi, U. Moser, M. P. Neuenschwander, J. Oelkers, H. Simoni & S. Viernickel. *Familien – Erziehung – Bildung* (S. 22-33). Bern: Eidgenössische Koordinationskommission für Familienfragen (EKFF).

Vogt, F., Zumwald, B., Urech, C., Abt, N., Bischoff, S., Buccheri, G. & Lehner, M. (2008). *Zwischenbericht formative Evaluation Grund- und Basisstufe.* St. Gallen: Pädagogische Hochschule des Kantons St. Gallen. Kompetenzzentrum Forschung, Entwicklung und Beratung. Institut für Lehr- und Lernforschung.

Watanabe, K., Flores, R., Fujiwara, J. & Huong Tran, L. T. (2005). Early childhood development interventions and cognitive development of young children in rural Vietnam. *The Journal of Nutrition, 135,* 1918-1925.

Wylie, C. & Thompson, J. (2003). The long-term contribution of early childhood education to children's performance - evidence from New Zealand. *International Journal of Early Years Education, 11,* 69-78.

Yoshikawa, H. (1995). Long-term effects of early childhood programs on social outcomes and delinquency. *The Future of Children, 5,* 51-75.

Zigler, E., Taussig, C. & Black, K. (1992). Early childhood intervention: A promising preventative for juvenile delinquency. *American Psychologist, 47,* 997-1006.

Hans-Günther Roßbach & Doris Edelmann

Institutionelle Übergänge: Aktuelle Entwicklungen in Deutschland und in der Schweiz

Einleitung

Bildungssysteme sind durch verschiedene aufeinander aufbauende Bildungsstufen charakterisiert, die ein Heranwachsender in seinem Lebenslauf – in der Regel – nacheinander durchläuft. Die jeweils angrenzenden Stufen können sich dabei in verschiedensten Hinsichten mehr oder weniger unterscheiden, sodass im Übergang von einer Stufe zur anderen für den Heranwachsenden eine mehr oder weniger umfangreiche Leistung zu vollbringen ist. Dies gilt auch für den Bereich der Frühpädagogik, in dem nicht nur Übergänge zwischen Bildungsstufen (z. B. Übergang Krippe – Kindergarten – Grundschule), sondern auch der Eintritt in das institutionelle Bildungssystem (Übergang Familie – Krippe oder Familie – Kindergarten) von den Kindern zu bewältigen sind.[1] Von den institutionellen Übergängen im Lebensverlauf sind solche Übergänge zu unterscheiden, die ein Kind täglich in seinem Tagesablauf erlebt, wenn es z. B. von der Familie in den Kindergarten, dann in eine Nachbarschaftsgruppe und wieder zurück zur Familie wechselt. Diese werden im Folgenden nicht berücksichtigt. Ebenfalls nicht berücksichtigt wird der Übergang von der Familie in die Grundschule, da die weitaus meisten Kinder vor Beginn der Grundschule schon eine institutionelle Form der Bildung, Erziehung und Betreuung erfahren haben. Der mehr alltagssprachlich orientierte Begriff «Übergang» wird dem gegenwärtig in der neueren Literatur häufig gebrauchten Begriff der «Transition» vorgezogen, der im Rahmen des Transitionsansatzes eine spezifische theoretische Sicht auf Übergänge impliziert (vgl. Griebel & Niesel, 2004).

---

[1] Die Begriffe «Krippe» und «Kindergarten» werden im Folgenden als Oberbegriffe für die unterschiedlichen Formen institutioneller Betreuungen für unter dreijährige Kinder und für Kinder von etwa zwei bis drei Jahren an bis zum Schulbeginn verwendet.

Hans-Günther Roßbach & Doris Edelmann

Inwieweit die jeweils nacheinander besuchten Institutionen aufeinander abgestimmt sind, wird häufig unter der Perspektive von unterschiedlichen Anforderungen und Diskontinuitäten zwischen diesen Bereichen diskutiert (vgl. Roßbach, 2006). Idealtypisch lassen sich zwei Positionen unterscheiden:

- Die Unterschiedlichkeiten müssen reduziert und *Kontinuitäten* erhöht werden, um gleitende Übergänge – ohne ernstere Probleme – sicherzustellen. In dieser Perspektive müssten z. B. Kindergarten und Grundschule in ihrer Anforderungsstruktur – speziell für eine Übergangsphase – so angenähert werden, dass einem Kind der Übergang kaum auffällt.
- Unterschiedlichkeiten und Diskontinuitäten zwischen zwei benachbarten Bildungsumwelten sind gegeben, aber nicht schädlich. Im Gegenteil: Diskontinuitäten fordern Entwicklung heraus, wenn sie bewältigt werden können. Es käme also nicht darauf an, z. B. die Umwelten Kindergarten und Grundschule anzugleichen, vielmehr könnten sie ihre Eigenständigkeiten bewahren, wenn den Kindern und ihren Familien Bewältigungshilfen für einen erfolgreichen Übergang an die Hand gegeben würden.

Allerdings ist die Unterstellung, dass Diskontinuitäten Entwicklungen und Lernen herausfordern, nicht zwingend. Inwieweit eine fehlende Abstimmung zwischen den beiden Lernumwelten die kumulativen Lernprozesse von Kindern beeinträchtigt, ist letztendlich eine empirische Frage, die zurzeit noch lange nicht erschöpfend beantwortet ist. Pädagogisch besteht die zentrale Aufgabe darin, entwicklungs-, lern- und bildungsförderliche Hilfe auf den abgebenden und aufnehmenden Bildungsstufen so zu gestalten, dass die Gesamtentwicklung eines Kindes nicht aus den Augen verloren wird. Kontinuität in diesem Sinne bezieht sich dann darauf, dass die höhere Bildungsstufe den bisher erreichten Stand eines Kindes akzeptieren und dort ansetzen muss und dass die vorausgehende Stufe im Bildungswesen perspektivisch die weitere Bildungskarriere eines Kindes im Blick haben muss – und dies gilt unabhängig davon, ob sich im Übergang die jeweiligen Anforderungsstrukturen gleichen oder verschieden sind.

Institutionelle Übergänge: Aktuelle Entwicklungen in Deutschland und in der Schweiz

Im folgenden Beitrag wird zunächst auf Forschungsschwerpunkte und gegenwärtige Tendenzen im Übergangsbereich Familie – Krippe, Familie – Kindergarten und Kindergarten – Grundschule in Deutschland eingegangen. Danach werden Übergänge und aktuelle Entwicklungen in der Schweiz beleuchtet. Da für die Schweiz nur wenige einschlägige Forschungsarbeiten existieren, werden diese in der Darstellung der Struktur des frühkindlichen Bildungsbereichs und der gegenwärtigen Tendenzen integriert. Der Beitrag schliesst mit einem kurzen Ausblick.

1. Forschungsschwerpunkte und gegenwärtige Tendenzen in Deutschland

Seit den 1990er-Jahren lässt sich in Deutschland eine Tendenz ausmachen, die durch eine vorsichtige Annäherung von Kindergarten und Schule gekennzeichnet ist. Allerdings sind die beiden Bildungsbereiche heute nach wie vor zwei eigenständige Institutionen mit unterschiedlichen Aufgaben und Strukturen. So sind in Deutschland zum Teil verschiedene Ministerien für die beiden Bildungsbereiche zuständig. Der Kindergarten ist in einigen Bundesländern dem Sozialministerium unterstellt, die Schule dem Bildungsministerium. Der Kindergarten legt seinen Schwerpunkt auf Sozialpädagogik, wohingegen die Schule durch Schulpädagogik geprägt ist. Daraus resultiert auch die unterschiedliche Struktur der Ausbildung des pädagogischen Personals im Kindergarten (Ausbildung an Fachschulen) und in der Grundschule (Hochschulstudium), wobei gegenwärtig eine Akademisierung der Ausbildung des frühpädagogischen Personals gefordert wird. Weiterhin unterscheiden sich die beiden Institutionen in ihrer didaktisch-methodischen Vermittlungsform bzw. Lernkultur. Das (Frei-)Spiel in altersheterogenen Gruppen gilt weitgehend als typische Form des Lernens im Kindergarten, auf Seiten der Schule wird zumeist in altershomogenen Klassen nach einem festen Stundenplan unterrichtet.

1.1 Forschungsschwerpunkte in Deutschland

Insgesamt muss die Forschungslage zu den Übergängen eher als dürftig betrachtet werden (zum nationalen und internationalen Forschungsstand vgl. auch Griebel & Niesel, 2004; Roux, 2004; Viernickel & Lee, 2004). Praxisorientierte

Veröffentlichungen überwiegen. Im Hinblick auf den Übergang von der Familie in die Krippe konzentrieren sich die wenigen Untersuchungen auf die Eingewöhnungsphase und die sozio-emotionale Anpassung eines Kindes an die neue institutionelle Umwelt (vgl. z. B. Ahnert, Gunnar, Lamb & Barthel, 2004). Der Übergang ist für Kinder ein stressvolles Ereignis. Ein «sanfter» Übergang in eine Krippe – mit steigenden Anwesenheitszeiten des Kindes bei gleichzeitig steigenden Trennungszeiten von der Mutter – sowie Unterstützungen in der Übergangsphase stehen in Zusammenhang mit einem späteren sicheren Bindungsverhalten zur Mutter, positiveren Interaktionen des Kindes mit Betreuerinnen und anderen Kindern, positiveren Affekten und einer grösseren Autonomie, Kooperation und Beteiligung in der Pflegesituation. Eltern sind weitgehend mit der Eingewöhnungszeit zufrieden; eine zu lange Eingewöhnungszeit wird von ihnen allerdings als belastend oder negativ eingeschätzt (Wertfein & Spies-Kofler, 2008). Ein spezifisches Beteiligungsmodell der Eltern an der Eingewöhnung von Krippenkindern wurde z. B. durch Laewen (1989) untersucht, wobei sich hier die vorher bestehende Qualität der Mutter-Kind-Bindung als wichtiger Moderator in der Eingewöhnungsphase erwies. Dem Übergang von der Familie in den Kindergarten wurde bisher weniger Beachtung geschenkt. Haefele und Wolf-Filsinger (1986) haben z. B. die Eingewöhnungsphase untersucht. Sie beobachten zu Beginn eine soziale Distanz des Kindes zum Gruppengeschehen, die sie aber nicht als Anpassungsschwierigkeit, sondern als einen notwendigen und adäquaten Bewältigungsversuch betrachten. Insgesamt scheinen für Kinder in diesem Alter der Übergang und die Eingewöhnung unproblematischer (vgl. Zweyer, 2006).

Trotz der öffentlichen Aufmerksamkeit, in der der Übergang vom Kindergarten in die Grundschule steht, liegen nur wenige empirische Untersuchungen hierzu vor. Zu den gelegentlich zu hörenden Dramatisierungen von Übergangsproblemen, von denen – z. B. in Deutschland – etwa ein Drittel bis zur Hälfte der Kinder betroffen seien (Griebel & Niesel, 2004, S. 108), sind keine umfangreicheren und repräsentativen Untersuchungen bekannt geworden. Diese Probleme beziehen sich nur auf eine relativ kurze Zeitspanne vor und nach dem Übergang in die Schule. Vereinzelte kleinere regionale Erhebungen weisen auf eine deutlich geringere Gruppe mit Anpassungsproblemen hin, die durch den Übergang

Institutionelle Übergänge: Aktuelle Entwicklungen in Deutschland und in der Schweiz

erzeugt werden (zirka vier bis fünf Prozent bei Beelmann, 2000; 2006). Als ausschlaggebender Faktor für die Übergangsbewältigung wird die Kooperation zwischen Kindergarten, Grundschule und Eltern angesehen, die allerdings nicht so häufig vorkommt, wie die überall zu findenden Forderungen nahe legen. Zudem werden Zweifel geäussert, ob diese Kooperationsformen geeignet sind, die Problematik des Übergangs zwischen Kindergarten und Grundschule zu entschärfen (siehe z. B. die Untersuchung von Mader, 1989). Eine umfangreichere Untersuchung zum Übergang in die Grundschule wurde von Griebel und Niesel (2004) durchgeführt, in der Eltern und ErzieherInnen von Kindern, die zum Übergang anstanden, befragt wie auch eine Teilstichprobe von Kindern und Eltern bis in die Hälfte des ersten Schuljahres verfolgt wurden. Einige derzeit laufende Untersuchungen in Deutschland wenden sich gezielt den Fragen der elterlichen Entscheidungen für eine reguläre, vorzeitige oder verspätete Einschulung zu. Im Hinblick auf z. B. die Entwicklung der elterlichen Entscheidung für eine vorzeitige Einschulung zeigt sich, dass diese eher für bildungsnahe Fami-lien in Frage kommt. Die elterliche Entscheidungsfindung ist ein langfristiger Prozess, der bereits ein bis zwei Jahre vor der Einschulung einsetzt und schliesslich unter Unsicherheit getroffen wird. Die Einschulungsentscheidung stellt für Eltern eine rationale Entscheidungssituation dar, die allerdings weniger ökonomisch ausgerichtet, sondern «intrinsisch motiviert» an der bestmöglichen Förderung des Kindes orientiert ist (vgl. Faust, Kluczniok & Pohlmann, 2007).

1.2 Gegenwärtige Tendenzen in Deutschland

1.2.1 Übergang von der Familie in die Krippe und in den Kindergarten

Das 2009 in Deutschland in Kraft getretene Kinderförderungsgesetz KiFöG sieht vor, dass es bis 2013 bundesweit im Durchschnitt für jedes dritte Kind unter drei Jahren einen Betreuungsplatz geben soll. Das entspricht etwa einer Verdreifachung des bestehenden Angebots. Der Ausbau kann allerdings nicht nur quantitativ erfolgen, sondern muss auch durch eine vermehrte Entwicklung pädagogischer Konzepte – auch zum Übergang in die Krippe – begleitet werden. Gegenwärtig stehen für den Übergang von der Familie in die Krippe praktische Massnahmen der Übergangsbegleitung und die Eingewöhnungsphase im Mittelpunkt. Das so genannte Berliner Eingewöhnungsmodell von Laewen, Andres und Hédervári und das entsprechende Modell von Beller (vgl. Viernickel & Lee, 2004) betonen z. B. die sorgfältige Planung der Eingewöhnungsphase, eine allmähliche Eingewöhnung und Trennung von der Mutter, den Aufbau der Beziehung zur ErzieherIn und die Abstimmung der Eingewöhnung auf die individuellen Bedürfnisse der Beteiligten. Qualitätskriterien zur Gestaltung der Eingewöhnung – für den Übergang von der Familie in Krippe und Kindergarten – wurden auch im nationalen Kriterienkatalog genannt, der im Rahmen der vom Bundesministerium für Familie, Senioren, Frauen und Jugend geförderten Nationalen Qualitätsinitiative im System der Tageseinrichtungen für Kinder entstanden ist (Tietze & Viernickel, 2002). Insgesamt sollte der Blick nicht nur auf die Eingewöhnung der Kinder in die Krippe wie auch in den Kindergarten gerichtet werden, sondern auch auf die Veränderungen, die Eltern erfahren, wenn ihr Kind in eine Krippe kommt, was besonders im Rahmen des Transitionsansatzes betont und in praktische Massnahmen umgesetzt wird (Griebel & Niesel, 2004).

Für den Übergang von der Familie in den Kindergarten gibt es keine so differenziert ausgearbeiteten Konzepte wie für den Übergang in die Krippe. Berger (1997) hat z. B. einen Ablaufplan für verschiedene Massnahmen zur Gestaltung des Übergangs in den Kindergarten vorgeschlagen, der einen Zeitraum von vier bis fünf Monaten umfasst. Haefele und Wolf-Filsinger (1986) haben Ratschläge für Eltern und ErzieherInnen entwickelt, um den Kindern die Eingewöhnung zu erleichtern (vgl. auch Roux, 2004; Viernickel & Lee, 2004). Als unzureichend sehen es Viernickel und Lee (2004) an, existierende Eingewöhnungsmodelle für den Krippenbereich in modifizierter Form auch für ältere Kinder und den Übergang in den Kindergarten anzuwenden. Deshalb fordern sie altersspezifische Konzepte für die Übergangsgestaltung. Fragen einer erfolgreichen Gestaltung von beiden Übergängen müssen auch in der Aus- und Fortbildung des Fachpersonals eine ausreichende Beachtung finden.

Institutionelle Übergänge: Aktuelle Entwicklungen in Deutschland und in der Schweiz

1.2.2 Übergang vom Kindergarten in die Grundschule

Nicht zuletzt aufgrund einer langen Diskussion um das Verhältnis von Kindergarten und Grundschule (vgl. Roßbach & Erning, 2008) gibt es vielfältige Überlegungen und Konzepte zu diesem Übergang:[2]

- *Kooperation zwischen Kindergarten und Grundschule:* Ein besonderer Wert wird auf die Kooperation zwischen beiden Institutionen unter Einschluss der Eltern gelegt. Thematisiert werden z. B.: Treffen zwischen KindergartenleiterInnen und Schulleitungen, wechselseitiger Austausch von Informationen über die Arbeit in den beiden Institutionen, Beratungen über die Vorbereitung der Kinder auf den Übergang zur Schule, Besuche von ErzieherInnen in Schulklassen und von LehrerInnen im Kindergarten, Teilnahme von LehrerInnen an Elternversammlungen im Kindergarten, Besuche von Kindergartengruppen in der Grundschule und von Schulkindern im Kindergarten, gemeinsame Feste in Kindergarten und Schule sowie gemeinsame Fortbildungen von ErzieherInnen und LehrerInnen. Die Zusammenarbeit zwischen Kindergarten und Grundschule wird auch besonders betont in den gegenwärtigen Überlegungen oder Projekten zu Bildungshäusern, die – im regionalen Kontext – Kindergärten und Grundschule unter einem «ideellen Dach» verbinden möchten (vgl. Strätz, Solbach & Holst-Solbach, 2007).

- *Bildungspläne und Konzepte:* In allen Bundesländern wurden in den letzten Jahren Bildungs-, Erziehungs- oder Orientierungspläne für die Arbeit in Kindergärten entwickelt (vgl. Diskowski, 2008). Für die Problematik des Übergangs vom Kindergarten in die Grundschule sind diese Pläne doppelt bedeutsam: Zum einen beschreiben sie Inhaltsbereiche, mit denen sich die Kinder während ihres Besuchs eines Kindergartens auseinander setzen sollen, ohne dass «schulisches Lernen» vorweggenommen werden soll, wobei zum Teil deutliche Verbindungslinien zu den späteren Schulfächern zu erkennen sind. Zum anderen sprechen alle Pläne die Phase des Übergangs vom Kindergarten in die Grundschule an und enthalten Vorschläge für dessen

---

[2] Zum Übergang von der Krippe in den Kindergarten liegen praktisch keine pädagogischen Konzepte vor – ausser dem Hinweis, dass dieser Übergang für Kinder entfällt, die in einer Gruppe mit einer grösseren Altersmischung betreut werden.

Gestaltung in den Einrichtungen und für Bewältigungsstrategien für Kinder und ihre Familien. Inwieweit die Bildungs-, Erziehungs- oder Orientierungspläne den Kindern und ihren Familien tatsächlich den Übergang in die Grundschule erleichtern, bleibt abzuwarten, da gegenwärtig noch keine entsprechenden Evaluationsstudien vorliegen. In Entwicklung sind auch an verschiedenen Stellen pädagogische Konzepte zur gezielten Förderung von Vorläuferfähigkeiten (z. B. frühe Literacy, Mathematik) für spätere schulische Kompetenzen (vgl. Kluczniok, Roßbach & Große, in Druck).

- *Projekte zur Zusammenarbeit von Kindergarten und Grundschule:* An verschiedenen Stellen gibt es umfangreiche Projekte zur Zusammenarbeit. Ein Ziel eines Projektes an der Universität Bremen[3] ist es, zu einer Abstimmung der inhaltlichen und pädagogischen Arbeit zwischen den beiden Institutionen zu kommen und Themenbereiche (Inhalte, Material, Methoden) für mehrere Entwicklungsniveaus auszuarbeiten. In dem Entwicklungsprojekt PONTE[4] soll der Situationsansatz für den Kindergarten mit modernen Lernbereichsdidaktiken aus dem Primarbereich kombiniert werden, um ein modernes Lern- und Bildungsverständnis in beiden Institutionen zu realisieren. Im Modellprojekt «Kindergarten der Zukunft in Bayern – KiDZ» wird eine stärkere Verknüpfung der beiden Bildungsbereiche dadurch versucht, dass in jeder der Modellgruppen eine GrundschullehrerIn Vollzeit mitarbeitet – speziell auch, um die frühe Förderung von Vorläuferfähigkeiten für spätere schulische Kompetenzen zu verbessern (vgl. Stiftung Bildungspakt Bayern, 2007).

- *Neue Schuleingangsstufe in Deutschland:* Derzeit wird in fast allen Bundesländern eine «neue» Eingangsstufe erprobt, die allerdings nicht die Bildungsstufen Kindergarten und Grundschule verbindet, sondern vornehmlich eine Reform innerhalb der ersten beiden Jahrgangsstufen der Grundschule darstellt (vgl. Faust, 2006). Zentrale Konzeptelemente sind der Verzicht auf Zurückstellungen vom Schulbesuch, eine jahrgangsgemischte Lerngruppen-

---

[3] vgl. www.fruehes-lernen.uni-bremen.de
[4] vgl. www.ponte-info.de

bildung und eine unterschiedliche Verweildauer in den ersten beiden Klassenstufen. Für die langsamer lernenden und/oder noch nicht schulfähigen Kinder kann die Lernzeit um ein Schuljahr verlängert werden. Ein gravierendes Manko der Erprobungen der Eingangsstufe ist, dass es zwar die verschiedensten Versuche gibt, unabhängige Evaluationen bis auf sehr wenige Ausnahmen aber weitgehend fehlen (eine wichtige Ausnahme ist die Evaluation der Schuleingangsstufe in Baden-Württemberg; vgl. Hasselhorn & Grube, 2008). Inhaltlich fehlt auch der Richtung weisende Gedanke der «alten» Eingangsstufe, in *einer* Institution mit Personal aus *beiden* Stufen *flexibel jedes Kind* von vorschulischen zu schulischen Arbeitsweisen und Inhalten hin zu führen (vgl. Abschnitt 1.1). Die Wiedereinrichtung von «alten» Eingangsstufen als Vermittlungsinstitutionen für den Übergang vom Kindergarten in die Grundschule wird gegenwärtig in Deutschland nicht verfolgt, obwohl es verschiedene Überlegungen und Versuche gibt, z. B. die Fünfjährigen in gesonderten Gruppen im Kindergarten zusammenzufassen und diese dann gemeinsam in die erste Klasse einzuschulen.

- *Herabsetzung des Einschulungsalters:* Eine weitere Massnahme im Bereich der Grundschule, die Einfluss auf den Übergangsbereich hat, ist die Diskussion in den Bundesländern um eine Herabsetzung des Einschulungsalters (vgl. Faust, 2006). Die Festsetzung eines bestimmten Schuleintrittsalters ist dabei insofern willkürlich, als der Zeitpunkt, zu dem ein Kind in die Schule aufgenommen werden soll bzw. kann, zentral auch von der Anforderungsstruktur des Schulsystems abhängt. Wird diese verändert, so ist auch das Schuleintrittsalter veränderbar. 1997 hat die Kultusministerkonferenz (KMK) Empfehlungen zum Schulanfang verabschiedet. Nach dieser Empfehlung beginnt die Schulpflicht für alle Kinder, die bis zu einem vom jeweiligen Bundesland festzulegenden Stichtag das sechste Lebensjahr vollendet haben, am 1.8. desselben Jahres, in der Regel mit Beginn des Unterrichts nach den Sommerferien. Berücksichtigt wird aber nicht nur das Lebensalter, sondern auch der Entwicklungsstand. Kinder, die nach dem Stichtag das sechste Lebensjahr vollenden, können auf Antrag ihrer Erziehungsberechtigten vorzeitig in die Schule aufgenommen werden. In Ausnahmefällen ist eine Zurückstellung vom Schulbesuch möglich, wenn zu erwarten ist, dass eine Förderung im schulischen Rahmen keine für die Entwicklung des Kindes günstigeren Voraussetzungen schafft. Gegenwärtig gibt es in einigen Bundesländern Überlegungen, den Stichtag für die reguläre Einschulung näher an das Jahresende zu legen, um damit das durchschnittliche Einschulungsalter zu reduzieren.

- *Aus- und Weiterbildung des Fachpersonals:* Für eine Erleichterung des Übergangs vom Kindergarten in die Grundschule werden auch besondere Hoffnungen an eine Reform der Aus- und Fortbildung des pädagogischen Personals in Kindergärten gerichtet. Dies betrifft z. B. die Durchführung von gemeinsamen Fortbildungsveranstaltungen von ErzieherInnen und GrundschullehrerInnen, Verbesserungen in der bestehenden Erzieherinnenausbildung an Fachschulen, die Einrichtung von neuen Studiengängen an Hochschulen für frühpädagogische Fachkräfte sowie ein zumindest teilweise gemeinsames Hochschulstudium von frühpädagogischem Personal und GrundschullehrerInnen (vgl. Schmidt, 2005; Viernickel, 2008). Das bisherige niedrige formale Ausbildungsniveau von ErzieherInnen wird dabei in Verbindung gebracht mit einer zu gering ausgeprägten Bildungsförderung im Kindergarten und einer unzureichenden Vorbereitung auf den Übergang in die Grundschule. Es lässt sich vermuten, dass mittel- bis längerfristig die Ausbildung – zumindest für einen Teil des Personals in Kindergärten – auf Hochschulniveau stattfinden wird. Die Umsetzung wird allerdings ein längerer Prozess sein.

Institutionelle Übergänge: Aktuelle Entwicklungen in Deutschland und in der Schweiz

2. Struktur und gegenwärtige Tendenzen in der Schweiz

Obwohl in Fachkreisen Konsens besteht, dass der Übergang von der Familie in eine andere Betreuungs- und Bildungseinrichtung ein wichtiges Ereignis in der kindlichen Biografie darstellt, dem eine besondere Aufmerksamkeit zugesprochen werden muss, liegen in der Schweiz bislang keine umfassenderen Untersuchungen zu diesem Übergang vor. Ältere Studien zur ausserfamilialen Kinderbetreuung befassten sich vor dem Hintergrund einer anhaltenden Hospitalismus- und Deprivationsdiskussion vor allem mit Gefährdungspotenzialen ausserfamiliärer Betreuung. Neuere empirische Studien fokussieren mehrheitlich die Bedürfnisse der Eltern in Bezug auf die Form und den Umfang der Betreuung, den sie sich für ihre jungen Kinder wünschen. Eine aktuelle Grundlagenstudie setzte sich mit der Qualität der Betreuung von Kleinstkindern auseinander und generierte damit eine wichtige Ausgangslage für die Weiterentwicklung der Angebote in diesem Bereich. Dabei gilt es festzuhalten, dass in der Schweiz kein Rechtsanspruch auf einen Krippenplatz besteht (vgl. Nay, Grubenmann & Larcher Klee, 2008).

Im Gegensatz dazu wurden in der Praxis im Anschluss an die PISA-Ergebnisse, die erneut den engen Zusammenhang von familiären Ressourcen und Bildungserfolgen zum Ausdruck brachten, eine Vielzahl von Projekten initiiert, die den Übertritt in den Kindergarten erleichtern sollen. Dabei werden insbesondere Förderprojekte, die explizit die frühe Förderung der lokalen Landessprache und der Schulsprache (in der Deutschschweiz) fördern, als wegweisend erachtet, den Übergang in den Kindergarten zu erleichtern (z. B. *Spielgruppe plus* im Kanton Zürich, *Deutschkurse für Dreijährige* im Kanton Basel-Stadt oder das Projekt SPIKI im Kanton St. Gallen). In diesen Spielgruppen lernen drei- bis vierjährige Kinder nicht nur die Sprache, sondern auch Verse, Lieder, Geschichten sowie Spiele kennen und sie führen kleinere Bastelarbeiten aus (z. B. Schneiden, Kleben, Malen), auf die die Kindergarten- und Grundschuldidaktik aufbaut. Ebenso werden naturwissenschaftliche und mathematische Vorläuferfertigkeiten angebahnt. Viele dieser Projekte werden derzeit wissenschaftlich begleitet.

Damit die gegenwärtigen Tendenzen eingeordnet werden können, die anschliessend thematisiert werden (vgl. Kap. 2.2), werden zunächst die bestehenden Übergänge mit ihren Stärken und Schwächen erläutert.

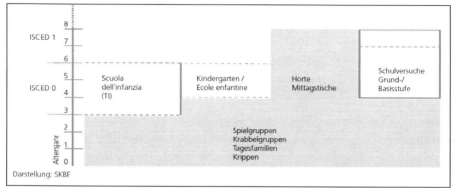

[Quelle: Schweizer Bildungsbericht, 2006, S. 40]

Abbildung 1: Betreuungs- und Bildungsangebote für Vier- bis Achtjährige in der Schweiz

2.1 Struktur des frühkindlichen Bildungs- und Betreuungsbereichs

Aufgrund der föderalen Strukturen des Schweizer Bildungswesens können die Angebote für Kinder von null bis acht Jahren sowohl zwischen den Kantonen als auch zwischen den Gemeinden variieren. Für Kinder zwischen null bis vier Jahren besteht die Möglichkeit, Krippen, Krabbelgruppen, Tagesfamilien oder Spielgruppen zu besuchen, die privat oder öffentlich getragen werden. Je nach Kanton können die Kinder ab drei, vier oder fünf Jahren in den Kindergarten übertreten, der inzwischen in den meisten Kantonen dem formalen Bildungssystem zugeordnet und kostenlos ist. Für die Kantone besteht aktuell einzig die Verpflichtung, allen Kindern einen mindestens einjährigen Kindergartenbesuch zu ermöglichen. In einigen Kantonen ist der Besuch des Kindergartens verpflichtend (z. B. Basel-Stadt und Zürich), in anderen hingegen freiwillig. Insgesamt besuchen 95 Prozent aller Kinder während mindestens einem Jahr und 86 Prozent während zwei Jahren einen Kindergarten, bevor sie in die Schule einmünden (vgl. Schweizer Bildungsbericht, 2006, S. 40).

Die Ausbildung von Lehrpersonen für Kinder im Alter von vier bis acht Jahren erfolgt seit 2005 gesamtschweizerisch an Pädagogischen Hochschulen. Das pädagogische Fachpersonal in den Einrichtungen für Kinder von null bis vier Jahren erfolgt an Fachschulen oder Fachhochschulen. Analog zu den Diskussionen in Deutschland ist auch in der Schweiz die Aus- und Weiterbildung dieser Fachkräfte ein aktuelles Thema (vgl. Stamm et al., 2009).

Institutionelle Übergänge: Aktuelle Entwicklungen in Deutschland und in der Schweiz

- *Übergang von der Familie in den Kindergarten:* Der Übertritt in den Kindergarten erfolgt zu Beginn des Schuljahres, sobald die Kinder das gesetzlich vorgeschriebene Alter erreicht haben. Es finden weder Selektionsverfahren noch Sprachstanderhebungen statt. In Folge des wachsenden Anspruches einer Inklusion aller Kinder werden immer häufiger Kinder mit besonderen pädagogischen Bedürfnissen in Regelkindergärten aufgenommen und ihre Förderung durch Speziallehrkräfte und TherapeutInnen individuell unterstützt (vgl. Wannack, Sörensen Criblez & Gilliéron Giroud, 2006, S. 29). Aufgrund der Tatsache, dass 95 Prozent der Kinder mindestens ein Jahr lang den Kindergarten besuchen, kann davon ausgegangen werden, dass es tatsächlich kaum Zugangsbarrieren gibt. Allerdings fehlen Kenntnisse über diejenigen Kinder, die ihn gar nicht oder nur verkürzt besuchen, die jedoch im Zusammenhang mit Fragen zur Chancen- und Bildungsgerechtigkeit von grosser Wichtigkeit wäre (vgl. Schweizer Bildungsbericht, 2006).

- *Übergang vom Kindergarten in die Grundschule:* Kinder, die das kantonal bestimmte Mindestalter erreicht haben, das innerhalb der Schweiz zwischen fünf Jahren und drei Monaten (Kanton Obwalden) bis hin zu sechs Jahren und sieben Monaten (Kanton Graubünden) variiert, können zu Beginn des Schuljahres in die Primarschule (= Grundschule) eintreten. Die Regelung über frühere oder spätere Schuleintritte ist kantonal geregelt (vgl. Wannack, Sörensen Criblez & Gilliéron Giroud, 2006). In der Schweiz ist der Übergang vom Kindergarten in die Primarschule (vgl. Abb. 1) hoch selektiv, denn für rund 20 Prozent aller Kinder werden spezielle Massnahmen angeordnet – so viele wie bei keinem anderen schulischen Übergang. Am häufigsten wird der Aufschub der Einschulung oder eine Versetzung in eine so genannte Einschulungsklasse vorgenommen, in welcher der Stoff der ersten Klasse im Laufe von zwei Jahren vermittelt wird (vgl. Grossenbacher, 2008; Schweizer Bildungsbericht, 2006). Parallel dazu wurde mit einer repräsentativen Längsschnittstudie im Kanton Zürich verdeutlicht (vgl. Moser, Stamm & Hollenweger, 2005), dass bereits beim Schuleintritt enorme Unterschiede in den Kompetenzen (Lesen, Wortschatz, Mathematik) bestehen und ein beachtlicher Teil der Kinder beim Schuleintritt die Lernziele der ersten Primarklasse bereits beherrscht. «Etwa ein Drittel der Kinder verfügt bei Schuleintritt über deutlich akzelerierte Kenntnisse im Lesen oder in Mathematik, ein weiteres Drittel über Kenntnisse in einzelnen Bereichen, hingegen treten zirka 25 Prozent ohne Vorwissen in die Schule ein» (Stamm, 2004, S. 869).

- *Einschulungsklassen:* In vielen Kantonen werden Einschulungsklassen geführt, in denen sich Kinder, deren Schulreife als ungenügend eingestuft wird, den Stoff des ersten Schuljahres im Laufe von zwei Jahren erwerben können. Die Anzahl der Zuweisungen variiert zwischen 3 Prozent (Kanton Appenzell Innerrhoden) bis 15 Prozent (Kanton Aargau) und sie steht in einem klaren Zusammenhang mit dem Angebot an Plätzen (vgl. Schweizer Bildungsbericht, 2006, S. 42). Darüber hinaus wird deutlich, dass Kinder mit Migrationshintergrund besonders häufig in Einschulungsklassen eingeteilt werden (vgl. Tab. 1) und es sind allgemein häufiger Knaben als Mädchen (vgl. Schweizer Bildungsbericht, 2006, S. 48). Anhand einer umfassenden Analyse von Schulstatistiken seit den 1980er-Jahren konnte Kronig (2003) aufzeigen, dass sich die Überweisungen von SchülerInnen ausländischer Staatsangehörigkeit in Klein- und Sonderklassen seither mehr als verdreifachten, während sich parallel dazu diejenigen von Kindern mit Schweizer Staatsangehörigkeit um fast einen Viertel verringerten. Da gleichzeitig «ein irritierend lockerer Zusammenhang zwischen der individuellen Leistungsfähigkeit und der Zuweisung in eine Sonderklasse zu beobachten» (ebd., S. 126) ist, beschreibt Kronig (2003) diesen Effekt als «Konstrukt des leistungsschwachen Immigrantenkindes» (S. 126), der pädagogisch Professionelle offensichtlich bei Übergangsentscheidungen stark beeinflusst und eine objektive Beurteilung beeinträchtigt. Es ist daher wegweisend, dass im Zusammenhang mit den integrativen Konzepten, die aktuell in verschiedenen Kantonen umgesetzt werden, der Auflösung von Einschulungs- und Sonderklassen eine prioritäre Zielsetzung zugewiesen wird.

Institutionelle Übergänge: Aktuelle Entwicklungen in Deutschland und in der Schweiz

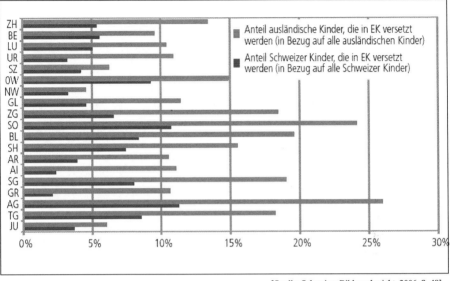

[Quelle: Schweizer Bildungsbericht, 2006, S. 48]

Tabelle 1: Anteil Kinder in Einschulungsklassen (= EK) im Schuljahr 2003/04

2.2 Gegenwärtige Tendenzen in der Schweiz

Die aktuelle Bildungsdiskussion im frühkindlichen Bereich ist von drei Themenfeldern geprägt. Das erste betrifft die Ausgestaltung der vorschulischen Betreuung und Erziehung hin zu Bildung und Integration. Beim zweiten handelt es sich um die angestrebte Harmonisierung der kantonalen Bildungssysteme auf nationaler Ebene (= HarmoS-Konkordat). Sie betrifft die Lernziele der einzelnen Bildungsstufen, die Übergänge, das Schuleintrittsalter sowie die Dauer der Schulpflicht, die gesamtschweizerisch vereinheitlicht werden sollen. Das bedeutet, dass die Primarschule zusammen mit dem Kindergarten respektive der Schuleingangsstufe in allen Kantonen mindestens acht Jahre umfassen und die Möglichkeit gegeben sein wird, dass Kinder ihren Fähigkeiten und ihrer persönlichen Reife entsprechend die Stufen schneller oder langsamer durchlaufen können. Drittens ist die Reform der Schuleingangsstufen (= Implementierung einer Grund- oder Basisstufe) eine wichtige Zielsetzung, weil sie zur Lösung von Schwierigkeiten beitragen soll, die sich im herkömmlichen Schuleingangssystem abzeichnen. Dies ist einerseits die Tatsache, dass die bisherigen Strukturen den heterogenen Entwicklungsständen und Lernausgangslagen von vier- bis achtjährigen Kindern nicht gerecht werden, was zu hohen Rückstellquoten und übermässig häufigen Zuweisungen in Eingangsklassen führt, wie im vorangehenden Kapitel aufgezeigt wurde. Andererseits wird im Kontext von Bildungs- und Chancengerechtigkeit angestrebt, gesamtschweizerisch allen Kindern die gleichen Zugangsmöglichkeiten zu gewährleisten und dadurch auch Kinder aus sozioökonomisch benachteiligten Familien sowie allgemein Kinder mit besonderen pädagogischen Bedürfnissen besser zu fördern (vgl. Stamm, 2004). Darüber hinaus sind insbesondere seit den internationalen Leistungserhebungen im Rahmen von «PISA» Diskussionen zur frühen Bildung neu entfacht. Der bisher *bildungsfreie* Raum des Schweizer Kindergartens soll daher reformiert und die explizite Vermittlung von Vorläuferfertigkeiten bereits ab vier Jahren einsetzen, wobei ein «fliessender Übergang vom Lernen im Spiel zum aufgabenorientierten Lernen» intendiert ist, ohne dass Kinder, die sich «schulischen Lerninhalten zuwenden, die Möglichkeit des Lernens im Spiel aufgeben müssen» (Vogt, 2008, S. 89).

Die Versuche mit der Grund- und Basisstufe werden zu einem günstigen Zeitpunkt durchgeführt, weil mit dem HarmoS-Konkordat nicht vorgeschrieben wird, wie die ersten Schuljahre zu gestalten sind, sondern einzig wann sie beginnen sollen. Die Erfahrungen, die mit diesen Modellprojekten zum alters- und leistungsgemischten Lernen sowie zur Flexibilisierung der Übergänge gemacht werden können, sind folglich wegweisend für die Ausgestaltung der zukünftigen Schuleingangsstufen (vgl. Grossenbacher, 2008). Das Projekt der Grund- und Basisstufe wird im Folgenden näher beleuchtet.

2.2.1 Neue Schuleingangsmodelle: Grund- und Basisstufe
Bildungspolitische Diskussionen zum Übergang vom Kindergarten in die Primarstufe bestehen seit den 1970er-Jahren. Im Kanton Genf wurde damals mit dem Projekt «Fludité» erstmals ein flexibler Schuleingang erprobt, der heute als «Cycle élémentaire» bezeichnet aus zwei Vorschuljahren und den ersten beiden Jahren der Primarschule besteht (vgl. Schweizer Bildungsbericht, 2006, S. 41). Für die Deutschschweiz gilt das Grundstufenmodell der Gesamtschule Unterstrass Zürich als Vorläuferin und Wegbereiterin – ein Projekt, das umfassend evaluiert wurde (vgl. Stamm, 2004).

Institutionelle Übergänge: Aktuelle Entwicklungen in Deutschland und in der Schweiz

Die neuen Schuleingangsmodelle «Grund- und Basisstufe», die sich noch bis 2010 in der Versuchsphase befinden, verstehen den Elementarbereich als Bestandteil des formalen Bildungswesens, in den Kinder nach dem vollendeten vierten Lebensjahr einmünden (vgl. Abb.1). Die Grund- und Basisstufe bildet eine eigenständige Bildungsstufe, die «den fähigkeits- und interessensorientierten, nicht mehr an ein bestimmtes Alter gebundenen Erwerb von Kulturtechniken unterstützen soll» (Stamm, 2004, S. 866). Das Modell der Basisstufe umfasst zwei Kindergartenjahre sowie die ersten beiden Jahre der Primarstufe. Die Grundstufe dauert drei Jahre und schliesst zwei Jahre Kindergarten und ein Jahr Primarstufe ein. Mit beiden Schulversuchsmodellen wird angestrebt, dass Kinder die Eingangsstufe ihrer Entwicklung entsprechend schneller oder langsamer durchlaufen können und somit der Übertritt in die Primarschule flexibel und individuell angepasst erfolgen kann. Die Möglichkeit eines halbjährlichen Eintritts in die Grund- und Basisstufe respektive des Übertritts in die Primarstufe sind in der Projektkonzeption angedacht, tatsächlich umgesetzt wird sie allerdings bislang nur in wenigen Kantonen (vgl. Vogt et al., 2008). Die alters- und leistungsgemischten Klassen werden im Teamteaching (150 Stellenprozente) von einer Primar und einer Kindergartenlehrperson geführt, die in der Regel mit weiteren Fachpersonen, insbesondere HeilpädagogInnen, zusammen arbeiten (vgl. Grossenbacher, 2008; Vogt et al., 2008).
In diesem Projekt kooperieren alle deutsch- und zweisprachigen Kantone sowie das Fürstentum Liechtenstein – eine interkantonale Zusammenarbeit, die «als einmalig in der Geschichte der schweizerischen Schulentwicklungskoordination bezeichnet werden» (Grossenbacher, 2008, S. 7) muss.

2.2.2 Evaluation der Grund- und Basisstufe

Die Schuleingangsversuche werden wissenschaftlich begleitet; bislang liegen die Zwischenberichte[5] der formativen Evaluation (vgl. Vogt et al., 2008) und der summativen Evaluation (Moser, Bayer & Berweger, 2008) vor. Da der Grund- und Basisstufenversuch nicht flächendeckend umgesetzt wurde, anerbot sich die Chance, verschiedene Modelle zu untersuchen, d. h. in beiden Evaluationen

---

[5] vgl. Stand der Projekte unter http://www.edk-ost.ch/Grundstufe-Basisstufe

konnten die Grund- und Basisstufe mit dem herkömmlichen Kindergartenmodell verglichen werden. Im Zentrum der formativen Evaluation stand die Befragung der beteiligten Lehrpersonen, Eltern und Kinder über ihre persönlichen Erfahrungen mit dem Projekt. Im Rahmen der summativen Evaluation wurden bei rund 1000 Kindern die sprachlichen, mathematischen und sozial-emotionalen Kompetenzen sowie die subjektiven Einschätzungen zu ihrem Wohlbefinden, ihren Beziehungen zu Gleichaltrigen und ihrem Selbstkonzept erhoben. Die erste Messung erfolgte rund vier Monate nach dem Eintritt in die Grund- oder Basisstufe respektive den Kindergarten; die zweiten und dritten Messungen wurden mit je einem jährlichen Abstand durchgeführt.

Die Ergebnisse werden in der Fachdiskussion als positiv gewertet, auch wenn in einzelnen Bereichen noch nicht ausgeschöpfte Potenziale der neuen Schuleingangsstufen liegen. So wird insbesondere aufgrund der formativen Evaluation deutlich, dass die pädagogische Nutzung der altersgemischten Lerngruppen, die erfolgreiche Förderung von Kindern aus sozial benachteiligten Familien oder von Kindern mit Migrationshintergrund sowie der flexible Übergang in die Primarstufe noch nicht im gewünschten Masse gelingt (vgl. Vogt et al., 2008). Insgesamt durchlaufen 80 Prozent der Kinder die Grund- und Basisstufe in der vorgesehenen Zeit. Bei den 20 Prozent Kindern, die von der neuen Flexibilität des Übergangs in die Primarschule Gebrauch machen, wird sie vor allem dazu genutzt, die Kinder länger in der Grund- und Basisstufe zu unterrichten. Deutlich seltener treten Kinder vorzeitig in die Primarschule über. Die Gründe dafür, dass in den neuen Eingangsstufen die frühere Einschulung unter den Erwartungen blieben, werden vor allem dem Umstand zu geschrieben, dass sich «die Lehrpersonen mehr an sozialen Merkmalen (emotionale Entwicklung, Familienverhältnisse, Klima in der abnehmenden Klasse) als am Lern- und Leistungsstand der Kinder» orientieren und «ihnen das Vertrauen und die Erfahrungen mit flexiblen Übertrittsprozessen fehlen» (Grossenbacher, 2008, S. 9).

Die summative Evaluation zum Lernfortschritt verdeutlicht, dass Kinder, die die Grund- oder Basisstufe besuchen, im Gegensatz zu Kindergartenkindern in den ersten beiden Jahren einen signifikanten Lernfortschritt im Lesen und Schreiben erreichen. Dieser Unterschied gleicht sich bis zum Ende der ersten Klassen allerdings weitgehend aus. Die signifikanten Fortschritte in Mathematik, die sich

Institutionelle Übergänge: Aktuelle Entwicklungen in Deutschland und in der Schweiz

bei den Kindern in den neuen Schulversuchsmodellen zeigen, vergrössern sich hingegen bis zum Ende des dritten Schuljahres. Bessere Ergebnisse erzielen diese Kinder auch hinsichtlich allgemeiner kognitiver Grundfertigkeiten. Kaum Unterschiede zeichnen sich bezüglich der Selbsteinschätzung zum Wohlbefinden, zur Peer-Akzeptanz und zum Selbstkonzept ab (vgl. Moser, Bayer & Berweger, 2008, S. 65)

3. Ausblick

Die vorliegenden nationalen und internationalen Studien belegen, dass positive Effekte einer frühen Bildung auf den späteren Schulerfolg in enger Abhängigkeit zur Qualität der Angebote stehen (z. B. Roßbach, 2005). Vor diesem Hintergrund wird deutlich, dass organisatorische und pädagogische Neukonzeptionen vorschulischer Einrichtungen sowie der Schuleingangsphasen nur gelingen können, wenn sie mit der Weiterentwicklung der Prozess-, Struktur- und Orientierungsqualität (vgl. Tietze, Roßbach & Grenner, 2005) einhergehen. Als besonders relevant erweist sich die Qualifizierung des pädagogischen Personals in den frühkindlichen Einrichtungen von der Krippe bis zur Schuleingangsstufe. Dabei spielen nicht nur fachliche Kompetenzen eine entscheidende Rolle, sondern auch die Einstellungen des Fachpersonals gegenüber der Betreuung, Erziehung und Bildung von Kindern zwischen null und acht Jahren (vgl. Stamm, 2004).

Im Zusammenhang mit dem Schuleingangsbereich besteht weiter das zentrale Desiderat, dass die Lehrpersonen ihre Diagnose- und Förderkompetenzen erweitern können, sodass sie einerseits das grosse Potenzial der Alters- und Leistungsdurchmischung und andererseits die Flexibilität der Schulübergänge gezielter nützen können. Wichtig ist es darüber hinaus, dass nicht nur die Übergänge vom Kindergarten respektive der Schuleingangsstufe in die Primarschule betrachtet werden, sondern die Aufmerksamkeit auch darauf gelenkt wird, dass die Schuleingangsphase – unabhängig davon, ob sie als Kindergarten oder Grund- und Basisstufe gestaltet wird – eine eigene Anschlussstelle an frühkindliche Lernorte darstellt. Kenntnisse über vorangehende Bildungsprozesse sowie die familiären Hintergründe sind daher von grosser Bedeutung. Damit die Anschlussfähigkeit der Bildungsprozesse und -erträge der verschiedenen Lernorte gewährleistet werden kann, ist folglich anzustreben, dass sich alle Akteure über ihre Bildungs- und Erziehungsphilosophie austauschen, idealerweise sogar ein gemeinsames Bildungsverständnis erarbeiten, denn beispielweise «Fragen wie Sprachförderung, Integration, Erhöhung von Bildungschancen» können «nicht an eine Stufe delegiert werden, sondern erfordern ein integrales Konzept, das sowohl vorschulische Institutionen zur Betreuung junger Kinder wie auch die obligatorische Schulzeit umfasst» (Wannack et al., 2008, S. 8).

Für die Verbesserung der Anschlussfähigkeit der verschiedenen Bildungs- und Betreuungsangebote von null- bis achtjährigen Kindern schlagen beispielsweise Viernickel und Simoni (2008, S. 30) langfristige und konzeptionell gestützte «Kooperationsvereinbarungen zwischen Kindertagesstätten, Kindergärten und Schulen» sowie eine «kontinuierliche Beobachtung, Bildungsdokumentation und die gezielte Förderung von Vorläuferfertigkeiten» vor. Dabei ist es als übergeordnete Zielsetzung zu verstehen, dass die verschiedenen Einzelmassnahmen letztlich in ein Gesamtkonzept münden, «das allen Kindern erlaubt, erfolgreich ins lebenslange Lernen zu starten und die Übergänge als stimulierend für Wachstum und Entwicklung zu erleben» (Grossenbacher, 2008, S. 11).

Diese Desiderate gilt es zukünftig, gestützt auf empirische Erkenntnisse, einzulösen. Das bedeutet einerseits, dass das pädagogische Fachpersonal auch über Kompetenzen verfügen muss, die eine professionelle Reflexion ihres eigenen pädagogischen Handelns ermöglichen, wie sie insbesondere Ansätzen der Handlungsforschung zu Grunde liegen (z. B. Mac Naughton & Hughes, 2009). Andererseits ist es parallel dazu unerlässlich, auf der Basis empirischer Bildungsforschung die neuen Entwicklungen kontinuierlich zu analysieren und für die pädagogische Praxis zu reflektieren. Nur so können tatsächliche Zusammenhänge erkannt und in der Folge institutionelle Entwicklungen sowie Konzepte für die Aus- und Weiterbildung auf der Basis wissenschaftlicher Erkenntnisse realisiert werden. Noch sind in der Schweiz die frühkindlichen Bereiche im Allgemeinen und die Übergänge im Besonderen wissenschaftlich nur marginal erforscht und Erkenntnisse langfristiger nationaler Studien fehlen vollständig.

Systematische Längsschnittstudien wie beispielsweise das Nationale Bildungspanel «NEPS» in Deutschland[6] würden jedoch massgeblich dazu beitra-

---

[6] Für den Stand des Projektes vgl. www.bildungspanel.de

gen, die derzeit stark von Politik und Ideologie geprägten Debatten zur Bildung im frühkindlichen Bereich in wissenschaftliche Dialoge zu überführen.

Literatur

Ahnert, L., Gunnar, M.R., Lamb, M.E. & Barthel, M. (2004). Transition to child care: Associations with infant-mother attachment, infant negative emotions, and cortisol elevations. *Child Development, 75,* 639-650.

Beelmann, W. (2000). Entwicklungsrisiken und -chancen bei der Bewältigung normativer sozialer Übergänge im Kindesalter. In C. Leyendecker & T. Horstmann (Hrsg.), *Große Pläne für kleine Leute – Grundlagen, Konzepte und Praxis der Frühförderung* (S. 71-77). München: Ernst Reinhardt.

Beelmann, W. (2006). *Normative Übergänge im Kindesalter: Anpassungsprobleme beim Eintritt in den Kindergarten, in die Grundschule und in die weiterführende Schule.* Hamburg: Kovac.

Berger, M. (1997). *Der Übergang von der Familie zum Kindergarten. Anregungen zur Gestaltung der Aufnahme in den Kindergarten. 2., neu bearbeitete Auflage.* München: Ernst Reinhardt Verlag.

Carle, U. & Samuel, A. (2007). *Frühes Lernen – Kindergarten und Grundschule kooperieren. Kindergarten und Grundschule gestalten den Schulanfang.* Hohengehren: Schneider.

Diskowski, D. (2008). Bildungspläne für Kindertagesstätten – ein neues und noch unbegriffenes Steuerungsinstrument. *Zeitschrift für Erziehungswissenschaft, Sonderheft 11,* 47-61.

Faust, G. (2006). Zum Stand der Einschulung und der neuen Schuleingangsstufe in Deutschland. *Zeitschrift für Erziehungswissenschaft, 9,* 328-347.

Faust, G., Kluczniok, K. & Pohlmann, S. (2007). Eltern vor der Entscheidung über vorzeitige Einschulung. *Zeitschrift für Pädagogik, 53,* 462-476.

Faust-Siehl, G. & Speck-Hamdan, A. (Hrsg.). (2001). *Schulanfang ohne Umwege* (S. 96-118). Frankfurt a. M.: Grundschulverband.

Fried, L., Roßbach, H.-G., Tietze, W. & Wolf, B. (1992). Elementarbereich. In K. Ingenkamp, B. S. Jäger, H. Petillon & B. Wolf (Hrsg.), Empirische Pädagogik 1970-1990: Eine Bestandsausnahme der Forschung in der Bundesrepublik Deutschland , Bd. 1 (S. 197-263). Weinheim: Deutscher Studienverlag.

Gloger-Tippelt, G. (2009). Kindheit und Bildung. In R. Tippelt & B. Schmidt (Hrsg.), *Handbuch Bildungsforschung* (2. Aufl.) (S. 627-640). Wiesbaden: VS Verlag für Sozialwissenschaften.

Griebel, W. & Niesel, R. (2004). *Transitionen. Fähigkeit von Kindern in Tageseinrichtungen fördern, Veränderungen erfolgreich zu bewältigen.* Weinheim: Beltz.

Grossenbacher, S. (2008). *Das Projekt «EDK-Ost 4bis8» im nationalen und internationalen Kontext.* Aarau: Schweizerische Koordinationsstelle für Bildungsforschung.

Haefele, B. & Wolf-Filsinger, M. (1986). Der Kindergarten-Eintritt und seine Folgen – eine Pilotstudie. *Psychologie in Erziehung und Unterricht*, 33, 99-107.

Hasselhorn, M. & Grube, D. (2008). Individuelle Voraussetzungen und Entwicklungsbesonderheiten des Lernens im Vorschul- und frühen Schulalter. *Empirische Pädagogik, 22,* 113-126.

Kluczniok, K., Roßbach, H.-G. & Große, C. (in Druck). Fördermöglichkeiten in Kindergarten und Grundschule – ein Systematisierungsversuch. München: DJI.

Kronig, W. (2003). Das Konstrukt des Leistungsschwachen Immigrantenkindes. *Zeitschrift für Erziehungswissensschaft, 6,* 121-141.

Laewen, H.-J. (1989). Nichtlineare Effekte einer Beteiligung von Eltern am Eingewöhnungsprozess von Krippenkindern. Die Qualität der Mutter-Kind-Bindung als vermittelnder Faktor. *Psychologie in Erziehung und Unterricht, 36,* 102-108.

Laewen, H.-J., Andres, B. & Hédervári, E. (2006). Die ersten Tage. Ein Modell zur Eingewöhnung in Krippe und Tagespflege (4. Aufl.). Berlin: Cornelsen Scriptor.

Institutionelle Übergänge: Aktuelle Entwicklungen in Deutschland und in der Schweiz

Landry, F. (2005). *Structures de l'enseignement: Suisse romande et Tessin, Belgique, France et Québec: année scolaire 2006-2006*. Neuchâtel: IRDP.

Mac Naughton, G. & Hughes, P. (2009). *Doing action research in early childhood studies. A step by step guide*. Berkshire: Mc Graw Hill Open University Press.

Mader, J. (1989). *Schulkindergarten und Zurückstellung: Zur Bedeutung schulisch-ökologischer Bedingungen bei der Einschulung*. Münster: Waxmann.

Moser, U., Bayer, N. & Berweger, S. (2008). *Summative Evaluation Grund- und Basisstufe. Zwischenbericht zuhanden der EDK-Ost*. Zürich: Universität, Institut für Bildungsevaluation.

Moser, U., Stamm, M. & Hollenweger, J. (Hrsg.). (2005). *Für die Schule bereit? Lesen, Wortschatz, Mathematik und soziale Kompetenzen beim Schuleintritt*. Oberentfelden: Sauerländer.

Nay, E., Grubenmann, B. & Larcher Klee, S. (2008). *Kleinstkinderbetreuung in Kindertagesstätten. Expertise für innovative Konzeptionen*. Bern: Haupt Verlag.

OECD (2006). *Starting strong II: Early childhood education and care*. Paris: OECD.

Roßbach, H.-G. (2005). Effekte qualitativ guter Betreuung, Bildung und Erziehung im frühen Kindesalter auf Kinder und ihre Familien. In Sachverständigenkommission Zwölfter Kinder- und Jugendbericht (Hrsg.), *Band 1: Bildung, Betreuung und Erziehung von Kindern unter sechs Jahren* (S. 55-174). München: DJI Verlag.

Roßbach, H.-G. (2006). Institutionelle Übergänge in der Frühpädagogik. In L. Fried & S. Roux (Hrsg.), *Pädagogik der frühen Kindheit. Handbuch und Nachschlagewerk* (S. 280-292). Weinheim: Beltz.

Roßbach, H.-G. & Erning, G. (2008). Übergang vom Kindergarten in die Grundschule – eine unendliche Geschichte. In H. Kemnitz (Hrsg.), *Abgrenzungen und Übergänge im Bildungssystem. Festschrift für Karl Neumann* (S. 9-28). Braunschweig: Institut für Erziehungswissenschaft, Abteilung Schulpädagogik und Allgemeine Didaktik der Technischen Universität Braunschweig.

Roux, S. (2004). Von der Familie in den Kindergarten. Zur Theorie und Praxis eines frühpädagogischen Übergangs. In L. Denner & E. Schumacher (Hrsg.), *Übergänge im Elementar- und Primarbereich reflektieren und gestalten. Beiträge zu einer grundlegenden Bildung* (S. 75-90). Bad Heilbrunn/Obb.: Klinkhardt.

Schmidt, T. (2005). Entwicklungen in der Ausbildung von Erzieherinnen. *Zeitschrift für Pädagogik, 51,* 713–730.

Stamm, M. (2004). Bildungsraum Vorschule. Theoretische Überlegungen und Perspektiven zu den Möglichkeiten des früher als bisher üblichen kognitiven Kompetenzerwerbs. *Zeitschrift für Pädagogik, 50(6),* 865-881.

Stiftung Bildungspakt Bayern (Hrsg.). (2007). *Das KiDZ-Handbuch. Grundlagen, Konzepte und Praxisbeispiele aus dem Modellversuch «KiDZ – Kindergarten der Zukunft in Bayern».* Köln: Wolters Kluwer.

Strätz, R., Solbach, R. & Holst-Solbach, F. (2007). *Bildungshäuser für Kinder von drei bis zehn Jahren. Expertise.* Berlin: Bundesministerium für Bildung und Forschung.

Tietze, W. & Viernickel, S. (Hrsg.). (2002). *Pädagogische Qualität in Taseseinrichtungen für Kinder – Ein nationaler Kriterienkatalog.* Weinheim: Beltz.

Viernickel, S. & Lee, H. J. (2004). Beginn der Kindergartenzeit. In E. Schumacher (Hrsg.), *Übergänge in Bildung und Ausbildung. Gesellschaftliche, subjektive und pädagogische Relevanzen* (S. 69-88). Bad Heilbrunn/Obb.: Klinkhardt.

Viernickel, S. & Simoni, H. (2008). Frühkindliche Erziehung und Bildung. In Eidgenössische Koordinationskommission für Familienfragen (Hrsg.), *Familie – Erziehung – Bildung* (S. 22-33). Bern: EKFF.

Viernickel, S. (2008). Reformmodelle für die Ausbildung des frühpädagogischen Fachpersonals. *Zeitschrift für Erziehungswissenschaft, Sonderheft 11,* 123-138.

Vogt, F., Zumwald, B., Urech, C., Abt, N., Bischoff, S., Buccheri, G. & Lehner, M. (2008). *Zwischenbericht: Formative Evaluation Grund- und Basisstufe.* St Gallen: Pädagogische Hochschule, Kompetenzzentrum, Forschung, Entwicklung und Beratung.

Wannack, E., Sörensen Criblez, B. & Gilliéron Giroud, P.G. (2006). *Frühere Einschulung in der Schweiz. Ausgangslage und Konsequenzen.* Bern: Schweizerische Konferenz der kantonalen Erziehungsdirektoren (EDK).

Wertfein, M. & Spies-Kofler, A. (2008). *Kleine Kinder – großer Anspruch. Studie zur Implementation des BayBEP und zur Qualitätssicherung in Kinderkrippen. IFP-Berichtsreihe 16/2008.* München: Staatsinstitut für Frühpädagogik.

Zweyer, K. (2006). *Bindungseinschätzung durch Erzieherinnen beim Kindergarteneintritt – Möglichkeiten und Grenzen eines Screeningfragebogens.* München: Martin Meidenbauer.

Susanna Roux

Evaluation

Einleitung

Evaluationen stellen eine wichtige Grundlage zur Legitimierung bildungspolitischer und pädagogischer Entscheidungen und Massnahmen dar, die in aller Regel mit aufwändigen finanziellen Verpflichtungen verbunden sind (vgl. auch die Interviews von Kost in diesem Band). Zur Sicherstellung der erhofften Wirkungen und Fundierung weiterer Weichenstellungen werden forschungsbasierte Informationen zur Effektivität bildungspolitischer bzw. pädagogischer Massnahmen gebraucht. Die Realität der (früh-)pädagogischen Theorie und Praxis ist allerdings immer noch weit entfernt davon, ihre Arbeit auf der Grundlage brauchbarer Verfahren und Evaluationsdesigns substantiell zu legitimieren. Neben einem Überblick über die Grundlagen der Evaluationsforschung werden exemplarisch zwei aktuelle Evaluationsstudien vorgestellt und mit Blick auf Desiderata zukünftiger (früh-)pädagogischer Evaluationsforschung diskutiert.

1. Grundlagen der Evaluationsforschung

Evaluation wird verstanden als «(...) systematische Anwendung sozialwissenschaftlicher Forschungsmethoden zur Beurteilung eines Konzepts, des Designs, der Umsetzung und des Nutzens sozialer Interventionsprogramme» (Wottawa, 2006a, S. 662). In der Bildungsforschung sind Evaluationen notwendiger Bestandteil wegweisender Entscheidungen (u. a. Kuper, 2005, S. 64ff.). Sie konzentrieren sich im Rahmen eines Qualitätssicherungssystems (Ditton, 2009) in der Regel auf

- den *Kontext* pädagogischer Massnahmen, z. B. soziale, kulturelle, ökonomische Rahmenbedingungen
- den *Input*, z. B. materielle und finanzielle Ressourcen, Eingangsqualifikationen der Programmteilnehmer, Kompetenzen der Lehrenden
- den *Prozess*, z. B. Methoden und Arbeitsformen, Kommunikationsstrukturen, Beziehungen zwischen Lehrenden und Lernenden

- die *Ergebnisse (output)* d. h. alle kurzfristigen Resultate, unabhängig davon, ob sie als Ziele beabsichtigt waren oder nicht, und
- die *Wirkungen (outcome)* pädagogischer Massnahmen, d. h. die mittel- und langfristigen Folgen der Ergebnisse, wie z. B. die tatsächliche Anwendung des Gelernten oder auch soziale Auswirkungen eines Programms (u. a. Wesseler, 2009, S. 1035f.).

Evaluationen lassen sich darüber hinaus systematisch nach dem *Zeitpunkt* ihrer Durchführung und ihrer *Funktion* unterscheiden (u. a. Kromrey, 1995; Mittag & Hager, 1998, S. 18 ff.; Wottawa, 2006a, S. 662). Während die diagnostische bzw. prospektive Evaluation (ex ante) dazu dient, *vor* Programmbeginn die Machbarkeit einzuschätzen, ermöglicht die formative Evaluation eine Bewertung *während* eines Prozesses und weist auf mögliche Veränderungen hin. Unter der Evaluation der Programmdurchführung wird die Prozessevaluation oder Implementationsforschung verstanden. Sie kann helfen, mögliche Wechselwirkungen zwischen Programm, Durchführenden und Adressaten des Programms aufzuhellen und zudem als Ergänzung zu formativen Evaluationen verstanden werden. Die summative Evaluation (ex post) wird *nach* Programmende durchgeführt und beinhaltet eine abschliessende Bewertung der Wirkung des Programms nach dessen Durchführung (auch Output- oder Outcome-Evaluation). Die so genannte Evaluation der Programmeffizienz ist *nach* Durchführung des Programms und Offenlegung seiner Wirkungen zur Bewertung der Kosten-Nutzen-Analyse bestimmt.

Andere Unterscheidungsmerkmale beziehen sich auf die *Herkunft der Evaluatoren* und die *eingesetzten Methoden*. Sind die Evaluatoren Teil des Programms bzw. der Intervention, handelt es sich um eine interne Evaluation, kommen sie von aussen, wird extern evaluiert. Werden eher quantitative Methoden eingesetzt, spricht man von formalen Evaluationen. Ihnen stehen informale – mittels qualitativer Methoden durchgeführte – Evaluationen gegenüber.

Entscheidend für die Durchführung jeder Evaluationsstudie ist es, den Gegenstand der Evaluationsstudie genau zu beschreiben (*Was* wird evaluiert?), den kontextuellen Rahmen zu bestimmen (*Wo* wird evaluiert?), die Ziele der Evaluation zu benennen (*Welche* Ziele werden evaluiert?) und – als besonders an-

Evaluation

spruchsvolles Unterfangen – die Vergleichskriterien aufzuzeigen (*Woran* wird der Erfolg bzw. Misserfolg festgemacht?) (u. a. Wottawa, 2006a, S. 664; 2006b). Ohne diese fundamentalen Bestimmungen zu Beginn der Evaluationsforschung kann keine ernst zu nehmende Evaluation durchgeführt werden. Schliesslich steht auch die Methodik im Blickpunkt des Interesses (*Wie* wird evaluiert?). Wenn von einer Evaluation beispielsweise wissenschaftlich fundierte Aussagen etwa zur Wirksamkeit einer Sprachfördermassnahme abgeleitet werden sollen, ist es unabdingbar, dass diese den höchsten Anforderungen an eine methodisch fundierte Umsetzung entspricht. Dazu gehören vor allem der Einsatz angemessener Erhebungsverfahren sowie die Anwendung eines mit Blick auf die Forschungsfrage sinnlogischen Designs. Insofern wird von Evaluationsforschung nur dann gesprochen, «(…) wenn die Evaluation anerkannte sozialwissenschaftliche Regeln und Methoden zugrunde legt» (Helmke, 2009, S. 268). Nur wenige aktuelle Evaluationsstudien werden diesen Anforderungen gerecht.

Folgende vier übergeordnete Standards dienen zur Sicherung und Entwicklung der Qualität von Evaluationen (DeGEval – Gesellschaft für Evaluation, 2008, S. 10-13). Sie gelten in enger Anlehnung an das *Joint Committee on Standards for Educational Evaluation* (Sanders, 2006) und die mit diesen verwandten Standards der Schweizerischen Evaluationsgesellschaft (Widmer, Landert & Bachmann, 2000) auch für die deutschsprachige Evaluationsforschung: (1) die so genannten *Nützlichkeitsstandards* sollen sichern, dass sich eine Evaluation an den geklärten Evaluationszwecken sowie am Informationsbedarf der vorgesehenen Nutzer ausrichtet; (2) die *Durchführbarkeitsstandards* sollen sichern, dass eine Evaluation realistisch, gut durchdacht, diplomatisch und kostenbewusst geplant und ausgeführt wird; (3) die *Fairnessstandards* sollen sichern, dass in einer Evaluation respektvoll und fair mit den betroffenen Personen und Gruppen umgegangen wird und (4) die *Genauigkeitsstandards* sollen schliesslich sichern, dass eine Evaluation gültige Informationen und Ergebnisse zum Evaluationsgegenstand und den Evaluationsfragestellungen hervorbringt und vermittelt.

Insgesamt gesehen, kann es nicht eine bestimmte «beste» Evaluation geben, sondern der Begriff steht für ein «Bündel von Ansätzen, Methoden und Instrumenten», aus denen ein in Bezug zur Aufgabenstellung adäquates Design zu erstellen ist, das sich sowohl mit den Programmdimensionen Ziel und Massnahmen als auch ihren Effekten auseinandersetzt (Kromrey, 1995, S. 315f.). Grundprobleme von Evaluationen stecken häufig in selektiv ausgewählten Stichproben (fehlende Randomisierung), einem schwachen Design, dem Mangel einer Kontrollgruppe oder ihrer Einmaligkeit/Nicht-Wiederholbarkeit (u. a. Brandtstädter, 1990; Ditton, 2009, S. 611f.; Wottawa, 2006a, S. 676ff., 2006b, S. 165f.).

2. Evaluation in der Frühpädagogik

Einzug in die Frühpädagogik hielt die empirisch-pädagogische (Evaluations-) Forschung mit der Bildungsreform der 1970er-Jahre, die durch die Suche nach forschungsbasierten Aussagen zur Effektivität pädagogischer Programme, unterschiedlicher Vorschulsettings bzw. Trainingsmassnahmen vor allem als Implementationsforschung geprägt war (u. a. Fried, Roßbach, Tietze & Wolf, 1992, S. 200ff.). Evaluiert wurden Programme zur Sprach- oder Intelligenzförderung, z. B. Trainings zum Frühlesen. Erwartet wurden dabei nicht nur überwiegend Intelligenz fördernde, sondern auch motivationale Effekte, da davon ausgegangen wurde, dass es Vorschulkindern besonders leicht falle, lesen zu lernen. Ergebnis der Evaluationen war zusammengefasst, dass die Frühleseprogramme keine Intelligenz fördernde Wirkung erzielten. Als überdauernster Effekt konnte aber die erhöhte Motivation der Kinder belegt werden (Schmidt-Denter, 1987, S. 819ff., 2008, S. 721ff.). In anderen Interventionsstudien konnte teilweise nicht hinreichend geklärt werden, «(…) ob die Wirkung der Interventionsprogramme unzureichend oder die Methoden der Evaluation der anspruchsvollen Zielsetzung der Programme nicht angemessen waren» (Beller, 1987, S. 811). Darüber hinaus wird bemängelt, dass die Zuordnung zu Interventions- und Kontrollgruppen bereits in dieser ersten Phase empirisch-pädagogischer Forschung oft nicht zufällig erfolgte und deshalb in den Gruppen Unterschiede vorzufinden waren, die sich auf das Kindverhalten und zuletzt die Evaluationsergebnisse auswirken können (Fried et al., 1992, S. 204). Auch die wissenschaftliche Begleitung der Modellversuche im Rahmen des Erprobungsprogramms im Elementarbereich (1975-1979) zur Förderung von Kindern im Kindergarten erzielten nicht die erhofften substantiellen Aussagen zu den Effekten dieser Massnahmen auf unterschiedlichsten Ebenen (Kind, Institution, Materialien ...). U. a. lag dies daran, dass kein zentrales Evaluationskonzept ausgehandelt werden konnte. Zudem beabsichtigte keine der vorgeschlagenen Evaluationsstrategien, die Wirkungen der Einzelprogramme bei den Kindern festzustellen (Krappmann, 1982). Die Beispiele bestätigen die o. g. substantiellen Gefahren der Evaluationsforschung. Bis heute gibt es kaum externe empirische Evaluationsstudien in der Frühpädagogik. Dieses Problem gilt z. B. auch für die gegenwärtig breit diskutierten Umsetzungen so genannter Bildungsprogrammatiken in der Bundesrepublik Deutschland und hat zur Folge, dass u. a. wichtige Informationen zur tatsächlichen Steuerungsfunktion dieser Verfahren schlichtweg fehlen (vgl. Roßbach, 2006, S. 284). Die Erfahrungen aus diesen Beispielen weisen auch darauf hin, dass Evaluationsstudien – sollen Aussagen zu «Bildungswirkungen» generell gemacht werden können – auf eine facettenreiche Ausrichtung der Kriterien achten sollten: neben psychometrischen Kriterien (z. B. Leistung von Kindern) sollten auch Persönlichkeitskriterien auf Kindebene einfliessen (z. B. Motivation) (u. a. Tietze, 1984, S. 148). Neue Forschungen zu Förderprogrammen und Qualität von Lehr-/Lernsettings unterstreichen zudem kontextuelle Bedingungen für Interventionen und ihre Effekte auf den Output bzw. Outcome auf Kindebene, allen voran die Bedeutung der Lehrpersonen (z. B. Strategien der Erziehenden) bzw. Qualitätskriterien der Lehr-/Lernsituation (im Überblick Helmke, 2009).

Es kann also (auch) nicht das eine frühpädagogische Evaluationsdesign geben (Tietze, 1984, S. 143). Der Wert frühpädagogischer Evaluationsinstrumente hängt u. a. davon ab, wie gut sie die Anforderungen an die Gütekriterien erfüllen (Tietze, 2006, S. 243). Jedenfalls kann als sicher gelten, dass es zu «guten Evaluationen und ihrer kritischen Reflexion keine Alternative gibt» und «solche Evaluationen fester Bestandteil pädagogischer Programme und Vorhaben systematisch und höchst selbstverständlich eingeplant werden» sollten (Tietze, 1999, S. 37).

Susanna Roux

2.1 Zur Evaluation von Sprachfördermassnahmen in Baden-Württemberg

Dass es möglich ist, durch implizite (bzw. intuitive) als auch explizite Fördermassnahmen frühkindliche Sprachleistungen kurz- und mittelfristig positiv zu beeinflussen, konnte schon mehrfach in unterschiedlichsten Sprachleistungsbereichen sowie -förderansätzen nachgewiesen werden (z. B. zum Dialogischen Lesen durch Lonigan & Whitehurst, 1998; Whitehurst, Arnold, Epstein, Angell, Smith & Fischel, 1994; Whitehurst & Lonigan, 1998 sowie im Überblick Weinert & Lockl, 2008). Evaluationsbedarf besteht aber insbesondere noch hinsichtlich der Fragen, für welche Kinder welche Trainings- bzw. Fördermassnahmen besonders geeignet sind, welche Transferwirkungen auf nicht speziell geförderte (Sprach-)Bereiche auftreten können oder wie kurz- bzw. langfristig die erzielten Wirkungen sind (Weinert & Lockl, 2008, S. 103; vgl. auch die Ausführungen von Fried sowie Roßbach & Edelmann in dieser Publikation).

Im Jahr 2005 beauftragte die Landesstiftung Baden-Württemberg zwei Forschergruppen damit, das baden-württembergische Projekt *Sag mal was – Sprachförderung für Vorschulkinder*, das seit 2003 (Weber & Potnar, 2006) umgesetzt wird, wissenschaftlich zu evaluieren. Im Forschungsprojekt *Evaluation von Sprachförderung bei Vorschulkindern* (EVAS; Hofmann, Polotzek, Roos & Schöler, 2008, S. 293) ging es darum, die Effektivität dreier unterschiedlicher Sprachförderprogramme hinsichtlich ihrer Wirkung auf die Sprachleistung der geförderten Kinder bis zum Ende der zweiten Klasse im Vergleich zu Kindern, die nicht spezifisch gefördert wurden, zu untersuchen. Die Fördermassnahmen wurden im letzten Kindergartenjahr über einen Mindestzeitraum von sechs Monaten bei vier bis fünf Stunden Förderzeit pro Woche in zwei Städten von geschulten ErzieherInnen durchgeführt. Es handelt sich hierbei also um eine vergleichende Wirkungsanalyse (Mittag & Hager, 1998, S. 32) im Rahmen eines Prä-Post-Mehr-Gruppen-Plans (Hofmann et al., 2008, S. 293), in dem Kinder ohne Förderbedarf (N=109) mit förderbedürftigen Kindern mit unspezifischer (N=82) und spezifischer Sprachförderung nach drei unterschiedlichen Programmen (N=209) verglichen wurden (Hofmann et al., 2008). Als Kriterium dienten vier Untertests des Heidelberger Sprachentwicklungstests (HSET; Grimm & Schöler, 1991) sowie ein informelles Verfahren zur Wortschatzprüfung aus dem Lautprüfbogen von Frank und Grziwotz (2001). Im Forschungsprojekt *Wissenschaftliche Begleitung der Sprachfördermassnahmen in Kindertageseinrichtungen* (Gasteiger-Klicpera, Patzelt, Knapp, Kucharz & Vomhof, 2007; Gasteiger-Klicpera, Knapp, Kucharz, Patzelt, Ricart Brede & Vomhof, 2008) wurde der Erfolg von 120-stündigen, nicht programmgebundenen Sprachfördermassnahmen für Kinder im letzten Kinderjahr in ganz Baden-Württemberg im Rahmen einer «repräsentativen, regional verteilten Stichprobe von Kindertageseinrichtungen» (Gasteiger-Klicpera et al., 2007, S. 171) bis zum Ende der ersten Klasse längsschnittlich als Versuchsgruppen-/Kontrollgruppendesign in zwei Kohorten erforscht. Insgesamt wurden 1'150 Kinder in 109 Sprachfördergruppen untersucht. Zudem wurden die erfolgten Fördermassnahmen systematisch beobachtet und Videoanalysen von Sprachfördereinheiten gemacht sowie Leitfadeninterviews mit Erzieherinnen und Eltern durchgeführt.

Beide Forschergruppen analysierten die Wirkung der Sprachförderprogramme bzw. -massnahmen zu mehreren Erhebungszeitpunkten. Die Weingartener Forschungsgruppe nahm zusätzlich Aspekte einer Programmdurchführung mit auf (= Implementationsforschung oder Prozessevaluation). Die Heidelberger Forschungsgruppe prüfte u. a., ob die Kinder durch die Erzieherinnen den Fördergruppen «richtig» zugeordnet wurden, was in der Mehrheit der Fälle bestätigt wurde.

Hauptergebnis der beiden Projekte ist, dass zwar erwartungsgemäss entwicklungsbezogene Zuwächse in den erfassten Sprachbereichen bei den Kindern zu verzeichnen sind, aber keine durch spezifische Sprachfördermassnahmen nachweisbare signifikante Unterschiede zwischen Förder- und Kontrollgruppen auftreten. Dies gilt weder für den Vergleich zwischen spezifischen Sprachförderprogrammen noch für den Vergleich zwischen spezieller versus alltagsbezogener (Sprach-)Förderung. Auch spezifische Förderung durch programm-ungebundene Sprachfördermassnahmen zeigten über den erfassten Zeitraum keine signifikanten Unterschiede zu Kontrollkindern.

Zwar gibt es mit Blick auf die differenzierten Forschungsbefunde aus Baden-Württemberg auch offene Fragen: So bleibt unklar, warum als Kriterium zur Messung des Erfolgs der Sprachförderung im Weingartener Projekt ein eher förderresistenter Sprachbereich (Sprachverarbeitungsfähigkeiten) einbezogen wurde. Andererseits wurden (im Heidelberger Projekt) auch Informationen auf der Mikroebene vernachlässigt, etwa zur konkreten Durchführung der Sprachförderungen bzw. vorliegende Weingartener Befunde zur Durchführung der Sprachförderung wurden nicht in Beziehung zu den kurz- und mittelfristigen Sprachleistungen der Kinder gesetzt. Aber es ist wichtig zu konstatieren, dass der Evaluationsbedarf vor dem Hintergrund dieser ersten wichtigen Ergebnisse keinesfalls erschöpft ist, denn «ein fehlender Nachweis von Programmeffekten muss nicht unbedingt bedeuten, dass ein Programm unwirksam oder ungeeignet ist. Dies kann auch damit zusammenhängen, dass die geplanten Massnahmen nicht gemäss dem Manual, nur unvollständig, falsch oder mangelhaft ausgeführt wurden, dass die intendierte Zielgruppe nicht erreicht wurde oder dass eine nicht-standardisierte Durchführung zu Verwischungen der Programmeffekte geführt hat» (Mittag & Hager, 1998, S. 27-28). Insofern ist eben auch die Evaluation der Programmdurchführung eine notwendige Voraussetzung für die valide Evaluation der Programmwirkungen. Vergleichende Evaluationen theoretisch fundierter Sprachförderprogramme sind so sowohl aus theoretischer als auch praktischer Sicht unumgänglich (u. a. Kany, 2007). Dass trotz der ernüchternden Befundlage die flächendeckende Ausweitung weiterer Sprachfördermassnahmen umgesetzt wird, kennzeichnet in welchem Dilemma sich Bildungspolitik befindet und unterstreicht die Bedeutung substantieller Begleitforschung. Es muss hier davor gewarnt werden, Fragen zur «Designrationalität» zugunsten einer auf schnelle Veränderung drängenden Bildungspolitik zurückzudrängen (vgl. dazu die nüchterne Bilanz zur Bildungsreform in Fried et al., 1992, S. 204).

2.2 Zur Evaluation des schweizerischen Schulversuchs Grund- und Basisstufe

Nationale und internationale Evaluationsstudien zur Schulvorbereitung und erfolgreichen Einschulung hatten bereits in den 1970er-Jahren Hochkonjunktur (u. a. Schmidt-Denter, 1987, S. 835ff., 2008, S. 729ff.). Als zentrales Hauptergebnis wurde festgestellt, dass keine Vorteile bestimmter Organisationsformen der Vorschulerziehung resümiert werden konnten, vielmehr differenzierte Förderangebote eine wichtige Rolle spielen (Schmidt-Denter, 1987, S. 845). Spätestens seit

Evaluation

den nationalen und internationalen Bildungsstudien werden jedoch wieder verstärkt Wege zur Neugestaltung des Schuleingangs im deutschsprachigen Raum diskutiert, flankiert durch Forschungsbefunde zur Bedeutung und Förderung so genannter Vorläuferfähigkeiten (u. a. Faust, Götz, Hacker & Roßbach, 2004; Krajewski, 2006). In der Schweiz wird seit 2004 vor dem Hintergrund von Erkenntnissen zu kindlichen Vorläuferfähigkeiten, heterogenen Lernsettings sowie Längsschnittstudien zu Wirkungen kompensatorischer Lernarrangements durch das Schuleingangsmodell Grund- und Basisstufe die Vorverlagerung von Wissensvermittlung und -erwerb in die als eher bildungsfern eingeschätzten vorschulischen Institutionen angezielt (Stamm, 2004, S. 866). «Die (…) Schuleingangsstufe soll bessere und frühere Möglichkeiten zum Erlernen der Grundkompetenzen schaffen, zugleich aber auch kompensatorische Effekte durch die Egalisierung der Bildungsvoraussetzungen erzielen und Kinder aus bildungsfernen Schichten, aber auch generell Kinder mit besonderen Bedürfnissen, besser fördern» (Stamm, 2004, S. 870). Ziel ist es, mit dem Projektende 2010 eine Entscheidung über die zukünftige Gestaltung fällen zu können.

Die wissenschaftliche Evaluation des durch die Erziehungsdirektoren-Konferenz Ostschweiz (EDK-Ost) verantworteten Schulversuches Grund- und Basisstufe erfolgt durch das Kompetenzzentrum Forschung, Entwicklung und Dienstleistungen der Pädagogischen Hochschulen St. Gallen und Rorschach, das mit der prozessbegleitenden, formativen Evaluation betraut ist. Die summative Evaluation des Schulversuchs verantwortet das Institut für Bildungsevaluation der Universität Zürich. Die Evaluation ist auf die Dauer von fünf Jahren angelegt (2004-2009).

Ziel der formativen Evaluation ist es «(…) eine fundierte Entscheidungsgrundlage für die Veränderungen der Schuleingangsstufe vorzulegen (Erziehungsdirektoren-Konferenz der Ostschweizer Kantone und des Fürstentums Liechtenstein, o. J., S. 5). Im Engeren geht es um die Beschreibung des Verlaufs, die Identifizierung förderlicher methodisch-didaktischer Prinzipien sowie günstiger Rahmenbedingungen, die für die weitere Umsetzung des Schulversuchs genutzt werden sollen, aber es sollen «(…) andererseits (…) die Ergebnisse auch für eine Beurteilung der Modelle herangezogen werden» (Vogt, Zumwald, Urech, Abt, Bischoff, Buccheri & Lehner, 2008b, S. 1). Dies wird über ein längsschnittlich angelegtes Versuchsgruppen-/Kontrollgruppendesign mit mehreren Erhebungszeitpunkten verwirklicht, das quantitative und qualitative Befragungs- (vor allem Fragebogen, teilweise Interviews) sowie Beobachtungsmethoden (videobasierte Unterrichtsbeobachtung) nutzt und sich gleichermassen an Eltern (N= 1.010), Lehrpersonen (N= 400), Kinder (drei bis fünf Kinder aus 49 Basis- bzw. Grundstufenklassen der Kohorte 1 und Projektleitungen richtet (Vogt, Zumwald, Urech, Abt, Bischoff, Buccheri & Lehner, 2008a, S. 5 + 9; Vogt et al., 2008b, S. 3).

Nach Durchsicht der Zwischenberichte eines auf Rahmenbedingungen, strukturelle Merkmale und schulorganisatorische Aspekte fokussierten Schulversuchs (vgl. Stamm, 2004, S. 872) wird deutlich, dass die inhaltlichen Konzepte zur Organisation der Grund-/Basisstufe noch ausbaubar sind. Selbstkritisch wird auch aus Sicht der formativen Evaluatorinnen konstatiert, dass u. a. durch das Fehlen von Lehrmitteln und Unterrichtskonzeptionen das pädagogische Ziel einer gelungen Gestaltung eines altersübergreifenden Unterrichts (vgl. Vogt et al., 2008a, S. 88) noch nicht erreicht scheint. Die Ergebnisse dieser formativen Evaluation helfen zwar, erste Aussagen zur Praxisrelevanz zu machen, können aber nicht wie angestrebt (s. o.) zur Beurteilung der Modellversuche herangezogen werden.

Ziel der summativen Evaluation ist die Beschreibung des Lern- und Entwicklungsstandes der Schülerinnen und Schüler vom Eintritt in die Grund-/Basisstufe beziehungsweise in den Kindergarten bis zum Ende der dritten Klasse. Die Beschreibung des Lernfortschritts erfolgt anhand der Testung allgemeiner kognitiver Grundfähigkeiten (z. B. Erkennen von Ähnlichkeiten, Erkennen zweidimensionaler Formen, Erkennen von Grundflächen dreidimensionaler Körper) sowie sprachlicher (z. B. phonologische Bewusstheit, Lesen, aktiver Wortschatz), mathematischer (z. B. Anwendung von Zahlbegriffen, Mengenvergleich, benennen von Zahlen) und sozial-emotionaler Kompetenzen (kognitive Perspektivenübernahme und Emotionsverständnis). Das Wohlbefinden, die Peer-Akzeptanz und das Selbstkonzept (Einschätzen eigener physischer sowie kognitiver Kompetenzen) werden durch Befragung erfasst (Moser, Bayer & Berweger, 2008). Die Erhebungen werden nach vier Monaten, nach zwei, drei, vier bzw. fünf Jahren überwiegend von den beteiligten Lehrpersonen durchgeführt.

Evaluation

Die bislang ermittelten Befunde zu maximal drei Erhebungszeitpunkten in Kohorte 1 zeichnen ein gemässigt positives Bild der Effekte auf Kindebene zugunsten der Schulversuche. Die Grund- und Basisstufenkinder weisen in den ersten beiden Jahren signifikant und auch praktisch bedeutsamere Lernfortschritte im *Lesen und Schreiben* auf als Kindergartenkinder. Diese Unterschiede egalisieren sich jedoch bereits bis zum Ende der ersten Klasse. Im Bereich *Mathematik* hingegen vergrössern sich die in den ersten beiden Jahren ermittelten signifikanten Unterschiede zugunsten der Grund- und Basisstufenkinder bis zum dritten Erhebungszeitpunkt. Bei den allgemeinen kognitiven Grundfähigkeiten lassen sich kleine signifikante Unterschiede auch noch nach drei Erhebungszeitpunkten erkennen. Keine Unterschiede konnten jedoch in der *Wortschatzentwicklung* bzw. in den *sozial-emotionalen Kompetenzen* nachgewiesen werden.

Zur Selbsteinschätzung des *Wohlbefindens*, der *Peer-Akzeptanz* sowie des *Selbstkonzepts* gibt es mit Blick auf die einzelnen Erhebungszeitpunkte keine einheitlichen Tendenzen. Keine Unterschiede lassen sich zudem zwischen Grund- und Basisstufe ausmachen. Interessanterweise zeigen sich Befunde in Anlehnung eines «Karawaneneffekts» (Brügelmann, 2005) auch in dieser Studie, wonach Kinder mit Migrationshintergrund Anfangsrückstände bei gleichem Lernzuwachs selbst nach drei Jahren nicht aufholen können.

Die Evaluation der Grund- und Basisstufe in der Schweiz liefert im Rahmen der summativen Evaluation facettenreiche Ergebnisse, die eine Einschätzung der kurz- und mittelfristigen Wirkungen auf Kindebene erlauben. Dadurch, dass darauf verzichtet wurde, Informationen zur pädagogischen Qualität der jeweiligen Lehr-/Lernsettings mit einzubeziehen, ist es nicht möglich, Faktoren auf der Prozessebene zu identifizieren, die Effekte auf Kindebene besonders beeinflussen. Darüber hinaus wurde kein direkter Bezug der Effekte auf kontextuelle Bedingungen der Klassen- oder Schulebene angestrebt. Dieser könnte aber für eine bildungspolitische Entscheidung über die Zukunft der Schulversuche hilfreich sein.

Susanna Roux

3. Ausblick

Die Ausführungen zu den exemplarisch herangezogenen Evaluationsstudien zeigen, dass von Programmen bzw. strukturellen Veränderungen allein (kurz- bzw. mittelfristig) nicht unbedingt eindeutige bzw. generelle Effekte erwartet werden können. Daher erscheint es zukünftig sinnvoll, Evaluationsdesigns in Richtung Qualität der Lehr-/Lernsettings bzw. Erwachsenen-Kind-Interaktionen (Prozessebene; u. a. Helmke, 2009; vgl. auch König in diesem Band) weiter zu differenzieren (z. B. Unter welchen Bedingungen werden höhere Effekte erzielt? Welche Förderung ist bei welchen Kindern besonders effizient?).

Die Beispiele zeigen darüber hinaus, dass Evaluationsforschung keinesfalls frei ist vom Interessengeflecht bildungspolitischer, wissenschaftlicher und praxisbezogener Akteure, sodass letztlich oftmals «(...) bildungspolitische Fragen eine weit bedeutsamere Rolle spielen dürften als die empirisch gewonnenen Befunde über seine Realisierung in der pädagogischen Praxis» (Stamm, 2004, S. 870), was auch durch die Geschichte bestätigt wird (vgl. die Entscheidung der Zuordnung der Fünfjährigen durch die Bildungsadministration in den 1970er-Jahren).

Die benannten positiven Beispiele unterstreichen, dass es aktuell ein erstarktes Interesse an Evaluationsfragestellungen gibt. Allerdings fehlt noch eine nennenswerte Infrastruktur zur Sicherstellung einer forschungsbasierten, fundierten Evaluationsforschung in der deutschsprachigen Frühpädagogik. Im Zuge der ersten Bildungsreform wurde versäumt, langfristig funktionierende Qualitätssicherungssysteme zur Legitimierung staatlicher Ausgaben einzuführen. Diese sind nicht nur für neue Programme und Modelle nötig, auch eingespielte Praxis bedarf der «evaluativen Aufklärung» (Tietze, 1984, S. 146). Allerdings ist wichtig darauf zu achten, der Gefahr einer «Alibifunktion» vorschulischer Evaluationsforschung (vgl. die kritische Kommentierung der ersten frühpädagogischen Evaluationen durch Schmalohr, 1978, S. 71) konsequent entgegenzutreten. Dies kann dadurch erreicht werden, dass (zukünftige) Evaluationsforschung auf methodisch anspruchsvollem Fundament gebaut wird. Dazu gehört die frühzeitige, reflektierte Offenlegung der Evaluationskriterien, die Suche nach Kausaleffekten, die Anwendung von starken Versuchsgruppen-/Kontrollgruppendesign, die selbstverständliche Kontrolle auch langfristiger Wirkungen, die Beachtung der Kosten, der Einbezug der kurzfristigen Programmergebnisse sowie der langfristigen Wirkungen (Output bzw. Outcome). Notwendig ist ferner, sich nicht mit ersten Ergebnissen zufriedenzugeben, sondern diese durch Replikation abzusichern.

Literatur

Beller, E. K. (1987). Interventionen in der frühen Kindheit. In R. Oerter & L. Montada (Hrsg.), *Entwicklungspsychologie* (2. Aufl.) (S. 789-813). Weinheim: Psychologie Verlags Union.

Brandtstädter, J. (1990). Evaluationsforschung: Probleme der wissenschaftlichen Bewertung von Interventions- und Reformprojekten. *Zeitschrift für Pädagogische Psychologie, 4*, 215-227.

Brügelmann, H. (2005). Der Karawaneneffekt. Eine Zwischenbilanz des Projekts Lese-Untersuchung mit dem Stolperwort-Test. *Neue Sammlung, 45*, 49-67.

DeGEval - Gesellschaft für Evaluation e.V. (2008). *Standards für Evaluation* (4. Aufl.). Mainz: DEGEval. Zugriff am 05.05.2009. Verfügbar unter http://www.degeval.de/calimero/tools/proxy.php?id=19074.

Ditton, H. (2009). Evaluation und Qualitätssicherung. In R. Tippelt & B. Schmidt (Hrsg.), *Handbuch Bildungsforschung* (2. Aufl.) (S. 607-623). Wiesbaden: VS Verlag für Sozialwissenschaften.

Erziehungsdirektoren-Konferenz der Ostschweizer Kantone und des Fürstentums Liechtenstein (o. J.). *Basisstufe-Grundstufe. Ein innovatives Schulentwicklungsprojekt für die Erziehung und Bildung von vier- bis achtjährigen Kindern.* Zugriff am 04.06.2009. Verfügbar unter http://www.edk-ost.ch/fileadmin/Redaktoren/Dokumente/Downloads/Basisstufe/EDK-Ost_Flyer.pdf

Faust, G., Götz, M., Hacker, H. & Roßbach, H.-G. (2004). *Anschlussfähige Bildungsprozesse im Elementar- und Primarbereich.* Bad Heilbrunn: Klinkhardt.

Frank, G. & Grziwotz, P. (2001). *Lautprüfbogen.* Ravensburg: Sprachheilzentrum.

Fried, L., Roßbach, H.-G., Tietze, W. & Wolf, B. (1992). Elementarbereich. In K. Ingenkamp, R. S. Jäger, H. Petillon & B. Wolf (Hrsg.), *Empirische Pädagogik 1970-1990. Eine Bestandsaufnahme der Forschung in der Bundesrepublik Deutschland* (S. 197-263). Weinheim: Deutscher Studien Verlag.

Gasteiger-Klicpera, B., Patzelt, D., Knapp, W., Kucharz, D. & Vomhof, B. (2007). Sprachförderung im Vorschulalter: Welche Kinder profitieren ausreichend und welche nicht? Bericht über erste Zwischenergebnisse der wissenschaftlichen Begleitung zur Sprachförderung im Vorschulalter. In U. de Langen-Müller & V. Maihack (Hrsg.), *Früh genug - aber wie? Sprachförderung per Erlass oder Sprachtherapie auf Rezept?* (S. 166-184). Köln: Prolog.

Gasteiger-Klicpera, B., Knapp, W., Kucharz, D., Patzelt, D., Ricart Brede, J. & Vomhof, B. (2008). *Ergebnisse aus der Längsschnittuntersuchung der ersten und zweiten Kohorte, den Videoanalysen und den Dokumentationen der Förderung. Zwischenbericht der wissenschaftlichen Begleitung des Programms «Sag' mal was - Sprachförderung für Vorschulkinder» der Landesstiftung Baden-Württemberg*. Weingarten: Pädagogische Hochschule.

Grimm, H. & Schöler, H. (1991). *Heidelberger Sprachentwicklungstest (HSET)* (2. Aufl.). Göttingen: Hogrefe.

Helmke, A. (2009). *Unterrichtsqualität und Lehrerprofessionalität. Diagnose, Evaluation und Verbesserung der Unterrichtsqualität*. Seelze: Klett-Kallmeyer.

Hofmann, N., Polotzek, S., Roos, J. & Schöler, H. (2008). Sprachförderung im Vorschulalter - Evaluation dreier Sprachförderkonzepte. *Diskurs Kindheits- und Jugendforschung, 3,* 291-300.

Kany, W. (2007). Sprachförderprogramme. In H. Schöler & A. Welling (Hrsg.), *Sonderpädagogik der Sprache,* Bd. 1: Handbuch Sonderpädagogik (S. 767-814). Göttingen: Hogrefe.

Krappmann, L. (1982). Förderung von Kindern im Kindergarten. Das Erprobungsprogramm im Elementarbereich - Vorgehensweise und Ergebnisse. In Bund-Länder-Kommission für Bildungsplanung und Forschungsförderung (Hrsg.), *Erprobungsprogramm im Elementarbereich. Bericht über eine Auswertung von Modellversuchen von Lothar Krappmann und Johanna Wagner (Kurzfassung)* (S. 11-28). Bühl: Konkordia.

Krajewski, K. (2006). Mathematische Vorläuferfertigkeiten im Vorschulalter und ihre Vorhersagekraft für die Mathematikleistungen bis zum Ende der Grundschulzeit. *Psychologie in Erziehung und Unterricht, 53(4)*, 246-261.

Kromrey, H. (1995). Evaluation. Empirische Konzepte zur Bewertung von Handlungsprogrammen und die Schwierigkeiten ihrer Realisierung. *Zeitschrift für Sozialisationsforschung und Erziehungssoziologie, 15(4)*, 313-336.

Kuper, H. (2005). *Evaluation im Bildungssystem. Eine Einführung.* Stuttgart: Kohlhammer.

Lonigan, C. J. & Whitehurst, G. J. (1998). Relative efficacy of parent and teacher involvement in a shared-reading intervention for preschool children from low-income backgrounds. *Early Childhood Research Quarterly, 13(2)*, 163-290.

Mittag, W. & Hager, W. (1998). Entwurf eines integrativen Konzeptes zur Evaluation pädagogisch-psychologischer Interventionen. In Beck, M. (Hrsg.), *Evaluation als Maßnahme der Qualitätssicherung. Pädagogisch-psychologische Interventionen auf dem Prüfstand,* (S. 13-40). Tübingen: Deutsche Gesellschaft für Verhaltenstherapie.

Moser, U., Bayer, N. & Berweger, S. (2008). *Summative Evaluation Grundstufe und Basisstufe. Zwischenbericht zuhanden der EDK-Ost.* Zürich: Universität, Institut für Bildungsevaluation. Zugriff am 05.05.2009. Verfügbar unter http://www.Grund_Basis_Stufe_Zwischenbericht_Moser_EDK-Ost_IBE_ UZH_Juni_2008.pdf.

Roßbach, H.-G. (2006). Institutionelle Übergänge in der Frühpädagogik. In L. Fried & S. Roux (Hrsg.), *Pädagogik der frühen Kindheit. Handbuch und Nachschlagwerk,* (S. 280-292). Weinheim: Beltz.

Sanders, J. R. (Hrsg.). (2006). *Handbuch der Evaluationsstandards. Die Standards des «Joint Committee on Standards for Educational Evaluation»* (3. Aufl.). Wiesbaden: VS Verlag für Sozialwissenschaften.

Schmalohr, E. (1978). Zur Forschung im Bereich frühkindlicher Entwicklung und Förderung. In R. Dollase (Hrsg.), *Handbuch der Früh- und Vorschulpädagogik. Band 1,* (S. 65-91). Düsseldorf: Schwann.

Schmidt-Denter, U. (1987). Kognitive und sprachliche Entwicklungsförderung im Vorschulalter. In R. Oerter & L. Montada (Hrsg.), *Entwicklungspsychologie* (2. Aufl.) (S. 814-853). Weinheim: Psychologie Verlags Union.

Schmidt-Denter, U. (2008). Vorschulische Förderung. In L. Oerter & L. Montada (Hrsg.), *Entwicklungspsychologie* (S. 719-734). Weinheim: Beltz.

Stamm, M. (2004). Bildungsraum Vorschule. *Zeitschrift für Pädagogik, 50*, 865-881.

Tietze, W. (1984). Was soll in der Früherziehung evaluiert werden? In W. E. Fthenakis (Hrsg.), *Tendenzen in der Früherziehung* (S. 143-165). Düsseldorf: Schwann.

Tietze, W. (1999). Zur Relevanz einer Externen Empirischen Evaluation. In P. Becker, S. Conrad & B. Wolf (Hrsg.), *Kindersituationen im Diskurs* (S. 29-37). Landau: Empirische Pädagogik.

Tietze, W. (2006). Frühpädagogische Evaluations- und Erfassungsinstrumente. In L. Fried & S. Roux (Hrsg.), *Pädagogik der frühen Kindheit. Handbuch und Nachschlagwerk* (S. 243-253). Weinheim: Beltz.

Vogt, F., Zumwald, B., Urech, Ch., Abt, N., Bischoff, S., Buccheri, G. & Lehner, M. (2008a). *Formative Evaluation Grund- und Basisstufe. Zwischenbericht März 2008.* St. Gallen: Pädagogische Hochschule, Kompetenzzentrum Forschung, Entwicklung, Beratung. Zugriff am 05.05.2009. Verfügbar unter http://www.edkost.ch/fileadmin/Redaktoren/Dokumente/Downloads/4bis8/ Zwischenbericht_Vogt_EDK_OST_PHSG_Juni08.pdf .

Vogt, F., Zumwald, B., Urech, Ch., Abt, N., Bischoff, S., Buccheri, G. & Lehner, M. (2008b). *Zwischenbericht formative Evaluation Grund- und Basisstufe. Zusammenfassung und Fazit. März 2008.* St. Gallen: Pädagogische Hochschule. Zugriff am 05.05.2009. Verfügbar unter http://www.edk-ost.ch/fileadmin/Redaktoren/Dokumente/Downloads/4bis8/ Zusammenfassung_Vogt_EDK_OST_PHSG_ Juni08.pdf

Weber, A. & Potnar, Ch. (2006). *Sag' mal was - Sprachförderung für Vorschulkinder - Eine Projektdarstellung.* Stuttgart: Landesstiftung.

Weinert, S. & Lockl, K. (2008). Sprachförderung. In F. Petermann & W. Schneider (Hrsg.), *Angewandte Entwicklungspsychologie*, (S. 91-134). Göttingen: Hogrefe.

Wesseler, M. (2009). Evaluation und Evaluationsforschung. In R. Tippelt (Hrsg.), *Handbuch Erwachsenenbildung/Weiterbildung* (3. Aufl.) (S. 1031-1048). Wiesbaden: VS Verlag für Sozialwissenschaften.

Whitehurst, G. J. & Lonigan C. J. (1998). Child development and emergent literacy. *Child Development, 69,* 848-872.

Whitehurst, G. J., Arnold, D. S., Epstein, J. N., Angell, A. L., Smith, M. & Fischel, J. (1994). A picture book reading intervention in day care and home for children from low-income families. *Developmental Psychology, 30,* 679-689.

Widmer, Th., Landert, Ch. & Bachmann, N. (2000). *Evaluationsstandards der schweizerischen Evaluationsgesellschaft (SEVAL-Standards).* Zugriff am 05.05.2009. Verfügbar unter http://www.seval.ch/de/documents/seval_Standards_2001_dt.pdf

Wolf, B., Becker, P. & Conrad, S. (Hrsg.). (1999). *Der Situationsansatz in der Evaluation.* Landau: Empirische Pädagogik.

Wolf, B., Stuck A. & Hippchen, G. (Hrsg.). (2003). *Der Situationsansatz im Zeitvergleich und Längsschnitt. Einschätzungen von Erzieherinnen, Untersuchungsleiterinnen, Lehrern, Kindern und Eltern.* Aachen: Shaker.

Wottawa, H. (2006a). Evaluation. In A. Krapp & B. Weidenmann (Hrsg.), *Pädagogische Psychologie. Ein Lehrbuch* (5. Aufl.) (S. 659-687). Weinheim: Beltz.

Wottawa, H. (2006b). Evaluation. In D.H. Rost (Hrsg.), *Handwörterbuch Pädagogische Psychologie* (3. Aufl.) (S. 162-168). Weinheim: Beltz.

Anke König

Videoanalyse als Möglichkeit, Prozessqualität differenziert zu erfassen: Eine Untersuchung zur interaktionistischen Lernumwelt im Kindergarten

Einleitung

Im Zentrum der internationalen Diskussion zur Bildungsarbeit im Kindergarten steht die Prozessqualität. Durch mehrere empirische Studien (vgl. Tietze et al., 1998; Siraj-Blatchford et al., 2003; Tietze et al., 2005; Roßbach et al., 2008) wird belegt, dass die Effektivität von Bildungsangeboten davon abhängig ist, wie die Bildungsarrangements den Kindern vermittelt werden. Mit dem vorliegenden Beitrag wird auf die Interaktionsqualität zwischen ErzieherIn und Kindern fokussiert. Die Interaktionsqualität gilt als Teilaspekt der Prozessqualität, die auf das unmittelbare Interaktionsverhalten der ErzieherIn Bezug nimmt. Dazu wurden Interaktionen zwischen ErzieherIn und Kindern videografiert und mittels der Methode der Videoanalyse herausgearbeitet, welche Interaktionsformen derzeit den Kindergartenalltag bestimmen. Die Untersuchung wurde in Deutschland 2003 durchgeführt. Unter dem Begriff Kindergarten werden im Folgenden alle Kindertageseinrichtungen (null bis sechs Jahre) subsumiert, die von pädagogischen Fachkräften geleitet werden.

In den folgenden Ausführungen werden die Vorteile herausgestellt, welche in einer iterativen Auswertung von Prozessdaten liegen können. Die Videoanalyse nimmt dabei eine Schlüsselfunktion ein, um komplexes Datenmaterial für den Forschungsprozess zugänglich zu machen. Mit Hilfe der Videoanalyse werden Teilaspekte der Beobachtung unter forschungsgeleiteten Fragestellungen bearbeitet. Die Videoanalyse folgt dabei dem Prinzip ‹vom Groben zum Feinen›. Diese Fokussierung führt schrittweise zu einer Komplexitätsreduzierung und eröffnet einen immer differenzierteren und genaueren Einblick in die Strukturen des pädagogischen Handelns. Videoanalysen sind einem kombinierten Forschungsdesign (mixed methods) zuzuschreiben.

Anke König

1. Studie

1.1 Forschungsstand

In der elementarpädagogischen Bildung werden derzeit Lern- und Bildungsprozesse unter einer sozialkonstruktivistischen Perspektive betrachtet. Den sozialen Austauschprozessen wird in diesen Theorien eine grosse Bedeutung für die Anregung von Entwicklungsprozessen zugesprochen (Rogoff, 1990; Makin, 2004; Bertram & Pascal, 2002).

Auch innerhalb der internationalen Diskussion im Zusammenhang mit der Qualitätsverbesserung der vorschulischen Einrichtungen lässt sich in den letzten Jahren ein zunehmendes Interesse an den prozessualen Faktoren der pädagogischen Interaktion konstatieren. Demnach schreiben derzeit sowohl die Bildungs- und Lerntheorien als auch die empirischen Forschungsergebnisse der Gestaltung der Interaktion zwischen Erziehenden und zu Erziehenden einen hohen Einfluss auf die Förderung und Unterstützung von Lern- und Bildungsprozessen zu.

Unterschiedliche Studien belegen, dass die Interaktions- und Prozessqualität den Erfolg des pädagogischen Handelns (vgl. Tietze et al., 1998; Roßbach et al., 2008) im Wesentlichen moderieren. Bis heute wurde in Deutschland die Prozessqualität in den vorschulischen Einrichtungen nicht kontinuierlich untersucht, weshalb im Folgenden hauptsächlich auf Befunde aus der angloamerikanischen Forschung zurückgegriffen werden muss. In Zukunft ist zu hoffen, dass durch die Untersuchungen im Rahmen des Bildungspanels sich diesbezüglich in Deutschland einiges ändern wird.

Prinzipiell wird heute das Anregungspotenzial der institutionellen vorschulischen Erziehung als sehr hoch eingeschätzt (Schweinhart et al., 1993; Kontos, 1999; Siraj-Blatchford et al., 2002; Sylva et al., 2004; Shore et al., 2004). Das wird u. a. daraus abgeleitet, dass Kinder, die einen Kindergarten besucht haben, in der Grundschule besser zurechtkommen als Kinder, die diese Erfahrung nicht gemacht haben (Pianta & Nimetz, 1991; Bildung in Deutschland, 2008). Insbesondere Kinder mit Entwicklungsrisiken profitieren vom Besuch solcher Einrichtungen (Sylva et al., 2004). Bekannt ist aber auch, dass dies nur für den Besuch derjenigen Einrichtungen gilt, die eine hohe pädagogische Qualität aufweisen (Shore et al., 2004). Die meisten dieser Befunde wurden aus der Untersuchung von Interventionsprogrammen, wie z. B. dem *High/Scope Curriculum*, gezogen

(Sylva et al., 2006). Kontos und Wilcox (1997) konnten durch ihre Studien nachweisen, dass ErzieherInnen über ein differenziertes Handlungsrepertoire verfügen müssen, um die Entwicklung der Kinder optimal zu unterstützen. Mehrere Studien belegen den Einfluss des Ausbildungsniveaus der ErzieherInnen auf die soziale Interaktion, die kognitive und verbale Stimulation sowie auf die Kommunikation mit den Kindern hat (Wilcox-Herzog & Ward, 2004; Kontos & Wilcox-Herzog, 2002; Arnett, 1989; Siraj-Blatchford et al., 2002; Ahnert & Harwardt, 2008). Diese Befunde werden auch von der *National Child Care Staffing Study* bestätigt (Whitebook et al. 1989). Die Rolle der ErzieherIn im Interaktionsprozess mit den Kindern rückt damit ins Blickfeld der Qualitätsdiskussion und wird derzeit aus unterschiedlichen Perspektiven analysiert. Insbesondere die Längsschnittstudie *Effective Provision of Preschool Education* (EPPE) von Sylva et al. (2003) und die daran angeschlossene Studie *Effective Pedagogy in Early Years* (EPEY) verweisen auf den Einfluss pädagogischer Strategien, um die Entwicklung von Fähigkeiten, Wissen und Verhaltensweisen der Kinder zu unterstützen und so förderliche Voraussetzungen für einen guten Schulstart zu schaffen.

Mit Fokus auf den konkreten Interaktionsprozess sind Forschungsbefunde sowohl aus der frühen Eltern-Kind-Interaktion als auch Forschungsarbeiten zur Instruktion und Scaffolding-Prozessen in der frühen Kindheit von besonderem Interesse, um Kriterien herauszuarbeiten, die einen guten Interaktionsprozess gewährleisten. Insbesondere Studien zur frühen Eltern-Kind-Interaktion, aber auch Studien aus dem vorschulischen Kontext belegen, dass eine gute emotionale Beziehung zwischen Bezugsperson und Kind als wichtiges Kriterium angesehen werden muss, damit sich Kinder in einer entspannten Lernatmosphäre mit Offenheit neuen Herausforderungen stellen (Tausch et al., 1973; Brandt & Wolf, 1985; Pianta & Nimetz, 1991; Howes et al., 1992; Kugelmass & Ross-Bernstein, 2000). Als Qualitätskriterium für den Interaktionsprozess gilt auch das Involvement der ErzieherIn in die Interaktion mit den Kindern (Wilcox-Herzog & Ward, 2004; Howes & Smith, 1995). Eine mit hohem Involvement bzw. grosser Aufmerksamkeit durchgeführte Aktivität führt zu hohen Phasen der Konzentration und ermöglicht hohe Sensibilität für die Lernprozesse der Kinder. Problemlösungsprozesse bzw. die Veranschaulichung von Denkprozessen gelten derzeit als gute Ansatzpunkte, um Wissen und Konzepte zu hinterfragen und Lernprozesse zu initiieren (Mauritzson & Säljö, 2001; Hughes & Donaldson, 1979; Pramling, 1990; 1996). Das wird mit Blick auf die Theorie von Vygotsky ersichtlich. Demnach haben die Erziehenden die Aufgabe, das Kind an Probleme heranzuführen, die ein Transitionalstadium provozieren. Dieses wird dann eingeleitet, wenn das Individuum mit seiner bisherigen Wissenskonstruktion ein Problem nicht mehr lösen kann (Wilkinson, 1982; vgl. Fried, 2005). Anhand der Argumentation der Kinder besteht so die Möglichkeit, ‹Denkfehler› der Kinder aufzudecken und sich sensibel und bewusst der ‹Zone der nächsten Entwicklung› zu nähern. ‹Kognitive Konflikte› führen dazu, neue Denkstrukturen aufzubauen, was den eigentlichen Lernprozess überhaupt erst initiiert. Mit Blick auf die ‹Gelegenheitsstrukturen›, die den Kindern mit der Interaktion eröffnet werden, gilt es, insbesondere bestimmte Frageformen zu beachten (Kontos & Dunn, 1993; McCartney, 1984; Aalsvoort, 2003; Renninger, 1998; Wood, 1992; Wilcox-Herzog & Ward, 2004). Insbesondere ‹offene› Frageformen eigenen sich, das Gegenüber zu einer intensiveren Auseinandersetzung zu führen. Als ideale Interaktionsform gilt das Interaktionsformat *Sustained Shared Thinking* (SST; Siraj-Blatchford et al., 2003). Hier werden alle anregungsreichen Kriterien einer gelungenen Interaktion in Bezug auf Konstruktions- und Instruktionsanteile miteinander verknüpft. *Sustained Shared Thinking* entspricht einem Interaktionsprozess, «an effective pedagogic interaction, where two or more individuals ‹work together› in an intellectual way to solve a problem, clarify a concept, evaluate activities, or extend a narrative» (Siraj-Blatchford et al., 2002).

Mit der Zusammenstellung unterschiedlicher Forschungsstudien wurde versucht, zu einer empirischen Bestimmung von Kriterien für ein gutes Lernarrangement zu kommen. Diese hier in gekürzter Form exemplarisch dargestellte Herangehensweise (siehe König, 2009) wird im Folgenden dazu genutzt aufzuzeigen, wie mittels Videoanalysen ein Forschungsfeld detailliert beleuchtet werden kann.

Videoanalyse als Möglichkeit, Prozessqualität differenziert zu erfassen

1.2 Forschungsproblem

Mit Bezug auf den Forschungsstand und der Orientierung an einem sozialkonstruktivistischen Bildungsverständnis ist es von grossem Interesse zu untersuchen, welche Bedeutung der konkreten Interaktion zwischen ErzieherIn und Kindern im Kindergartenalltag zukommt und mit welchen unterschiedlichen Interaktionsformen die Interaktionsprozesse aufgebaut werden.

1.3 Methodische Anlage

Um sich dem Forschungsproblem zu nähern, wurde auf die videounterstützte Beobachtung zurückgegriffen. Dabei wurden ErzieherInnen während ihres Kindergartenalltags in der Kernzeit des Kindergartens 60 Minuten ohne Unterbrechung gefilmt. Der Bildausschnitt der Kamera lag dabei auf der ErzieherIn und ihrem direkten Interaktionsumfeld.

Videounterstützte Beobachtungen bieten die Möglichkeit, das Datenmaterial iterativ auszuwerten. Diese Möglichkeit hat im Vergleich zur direkten Beobachtung den Vorteil, die Interraterreliabilität zu erhöhen und mit wesentlich feineren Items zu arbeiten, als es die Beobachtung über so genannte Assessments in der unmittelbaren Beobachtungssituation zulassen würde. Durch dieses Vorgehen gewinnen Beobachtungsdaten an Objektivität und Reliabilität. Beobachtendentrainings sind bei hoch inferenten Beobachtungsitems auch im Kontext der Videoanalyse unerlässlich, um eine gute Interraterreliabilität zu erzielen. Die forschungstechnische Möglichkeit der iterativen Auswertung wird dann gut ausgeschöpft, wenn mehrere Videoanalysen nacheinander durchgeführt werden. Dabei gilt das Prinzip ‹vom Groben zum Feinen›. Um sich einen Überblick über das komplexe Datenmaterial zu verschaffen und nicht im Vorfeld bereits wichtige Impulse auszuschliessen, bieten sich relativ grobe Beobachtungsverfahren für die erste Analyse der aufgezeichneten Videosequenzen an.

In Bezug auf die Prozessqualität stehen derzeit zwei international eingesetzte Instrumente zur Verfügung. Die *Early Childhood Environment Ratingscale* (ECERS) und die *Caregiver Interaction Scale* (CIS; Arnett, 1989). Die ECERS (im deutschen Sprachraum auch *Kindergarten-Skala* (KES)) bezieht sich auf die Gesamtheit der Interaktionen, die das Kind in der Kindergartengruppe mit seiner sozialen und räumlich-materielle Umwelt hat. Dabei werden neben den konkreten Interaktionen auch curriculare Planungen in den Blick genommen. Mit diesem weiten Fokus auf das Kindergartenarrangement und einer Mindestbeobachtungszeit von drei Stunden hat das Instrument für die vorliegende Untersuchung zu wenig Anknüpfungspunkte. Weiterführend ist hier die Auseinandersetzung mit der CIS (Arnett, 1989), die auf die sozial-emotionalen Faktoren des Kindergartenalltags fokussiert und die direkte Interaktion zwischen ErzieherIn und Kind in den Blick nimmt. Die CIS wurde für einen Beobachtungszeitraum von 45 Minuten entwickelt und bietet damit eine gute Grundlage für die Studien.

Mit dem zweiten Analyseschritt wird die Komplexitätsreduzierung eingeleitet, d. h. die Forschenden fokussieren quantitativ auf die Aspekte des Datenmaterials, die einer detaillierten Untersuchung unterzogen werden sollen. In der hier exemplarisch angeführten Studie wurden alle Interaktionen der ErzieherIn mit den Kindern herausgefiltert. Es wurde ein Time-/Eventsampling eingesetzt, mit dessen Hilfe die Interaktionen mit den Kindern im Ein-Minuten-Intervall erfasst werden konnten. Hierbei wurde ersichtlich, welche Bedeutung der Interaktion zwischen ErzieherIn und Kind im Kindergartenalltag zukommt. Durch diesen Analyseschritt konnten ‹kurzfristige› soziale Kontakte von ‹langfristigen› Interaktionen unterschieden werden.

Erst im dritten Analyseschritt wird das Datenmaterial reduziert und auf die konkrete Forschungsfrage fokussiert. Zu dieser Fokussierung gehört ein auf die Forschungsfrage ausgerichtetes Kategorienraster, welches theoriegeleitet und über Forschungsbefunde gesteuert entwickelt wird. Tabelle 1 zeigt exemplarisch, wie eng am Stand der Forschung die Kategorien herausgearbeitet wurden.

Videoanalyse als Möglichkeit, Prozessqualität differenziert zu erfassen

Komplex	Theorie/Indikator
Handeln	«Gemeinsamer Gegenstandsbezug» (Oerter, 1999, S. 91) «Interaktions- und Kommunikationsformen – verbal/non-verbal» (Preiser, 2003, S. 187)
Initiieren	«Auffordern» – Bellack (Mertens, 1978) «Initiating» (Barnes & Todd, 1995)
Nachspüren	Bedeutung des «Entlockens» bei offenen Lernsituationen ohne klare Zieldefinition» (Ireson & Blay, 1999) «Eliciting» (Barnes & Todd, 1995)
Abwarten/Zuhören	Teacher's Interaction and Language Rating Scale (Girolametto et al., 2000)
Reagieren	«Reagieren» – Bellack (Mertens, 1978) «Responding» (Barnes & Todd, 1995) «Interaktions- und Kommunikationsformen – direkt/indirek» (Preiser, 2003)
Erweitern/Differenzieren	«Erweitern» – Bellack (Mertens, 1978) «Scaffolding» – Bruner (Rogoff, 1990; Chavajay & Rogoff, 1999) «Extending» (Barnes & Todd 1995)
Delegieren	Autonomieunterstützung (Prenzel et al., 2000) Soziale Einbindung (Prenzel et al., 2000)
Dialogisch-entwickelnde Interaktionsprozesse	«Sustained shared thinking» (Sylva et al., 2003); «Ko-Konstruktion» (Youniss, 1994)

Tabelle 1: Subkategorien zur Datenanalyse

Die Beobachtungskriterien für die ErzieherInnen richten sich an den Befunden der Interaktionsforschung sowie am Wissen über konstruktivistische Lernumwelten aus. Grob orientiert sich das Beobachtungsraster an ‹Sichtstrukturen› (Seidel, 2003), wie dem klassischen Dreischritt in der Didaktik – Einstieg, Arbeitsphase (Anregen und Unterstützen) und Abschluss (Straka & Macke 2002) – und an den Grundregeln, auf welche Bellack (Mertens 1978) seine Interaktionsanalyse des Unterrichts aufbaut: Strukturieren, Auffordern, Reagieren und Fortführen. In dieser Studie wird davon ausgegangen, dass durch erweiterte Interaktionsprozesse die Chance eröffnet wird, Kinder optimal in ihren Lernprozessen anzuregen. Daher werden die Interaktionen daraufhin analysiert, ob Interaktionsprozesse zwischen ErzieherIn und Kind zu erweitertem und differenziertem Handeln Anlass geben.

Erst durch die Konstruktion eines eigens entwickelten Beobachtungsrasters führt der Analyseprozess dazu, das Forschungsfeld aus der forschungsleitenden Perspektive differenziert wahrzunehmen. In der hier vorgestellten Studie wird die

Anke König

Komplexitätsreduzierung durch den Fokus auf die langandauernden Interaktionen (> 3 min) ermöglicht. Die Beobachtungskategorien, wie zum Beispiel ‹Handeln›, ‹Initiieren›, ‹Reagieren›‹ ‹Erweitern›, ‹Delegieren› usw., werden nach dem inhaltsanalytischen Verfahren von Bos und Tarnai (1999) operationalisiert. Anhand des Operationalisierungsprozesses wird das Kategoriensystem (Eventsampling) an der Struktur der Beobachtung verfeinert, wechselwirkend wird durch diesen Prozess auch ein adaptiver Zeitstichprobenplan (Timesampling) entwickelt. Der Operationalisierungsprozess gilt als wesentlicher Schritt der Videoanalyse. Durch diesen wird es möglich, ein hoch differenziertes Instrument zu entwickeln, welches adaptiv und sensibel einen Einblick in das Forschungsfeld eröffnet.

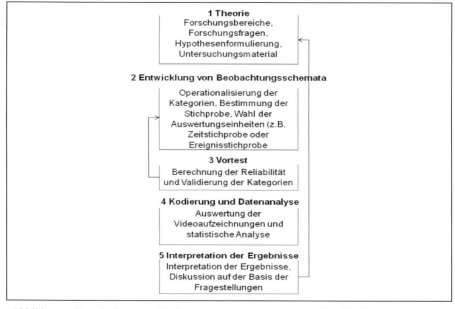

Abbildung 1: Entwicklung von Beobachtungsschemata   [Quelle: Seidel, 2003, S. 93]

Exemplarisch wird hier die Kategorie ‹Erweitern› differenziert dargestellt. Die einzelnen Items wurden entlang der Beobachtung entwickelt und stehen im Zusammenhang mit dem Theorie- sowie Empiriehintergrund. Die Auswahl dieser Kategorie wird hier getroffen, da insbesondere von Interesse ist, wie der Interaktionsprozess nach der ersten Kontaktaufnahme aufrechterhalten wird.

Videoanalyse als Möglichkeit, Prozessqualität differenziert zu erfassen

Kategorie: Erweitern und Differenzieren des Handlungskontextes	Item (theoriegeleitet – am Datenmaterial operationalisiert)	Theorie und Empirie Hintergrund
E19	Die ErzieherIn bekundet ihr Interesse am Handlungskontext. z. B. «Und wie geht die Geschichte jetzt weiter?» «Das ist eine tolle Burg geworden, sollen wir zusammen noch versuchen, einen Brunnen dazu zu bauen?»	Guided participation – «Structuring responsibility in join problem» (Rogoff, 1990; Gauvain & Rogoff, 1989; Rogoff & Lave, 1984) «Autonomieunterstützung»/«Inhaltliches Interesse des Lehrenden» (Prenzel et al., 2000) «Offene Fragen und Aufforderungen» (Wilcox-Herzog & Ward, 2004)
E20	Die ErzieherIn erklärt, wie oder warum etwas so ist wie es ist. z. B. «Hier gibt es kleine Fenster, damit die Pflanzen auch Licht haben.» «Damit der Drache nicht wegfliegt, muss er an einer Schnur festgebunden werden.»	«Inhaltliche Relevanz des Lernstoffes» (Prenzel et al., 2000) «Über die Ausbildungseinheit informieren» – Gagné («Instructional events») (Leutner, 2001, pp. 271 ff.)
E21	Die ErzieherIn spricht frühere Erfahrungen an, um auf bereits bekannte Techniken und Wissen zu verweisen. z. B. «Vielleicht könnt ihr das auch so machen, wie wir es an dem Drachen ausprobiert haben?» «Habt ihr euch noch mal im Lexikon das Bild dazu angeschaut?»	«Inhaltliche Relevanz des Lernstoffes» (Prenzel et al., 2000) «Relevantes Vorwissen aktivieren» – Gagné («Instructional events») (Leutner, 2001, pp. 271 ff.)
E22	Die ErzieherIn ermutigt die Kinder/das Kind zu neuen Erfahrungen, d. h. regt das Kind an, etwas auszuprobieren. Die ErzieherIn macht einen Vorschlag. (Experimentieren) z. B. «Hast du schon einmal versucht, mit den Wasserfarben darüber zu malen?» «Ich würde es einmal mit dem Meissel versuchen, vielleicht klappt es dann.»	Guided participation – «Structuring responsibility in join problem» (Rogoff, 1990; Gauvain & Rogoff, 1989; Rogoff & Lave, 1984) «Transfer des Gelernten unterstützen durch weiteres Üben» – Gagné («instructional events») (Leutner, 2001, pp. 271 ff.)
E23	Die ErzieherIn stellt Fragen, die auf Probleme verweisen. Die ErzieherIn stellt etwas in Frage. z. B. «Wie kann die Tür geöffnet werden, wenn hier der Brunnen steht?» «Aber wie sollen die Ritter über den Graben kommen?»	Guided participation – «Structuring responsibility in join problem» (Rogoff, 1990; Gauvain & Rogoff, 1989; Rogoff & Lave, 1984)
E24	Die ErzieherIn benennt, was die Kinder getan oder gesagt haben. (Impuls Erz.) z. B. «Ida hat einfach Sand dafür genommen.» «Tim hat dafür die Schere genommen.»	Guided participation – «Structuring responsibility in join problem» (Rogoff, 1990; Gauvain & Rogoff, 1989; Rogoff & Lave, 1984)
E25	Die ErzieherIn greift die Einwände der Kinder/des Kindes auf. (Impuls Kind) z. B. «Paul meint, wir könnten hier ein Loch graben, um den Tunnel zu verbinden.» «Wie meinst du das, Ida?»	Guided participation – «Transfer of responsibility» (Rogoff, 1990; Gauvain & Rogoff, 1989; Rogoff & Lave, 1984) «Autonomieunterstützung»/ «Soziale Einbindung des Lernenden» (Prenzel et al., 2000)

E26	Die ErzieherIn bestätigt das Tun der Kinder/des Kindes, indem das Handeln kommentiert. Mit Interaktionsaufforderung. z. B. «Wie hast du das denn hinbekommen, dass das Flugzeug so toll fliegt?» «Prima, jetzt hast du ja schon die Hälfte geschafft. Wie willst du das jetzt weiter machen?»	«Autonomieunterstützung»/«Inhaltliches Interesse beim Lernenden» (Prenzel et al., 2000)
E27	Die ErzieherIn gibt Tipps und konstruktive Hinweise, die das Handeln der Kinder/des Kindes noch verbessern können, z. B. «Damit das Flugzeug besser fliegt, musst du die Tragflächen grösser machen.» «Wenn du die Umbrüche ganz glatt streichst, dann lässt sich das Papier leichter falten.»	«Kompetenzunterstützung» (Prenzel et al., 2000)

Tabelle 2: Erweiterung der Subkategorien

Für die differenzierte Auswertung kann es von Nutzen sein, die entsprechenden Sequenzen zu transkribieren, um den Blick zu schärfen und die Reliabilität der Beobachtung zu erhöhen. In dieser Studie wurden mit dem dritten Analyseraster die n=149 ermittelten langfristigen Interaktionen transkribiert und anhand des Kategorienrasters (n=33 Items) in Drei-Minuten-Intervallen analysiert.

Im weiteren Analyseprozess bietet es sich an, mit den ermittelten Befunden zu arbeiten, d. h. dass evtl. einzelne Items besonders häufig codiert wurden. Diese Items gilt es weiter zu differenzieren, da hier der Weg eröffnet wird, hinter die bisherigen Sichtstrukturen[1] (Beobachtungsitems), zu blicken. Des Weiteren ist es möglich, neue Blickrichtungen mit dem erarbeiteten Fokus zu eröffnen und das Datenmaterial für weitere Forschungsfragen zu nutzen.

1.4 Videostudie

Im Folgenden werden die Ergebnisse der Videoanalyse beschrieben, um zu verdeutlichen, welcher Einblick in das Datenmaterial und damit in den Kindergartenalltag eröffnet wird.

---

[1] Mit dem Begriff ‹Sichtstrukturen› wird auf das Beobachtungsraster abgehoben, mit welchem die Beobachtung durchgeführt wird. Das Beobachtungsraster lenkt den Blick der Beobachtenden anhand der Beobachtungsitems.

Videoanalyse als Möglichkeit, Prozessqualität differenziert zu erfassen

1.4.1 Stichprobe

Im Laufe der Studie wurden n=61 ErzieherInnen aus zwei Bundesländern (Baden-Württemberg und Nordrhein-Westfalen) 60 Minuten, während der Kernzeit im Kindergarten, ohne Unterbrechung gefilmt. Neben den Videodaten wurden Hintergrundinformationen insbesondere zu dem Kindbild der ErzieherInnen erhoben. Die Forschungsintention knüpfte an das sozialkonstruktivistische Kindbild an und ging der Frage nach, welche Bedeutung die direkte Interaktion zwischen ErzieherIn und Kind im Kindergartenalltag spielt und wie diese Interaktionsprozesse konkret aufgebaut sind.

1.4.2 Ergebnisse

Durch den Hintergrundfragebogen konnte festgestellt werden, dass die meisten ErzieherInnen einem konstruktivistischen Kindbild zustimmen. 48 von 61 ErzieherInnen stimmten dabei der Aussage zu, das ‹Kind ist AkteurIn seiner Entwicklung›. Von grossem Interesse war es daher, wie sich sozialkonstruktivistisches Interaktionsverhalten im Kindergartenalltag widerspiegelt.

Im ersten Analyseschritt wurde mit der *Caregiver Interaction Scale* (Arnett 1989) die sozial-emotionale Atmosphäre in den Einrichtungen erfasst, anhand der Subskalen (Cronbach's Alpha 0.92-0.81):

A: Wertschätzendes Eingehen auf das einzelne Kind (10 Items)
B: Ablehnung des einzelnen Kindes (4 Items)
C: Gehorsam und Kontrolle (4 Items)

Über die Analyse (Interraterreliabilität Kendall-Taub 0.98-0.81) konnte sichergestellt werden, dass in den Kindergartengruppen überwiegend ein sozial-emotionales Verhältnis zwischen ErzieherIn und Kind festzustellen ist, welches sich durch ein ‹Wertschätzendes Eingehen auf das einzelne Kind› auszeichnet. Auf einer vierstufigen Ratingskala (1=überhaupt nicht, 2=etwas, 3=ziemlich, 4=sehr) konnte für die Gesamtstichprobe ein Mittelwert von 2,59 ermittelt werden.

Subskalen/CIS	B-W	NRW	gesamt
Wertschätzendes Eingehen auf das Kind	2,61	2,57	2,59
Ablehnung des einzelnen Kindes	1,19	1,16	1,17
Gehorsam und Kontrolle	1,88	1,71	1,79

Tabelle 3: Sozial-emotionale Lernumwelt / CIS

Mit der zweiten Analyse wurden die Videoaufnahmen im Ein-Minuten-Intervall analysiert. Durch diesen Analyseschritt wurde herausgearbeitet, welche Bedeutung der Interaktion im Kindergartenalltag zukommt. Es konnten kurzfristige soziale Kontakte, die zu keiner weiterführenden Interaktion Anlass geben, von langfristigen Interaktionen getrennt werden. Insgesamt konnten n=170 Interaktionen erfasst werden. In den weiteren Analyseprozess wurden n=149 Interaktionen aufgenommen. N=21 langfristige Interaktionen konnten u. a. wegen mangelhafter Tonqualität, Kreisspielen und Liedern[2] nicht in den weiteren Auswertungsprozess einbezogen werden.

Der dritte Analyseschritt fokussiert auf die n=149 Interaktionen. Für die Analyse wurden die Sequenzen komplett transkribiert ($\sum$= 67 607 Wörter). In diesem Analyseschritt kam das eigens entwickelte Beobachtungsraster zum Einsatz. Dabei konnte der Interaktionsverlauf genau analysiert werden (Intraraterreliabilität Cohen's Kappa 0.88-0.97).

Ein Blick auf die Stichprobe zeigt, dass die meisten Interaktionsprozesse in einer Kleingruppenform aufgenommen wurden (n=96). Nur n=8 Interaktionssequenzen zeigen Interaktionssettings mit der Gesamtgruppe. Diese Interaktionssettings werden auch durch die Wortanalyse bestätigt. Mit einer Häufigkeit von 2457 Erwähnungen zählt das Wörtchen ‹Du› zu den am meisten genannten Wörtern im Interaktionsprozess. Auch die dyadische Interaktion, ErzieherIn und Kind im Einzelsetting, waren mit n=38 nicht selten im Kindergartenalltag zu beobachten. Die meisten der Interaktionen (n=134) können als spontane Aktivitäten gewertet werden, nur n=15 waren Beobachtungen innerhalb vorbereiteter Settings.

---

[2] Die Interaktionen weisen auf einen gemeinsamen Gegenstandsbezug hin, haben aber keine eigenständige Prozessentwicklung (vorgegebenes Skript).

Videoanalyse als Möglichkeit, Prozessqualität differenziert zu erfassen

		Häufigkeit	Prozent
Gültigkeit	Gesamtgruppe	8	5,4
	Kleingruppe	96	64,4
	Dyade	38	25,5
	Dyade & Kleingruppe	7	4,7
	Gesamt	149	100,0

Tabelle 4: Sozialformen

Die Interaktionen wurden während unterschiedlicher Handlungsformen videografiert. Am häufigsten wurden gemeinsame Interaktionen zwischen ErzieherIn und Kindern in den Handlungsformen ‹Gestalten›, ‹Regelspiel› und ‹Gespräch ohne Spiel oder Beschäftigungsgegenstand› beobachtet.

	Häufigkeit	Prozent
Fiktionsspiel/Rollenspiel	13	8,7
Konstruieren – technisch	13	8,7
Gestalten – künstlerisch	27	18,1
HW-Essen/Kochen	13	8,7
Regelspiel	23	15,4
Körper und Bewegung	9	6,0
(Bilder-) Buchbetrachtung	6	4,0
Computer	4	2,7
Gespräch ohne Spiel oder Beschäftigungsgegenstand	22	14,8
Pflegerische Tätigkeit	8	5,4
Sonstiges	11	7,4
Gesamt	**149**	**100,0**

Tabelle 5: Handlungsformen

Die spezielle Analyse des Interaktionsverlaufs während der Settings gibt einen differenzierten Einblick in die Gestaltung von Interaktionsprozessen zwischen ErzieherIn und Kind. Dabei zeigt sich, dass Kinder im Kindergartenalltag auf vielseitige Weise bestätigt werden (Kategorie E-Reagieren). Auch die Kategorie ‹Abwarten/Zuhören› spielt im Kindergartenalltag eine besondere Rolle. Erziehe-

Anke König

rInnen ermuntern die Kinder auch zur Interaktion, wie durch die Grobkategorie ‹Initiieren/Nachspüren› deutlich wird. Das Interagieren ohne sprachliche Unterstützung spielt dagegen eine untergeordnete Rolle. Von grossem Interesse ist es mit Bezug auf die Theorie und Forschungsbefunde zur Interaktionsqualität, darauf zu fokussieren, wie Interaktionsprozesse weiterentwickelt werden, wenn die erste Kontaktaufnahme stattgefunden hat. Dabei zeigt sich, dass insbesondere das ‹Erweitern›‹ aber auch die Kategorien ‹Delegieren› oder gar die Entwicklung von ‹dialogisch-entwickelnden Interaktionsprozessen› nur sehr selten beobachtet werden.

A:	Handeln	3 Items
B:	Initiieren/Nachspüren	4 Items
C:	Motivieren	3 Items
D:	Abwarten/Zuhören	4 Items
E:	Reagieren	4 Items
F:	Erweitern	10 Items
G:	Delegieren	5 Items
H:	Dialogisch-entwickelnde Interaktionsprozesse	1 Item

Tabelle 6: Grobkategorien (3 Beobachtungsraster)

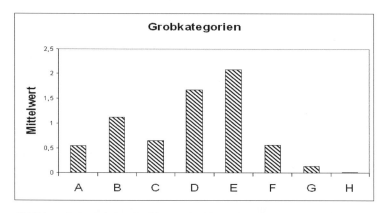

Abbildung 2: Interaktion Grobkategorien (3 Beobachtungsraster)

Im Folgenden wird die Kategorie ‹Erweitern› (F) differenziert betrachtet. Die Differenzierung wird hier beispielhaft gewählt, um aufzuzeigen, welche Möglichkeiten die Videoanalyse bietet, hinter die gewählten Sichtstrukturen

Videoanalyse als Möglichkeit, Prozessqualität differenziert zu erfassen

(Beobachtungsitems) zu blicken und damit einen detaillierteren Blick auf das pädagogische Handeln zu erhalten.

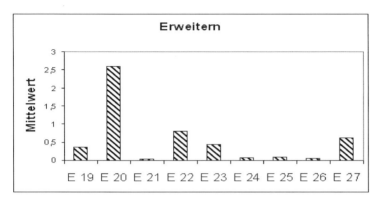

Abbildung 3: Subkategorie Erweitern

Bei der detaillierten Analyse der Subkategorie ‹Erweitern› zeigt sich, dass insbesondere die Kategorie E 20 ‹Die ErzieherIn erklärt, wie oder warum etwas so ist wie es ist› häufig codiert wurde. Dieses Ergebnis bestätigt sich auch mit Blick auf das Ranking der 33 Items. Mit 8,31 Prozent kommen Erklärungen im Kindergartenalltag relativ häufig vor. Da ‹Erklärungen› in Bezug auf die Erweiterung der Fähigkeiten des Kindes ein besonderes Potenzial zur Anregung von Lernprozessen zugeschrieben wird, soll im Folgenden diese Kategorie differenziert betrachtet werden.

	Item	Prozente
1	E 16 – Die ErzieherIn gibt Feedback/kommentiert.	12,41
2	E 13 – Die ErzieherIn hört zu und hält den Blickkontakt zum Kind.	9,92
3	E 18 – Die ErzieherIn gibt Handlungsanweisungen.	9,51
4	E 20 – Die ErzieherIn erklärt, wie oder warum etwas so ist wie es ist.	8,31

Tabelle 7: Ranking Beobachtungsitems (n=33) – drittes Beobachtungsraster

Anke König

Zur differenzierten Analyse wurde die Kategorie ‹Erklärungen› weiter aufgeschlüsselt. Dazu wurde auf ein bereits entwickeltes Analyseraster zurückgegriffen. Die Spielarten der Erklärungen von Passmore (1962) liessen sich adaptiv auf die unterschiedlichen Erklärungsformen übertragen. Die Analyse der Kategorie zeigt, dass es insbesondere ‹Rechtfertigungen› sind, mit denen Kindern während des Kindergartenalltags konfrontiert sind. Die kognitive Anregung, die über konstruktive Hinweise, Definitionen, Erklärungen mit kausalen Zusammenhängen, Umdeutungen oder auch über die komplexe Beschreibung von Beziehungen gewährt wird, findet sich im Vergleich zu den Rechtfertigungen relativ selten.

E 20 – Erklärung					
Rechtfertigung	Definition	E 27 – konstruktive Hinweise	Kausal	Komplex	Umdeutung
Σ=404	Σ=157	Σ=135	Σ=122	Σ=66	Σ=51

Tabelle 8: Häufigkeiten der Erklärungen

1.5 Diskussion

Mit der hier beschriebenen Videoanalyse wurde auf das konkrete pädagogische Handeln fokussiert. Dabei wurde exemplarisch aufgezeigt, welche Möglichkeiten durch Videoanalysen bestehen, um Prozessstrukturen zu erfassen und Interaktionsformate differenziert zu analysieren. Dabei wurde der Prozess der Auswertung vom ‹Groben zum Feinen› beschritten. Mit Hilfe des ersten Analyseschritts wurde ersichtlich, dass eine gute sozial-emotionale Atmosphäre im Kindergarten vorherrschend ist und damit ein Grundstein für eine günstige Lernumwelt bereits gelegt ist. Diese Grundhaltung lässt sich auch durch die dritte Analyse belegen, in der sowohl der Kategorie ‹Abwarten/Zuhören› eine bedeutende Rolle im Alltag des Kindergartens zukommt, als auch durch das Ranking der Subkategorien, in dem ‹Die ErzieherIn hört zu und hält den Blickkontakt› die zweithäufigste Interaktionsform ist, die im Kindergartenalltag genutzt wird.

Die zweite Analyse ermöglichte mittels des Time-/Eventsamplings, diejenigen Interaktionen herauszugreifen, die für die weitere Analyse weiterführend sind. Das heisst, es werden langandauernde Interaktionen von kurzfristigen sozialen Kontakten getrennt. Die langandauernden Interaktionen bergen, aufgrund des

Zeitanteils, das Potenzial einen Interaktionsprozess aufzubauen, der zu einer differenzierten Auseinandersetzung führt. Die dritte Analyse gilt mit dem eigens entwickelnden Beobachtungsraster als Knotenpunkt der Studie. Durch das Beobachtungsraster wurde der Blick freigegeben auf die unterschiedlichen Interaktionsformen, die ErzieherInnen im Kindergartenalltag wählen, um Interaktionsprozesse aufrechtzuerhalten. Diesen Interaktionsprozessen wird eine hohe Bedeutung zugesprochen, wenn es darum geht, Lern- und Bildungsprozesse zu unterstützen. Bei der detaillierten Analyse zeigte sich, dass sowohl die Interaktionsform ‹Initiieren/Nachspüren› und ‹Abwarten und Zuhören›, aber auch ‹Reagieren›, von den ErzieherInnen sehr ausgeprägt genutzt werden. Im Hinblick auf ein interaktionistisch-konstruktivistisches Bildungs- und Lernverständnis erstaunt es aber, dass sowohl dem ‹Motivieren› als auch dem ‹Erweitern und Differenzieren› sehr wenig Raum eingeräumt wird. Mit einem vierten Analyseschritt wurde auf die ‹Erklärungen› fokussiert. Mit dem Analyseraster von Passmore (1962) war es möglich, die unterschiedlichen Erklärungsformen einzelnen Kategorien zuzuordnen und dadurch einen differenzierten Blick auf das Erklärungsmuster im Kindergartenalltag zu werfen. Durch die Analyse wurde deutlich, dass die Kinder im Kindergartenalltag vor allem mit Rechtfertigungen konfrontiert sind, die das soziale Handeln in der Gruppe in Bezug zu Routinen stellen. Selten werden dagegen die Kinder mit kausallogischen Erklärungsmustern konfrontiert, die dazu genutzt werden, Kinder in ihren Gedankengängen anzuregen und zu unterstützen. Die Analyse der Interaktionsprozesse im Kindergarten zeigt, dass die konkrete Interaktion derzeit noch nicht dazu genutzt wird, um Lern- und Bildungsprozesse anzuregen. Das ist nicht verwunderlich, da bisher im Kindergarten in Deutschland vor allem mit offenen Rahmenkonzepten gearbeitet wurde. Mit der Einführung der Bildungspläne wird dazu aufgefordert, Kinder konkrete Bildungs- und Lernerfahrungen anzubieten. Derzeit fehlt es aber noch an einer Didaktik, die den PädagogInnen konkrete Hinweise geben, wie Lern- und Bildungsprozesse gut unterstützt werden können. Die hier ansatzweise vorgestellte Untersuchung gilt als Impuls, um eine Didaktik für die Elementarpädagogik auszuarbeiten.

2. Fazit mit Blick auf die Frühkindliche Bildung in der Schweiz

In der Schweiz liegen derzeit noch keine Videostudien zum Interaktionshandeln in vorschulischen Einrichtungen vor (Stamm et al., 2009). Allerdings bietet die Dokumentation der schweizerisch-deutschen Videostudien zu Unterrichtsqualität, Lernverhalten und mathematischem Verständnis (Hugener et al., 2006; vgl. auch den Beitrag von Wittmann in diesem Band) eine sehr gute Grundlage, um pädagogisches Handeln differenziert zu beleuchten. Die Videostudien im Rahmen der TIMS-Studie können auch für den elementarpädagogischen Raum als forschungsleitend gelten. Mit Bezug auf die Grundlagenstudie (Stamm et al., 2009) können mit der hier vorgestellten Forschungsstudie sowohl im Bereich der ‹Sicherstellung der pädagogischen Qualität› als auch im Besonderen für den Bereich der ‹Qualifizierung des Personals› Impulse dazugewonnen werden.

Mit Hilfe der Methode der Videoanalyse wird es möglich, Prozessstrukturen differenziert zu erfassen und ‹blinde Flecken› im pädagogischen Handeln aufzuzeigen. Im Rahmen der derzeitigen Auseinandersetzungen mit der Qualität der vorschulischen Einrichtungen gilt es, auf die unmittelbare Interaktionsebene zwischen Erziehenden und zu Erziehenden zu rekurrieren. Videostudien können dazu genutzt werden, Interventionsprogramme zu entwickeln, die auf das pädagogische Handeln zielen. Sie bilden eine Verbindungslinie zwischen praktischer Pädagogik und aktuellen Forschungsbefunden.

Literatur

Aalsvoort, G. M. van der (2003). Kognitive Kompetenzverbesserung bei Vorschulkindern mit Schulerfolgsrisiko. *Psychologie in Erziehung und Unterricht, 50,* 199-209.

Ahnert, L. & Harwardt, E. (2008). Die Beziehungserfahrung der Vorschulzeit und ihre Bedeutung für den Schuleintritt. *Empirische Pädagogik, 22(2),* 145-159.

Arnett, J. (1989). Caregivers in day-care centers: Does training matter? *Journal of Applied Developmental Psychology, 10(4),* 541-552.

Autorengruppe Bildungsberichterstattung im Auftrag der Ständigen Konferenz der Kultusminister der Länder in der Bundesrepublik Deutschland und des Bundesministeriums für Bildung und Forschung (Hrsg.). (2008). *Bildung in Deutschland 2008*. Bielefeld: W. Bertelsmann.

Barnes, D. & Todd, F. (1995). *Communication and learning revisited. Making meaning through talk*. Portsmouth, NH: Boyton/Cook Publishers.

Bertram, T. & Pascal, C. (2002). Early years education: An international perspective. London: Research Report. Zugriff am 01.01.2006. Verfügbar unter http://www.inca.org.uk.

Bos, W. & Tarnai, Ch. (1999). Content Analysis in Empirical Social Research. *International Journal of Educational Research, 31*, 659-671.

Brandt, W. & Wolf, B. (1985). Erzieherverhalten und Lernumwelt des Kindergartens. In H. Nickel (Hrsg.), *Sozialisation im Vorschulalter* (S. 122-140). Weinheim: VCH.

Chavajay, P., and Rogoff, B. (1999). Cultural variation in management of attention by children and their caregivers. *Developmental Psychology, 35*, 1079-1090.

Fried, L. (2005). *Wissen als wesentliche Konstituente der Lerndisposition junger Kinder - Theorie, Empirie und pädagogische Schlussfolgerungen. Expertise im Auftrag des DJI*. München: DJI.

Gauvain. M. & Rogoff, B. (1989). Collaborative problem solving and children's planning skills. *Developmental Psychology, 25*, 139-151.

Girolametto, L. et al. (2000). Directiveness in teachers' language input to toddlers and preschoolers in day care. *Journal of Speech, Language, and Hearing Research, 43*, 1101-1114.

Howes, C. & Smith, E. W. (1995). Relations among child care quality, teacher behavior, children's play activities, emotional security and cognitive activity in child care. *Early Childhood Research Quarterly, 10(4)*, 381-404.

Howes, C. et al. (1992). Thresholds of quality: Implication for the social development of children in center-based childcare. *Child Development, 63*, 449-460.

Hugener, I., Pauli, C. & Reusser, K. (2006). Videoanalysen. In E. Klieme, C. Pauli & K. Reusser (Hrsg.), *Dokumentation der Erhebungs- und Auswertungsinstrumente zur schweizerisch-deutschen Videostudie «Unterrichtsqualität, Lernverhalten und mathematisches Verständnis»*. Frankfurt: GFPF / DIPF.

Hughes, M. & Donaldson, M. (1979). Use of hiding games for studying the coordination of viewpoints. *Educational Review, 31,* 133-140.

Ireson, J. & Blay, J. (1999). Constructing activity: Participation by adults and children. *Learning and Instruction, 9,* 19-36.

König, A. (2009). *Interaktionsprozesse zwischen ErzieherInnen und Kindern. Eine Videostudie aus dem Kindergartenalltag*. Wiesbaden: VS Verlag für Sozialwissenschaften.

Kontos, S. & Dunn, L. (1993). Caregiver practices and beliefs in child care varying in developmental appropriateness and quality. Perspectives in developmentally practice. *Advances in Early Education and Day Care, 5,* 53-74.

Kontos, S. & Wilcox-Herzog, A. (1997). Influences on childrens competence in early childhood classroom. *Early Childhood Research Quarterly, 12,* 247-262.

Kontos, S. & Wilcox-Herzog, A. (2002). Teacher Preparation and Teacher-Child Interaction. Zugriff am 18.07.2005. Verfügbar unter www.eric.ed.gov.

Kontos, S. (1999). Preschool teachers' talk, roles, and activity settings during free play. *Early Childhood Research Quarterly, 14,* 363-382.

Kugelmass, J. W. & Ross-Bernstein, J. (2000). Explicit and implicit dimensions of adult-child interactions in a quality childcare center. *Early Childhood Education Journal, 28(1),* 19-27.

Leutner, D. (2001). Instruktionspsychologie. In Rost, D. H. (Hrsg.), *Handwörterbuch Pädagogische Psychologie (*2.überarb. und erw. Aufl.) (S. 267-275). Weinheim: Beltz.

Makin, L. (2004). «Would you like to pack away now?» *A Collection of Recent Research,* 6-11.

Mauritzson, U. & Säljö, R. (2001). Adult Questions and Children's Responses: Coordination of Perspectives in Studies of Childrens's Theories of other Minds. *Scandinavian Journal of Educational Research, 45(3),* 213-231.

McCartney, K. (1984). The effect of quality day care environment upon children's language development. *Developmental Psychology 20*, 244-260.

Mertens, R. (1978). Ein Diagnostiktest zum VHS-Zertifikat Mathematik. *Lernzielorientierter Unterricht, 1*, 34-43.

Oerter, R. (1999). *Psychologie des Spiels.* Weinheim: Beltz.

Passmore, J. (1962). Explanation in everyday life, in science and in history. *History and Theory: Studies in the Philosophy of History, 2*, 105-123.

Pianta, R. C. & Nimetz, S. L. (1991). Relationships between children and teachers: Associations with classroom and home behaviour. *Journal of Applied Developmental Psychology, 12*, 379-393.

Pramling, I. (1990). *Learning to learn. A study of Swedish preschool children.* New York: Springer.

Pramling, I. (1996). Understanding and empowering the child as a learner. In D. R. Olsen & N. Torrance (eds.), *Education and human development.* (pp. 565-590). Malden: Blackwell.

Preiser, S. (2003). *Pädagogische Psychologie.* Weinheim: Juventa.

Prenzel, M. et al. (2000). Interessenentwicklung in Kindergarten und Grundschule: Die ersten Jahre. In U. Schiefele & K. P. Wild (Hrsg.), *Interesse und Lernmotivation. Untersuchungen zu Entwicklung, Förderung und Wirkung* (S. 11-30). Münster: Waxmann.

Renninger, K. A. (1998). Developmental psychology and instruction: Issue from and for practice. In I. E. Sigel & K. A. Renninger (eds.), *Handbook of child psychology, 4, Child psychology in practice* (5th ed.) (pp. 211-274). New York: John Wiley and Sons.

Rogoff, B. & Lave, J. (1984). *Everyday cognition: Its development in social context.* Cambridge, MA: Harvard University Press.

Rogoff, B. (1990). *Apprenticeship in thinking: Cognitive development in social context.* New York: Cambridge Harvard University.

Roßbach, H.-G. et al. (2008). Auswirkungen eines Kindergartenbesuchs auf den kognitiv leistungsbezogenen Entwicklungsstand von Kindern. *Zeitschrift für Erziehungswissenschaft, Sonderheft 11*, 139-158.

Schweinhart, L. J., Barnes, H. V. &Weikart, D. P. (1993). *Significant benefits: The high/scope perry preschool study through age 27.* Monographs of the high/scope educational research foundation, Nr. 10. Ypsilanti, MI: High/Scope Press.

Seidel, T. (2003). *Lehr-Lernskripts im Unterricht.* Münster: Waxmann.

Shore, R. et al. (2004). Child outcome standards in pre-K programs: What are standards; what is needed to make them work? *NIEER, 5,* 1-10.

Siraj-Blatchford, I. et al. (2002). Researching effective pedagogy in early years (REPEY). *Research Report No 356.*

Siraj-Blatchford, I., Sylva, K., Taggart, T., Sammons, P., Melhuish T. & Elliot, K. (2003). *Technical paper 10 - Case studies of practice across the foundation stage.* London: Institute of Education. University of London.

Straka, G. A. & Macke, G. (2002). *Lern-Lehr-theoretische Didaktik.* Münster: Waxmann.

Sylva, K. et al. (2003). *The effective provision of pre-school education project. Findings from the pre-school period.* London: Institute of Education. University of London.

Sylva, K. et al. (2004). The effective provision of pre-school education project – Zu den Auswirkungen vorschulischer Einrichtungen in England. In G. Faust et al. (Hrsg.), *Anschlussfähige Bildungsprozesse im Elementar- und Primarbereich* (S. 154-167). Bad Heilbronn: Verlag Julius Klinkhardt.

Sylva, K. et al. (2006). Capturing quality in early childhood through environmental rating scales. *Early Childhood Research Quarterly 21(1),* 76-92.

Tausch, A. et al. (1973). Effekte kindzentrierter Einzel- und Gruppengespräche mit unterprivilegierten Kindergarten- und Grundschulkindern. *Psychologie in Erziehung und Unterricht, 20,* 77-88.

Tietze, W. et al. (1998). *Wie gut sind unsere Kindergärten? Eine Untersuchung zur pädagogischen Qualität in deutschen Kindergärten.* Neuwied: Luchterhand.

Tietze, W. et al. (2005). *Kinder von 4 bis 8 Jahren. Zur Qualität der Erziehung und Bildung in Kindergarten, Grundschule und Familie.* Weinheim: Beltz.

Whitebook, M. et al. (1989). *Who cares? Child care teachers and the quality of care in America.* Oakland, CA: Child Care Employee Project.

Wilcox-Herzog, A. & Ward, S. L. (2004). Measuring teachers' perceived interactions with children: A tool for assessing beliefs and intentions. *Early Childhood Research & Practice, 6/2.* Zugriff am 17.07.2006. Verfügbar unter http://ecrp.uiuc.edu/v6n2/herzog.html.

Wilkinson, A. C. (1982). Partial knowledge and self-correction: Developmental studies of a quantitative concept. *Developmental Psychology, 18,* 874-891.

Wood, D. (1992). Culture, language and child development. *Language and Education, 6(2),* 123-140.

Youniss, J. (1994). *Soziale Konstruktion und psychische Entwicklung.* Frankfurt: Suhrkamp.

Vanessa-Isabelle Reinwand

Pädagogische Herausforderungen spezifischer Betreuungskonstellationen in der Schweiz

Einleitung

Die Betreuungsformen von Kindern vor dem Schuleintritt sind in der Schweiz vielfältig. Aktuell wird in der Öffentlichkeit jedoch heftig darüber diskutiert, wem grundlegend die Aufgabe zukommt, die Kinder schon früh bestmöglichst zu bilden, betreuen und zu erziehen – staatlichen Einrichtungen oder der Familie (vgl. auch den Aufsatz von Stamm in dieser Publikation). Im Folgenden soll aus einer pädagogischen Perspektive danach gefragt werden, welche Vor-, aber auch Nachteile verschiedene Betreuungskonstellationen für das Kind und die Familien mit sich bringen.

Hierzu wenden wir uns zunächst der aktuellen Situation von Schweizer Familien zu, indem statistische Daten zur Entwicklung der Familien und zur familienergänzenden Betreuung (FEB) präsentiert werden. In einem zweiten Schritt sollen drei unterschiedliche, typische Betreuungskonstellationen (innerfamilial, in einer Tagesfamilie und ausserfamilial) näher betrachtet und zusätzlich auf Sonderkonstellationen wie alleinerziehende Eltern oder Kinder mit besonderen Bedürfnissen eingegangen werden. Hierbei soll deutlich werden, dass jede Familienkonstellation individuell ist und daher nach einer spezifischen Betreuungslösung verlangt, die nicht durch ein einfaches Denkschema «Staat versus Familie» gefunden werden kann. Jedoch weist diese Analyse darauf hin, dass in einer ausserfamilialen Erziehung – je nach Dosierung – grosse Entwicklungspotenziale für die Kinder und Familien als Ganzes liegen können.

1. Entwicklung und Situation der Familien in der Schweiz

Die Familienformen haben sich in der Schweiz – wie auch in den meisten industrialisierten Ländern – in den letzten Jahrzehnten stetig gewandelt. Es ist ein

Trend weg von der klassischen Klein- oder Grossfamilie[1] hin zu Lebensformen wie Patchworkfamilien, die sich aus bereits gegründeten Familien zusammensetzen, alleinerziehenden Elternteilen und vereinzelt gleichgeschlechtlichen Partnerschaften mit Kindern erkennbar. Insgesamt kann man für die Schweiz konstatieren, dass seit den 70er-Jahren des 20. Jahrhunderts die Anzahl der Haushalte, in denen Kinder leben, stetig abgenommen haben. Die Geburtenrate in der Schweiz hat sich in diesem Zeitraum halbiert[2] (EKFF, 2005). Männer und Frauen gründen zunehmend später eine Familie und etwa ein Fünftel der Frauen, oft Akademikerinnen, bleibt kinderlos. Die Anzahl der Scheidungen hat sich seit den 1970er-Jahren verdreifacht (EKFF, 2005). Das heisst auch, dass die Anzahl der Scheidungskinder angestiegen ist.[3]

Diese Entwicklungen sind nicht nur in der Schweiz, sondern – in geringfügig unterschiedlicher Ausprägung – auch in anderen westlichen Ländern erkennbar und haben vielfältige Gründe. Gesellschaftliche Werte und Normen sind im Umbruch und werden zunehmend hinterfragt. Dadurch sind verschiedenste Lebensentwürfe möglich, die es dem Individuum nicht immer leicht machen, seine eigene Biografie zu strukturieren und stabile zwischenmenschliche Bindungen und soziale (Familien-)Netzwerke aufzubauen. Durch gesamtgesellschaftliche Wandlungsprozesse verändert sich auch die Lebensform ‹Familie›: Die klassische Rollenverteilung zwischen Mann und Frau beginnt sich spätestens seit der Emanzipationsbewegung der 1960er-Jahre aufzulösen, Frauen sind fachlich immer besser qualifiziert und streben nach einflussreichen, gut bezahlten und ihrem Bildungsstand entsprechenden Stellen. Trotz der aktuellen Entwicklungen ist das traditionelle Familienmodell – der Mann als Hauptverdiener und die Frau als Hauptverantwortliche für die Kinder – immer noch in den meisten Familien mit Kindern in der Schweiz vertreten (BFS, 2008b). Die Entscheidung für ein Kind bedeutet in der Praxis daher für die Frau oft den Verzicht auf eine berufliche Karriere, bei insgesamt steigenden Haushaltskosten. Ein Kind in einem Paarhaushalt lässt gegenwärtig die Ausgaben durchschnittlich um zirka 1000 CHF

---

[1] Eine Kleinfamilie verstehen wir hier als verheiratete Eltern mit einem oder zwei Kind/-ern; eine Grossfamilie als verheiratete Eltern mit mehreren Kindern sowie eventuell im selben Haushalt wohnenden Grosseltern und Verwandten.
[2] Im Jahr 2007 standen ca. 2250000 kinderlosen Haushalten ungefähr 1000000 Haushalte mit Kindern gegenüber (BFS, 2008b).
[3] Während 2002 noch 12700 minderjährige Kinder von einer Scheidung ihrer Eltern betroffen waren, sind es 2007 14700 (EKFF, 2005).

Pädagogische Herausforderungen spezifischer Betreuungskonstellationen in der Schweiz

ansteigen (EKFF, 2005). Die finanzielle Lage vieler Familien vor allem mit mehreren Kindern bzw. Alleinerziehender mit Kindern ist daher nicht optimal und oft sogar prekär, nicht zuletzt wegen der oft familienfeindlichen kantonalen Steuerpolitik und den geringen Familienzulagen. Die Sozialleistungen und Unterstützungsmassnahmen für Familien liegen in der Schweiz mit 1,3 Prozent des Bruttoinlandsproduktes unter dem europäischen Durchschnitt. Das durchschnittliche Bruttoeinkommen eines kinderlosen Haushaltes unterscheidet sich nur geringfügig vom erwirtschafteten Einkommen eines Haushaltes mit Kindern (BFS, 2008b). Eltern haben also nur wenig oder gar nicht mehr Einkommen als Paarhaushalte ohne Kinder zur Verfügung.

Angesichts dieser Bedingungen ist es nicht verwunderlich, dass Frauen gerne mehr arbeiten würden (BFS, 2008b, S. 21), um zum Haushaltseinkommen beizutragen. Dieses Vorhaben wird jedoch nicht zuletzt durch das lückenhafte Angebot an Kinderbetreuungseinrichtungen erschwert.

2. Familienergänzende Kinderbetreuung in der Schweiz

Neueste Studien bescheinigen der Schweiz ein im internationalen Vergleich bestenfalls mittelmässiges System der familienergänzenden Kinderbetreuung (FEB). Die im Dezember 2008 erschienene UNICEF-Vergleichsstudie *The child care transition* zur Betreuung und Förderung von Kindern in Kindergärten und Kindertageseinrichtungen untersuchte die Standards für familienergänzende Betreuung in 25 Industrieländern. Die Schweiz befindet sich laut dieser Studie im Vergleich zu den untersuchten Staaten im letzten Viertel (vgl. dazu auch Barblans Kommentare in diesem Band). Bemängelt wird vor allem, dass die Schweiz über einen sehr geringen Mutterschaftsurlaub von nur 16 Wochen verfügt, welcher allein von der Mutter und nicht vom Vater in Anspruch genommen werden kann. Es werden für weniger als 25 Prozent der unter Dreijährigen Betreuungsplätze angeboten, weniger als 50 Prozent des Personals im Bereich der FEB verfügt über einen Hochschulabschluss und die frühe gesundheitliche Versorgung ist nicht für alle Familien gleichermassen gut ausgebaut. Zudem fehlt es an einem nationalen Rahmenplan und einer Handlungsstrategie für frühkindliche Bildung, Betreuung und Erziehung (FBBE) in gemeinsamer Verantwortung von Bund, Kantonen, Gemeinden und Eltern. Zu ähnlichen Ergebnissen kommen nationale

Untersuchungen wie die der Eidgenössischen Koordinationskommission für Familienfragen EKFF (2009) und die von der UNESCO beauftragte Grundlagenstudie an der Universität Fribourg (Stamm et al., 2009). Beide Berichte sind sich darin einig, dass in der Schweiz vor allem für benachteiligte Familien noch viel getan werden muss und es an qualitativ hochstehenden, für die Familien bezahlbaren Betreuungsplätzen mangelt. Besonders gravierend ist die Tatsache, dass nicht ein blosser Mangel an Betreuungsplätzen konstatiert werden kann, sondern dass es vor allem in Zukunft darum gehen muss, das Angebot den Bedürfnissen der Eltern anzupassen. Qualitativ hochstehende Kindertageseinrichtungen sind oft nicht bezahlbar oder zehren ein zusätzliches Einkommen, wenn es nicht über dem Durchschnitt liegt, fast vollständig auf (BFS, 2008b); sie sind häufig nicht in unmittelbarer Nähe zum Wohn- oder Arbeitsort gelegen und weisen eine geringe Flexibilität bei den Öffnungszeiten oder eine Altersbeschränkung bei der Aufnahme der Kinder auf (vgl. Muheim & Reinwand, 2009, in diesem Band). Insgesamt betreibt die Schweiz damit keine besonders familien- und nachwuchsfreundliche Politik, was sich auf die Berufstätigkeit der Frauen nachteilig auswirkt. Aber die bis hierher ausgeführte familien- und arbeitsmarktpolitische Betrachtung der Situation ist nur ein Aspekt der Thematik frühkindlicher Betreuung: Bis anhin wurde kaum nach einer *pädagogisch* optimalen Förderung aller Kinder durch FBBE gefragt, bei der nicht politische und wirtschaftliche, sondern in erster Linie Überlegungen zum Kindeswohl im Mittelpunkt stehen.

FBBE, d. h. eine umfassende[4], individuelle Frühförderung ist dazu geeignet, soziale und damit verbundene Bildungsungerechtigkeiten wenn nicht ganz aus-, so doch anzugleichen. Dazu muss sie ausnahmslos allen Kindern früh in einer hohen Qualität zur Verfügung stehen (Stamm, Burger & Reinwand, 2009). In der Schweiz ist man sich jedoch nicht einig, wie ein Kleinkind am besten gefördert werden soll. Die unterschiedlichen Bildungstraditionen in den drei verschiedenen Landesteilen, der Deutschschweiz, dem Tessin und der Romandie, haben über die Jahre sehr unterschiedliche Vorstellungen und Denkparadigmen hervorgebracht, wie ein junges Kind zu erziehen und zu bilden sei. Während es in der Deutschschweiz möglichst bis Kindergarteneintritt mit fünf Jahren im Familien-

---

[4] Eine «umfassende» FBBE schliesst die altersadäquate Förderung aller Interessen und Fähigkeiten eines Kindes ein und ist nicht nur auf akademische Fähigkeiten wie Lesen, Rechnen und Schreiben beschränkt.

Pädagogische Herausforderungen spezifischer Betreuungskonstellationen in der Schweiz

verbund verbleiben soll, wird dies im Tessin und in der Westschweiz anders gesehen: Die Vergangenheit hat in der lateinischen Schweiz eine Praxis gefördert, welche den Staat ebenso wie die Familie in der Verantwortung sieht, jungen Kindern schon sehr früh eine optimale Förderung auch ausserhalb der Familie zukommen zu lassen. Die Forschung gibt der sozialen Praxis der frühen, kindgerechten Bildung Recht. Insbesondere sozial benachteiligte Kinder profitieren von einem qualitativ anregungsreichen Milieu ausserhalb der Familie und vom frühen Kontakt mit anderen Kindern (Lanfranchi, 2002; 2007; Tietze, Roßbach & Grenner, 2005). Da jedoch gerade das Vertrauen in die Qualität der Kinderbetreuung in der Schweiz aufgrund historischer Entwicklungen nicht sehr gross ist, die Kosten hoch und die Plätze knapp sowie strukturelle Bedingungen nicht überall optimal sind, ziehen es immer noch viele Eltern vor, ihre Kinder zu Hause zu betreuen.

2.1 Familieninterne Betreuung in der Praxis

In der Schweiz geben mehr als die Hälfte der Eltern von Kindern zwischen null bis sechs Jahren (BFS, 2008a) an, ihren Nachwuchs in erster Linie innerfamilial, d. h. durch die Eltern, Grosseltern, nahe Verwandte oder auch Bekannte und Nachbarn zu betreuen. Zirka 15 Prozent nehmen am häufigsten eine Pflegefamilie in Anspruch und nur zirka 30 Prozent nutzen primär eine ausserfamiliale Betreuung, hier definiert als Betreuungsform in einer Krippe oder Kindertagesstätte. In der Schweiz stellt also die innerfamiliale Betreuung von Kindern unter sechs Jahren immer noch den statistischen Normalfall dar.

Die Gründe hierfür sind vielfältig und wurden teilweise schon ausgeführt. Das Angebot an ausserfamilialer Kinderbetreuung entspricht vielfach nicht den Vorstellungen der Eltern und vor allem in der Deutschschweiz ist immer noch die Meinung sehr verbreitet, dass ein junges Kind am besten bei der Mutter aufgehoben sei (zum Muttermythos vgl. Badinter, 1981). In ländlichen Gebieten ist es zudem üblich, dass die Grosseltern und Verwandte verstärkt in die Kinderbetreuung eingebunden werden. Zudem verfügt die Schweiz über einen hohen Anteil an Migranten und gerade in traditionell geprägten Kulturen ist der Familienzusammenhalt und damit die Betreuung des Kindes innerhalb des Familienverbundes noch selbstverständlich.

Aus pädagogischer Sicht ist gegen eine innerfamiliale Betreuung zunächst einmal nichts einzuwenden. Die Kinder haben nur ein paar wenige, konstante Bezugspersonen und wachsen meist auch in einer ebenso räumlich konstanten Umgebung auf. Bei bildungsnahen Familien mit mehreren Kindern, in denen schon den Kleinsten ein anregungsreiches Milieu zur Verfügung gestellt wird und Geschwister sowie Nachbarskinder regelmässige Spielkameraden darstellen, ist sicherlich gewährleistet, dass das Kind alles zur Verfügung hat, was es für seine optimale soziale und kognitive Entwicklung braucht. Schwieriger wird dies, wenn die Familie eher bildungsfern angesiedelt ist, womöglich die Landessprache nur ungenügend beherrscht und das Kleinkind kaum andere Kinder zu Gesicht bekommt. Im schlimmsten Fall wird das Kind vor dem Fernseher ‹geparkt›, weil die Betreuungspersonen aus ökonomischen Gründen berufstätig sein müssen und niemand sich ausreichend mit dem Kind beschäftigen kann. Oft herrscht im Alltag ein Bild vom Säugling oder Kleinkind vor, das nicht mehr neuesten Forschungsergebnissen vom kompetenten Säugling (Dornes, 2009) entspricht. Babys benötigen schon früh eine abwechslungsreiche Beschäftigung mit ihren Bezugspersonen und ihrer Umwelt, um ihre Fähigkeiten voll ausbilden zu können. Sie sind von Anfang an voll entwickelte Lebewesen, auch wenn sich ihre Wahrnehmung, Motorik und kognitiven Leistungen noch stetig differenzieren (Dornes, 2009). Sind Erwachsene nicht empathisch genug, sich auf die Signale und die Kommunikationsstrukturen eines Kleinkindes einzulassen, haben sie zu wenig Zeit oder Wissen, dem Säugling adäquat zu begegnen, kann das Kind einen dauerhaften Schaden in seiner Entwicklung nehmen (Ahnert & Maywald, 2004). In den ersten wichtigen Lebensmonaten und -jahren eines Kindes werden die Gehirnstrukturen und Wahrnehmungsmuster geprägt, die später teilweise nur noch schwer zu ändern sind. Daher ist es besonders bedeutsam, dass in dieser Zeit eine auf das Kind individuell abgestimmte Versorgung, Pflege und Förderung stattfindet, die Familienangehörige jedoch nicht immer und in jeder Lebenssituation in optimaler Weise leisten können.

Gerade im Aufbau und der Pflege von engen Generationenverhältnissen und Bindungen kann eine innerfamiliale Betreuung viel leisten, jedoch muss gewährleistet sein, dass Eltern, Grosseltern und andere innerfamiliale Betreuungspersonen notfalls die Unterstützung von aussen erhalten, ein Kind aufzuziehen. In der

Pädagogische Herausforderungen spezifischer Betreuungskonstellationen in der Schweiz

Schweiz ist die Institution der Mütter-Väter-Beratung (Still-, Ernährungs-, Gesundheits- und Erziehungsberatung) etabliert und wird von 90 Prozent der Familien mit Kindern unter fünf Jahren angenommen. Es wird an diesem breit genutzten, kostenlosen Angebot jedoch auch deutlich, dass ein enormer Beratungsbedarf bei den Familien mit jungen Kindern besteht. Schon mehrere, gut laufende Elternbildungsprogramme sind in der Schweiz etabliert[5], allerdings müssten Unterstützungsmassnahmen noch auf einen Grossteil der Bevölkerung ausgeweitet und zugänglich gemacht werden, angesichts der Tatsache, dass die Schweiz ebenso wie andere westliche Staaten ein Land ist, in dem Eltern und pädagogisches Personal zunehmend stärker mit Erziehungsproblemen konfrontiert sind.

2.2 Die Betreuung in einer Pflege- bzw. Tagesfamilie

Die Betreuungsform einer Pflege- bzw. Tagesfamilie ist in der Schweiz nicht sehr häufig (s. o.), jedoch immer noch eine Option, die dem Kind früh weder eine neue soziale Umgebung mit vielen Kindern und mehreren Betreuungspersonen zumutet noch die Eltern bzw. nahe Verwandte als einzige Bezugspersonen kennt. Man kann sie damit als einen «Mittelweg» zwischen inner- und ausserfamilialer Betreuung, so wie diese im vorhergehenden Abschnitt definiert wurden, bezeichnen.

Eine Schwierigkeit bei der Betreuungskonstellation innerhalb einer Pflegefamilie ist es, die Betreuungsqualität vom strukturellen und pädagogischen Standpunkt ‹von aussen› einzuschätzen. Es gibt sicherlich Pflege- und Tagesfamilien die optimale strukturelle, d. h. räumliche und zeitliche Bedingungen für das Pflegekind bereitstellen und pädagogisch über viel Erfahrung oder sogar eine spezielle Ausbildung verfügen. Gleichwohl ist der gegenteilige Fall denkbar und in der Praxis anzutreffen und es ist schwer objektiv zu überprüfen, welche Qualität die Betreuung tatsächlich im jeweiligen Fall hat.

Die Vorteile der Tagesfamilien, d. h. in der Regel Tagesmütter und auch gelegentlich Tagesväter, liegen auf der Hand: Betreuungszeiten können individuell angepasst und ausgehandelt werden und sind relativ flexibel gestaltbar. Zudem kann die betreuende Familie in der Nähe des Wohn- oder Arbeitsplatzes der Erziehungsberechtigten gesucht werden. Häufig werden nur wenige Kinder be-

---

[5] Beispielsweise PekIP, Safe® oder Triple.

treut und die Betreuung ist im Vergleich zu einem Krippenplatz sehr günstig.[6] Tagesfamilienorganisationen verfügen über gewisse Qualitätsrichtlinien, die dadurch gewährleistet werden, dass die Pflegeltern regelmässig Weiterbildungskurse besuchen müssen und damit eine gewisse Eignung vorzuweisen haben.[7] Nichtsdestotrotz arbeiten immer noch viele freie Tageseltern in der Schweiz, die nirgendwo erfasst werden und deren Qualität unklar ist. Umso mehr sind bei dieser Betreuungskonstellation die Eltern selbst gefragt, für ihr Kind eine optimale Lösung zu finden. Eltern sollten genau beobachten, wie sich das Kind in der neuen Umgebung eingewöhnt und entwickelt und wie es beim Abschied von den Eltern bzw. bei deren Wiedersehen reagiert. Die Beziehung und Kommunikation mit der/dem Pflege- bzw. Tagesmutter/-vater sollte vor allem am Anfang sehr intensiv stattfinden und es muss ein gemeinsames Anliegen sein, die Fremdbetreuung für das Kind so gut wie möglich auszugestalten. Hier ist Sensibilität von beiden Seiten gefordert. Nicht jede Konstellation ist geeignet: Manchmal treten Eifersüchteleien des eigenen Kindes oder anderer Kinder der Tagesfamilie gegenüber dem Pflegekind auf und können die Betreuung verkomplizieren. Auch reagieren Mütter und Väter, die ihr Kind betreuen lassen, eventuell eifersüchtig, wenn sie sehen, dass sich das Kind besonders gut in die Pflegefamilie einfügt und eine feste Beziehung zur/zum Pflegemutter/-vater aufbauen kann. Dies sind nur Beispiele für mögliche Schwierigkeiten dieses Betreuungsmodells, welche jedoch bei einer guten Kommunikation aller Beteiligten vermieden werden können. Dennoch wäre es pädagogisch wünschenswert, Pflege- und Tagesfamilien dauerhaft von fachlichem Personal begleiten zu lassen, weniger um die Qualität zu kontrollieren als die Pflege- wie auch die Kernfamilie bei Fragen oder auftretenden Konflikten zu beraten, zu begleiten und zu unterstützen.

---

[6] Die Entlohnung der Pflegefamilie schwankt je nachdem, ob diese einer bzw. welcher Tagesfamilienorganisation (z. B. Schweizerischer Verband für Tagesfamilienorganisation SVT) angeschlossen ist, zwischen 4 und 12 CHF pro Betreuungsstunde und Kind (Stamm et al., 2009, S. 42ff.).
[7] Siehe dazu beispielsweise die Qualitätsrichtlinien (2008) des Verbandes Tagesfamilien Schweiz unter www.tagesfamilien.ch.

2.3 Ausserfamiliale Betreuung in der Praxis

Ausserfamiliale Betreuung, d. h. die Betreuung in einer privaten oder öffentlichen Einrichtung mit mehreren Kindern zusammen (z. B. einer Kinderkrippe oder Kindertagesstätte) wird in der Schweiz überwiegend halbtags und eher selten genutzt. Viele Frauen arbeiten nur Teilzeit[8] und auf die strukturellen Probleme der Schweizerischen FBBE wurde schon eingegangen. Ein erheblicher Widerstand ist vor allem in der Deutschschweiz zu spüren, wenn es um die obligatorische Frühförderung von allen Kindern ab dem vollendeten vierten Lebensjahr geht. Die Angst vor einer Verstaatlichung der frühen Kindererziehung, eines starken Eingriffes in die Privatsphäre und einer Überforderung der Kinder spiegelt sich in der Ablehnung des HarmoS-Konkordates der Schweizerischen Konferenz der kantonalen Erziehungsdirektoren (EDK) in einigen Kantonen. Grundsätzlich sind diese tief verwurzelten Ängste und Gegenargumente sicherlich verständlich. Eine qualitativ hohe, ausserfamiliale Frühförderung ist jedoch vor allem für Kinder aus bildungsfernen Schichten, die freiwillig eher selten eine FBBE-Einrichtung in Anspruch nehmen, bedeutsam (Tietze, Roßbach & Grenner, 2005). Eventuelle Entwicklungsrückstände können durch eine zusätzliche fachliche Betreuung der Kleinkinder früher erkannt und soziale sowie kognitive Defizite durch gezielte Fördermassnahmen noch vor Schulbeginn ausgeglichen werden (Lanfranchi, 2007). Gerade für Kinder, die Deutsch als Zweitsprache erwerben, ist es enorm bedeutsam, früh mit der Landessprache in Kontakt zu kommen, um sich gut zu integrieren und ähnliche Startbedingungen wie einheimische Kinder bei Beginn der Schulzeit zu erhalten (Lanfranchi, 2002). Hier kann eine allen gleichermassen zugängliche FBBE dazu beitragen, Startschwierigkeiten von Kindern aus benachteiligten sozialen Milieus auszugleichen, wenn sie gut organisiert und strukturell sowie pädagogisch hochstehend ist (vgl. Stamm et al., 2009, S. 55ff.). Aber auch bei Kindern aus privilegierten Familien kann ein früher Kontakt mit Kindern aus anderen sozialen Gruppen oder Kulturen die Sozialkompetenz in hohem Masse fördern. Sie lernen dadurch schon früh, mit Konflikten und Auseinandersetzungen umzugehen, sich um (sprachlich) Schwächere zu kümmern und einen multikulturellen Blickwinkel zu

---

[8] Die Teilarbeitszeitquote der Frauen in der Schweiz liegt bei zirka 45 Prozent, verglichen mit einer allgemeinen Frauenbeschäftigungsquote von durchschnittlich 70 Prozent (Stadelmann-Steffen, 2007).

entwickeln, welcher eine Basiskompetenz in unserer globalisierten Welt darstellt. Zudem wurde nachgewiesen (Roßbach, 2005), dass sich die innerfamilialen Beziehungen durch die ausserfamiliale Betreuung verbessern und insgesamt das soziale Netzwerk der Familie gestärkt wird.

Trotz der aufgezeigten und durch wissenschaftliche Studien bestätigten Effekte ausserfamilialer Betreuung (siehe z. B. zusammenfassend Roßbach, 2005) gibt es dennoch aus pädagogischer Sicht einiges zu beachten, wenn das Kind ausserfamilial betreut werden soll. Das Alter und die Individualität eines Kindes, die Qualität der FBBE sowie die soziale Gesamtsituation der Familie sind wichtige Kriterien für die Wahl einer geeigneten Betreuungskonstellation. Beispielsweise kann eine traumatische Trennungserfahrung oder Überforderung in der sensiblen Phase des ersten Lebensjahres ein Kind unter Umständen nachhaltig in seiner Beziehungsfähigkeit stören. Dies ist insbesondere dann der Fall, wenn die erste Bezugsperson nicht in angemessener Weise auf die Bedürfnisse nach Zuneigung und Aufmerksamkeit des Kindes reagiert (Hopf, 2005; Ahnert & Maywald, 2004). Eine sehr frühe Fremdbetreuung mit einem häufigen Wechsel der Bezugspersonen erhöht das Risiko einer unsicheren Bindung (Ahnert & Lamb, 2003; Ahnert, 2005) und verhindert damit die Bildung von Urvertrauen (Dornes, 2008). Im ersten Lebensjahr sollte daher aus wissenschaftlicher Sicht am ehesten eine längere Fremdbetreuung vermieden werden, um ein Entwicklungsrisiko in jedem Fall auszuschliessen (vgl. Loeb et al., 2005). Zu jedem Zeitpunkt sollte eine optimale Kind-Umwelt-Passung (Ahnert, 2006) gewährleistet sein, d. h. auf die Bedürfnisse des Kindes sollte prompt und in empathischer Weise reagiert werden, um die Resilienz des Kindes auch und gerade unter schwierigen Sozialisations- und Betreuungsbedingungen zu stärken (Wustmann, 2004; vgl. auch den Beitrag von Wustmann & Simoni in diesem Band). Jedes Kind ist aber einzigartig und reagiert in individueller Weise auf seine Umwelt. So mag eine Fremdbetreuung von dem einen Kind psychisch gut und anregend verarbeitet werden, ein anderes leidet darunter und entwickelt sich schlechter, als es dies im innerfamilialen Kontext getan hätte (Ahnert, Rickert & Lamb, 2000). Aufgrund der Signale des Kindes sollte vorrangig die Entscheidung für oder gegen eine frühe ausserfamiliale Betreuung getroffen werden. Hier ist es sicherlich lohnenswert, eine dritte, unabhängige Person als fachliche BeraterIn hinzuzuziehen, um eine

Pädagogische Herausforderungen spezifischer Betreuungskonstellationen in der Schweiz

allzu subjektive Entscheidung der Eltern zu vermeiden. Je älter das Kind jedoch wird, desto fähiger wird es, von einer zumindest stundenweisen, qualitativ hochstehenden ausserfamilialen Betreuung zu profitieren, ohne dauerhaften psychischen Schaden zu nehmen. Es kommt mit zunehmendem Alter vielmehr darauf an, den geeigneten Ort und eine individuell angemessene ‹Dosierung› der ausserfamilialen Betreuung für das Kind zu finden (Loeb et al., 2005). Ist das Kind auf seinen ‹zweiten› Ort und sein neues Umfeld eingestimmt und ist jedes Familienmitglied mit der Betreuungssituation zufrieden, kann es aufgrund des aktuellen Forschungsstandes keine Einwände gegen eine ausserfamiliale Betreuung vor dem Kindergartenalter geben. Im Gegenteil: Viele der oben erwähnten positiven Nebeneffekte der ausgeweiteten sozialen Umgebung können auf das Kind wirken und seine Entwicklung positiv beeinflussen.

In der Realität gibt es jedoch besondere Familienkonstellationen, die eine genauere Betrachtungsweise erforderlich machen. Verallgemeinernd sollen hier zwei häufig anzutreffende Konstellationen – diejenige alleinerziehender Eltern und diejenige von Familien mit Kindern, die besondere Bedürfnisse (sprachlicher Einschränkungen, Armut, körperliche und geistige Behinderungen oder auch besonderes Potenzial) haben – ausgeführt werden.

3. Besondere Betreuungskonstellationen

3.1 Alleinerziehende Eltern

Gerade alleinerziehende Eltern sind, um ihren Lebensunterhalt über dem Existenzminimum sichern zu können, oft auf ausserfamiliale Betreuungsstrukturen angewiesen und nehmen diese in der Schweiz im Vergleich zu Elternpaaren vermehrt in Anspruch. Zirka 30 Prozent der Alleinerziehenden sind vollzeitbeschäftigt, wohingegen bei Frauen aus Paarhaushalten die Quote nur bei 14 Prozent Vollzeittätigen liegt. Trotzdem lebten 2006 zirka 18 Prozent der Einelternhaushalte von Sozialhilfe (BFS, 2008b), d. h. jeder siebte Haushalt Alleinerziehender war damit von Sozialhilfe betroffen, da die Alimente praktisch in vielen Fällen nicht ausreichen, um den Lebensunterhalt mit einem oder mehreren Kind(ern) zu sichern. Die Mehrheit der Alleinerziehenden in der Schweiz sind Frauen (BFS, 2008b, S. 66). Die Tatsache, dass sie nur eine Beschäftigung annehmen bzw. Arbeitslosenhilfe in Anspruch nehmen können, wenn das Kind nachgewiesenermassen während der ganzen (potenziellen) Arbeitszeit betreut wird, zwingt sie angesichts der schlechten Betreuungsverhältnisse in der Schweiz oft dazu, Teilzeit zu arbeiten. Diese schlechter bezahlten Tätigkeiten ändern durch die Tatsache, dass die Frauenlöhne in der Schweiz immer noch 20 Prozent unter denen der Männer liegen (Hausherr & Faschon, 2004), nicht viel an der prekären finanziellen Situation der Personen.

Alleinerziehende haben also ein erhöhtes Armutsrisiko in der Schweiz, was sich vor allem durch geringere Fördermöglichkeiten und das soziale Umfeld negativ auf die Entwicklung des Kindes auswirkt. Ein Resultat dieser finanziellen Not ist beispielsweise eine gesundheitliche Mangelversorgung des Kindes (UNICEF, 2008; vgl. auch den Beitrag von Meier-Gräwe sowie von Barblan in diesem Band).

Der alleinerziehende Elternteil trägt einen Grossteil der Betreuungs- und Erziehungsverantwortung alleine und hat aufgrund der gesteigerten Arbeitsbelastung und des psychischen Drucks oft kaum mehr die Ressourcen, sich in der wenigen Zeit, in der eine Beschäftigung mit dem jungen Kind möglich ist, angemessen um den Nachwuchs zu kümmern. Auch wenn der Wille da ist, dem Kind die beste Versorgung, die unter diesen Lebensbedingungen möglich ist, zugutekommen zu lassen, ist dies aufgrund äusserer Gegebenheiten und Zwänge oft nicht möglich (Frisé & Stahlberg, 1996). Erschwerend kommt die besondere psychische Situation der Kinder hinzu, über weite Strecken nur mit einem Elternteil aufwachsen zu müssen. Die neuere Väterforschung (exemplarisch Walter, 2007) zeigt auf, wie wichtig es ist, dass von Geburt an beide Eltern regelmässig für das Kind präsent sind und zu welchen Entwicklungsstörungen es kommen kann, wenn ein Elternteil aus verschiedenen Gründen (Scheidung oder Trennung, Krankheit, Tod, usw.) für das Kind in einer frühen Phase seiner Entwicklung ausfällt. Das Kind in ein breites soziales Netz einzubetten, kann einer möglichen unsicheren Erziehungshaltung, die aus einer Überforderung der/des Alleinerziehenden erwächst, relativierend entgegenwirken und einen völlig einseitigen Bezug eines Elternteils auf das Kind und dessen Bedürfnisse verhindern. Gerade alleinerziehende Eltern leben in der Gefahr, ihr Kind zu früh als gleichwertigen Partner anstatt als Kind zu sehen, was es in jedem Fall überfordert (vgl. Winterhoff, 2008).

Pädagogische Herausforderungen spezifischer Betreuungskonstellationen in der Schweiz

Eine frühe staatliche Fremdbetreuung kann also sowohl die finanzielle wie auch die psychische Belastung der Trennungssituation überwinden helfen, indem andere Bezugspersonen und pädagogische Fachleute zur Verfügung und in Kontakt mit der Familie stehen, die korrigierend eingreifen können. Die beschriebenen Erziehungsprobleme treten jedoch nicht nur in Einelternfamilien auf, sondern vor allem auch in Familien, deren soziales Umfeld durch besondere Bedingungen stark belastet ist. Geschultes und aufmerksames Personal in der FBBE hat die Möglichkeit, notfalls geeignete unterstützenden Massnahmen vorzuschlagen. Gerade bei benachteiligten Familien und Alleinerziehenden, die oft zu ‹gefangen› in ihrer Situation sind, um sich selbst Hilfe zu suchen, kann FBBE-Personal wichtige Impulse für eine gesunde Entwicklung des Kindes trotz eventuell widriger Umstände geben.

3.2 Kinder mit besonderen Bedürfnissen

Kinder mit besonderen Bedürfnissen – seien dies Entwicklungsstörungen, Lernbehinderungen oder körperliche Beeinträchtigungen besonderer Art – sowie Kinder, die sehr früh entwickelt sind, stellen Eltern oft vor grosse Herausforderungen. Eine ausschliessliche innerfamiliale Betreuung ist in einem solchen Fall oft nicht von Vorteil, da die angemessene Förderung nicht allein von der Familie geleistet werden kann. Ausserfamiliale Betreuung heisst hier, auf die besonderen Bedürfnisse der Kinder in adäquaten Einrichtungen einzugehen. In der Schweiz sind jedoch die Beratungs- und Fördermassnahmen der heilpädagogischen Früherziehung noch wenig flächendeckend ausgebaut und institutionalisiert. Die Schweizerische Zentralstelle für Heilpädagogik (SZH) arbeitet 2009 an statistischen Daten, die eine Grundlagenförderung in diesem Bereich erstmalig schweizweit plan- und koordinierbar machen sollen. Das Sonderpädagogik-Konkordat, das 2011 in Kraft treten soll, hat zum Ziel, die heilpädagogische Früherziehung in den Bildungsauftrag der Volksschulen zu integrieren und kostenlos anzubieten, was einen wesentlichen Fortschritt im Sinne einer finanziellen und organisatorischen Entlastung der Eltern bedeuten würde. Zudem könnten Kinder früher gefördert und integriert werden.

Bis jetzt ist es in der Schweiz immer noch stark vom Engagement und der Informationsbasis der Eltern abhängig, in welcher Qualität eine Lösung für das ‹heilpädagogikbedürftige› Kind gefunden werden kann. Auch bei sich besonders schnell entwickelnden Kindern sind Eltern oft ratlos, welche Förderung angemessen wäre. Pädagogisch scheint auch hier eine Integration in Regelklassen (im Bereich der obligatorischen Schule) sinnvoller zu sein, als eine Einzelförderung in dafür vorgesehenen Hochbegabteneinrichtungen (Moser, Bayer & Berweger, 2008; Grossenbacher, 2008), die in der Schweiz ohnehin wenig vertreten sind. Diese frühe Integration in eine ausserfamiliale Betreuungsinstitution kann aber nur zum Vorteil für die Eltern und das Kind werden, wenn die Einrichtung und das Personal auf die besonderen Bedürfnisse des Kindes eingestellt sind.

4. Resümee

Mit diesen Ausführungen sollte unter anderem gezeigt werden, dass es die optimale Betreuungskonstellation nach aktuellem pädagogischem Forschungsstand nicht gibt. Die Entscheidung für oder gegen eine bestimmte Betreuungsform muss immer im individuellen Fall entschieden werden und ist von vielerlei Faktoren abhängig. Auch kann aus pädagogischer Sicht weder eine rein inner- noch ausserfamiliale Betreuungsform als der Idealfall charakterisiert werden. Es wurde jedoch deutlich, dass eine frühe Einbindung des Kindes in ein erweitertes soziales Netz durchaus viele Vorteile für die ganze Familie bringen kann, wenn bestimmte entwicklungspädagogische Bedingungen beachtet werden und die Qualität der FBBE stimmt.

Um die Entscheidung für oder gegen eine bestimmte Betreuungskonstellation jedoch aus kindgerechten und pädagogischen Gesichtspunkten treffen zu können ohne auf ‹Notlösungen› angewiesen zu sein, müssen staatliche Unterstützungs- und Fördermassnahmen im Frühbereich in der Schweiz noch stark entwickelt und ausgebaut werden. Diese Massnahmen dürfen sich jedoch nicht als Gegenpol zur Familie verstehen, sondern als sprichwörtliches Dorf,[9] das die sozialen Grundstrukturen legt, um ein Kind auf eine Zukunft vorzubereiten, die niemand von uns heute kennt.

---

[9] Um ein Kind zu erziehen, braucht es ein ganzes Dorf. (Afrikanisches Sprichwort)

Literatur

Ahnert, L. (2005). Entwicklungspsychologische Erfordernisse bei der Gestaltung von Betreuungs- und Bildungsangeboten im Kleinkind- und Vorschulalter. In Sachverständigenkommission Zwölfter Kinder- und Jugendbericht (Hrsg.), *Bildung, Betreuung und Erziehung von Kindern unter sechs Jahren* (S. 9-54). München: Deutsches Jugendinstitut (DJI).

Ahnert, L. (2006). Entwicklungs- und Sozialisationsrisiken bei jungen Kindern. In L. Fried & S. Roux (Hrsg.), *Pädagogik der frühen Kindheit* (S. 75-85). Weinheim und Basel: Beltz.

Ahnert, L. & Lamb, M. E. (2003). Shared care: Establishing a balance between home and child care. *Developmental Psychology, 74(4)*, 1044–1049.

Ahnert, L. & Maywald, J. (2004). *Frühe Bindung: Entstehung und Entwicklung.* München: Reinhardt.

Ahnert, L., Rickert, H. & Lamb, M. E. (2000). Shared caregiving: Comparison between home and child care. *Developmental Psychology, 36(3)*, 339–351.

Badinter, E. (1981). *Die Mutterliebe. Geschichte eines Gefühls vom 17. Jahrhundert bis heute.* Frankfurt am Main, Olten, Wien: Büchergilde Gutenberg.

Bundesamt für Statistik (BFS) (2008a). Anteil Haushalte mit familienergänzender Kinderbetreuung nach Haushaltstyp und Alter des jüngsten Kindes 2008. Zugriff am 05.05.2009. Verfügbar unter http://www.bfs.admin.ch/bfs/portal/de/index/themen/20/05/blank/key/ Vereinbarkeit/05.html

Bundesamt für Statistik (BFS) (2008b). *Familien in der Schweiz.* Statistischer Bericht 2008. Neuchâtel: Bundesamt für Statistik.

Dornes, M. (2008). *Die Seele des Kindes. Entstehung und Entwicklung.* Frankfurt am Main: Fischer Taschenbuch Verlag.

Dornes, M. (2009). *Der kompetente Säugling. Die präverbale Entwicklung des Menschen* (12. Aufl.). Frankfurt am Main: Fischer.

Eidgenössische Koordinationskommission für Familienfragen (EKFF) (2005). Strategische Leitlinien 2010. *Die Leistungen der Familien anerkennen und fördern.* EKFF: Bern. Zugriff am 02.04.2009. Verfügbar unter http://www.ekff.admin.ch/ c_data/d_Leitlinien_10_110KB.pdf

Eidgenössische Koordinationskommission für Familienfragen (EKFF) (2009). *Familien- und schulergänzende Kinderbetreuung in der Schweiz. Eine Bestandesaufnahme der Eidg. Koordinationskommission für Familienfragen EKFF*. Bern: EKFF.

Frisé, M. & Stahlberg, J. (1996). *Allein mit Kind. Alleinerziehende Mütter und Väter. Lebensbilder, Gespräche, Auskünfte*. München: Piper.

Grossenbacher, S. (2008). *Das Projekt «EDK-Ost 4bis8» im nationalen und internationalen Kontext. Eine erste Bilanz*. Aarau: Schweizerische Koordinationsstelle für Bildungsforschung.

Hausherr, A. & Faschon, C. (2004) .Alleinerziehende zwischen Beruf, Haushalt und Familie. Das *Online-Familienhandbuch des Staatsinstituts für Frühpädagogik (IFP)*. Zugriff am 18.03.2009. Verfügbar unter http://www.familienhandbuch.de/cmain/f_Aktuelles/a_Teilfamilien/s_1605.html

Hopf, C. (2005). *Frühe Bindung und Sozialisation*. München: Juventa.

Lanfranchi, A. (2002). *Schulerfolg von Migrationskindern. Die Bedeutung familienergänzender Betreuung im Vorschulalter*. Opladen: Leske + Budrich.

Lanfranchi, A. (2007). Ein gutes Betreuungsangebot ist der halbe Schulerfolg. In Bollier, C. & Sigrist, M. (Hrsg.), *Auf dem Weg zu einer integrativen Basisstufe* (S. 73-88). Bern: Edition SZH/CSPS der Schweizerischen Stelle für Heilpädagogik.

Loeb, S., Bridges, M., Bassok, D., Fuller, B. & Rumberger, R. (2005). *How much is too much? The influence of preschool centers on children's social and cognitive development*. NBER Working Paper No. 11812. Cambridge: National Bureau of Economic Research.

Moser, U., Bayer, N. & Berweger, S. (2008). *Summative Evaluation Grundstufe und Basisstufe. Zwischenbericht zuhanden der EDK-Ost*. Zürich: Universität Zürich: Institution für Bildungsevaluation.

UNICEF (2008). *The child care transition. A league table of early childhood education and care in economically advanced countries*. Florence: UNICEF Innocenti Research Centre.

Roßbach, H.-G. (2005). Effekte qualitativ guter Betreuung, Bildung und Erziehung im frühen Kindesalter auf Kinder und ihre Familien. In Sachverständigenkommission Zwölfter Kinder- und Jugendbericht (Hrsg.), *Bildung, Betreuung und Erziehung von Kindern unter sechs Jahren* (S. 54-174). München: Deutsches Jugendinstitut (DJI).

Stadelmann-Steffen, I. (2007). Der Einfluss der sozialpolitischen Kontexte auf die Frauenerwerbstätigkeit in der Schweiz. *Kölner Zeitschrift für Soziologie und Sozialpsychologie 9(4)*, 589-614.

Stamm et al. (2009). *Frühkindliche Bildung in der Schweiz. Eine Grundlagenstudie im Auftrag der Schweizerischen UNESCO-Kommission.* Bern: Schweizerische UNESCO Kommission und Departement Erziehungswissenschaften der Universität Fribourg.

Stamm, M., Burger, K. & Reinwand, V.-I. (2009). Frühkindliche Bildung als Prävention gegen Schulversagen? Empirische Befunde und kritische Anmerkungen zur frühpädagogischen Forschung. *Zeitschrift für Sozialpädagogik, in Druck.*

Tietze, W., Roßbach, H.-G. & Grenner, K. (2005). *Kinder von 4 bis 8 Jahren. Zur Qualität der Erziehung und Bildung in Kindergarten Grundschule und Familie.* Weinheim: Beltz.

Walter, H. (Hrsg.). (2007). *Vater wer bist du? Auf der Suche nach dem «hinreichend guten» Vater.* Stuttgart: Leben Lernen Klett-Cotta.

Winterhoff, M. (2008). *Warum unsere Kinder Tyrannen werden. Oder: Die Abschaffung der Kindheit.* Gütersloh: Gütersloher Verlagshaus.

Wustmann, C. (2004). *Resilienz: Widerstandsfähigkeit von Kindern in Tageseinrichtungen fördern.* Berlin: Cornelsen Scriptor.

Verena Muheim & Vanessa-Isabelle Reinwand

Im Spannungsfeld unterschiedlichster Bedürfnisse: die Kindertagesstätten der deutschsprachigen Schweiz

Einleitung

In der Deutschschweiz wird seit einiger Zeit eine Kontroverse darüber geführt, bei wem die eigentliche Verantwortlichkeit der familienergänzenden Betreuung (FEB[1]) liegt. Diskutiert wird, ob FEB vermehrt durch staatliche Strukturen finanziell gefördert werden soll oder ob die Eltern stärker in die Pflicht zu nehmen sind, indem sie beispielsweise von pädagogischen Fachkräften unterstützt und ihnen Weiterbildungen (für eine optimale Betreuung und Bildung zuhause) ermöglicht werden. In diesem Artikel soll ausgehend von der historischen Entwicklung die aktuelle ungenügende Situation der Deutschschweizer Kindertagesstätten, als Kern der FEB, genauer unter die Lupe genommen werden. Thematisiert wird daher, welche Aufgaben Kindertagesstätten heute bereits wahrnehmen und es soll aufgezeigt werden, wo die Schwierigkeiten aber auch Entwicklungspotenziale dieser Institutionen liegen. Als Abschluss des Aufsatzes werden auf Basis der vorhergehenden Analyse Ansatzpunkte formuliert, die zur Verbesserung der momentanen Situation denkbar sind.

1. Historische Entwicklung der Deutschschweizer Kindertagesstätten

Die ersten Kindertagesstätten, zu jener Zeit als «Kinderkrippen» bezeichnet, entstanden während der Zeit der Industrialisierung. In der Mitte des 19. Jahrhunderts sahen sich sozial besser gestellte Frauen dazu veranlasst, Krippen für Kinder aus arbeitenden Familien zu gründen, um ihnen medizinische und hygienische Unterstützung zu geben. Auf Engagement des reichen Bürgertums hin entstanden Heime und erste Tagesbetreuungseinrichtungen für Kinder. Das Ziel dieser sozial orientierten Einrichtungen bestand darin, die vernachlässigten Kinder aufzufangen und der in jenen Zeiten noch hohen Säuglingssterberate entgegenzuwirken (vgl. Nufer, 2002, S. 9). Die ersten Kindertagesstätten entstanden

---

[1] Zur Definition von FEB siehe unter Kapitel 2: Angebotsverhältnisse und Rahmenbedingungen von Kindertagesstätten in der deutschsprachigen Schweiz.

also aus einer sozialen Notsituation heraus und waren ausschliesslich für Kinder aus den unteren Schichten gedacht. Auf ein bestimmtes pädagogisches Konzept wurde damals nicht geachtet. Die Kinder sollten betreut, d. h. gefüttert, gewickelt und möglichst ruhig gestellt werden. Verstanden als Lösung in der Not, wurde diese Form der Kinderbetreuung über die Jahre nach und nach in das Sozialfürsorgewesen eingebettet und vom Bildungswesen getrennt (vgl. Nufer, 2002; vgl. auch Schenk, 1998, S. 104). Auch heute noch gehört der gesamte Bereich der FEB zum Sozialwesen und fällt damit unter die Zuständigkeit der Konferenz der kantonalen Sozialdirektorinnen und Sozialdirektoren SODK.

Diese historisch-politische Zuordnung schlägt sich in der aktuell geführten Kontroverse in der Schweiz um die FEB nieder. Politische Parteien sowie ErzieherInnen, Eltern und wirtschaftliche Unternehmen stehen in einem bestimmten, zum Teil divergierenden Verhältnis zur FEB. Deshalb kann (insbesondere) am Beispiel der Deutschschweizer Kindertagesstätten festgestellt werden, dass die FEB einem Spannungsverhältnis zwischen den Bedürfnissen der Familien, der zu betreuenden Kinder und den Erwartungen der Gesellschaft unterworfen sind.

3. Angebotsverhältnisse und Rahmenbedingungen von Kindertagesstätten in der deutschsprachigen Schweiz

Die Schweiz verfügt über Betreuungsangebote im Frühbereich (null- bis vierjährige Kinder) und im Vorschulbereich (vier- bis sechsjährige Kinder), die mehrheitlich voneinander getrennt sind. Angebote im Frühbereich der FEB werden in der Deutschschweiz in erster Linie als Betreuungsinstitutionen definiert, während Vorschulinstitutionen wie der Kindergarten als Bildungsinstitutionen verstanden werden und damit anderen Verwaltungsstrukturen zugeordnet sind. Als FEB im Frühbereich werden alle Betreuungsmassnahmen bezeichnet, die auf Kinder im Alter von null bis vier Jahren ausgerichtet sind, von anderen Personen als den Erziehungsberechtigten geleistet werden und die in der Regel in der Verantwortung der Gemeinden oder Privatpersonen liegen (vgl. Wanner et al., 2002). Unterschieden wird dabei zwischen formeller Betreuung wie Kindertagesstätten und Tagesfamilien sowie zwischen informeller Betreuung durch Verwandte, Bekannte oder privat Angestellte wie Aupairs, Nannys, Haushaltilfen, Kinderhütediensten oder privaten Tagesfamilien. Bei der Wahl eines bestimmten

Kindertagesstätten im Spannungsfeld unterschiedlichster Bedürfnisse

familienergänzenden Angebots sind für die Eltern in erster Linie der Preis, die Distanz zum Wohn- bzw. Arbeitsort, die Öffnungszeiten sowie die Qualität der Einrichtung von besonderer Relevanz (vgl. EDK, 2007). Primär bevorzugen Eltern in der Schweiz jedoch informelle Betreuungsformen (vgl. BFS, 2008b; siehe Reinwand, im gleichen Band).

In der deutschsprachigen Schweiz fällt auf, dass der Begriff «Kindertagesstätte» nicht einheitlich verwendet wird. Einerseits handelt es sich um einen Sammelbegriff für Angebote wie Kinderkrippe, Kinderhaus, Tagesheim, Tagesstätte, Hort und ähnliche Institutionen. Andererseits wird der Ausdruck «Kindertagesstätte» immer häufiger in Anlehnung an Deutschland synonym für Kinderkrippen verwendet. In diesem Beitrag werden Kindertagesstätten allgemein als Institutionen des Frühbereichs bezeichnet, welche Kinder ab dem Säuglingsalter bis zum Alter von zirka vier Jahren ganztägig oder teilzeitlich betreuen. Kindertagesstätten müssen in der Schweiz regelmässig an mindestens fünf Halbtagen in der Woche geöffnet sein und mehr als fünf Betreuungsplätze anbieten, um als solche anerkannt zu sein. Die meisten Kindertagesstätten sind das ganze Jahr geöffnet, wobei die Öffnungszeiten zwischen 06:30 und 18:00 Uhr variieren. Mehrheitlich werden sie von privaten Organisationen wie Vereinen, Stiftungen und/oder Privatpersonen getragen, welche wiederum teilweise von der öffentlichen Hand subventioniert werden. Gemeinden und Firmen treten eher vereinzelt als Träger in Erscheinung. Etwa 90 Prozent der Kindertagesstätten in der Schweiz sind privatrechtlich organisiert (vgl. Stamm et al., 2009, S. 35ff.). Eltern müssen sich in allen Kantonen an den Kosten für einen Kinderbetreuungsplatz beteiligen, wobei die Tarifgestaltung und die Finanzierungsmodelle der Elternbeiträge je Wohnort unterschiedlich sind. In den öffentlichen und subventionierten Institutionen werden die Tarife in Abhängigkeit vom Einkommen der Eltern berechnet, in privaten Kindertagesstätten bezahlen die Eltern den vollen Betrag (bis zu 3000 CHF/Monat pro Vollzeitplatz).

Ein gesamtschweizerisch einheitliches familienpolitisches Konzept, welches FEB miteinbeziehen würde, ist laut Eidgenössischem Departement des Inneren nicht vorhanden (vgl. EDI, 2004). Ab einer bestimmten Betreuungsintensität sind Kindertagesstätten der Eidgenössischen Verordnung über die Aufnahme von Kindern zur Pflege und zur Adoption (PAVO) und teilweise kantonalen

Gesetzen unterstellt. Darüber hinaus verfügen die Kantone entweder über eigene Richtlinien für das Ausstellen einer Betriebsbewilligung oder sie orientieren sich an den Qualitätsempfehlungen des Verbandes Kindertagesstätten der Schweiz (vgl. KiTaS, 2008).

Obwohl sich die Schweiz mit der Ratifizierung der UN-Kinderrechtskonvention im Jahr 1997 zu den Rechten der Kinder und dem Menschenrecht auf Bildung und Förderung vor dem Eintritt in die Schule bekennt, existiert mit den oben beschriebenen Regelungen für den Frühbereich kein Bildungs-, Betreuungs- und Erziehungsauftrag seitens der öffentlichen Hand. Ein einklagbares Recht auf einen Betreuungsplatz für Kinder unter vier Jahren, wie dies beispielsweise für die obligatorische Schule der Fall ist, gewährt in der Deutschschweiz einzig der Kanton Basel-Stadt. Obwohl europaweit laut der OECD (2006) noch nicht allen Kindern unter vier Jahren ein Platz in einer Kita zur Verfügung steht, hat in den OECD-Ländern die Teilnahme vor allem von drei- bis vierjährigen Kindern an spezifischen Programmen in den letzten Jahren stetig zugenommen. Die Teilnahme von unter Dreijährigen ist in der Schweiz mit 7,2 Prozent und knapp einem Drittel der Vierjährigen im internationalen Vergleich gering, während die Teilnahmeraten der Fünfjährigen mit 84 Prozent international durchaus anschlussfähig sind (vgl. OECD, 2003). Trotz lückenhafter Datenlage für die Altersgruppe der Null- bis Vierjährigen (vgl. EKFF, 2009; Stamm et al., 2009) ist man sich einig, dass die Nachfrage nach familienergänzender Betreuung grösser ist als das Angebot. Im Jahre 2004 stellten Stern, Banfi und Tassinari (2006) einen Mangel von 50000 Betreuungsplätzen in der gesamten Schweiz fest. Auch nach dem Impulsprogramm des Bundes zur Schaffung neuer familienergänzender Betreuungsstrukturen, das bis 2008 10478 neue Plätze in Kindertagesstätten schaffen konnte (vgl. BFS, 2008a), kann festgehalten werden, dass der Bedarf an Plätzen noch nicht ausgeglichen ist. Die Hälfte der Kindertagesstätten konnte während der Dauer der Finanzhilfe nicht alle Anmeldungen berücksichtigen, obwohl die meisten Institutionen nicht zu 100 Prozent ausgelastet sind. Die UNESCO-Grundlagenstudie (vgl. Stamm et al., 2009) hält daher fest, dass sich der Angebotsmangel an Betreuungsplätzen besonders auf subventionierte Plätze, auf Betreuungsmöglichkeiten für Säuglinge sowie auf Angebote in unmittelbarer Nähe des Wohn- oder Arbeitsortes der Eltern mit flexiblen Öffnungszeiten bezieht (vgl. auch KISS Nordwestschweiz, KiBA, 2007). Diese Befunde zeigen, dass Angebot und Nachfrage nicht optimal aufeinander abgestimmt sind.

3. Was können Kindertagesstätten in der Deutschschweiz derzeit leisten und was nicht?

3.1 Aus Sicht der ErzieherInnen

Obwohl es keine Qualitätsrichtlinien in der Schweiz gibt, die für alle Kindertagesstätten verbindlich gelten, existieren zumindest Qualitätsempfehlungen des Schweizerischen Krippenverbandes (KiTaS), welche von einem Grossteil der Kindertagesstätten umgesetzt werden. Darin festgehalten sind strukturelle Qualitätsmerkmale wie Betreuungsschlüssel, die Rahmenbedingungen der Räumlichkeiten, Öffnungszeiten usw. Es existiert weder ein Bildungsauftrag noch ein Bildungsplan für die familienergänzenden Betreuungseinrichtungen; pädagogische Leitbilder zu erstellen, liegt in der freien Entscheidung der Einrichtungen. Das Personal schliesslich ist nur ungenügend auf die besonderen pädagogischen Anforderungen im Frühbereich vorbereitet (vgl. Eggenberger, 2008). Weniger als 50 Prozent des Personals verfügt über einen tertiären, einschlägigen Bildungsabschluss (vgl. UNICEF, 2008). Überdies besteht die Vermutung, dass Kindertagesstätten ihren Personalbestand mit PraktikantInnen und anderen, nicht ausgebildeten Betreuungspersonen decken (vgl. Stamm et al., 2009). Die Grösse der Gruppen lässt meist eine individuelle Betreuung der Kinder aus Zeit- und Personalmangel nicht zu und auf besondere Herausforderungen wie behinderte oder hochbegabte Kinder bereitet beispielsweise die Ausbildung auf Sekundärniveau zur Fachfrau bzw. zum Fachmann Betreuung nur ungenügend vor, wie Eggenberger (2008) ausführt. Zudem ist das Personal in Deutschschweizer Kindertagesstätten vermutlich überwiegend weiblich, weshalb männliche Identifikationsfiguren weitestgehend fehlen dürften. Aus pädagogischer Sicht verfügen die Deutschschweizer Kindertagesstätten also im Allgemeinen über ungenügende Rahmenvoraussetzungen, um qualitativ hochstehende FEB zu leisten. Gelingt sie, so ist dies oft auf enormes individuelles Engagement zurückzuführen, das erfreulich ist, jedoch nicht als selbstverständlich hingenommen werden darf. Insgesamt müssen die Rahmenbedingungen auf unterschiedlichen Ebenen verbessert werden, sodass eine optimale FEB aus pädagogischer Sicht in Schweizer Kindertagesstätten möglich wird (vgl. Stamm et al., 2009, Handlungsempfehlungen S. 90ff.).

3.2 Aus Sicht der Eltern und der Kindertagesstätten

Eine Kindertagesstätte kann – entsprechend der Anzahl der zur Verfügung stehenden Betreuungspersonen – nur eine bestimmte Anzahl an Kindern, insbesondere nur wenige Säuglinge, aufnehmen, da andernfalls eine angemessene Betreuung nicht mehr gewährleistet ist (vgl. EDK, 2005, S. 33f.). Je nach Trägerschaft werden unterschiedliche Eltern-Pauschalen berechnet und je nach Anzahl, Qualifikation und Engagement der beschäftigten Personen können daher nicht immer alle elterlichen Ansprüche wie beispielsweise geringe Kosten, individuelle Betreuung und spezielle Angebote wie vielleicht früher Fremdsprachenunterricht erfüllt werden. Auch die Öffnungszeiten, die von den Eltern möglichst flexibel gewünscht werden, sind in der Praxis oft nicht mit den Möglichkeiten des Betreuungspersonals vereinbar. Zusätzlich erhält dieses schweizweit in der Regel geringere Löhne als schulisches Lehrpersonal (vgl. z. B. Federas Beratungs AG, 2005) und ein geringeres gesellschaftliches Prestige. Die Finanzierung muss für die Kindertagesstätte ausreichend gedeckt sein, sie darf jedoch aus Gründen, die weiter oben angesprochen wurden, nicht völlig auf dem Rücken der Eltern ausgetragen werden. Es gibt in der Deutschschweiz zu wenige subventionierte Kindertagesstätten, welche sowohl gute Arbeitsbedingungen für das Personal als auch zufriedenstellende Strukturen für die Eltern bieten können. Dies wäre aber wünschenswert, denn solche Strukturen kommen in höchstem Masse durch eine qualitativ hochstehende frühkindliche Betreuung, Bildung und Erziehung (FBBE) dem Kind zu Gute. Kindertagesstätten in der Schweiz sind insgesamt häufig auf sich alleine gestellt und erhalten wenig staatliche Unterstützung. Es werden nur zögerlich private Betreuungseinrichtungen errichtet, da dies in den meisten Fällen finanziell nicht lukrativ ist. Die Kosten können nur durch hohe Elternbeiträge gedeckt werden, was gerade Alleinerziehende, welche am dringendsten auf die Betreuungsmöglichkeiten angewiesen wären, benachteiligt und den Kindertagesstätten wiederum keine Vollauslastung beschert. Kindertages-

Kindertagesstätten im Spannungsfeld unterschiedlichster Bedürfnisse

stätten werden teilweise aus ehrenamtlicher Initiative von Eltern im Zusammenschluss eröffnet und sollten daher nicht zum öffentlichen Angebot gezählt werden, da die Organisation privater Natur und durch eine tatsächliche Notsituation motiviert ist.

Diese Ausführungen zeigen, dass die Träger und das Personal von Kindertagesstätten in der Deutschschweiz derzeit nicht angemessen auf elterliche Bedürfnisse reagieren können, selbst wenn sie diese erkennen und willig sind, etwas zu ändern (vgl. dazu die Master-Arbeit von Mauron Schäppi, 2009). Die finanziellen und strukturellen Bedingungen verhindern ein Angebot, das sowohl die Träger und Angestellten von Einrichtungen wie auch die Eltern zufriedenzustellen vermag.

3.3 Aus staatlicher und gesellschaftlicher Sicht

Der Staat verortet die primäre Verantwortung für frühkindliche Betreuung und Erziehung im privaten, familiären Bereich. Im Rahmen des HarmoS-Konkordats zur *Interkantonalen Vereinbarung über die Harmonisierung der obligatorischen Schule* (vgl. EDK, 2008) wird derzeit diskutiert, ob eine obligatorische Frühförderung für Kinder ab dem vollendeten vierten Lebensjahr in der Schweiz in allen Kantonen zum Gesetz werden soll. Besonders in der Deutschschweiz ist nach dem Ausgang einiger Referenden in den Kantonen Luzern, Nidwalden, Graubünden und Thurgau ein heftiger Widerstand gegen die Einmischung des Staates in Frühförderangelegenheiten zu erkennen. Von staatlicher Seite besteht kein Handlungsbedarf in der Schaffung von Betreuungsplätzen für alle Kinder, da die Verantwortung offiziell hauptsächlich bei den Familien selbst liegt. Hinzu kommt, dass die staatlichen Verantwortlichkeiten im Bereich der FEB wie oben schon erwähnt, zersplittert sind. Niemand fühlt sich zuvorderst verantwortlich für die systematische Regelung einer FEB für alle Kinder. Gerne beruft man sich auf den Widerstand, der in einigen Teilen der schweizerischen Gesellschaft sehr stark ist und erklärt den qualitativen und quantitativen Ausbau von zusätzlichen Betreuungsstrukturen als nicht gewollt. Der so genannte Muttermythos, der angefangen bei den Äusserungen des Pädagogen Jean-Jaques Rousseau immer wieder konstatiert, dass die Mutter zum Kind gehört und die Erziehung junger Kinder Privatsache sei, zeigt sich in der Deutschschweiz in einem historisch gewachsenen Betreuungsverständnis. Diese in der Bevölkerung tief verankerten Strukturen behindern eine flächendeckende Einführung und staatliche Unterstützung von FEB-Einrichtungen für alle Kinder der Deutschschweiz.

3.4 Aus (betriebs-)wirtschaftlicher Sicht

In der Schweiz ist eine grosse Anzahl an klein- und mittelständischen Unternehmen (KMU) ansässig. Diese Unternehmen verfügen oft nicht über die notwendigen Ressourcen, eine eigene Kinderbetreuungseinrichtung für ihre Angestellten zur Verfügung zu stellen. Auch wenn diese kleinen und mittleren Unternehmen die Bedeutung von familienfreundlichen Massnahmen erkannt haben, sind sie oft nicht in der Lage, entsprechende Massnahmen umzusetzen (vgl. KMU-Handbuch Beruf und Familie, 2007). Ein Betreuungsangebot, das vom Arbeitgeber finanziell unterstützt wird und nahe am Arbeitsplatz gelegen ist, hat den Vorteil, dass Eltern sich in der Nähe des Kindes befinden und sich notfalls direkt um es kümmern können. Zusätzlich könnte die Kindertagesstätte durch die Angestellten des Unternehmens und eine mögliche Öffnung auch für Nicht-Angestellte optimal ausgelastet werden. Der Arbeitgeber profitiert letzlich von zufriedenen und motivierten Arbeitnehmern.

Das *KMU-Handbuch Beruf und Familie*, herausgegeben vom Schweizerischen Volkswirtschaftsdepartement EVD und dem Staatssekretariat für Wirtschaft SECO, versuchte 2007 Anregungen für kleinere und mittlere Unternehmen zu geben, wie Familienfreundlichkeit in der Praxis besser umgesetzt werden kann. Die Stiftung *Wirtschaft und Familie*[2] setzt vor allem auf individuelle Lösungen. Jeder Arbeitgeber in der Schweiz ist angehalten, dieses Thema in Bezug auf sein Unternehmen genau zu durchdenken und Lösungsstrategien zu entwickeln, um über familienfreundliche Massnahmen seinem Unternehmen einen Marktvorteil zu verschaffen und die Schweizer Volkswirtschaft dadurch zu stärken. Es wird jedoch noch zu wenig von Seiten der Schweizerischen Betriebe unternommen, um hoch qualifizierten, jungen Arbeitskräften eine Vereinbarkeit von Beruf und Familie zu ermöglichen (vgl. SECO, 2007).

---

[2] Siehe auch http://www.wirtschaftundfamilie.ch/default.aspx?navid=2

4. Was sollen Kindertagesstätten leisten?

4.1 Aus Sicht der ErzieherInnen und zum Wohle des Kindes

Heute nehmen Kindertagesstätten zwar nach wie vor die Funktion der Betreuung, der Hygiene und der Pflege wahr. Sie müssen nach modernen pädagogischen Standards allerdings über das ursprüngliche Verständnis einer sozialen «Auffang-» und Versorgungsstation hinausgehen und Sozialräume für die Kleinsten bis zu den Schulkindern bieten. Die Kindertagesstätten sollen ein anregungsreiches Entwicklungsmilieu bieten, das auf die individuellen Bedürfnisse der Kinder angemessen reagiert und jedes Kind in optimaler Weise fördert. Das ist gemeint, wenn in der Pädagogik von frühkindlicher Bildung statt Betreuung gesprochen wird. D. h. in der Praxis, dass das Personal so geschult sein muss, dass es die Entwicklungspotenziale jedes einzelnen Kindes erkennt und fördert, ohne das Kind zu überfordern. Diese «Bildung» soll aus erziehungswissenschaftlicher und psychologischer Sicht kognitive, soziale, ästhetische und emotionale Anforderungen auf spielerische Weise miteinander verbinden, um den familiären Hintergrund des Kindes gut zu ergänzen und damit eine umfassende FBBE aller Kinder, gerade auch derjenigen aus bildungsfernen Schichten, zu gewährleisten. Zugleich sollten Kinder mit besonderen Bedürfnissen von Anfang an in staatlichen Einrichtungen integriert werden, um auf deren besondere Anforderungen pädagogisch in adäquater Weise reagieren zu können. Dies fordert spezielle strukturelle Gegebenheiten sowie eine qualifizierte Ausbildung und Vorbereitung des Erziehungspersonals auf die Praxis.

Wirft man einen Blick auf die Bedingungen in anderen europäischen Ländern und auf aktuelle nationale Studien (vgl. EKFF, 2009; Stamm et al., 2009) wird deutlich, dass die Schweiz noch nicht überall diesen Paradigmenwechsel von blosser Betreuung zu einer umfassenden, altersadäquaten und dem neuesten pädagogischen Forschungsstand entsprechenden Bildung vollzogen hat (vgl. auch den Aufsatz von Stamm in diesem Band). Nichtsdestotrotz werden wir im Folgenden immer von frühkindlicher Betreuung, Bildung und Erziehung (FBBE) sprechen, im Sinne eines wünschenswerten Verständnisses und praktischen Ziels in der FEB.

4.2 Aus Elternsicht

Eltern wünschen sich Betreuungsangebote, die auf ihre individuellen, familiären Bedürfnisse abgestimmt sind (vgl. Fehr, 2003). Das bedeutet konkret, dass die Einrichtung über möglichst flexible Öffnungszeiten verfügt, in möglichst geringer Distanz zum Wohn- bzw. Arbeitsort der Erziehungsberechtigten gelegen ist und vor allem für alle Familien gleichermassen bezahlbar sein muss. Dabei ist es den Eltern wichtig, dass die Qualität der Einrichtung hochstehend ist und den neuesten Standards entspricht (vgl. BFS, 2008a, S. 74). Dies verlangt von den Kindertagesstätten nebst qualifiziertem Personal eine hohe strukturelle Qualität, die vor allem durch kindgerechte Räumlichkeiten, ausreichenden Platz und hohe Betreuungskapazitäten des Personals erreicht wird. Das Problem der Eltern liegt jedoch darin, dass ihnen meist keine grosse Auswahl geboten wird und passende Einrichtungen möglicherweise die finanziellen Möglichkeiten der Eltern übersteigen. Die Finanzierung müsste sich konsequent nach den finanziellen Mitteln der Familie richten, sodass keine Familie aufgrund eines Mangels an Einkommen auf FBBE verzichten muss. Hinzu kommt, dass die Situation von Eltern mit einem oder mehreren Kindern in den letzten Jahren zunehmend heterogener geworden ist. Klassische Familienformen mit einer nicht bzw. Teilzeit erwerbstätigen Mutter, einem Vater als Hauptverdiener und einem oder zwei Kindern sind vermehrt abgelöst worden durch lose Familienstrukturen und alleinerziehende Eltern (siehe Reinwand, in diesem Band) welche bezahlbare Betreuungsangebote bevorzugt benötigen, um ihren Lebensunterhalt und den des Kindes oder der Kinder sichern zu können. Gerade Familien mit mehreren Kindern und einem erhöhten finanziellen Bedarf nehmen familienergänzende Betreuungseinrichtungen aber eher selten in Anspruch, da die Kosten zu hoch sind, gemessen an einem zusätzlichen Einkommen, das helfen könnte, den ökonomischen Status der Familie zu verbessern. D. h. es müssen zunehmend individuelle Betreuungslösungen gefunden werden, die genau auf die Bedürfnisse der Angebotsnutzer abgestimmt sind, dies in finanzieller wie in struktureller und pädagogischer Hinsicht. Allerdings hat Spiess (2008) auf einer Tagung der Schweizerischen Akademie der Geistes- und Sozialwissenschaften in Bern darauf hingewiesen, dass es Eltern fast nicht möglich sei, die Qualität einer Kindertagesstätte objektiv einzuschätzen; sie würden sich daher meist an strukturellen Gegebenheiten und am Preis orientieren. Die Eltern wissen also gar nicht, ob das Kind – gemessen an pädagogischen Standards – tatsächlich gut aufgehoben ist. Hier müsste für Eltern einerseits ein breiteres Angebot herrschen, welches eine tatsächliche Wahlfreiheit ermöglicht, und zudem müssten transparente Vergleichsstrukturen und kompetente Beratungsmöglichkeiten geschaffen werden, welche die Eltern befähigen, die für ihr Kind beste FBBE zu finden und nutzen zu können.

4.3 Aus staatlicher Sicht

Der Staat hat gemäss dem Grundsatz, dass allen Mitgliedern einer Gesellschaft dieselben (Bildungs-)Chancen zu ermöglichen sind (vgl. Bundesverfassung, 1999, Art. 2, Art. 19, Art. 41, Art. 67), nicht erst ab dem Schulalter der Kinder dafür Sorge zu tragen, dass den jungen Mitgliedern der Gesellschaft ein gleiches Niveau an Betreuung, Bildung und Erziehung zu Gute kommt. Chancengerechtigkeit, also das Recht auf individuell optimale Entwicklungsbedingungen, gilt von Geburt an und muss allen gleichermassen zuteil werden. Bezogen auf frühkindliche Förderung heisst das, dass allen Kindern der Zugang zum FBBE-Angebot ermöglicht wird. Dies schliesst auch Kinder mit Migrationshintergrund, mit besonderen Bedürfnissen und mit besonderem Potenzial ein. Um zukünftige Steuereinnahmen zu erhöhen, die Delinquenzrate zu verringern und allfällige Kosten für Sozialhilfe und psychologische Betreuung zu senken, könnte es sich als wirksam erweisen, das Frühförderangebot für alle Kinder zu verbessern und notwendigerweise – um alle Gruppen zu erreichen – zu institutionalisieren. Diese Wirkungen von qualitativ hochstehender FBBE haben Studien in Grossbritannien oder den USA wie z. B. die gross angelegte Längsschnittstudie NICHD gezeigt (siehe Burger, in diesem Band). Diese Langzeitergebnisse sind zwar nicht ohne Vorbehalt auf Schweizer Verhältnisse zu übertragen und hierzulande fehlen bislang derartige gross angelegte Studien, jedoch ist davon auszugehen, dass ähnliche Effekte wie die internationalen positiven Ergebnisse von Frühförderprogrammen besonders auf benachteiligte Gruppen auch in der Schweiz zu beobachten sein werden. Einige wenige Studien zeigen schon jetzt für die Schweiz auf, dass die Investition in familienergänzende Angebote wie Kindertagesstätten volkswirtschaftlich betrachtet höchst rentabel ist. Der volkswirtschaftliche Nutzen von Kindertagesstätten wird nach einer Untersuchung des Schweizerischen Büros für arbeits- und sozialpolitische Studien (BASS) (vgl. Fritschi, Strub & Stutz, 2007) durch die gestiegene Anzahl von Arbeitsplätzen in Kinderbetreuungseinrichtungen, einer erhöhten Erwerbsquote der Frauen, weniger Sozialhilfeempfängern und einem schnelleren Erlernen der Landessprache der früh geförderten Kinder sichtbar. Der Staat sollte daher ein berechtigtes Interesse daran haben, dass FBBE für alle Kinder in hoher Qualität zur Verfügung gestellt wird.

4.4 Aus (betriebs-)wirtschaftlicher Sicht

Einige Arbeitgeber in der Schweiz bieten bereits familienfreundliche Massnahmen für ihre MitarbeiterInnen an. Sie haben den Wert von Investitionen in flexible Arbeits- und Urlaubszeiten, Mutterschaftsurlaub und nicht zuletzt Kinderbetreuungsangebote erkannt. In der Schweiz erreicht die Erwerbsquote der Frauen im internationalen Vergleich einen der höchsten Werte. Sie lag 2005 bei 60 Prozent im Vergleich zu 75 Prozent bei den Männern (vgl. BFS, 2008a). Es handelt sich dabei jedoch überwiegend um Teilzeitstellen (vgl. Stadelmann-Steffen, 2007, S. 592). Das klassisch-traditionelle Rollenmodell, der Mann als Ernährer der Familie mit einer Vollzeitbeschäftigung und die Frau als Erzieherin der Kinder ohne berufliche Anstellung oder allenfalls mit einem kleinen Nebeneinkommen, ist in der Deutschschweiz immer noch sehr verbreitet. Umfragen haben allerdings ergeben, dass Frauen gerne mehr arbeiten würden (vgl. Banfi, Iten & Medici, 2007). Ein wesentlicher Grund, warum Frauen mit Kindern eher in Teilzeitbeschäftigung arbeiten als einer vollen Beschäftigung nachzugehen, sind die ungenügenden Betreuungsstrukturen in der Deutschschweiz (vgl. BFS, 2008a). Arbeitgeber zeigen jedoch ein zunehmendes Interesse daran, hoch qualifizierte junge Frauen als Arbeitnehmerinnen anzuziehen und zu halten. Frauen haben in den letzten Jahren zahlenmässig in den qualifizierten Bildungsabschlüssen mit den Männern gleichgezogen, bzw. in einigen Richtungen sogar überflügelt (vgl. BFS, 2009). Der Wirtschaftsstandort Schweiz kann nur gestärkt werden, wenn das gesamte Bildungspotenzial, das demnach auch in grossem Masse unter Frauen vorhanden ist, genutzt wird. Mütter und Väter sind aber wahrscheinlich im Beruf zufriedener und leistungsfähiger, wenn sie wissen, dass ihre Kinder gut aufgehoben sind und sich Familie und Berufstätigkeit ohne grossen

Kindertagesstätten im Spannungsfeld unterschiedlichster Bedürfnisse

Organisationsaufwand vereinbaren lassen. Hier sind die Arbeitgeber in ihrem eigenen Interesse gefordert, Strukturen bereit zu stellen, die (im Speziellen auch junge) Familien in deren Alltagsorganisation unterstützen können. 2005 hat die Prognos AG für ein mittleres Schweizer Unternehmen errechnet, dass sich die Investitionen in verschiedene familienfreundliche Massnahmen mit 8 Prozent Rendite bezahlt machen. Unternehmen profitieren also nicht nur indirekt, indem sie als Arbeitgeber für junge, motivierte und qualifizierte Arbeitskräfte interessant sind, sondern auch direkt finanziell.

5. Ansatzmöglichkeiten zum Abbau des Spannungsverhältnisses

Auf kantonaler Ebene sind seit einiger Zeit grosse Bemühungen im Gang, den Bereich der Familienpolitik besser auszubauen und zu überblicken. Die Internetauftritte der Kantone, teilweise auch der Gemeinden bzw. der Städte, sind um familienpolitische Leitbilder erweitert worden. Zusätzlich sind eigene Ressorts zum Themenbereich «Familienpolitik» geschaffen worden. Unter diese fällt thematisch auch ein grosser Teil der FBBE. Diese Neuerungen zeigen, dass das Interesse an FBBE generell in der Schweizer Öffentlichkeit in den letzten Jahren zugenommen hat. Verschiedene Reformen sind im Bezug auf die Schweiz schon angedacht worden und einige fortgeschrittene Massnahmen wurden oben bereits erwähnt. Im Folgenden soll jedoch noch einmal pointiert die Diskrepanz zwischen Ist- und Soll-Zustand zum Anlass genommen werden, um mögliche Lösungswege des skizzierten Spannungsverhältnisses aufzuzeigen.

5.1 Staatliche Strukturen zur Finanzierung des FBBE-Angebotes

Um die staatliche Förderung zu optimieren, befürwortete der Bundesrat am 1. Oktober 2007 eine Verordnungsänderung mit einem Wechsel von der Objekt- zur Subjektfinanzierung. Neu sollen in der gesamten Schweiz nicht mehr die Anbieter für die Bereitstellung eines bestimmten Angebots vom Staat subventioniert (Objektsubventionierung), sondern die Eltern direkt beispielsweise mittels eines Betreuungsgutscheins (Subjektsubventionierung) unterstützt werden. Einige Städte wie z. B. Zürich, Basel, Dietikon, Aarau oder Uster haben derzeit schon alternative Finanzierungsmodelle eingeführt, mit dem Ziel einer nachfrageorientierten Angebotssteuerung. Im Rahmen von Pilotprojekten wie das Projekt Betreuungsgutscheine des Kantons Luzern, das seit April 2009 läuft, werden Alternativen wie ein Gutscheinsystem getestet. Eine Einführung dieses Systems könnte dazu beitragen, dass Eltern eine grössere Wahlfreiheit und finanzielle Unabhängigkeit beim Entscheid für eine bestimmte Betreuungslösung erhalten. Auch finanziell weniger gut gestellten Familien wäre es möglich, einen qualitativ guten Betreuungsplatz für ihr Kind zu bekommen, wenn die Qualität der am System teilnehmenden Kindertagesstätten kontrolliert wäre. Eine weitere Auswirkung der Finanzierungsumstellung wäre die verstärkte Nachfrage nach qualitativ hochstehender Betreuung durch familienergänzende Angebote (vgl. Balthasar & Binder, 2005). Mögliche Nachteile könnten sich aus einer Überforderung der Verantwortlichen von Kindertagesstätten ergeben, die dann von einem Tag auf den anderen gezwungen wären, ihr Angebot stark auf die Eltern auszurichten und pädagogische sowie betriebswirtschaftliche Anforderung auszugleichen. Gerade für die entstehenden betriebswirtschaftlichen Herausforderungen ist das Leitungspersonal in der FEB derzeit jedoch noch nicht ausreichend vorbereitet (vgl. Eggenberger, 2008).

5.2 Passung von Angebot und Nachfrage

Im Zusammenhang mit der Nutzung der FEB-Angebote wird aktuell nicht mehr von einem generellen Angebotsdefizit ausgegangen, vielmehr handelt es sich um eine mangelnde Passung von Angebot und Nachfrage (vgl. Stern, Banfi & Tassinari, 2006; vgl. Kinderbetreuung in Zürich. Bulletin zum Massnahmenplan 2006-2010, März 2008; vgl. Stamm et al., 2009, S. 40). Die angebotenen Betreuungsplätze entsprechen zu wenig den individuellen Bedürfnissen der Eltern. Ein staatlich stärker unterstütztes System von Kinderbetreuungsangeboten wäre nur dann sinnvoll, wenn das Angebot genau auf die tatsächlichen Bedürfnisse der Angebotsnutzer ausgerichtet werden kann. D. h. die Einrichtungen müssten flexible Öffnungszeiten haben, vermehrt in den Städten und arbeitsplatznah angesiedelt sein sowie auch genügend Plätze für Kinder unter drei Jahren bieten. Die Qualität der Kindertagesstätten müsste dem aktuellen pädagogischen Niveau entsprechen und das Personal daraufhin ausgebildet sein. Hier sind Staat und Wirtschaft in gleichem Masse gefordert, entsprechende Angebote zur Verfügung zu stellen, da beide, wie oben gezeigt werden konnte, von einem optimalen

FBBE-Netz profitieren. Es geht darum, Verantwortlichkeiten zu erkennen und die notwendigen Handlungsschritte einzuleiten. Dies ist eine Frage der besseren Vernetzung und des themenbezogenen Austausches, aber auch der Erkenntnis, dass familienergänzende Betreuung im 21. Jahrhundert nicht allein Privatsache der Eltern sein kann und Aspekte der Bildung und Erziehung zum Wohl des Kindes und der Gesellschaft als Ganzes beinhalten muss.

5.3 Ausbildung und Entlohnung des Personals

Auf die unterschiedlichen Herausforderungen, denen sich KleinkinderzieherInnen heutzutage ausgesetzt sehen, muss in einer adäquaten Ausbildung entsprechend vorbereitet werden. Dies bedeutet nicht zwangsläufig, dass das Personal in Betreuungseinrichtungen ein Hochschulstudium absolviert haben muss, jedoch erscheint es sinnvoll, die unterschiedlichen Anforderungen in der Hierarchie einer Betreuungseinrichtung entsprechend bestimmter Ausbildungsniveaus zu bedienen. Die Leiterin bzw. der Leiter einer Kindertagesstätte muss z. B. intensiv pädagogisch geschult sein, um ein an aktuellen wissenschaftlichen Ergebnissen orientiertes pädagogisches Leitbild formulieren und umsetzen zu können. Die Verantwortlichen müssen fähig sein, ihre Angestellten anzuleiten und Kindern mit besonderen Bedürfnissen die entsprechende Betreuung zukommen zu lassen. Für diese Position wäre ein Hochschulstudium und damit verbunden eine Stärkung der FBBE-Forschungsbereiche an Schweizer Hochschulen sicherlich notwendig, um eine breite Wissensbasis zu legen. Darüber hinaus sollte das gesamte Personal über eine qualifizierende und praxisnahe Ausbildung verfügen und über spezielle Weiterbildungsmassnahmen stetig geschult werden, die Bezug auf die stetigen Veränderungen im Erziehungsalltag nehmen.

Für ihre anspruchsvolle und für die Gesellschaft wichtige Aufgabe sollten Erzieherinnen und Erzieher von null- bis vierjährigen Kindern angemessen entlohnt werden. Zudem gebührt ihnen eine grosse gesellschaftliche Anerkennung für ihre Arbeit. Wäre die Entlohnung und das Prestige des Berufes höher angesiedelt, würden sich vielleicht mehr Männer diesem Berufsbild zuwenden. Wie die moderne Väterforschung zeigt (z. B. Walter, 2008), ist es für die Entwicklung eines Kindes nicht optimal, wenn es die ersten Jahre hauptsächlich von weiblichen Bezugspersonen umgeben ist.

5.4 Vereinbarkeit von Eltern- und Kindesinteressen

Von den Interessen der Eltern an einer FBBE war schon hinreichend die Rede. Jedoch decken sich die Kindesinteressen nicht immer mit denen der Eltern. Nicht für alle Kinder ist eine frühe FEB vorteilhaft. Es gibt Kinder, die besonders sensibel auf eine fremde Umgebung und die zeitliche Abwesenheit der nahen Betreuungspersonen reagieren (vgl. Ahnert, 2006). Hier muss es im Interesse des Kindes möglich sein, pädagogische Individuallösungen zu finden. Sicherlich ist es wünschenswert, dass allen Kindern ab ungefähr einem Alter von drei Jahren eine qualitativ hochstehende FBBE zu Gute kommt, denjenigen Kindern, die aber dafür noch nicht reif sind, muss es ermöglicht werden, beispielsweise nur halbtags oder stundenweise eine Einrichtung zu besuchen.

6. Schlusswort

Die hier andiskutierten und denkbaren Ansätze fordern von den Verantwortlichen in Politik und Wirtschaft sowie in den Kindertagesstätten selbst eine grosse Flexibilität, die, wie gezeigt werden konnte, im System der Deutschschweiz derzeit nicht geleistet werden kann. Es wäre eine wichtige Aufgabe aller am Prozess Beteiligter – Eltern, Staat, Wirtschaft und Wissenschaft – eine Diskussion über die hier angedachten Punkte zu fördern sowie weitere Ansatzpunkte zu finden und in diesem Sinne Verantwortung zu übernehmen – zum Wohle unserer Kinder.

Literatur

Ahnert, L. (2006). Entwicklungs- und Sozialisationsrisiken bei jungen Kindern. In L. Fried & S. Roux (Hrsg.), *Pädagogik der frühen Kindheit* (S. 75-85). Weinheim und Basel: Beltz.

Balthasar, A. & Binder H.-M. (2005). *Kinderbetreuungsgutscheine.* Diskussionspapier zuhanden der Zentralstelle für Familienfragen. Zugriff am 07.01.2009. Verfügbar unter
http://www.bsv.admin.ch/suchen/index.html?keywords=Kinderbetreuungsgutscheine&go_search=Suchen&lang=de&site_mode=intern&nsb_mode=yes&search_mode=AND#volltextsuche

Banfi, S., Iten, R. & Medici, D. (2007). *Familienergänzende Kinderbetreuung und Erwerbsverhalten von Müttern mit Kindern.* Die Volkswirtschaft. *Das Magazin für Wirtschaftspolitik, 5,* 56.

Bundesamt für Statistik (BFS) (2008a). *Familien in der Schweiz.* Statistischer Bericht 2008. Neuchâtel: BFS.

Bundesamt für Statistik (BFS) (2008b). *Anteil Haushalte mit familienergänzender Kinderbetreuung nach Haushaltstyp und Alter des jüngsten Kindes,* 2008. Zugriff am 05.05.2009. Verfügbar unter http://www.BFS.admin.ch/BFS/portal/de/index/themen/20/05/blank/key/ Vereinbarkeit/05.html

Bundesamt für Statistik (BFS) (2009). *Höchste abgeschlossene Ausbildung nach Geschlecht,* 2008. Zugriff am 18.05.2009. Verfügbar unter http://www.BFS.admin.ch/BFS/portal/de/index/themen/15/01/key/blank/ 01.html

Bundesverfassung der Schweizerischen Eidgenossenschaft vom 18. April 1999 (Stand am 30. November 2008). Zugriff am 22.05.2009. Verfügbar unter http://www.admin.ch/ ch/d/sr/101/index.html

Eggenberger, D. (2008). *Ausbildung von Fachleuten in der familienergänzenden Kinderbetreuung. Aktuelle Situation in der deutschen Schweiz.* Zugriff am 15.11.2008. Verfügbar unter www.paeda-logics.ch/pdf/ ausbildungssituation.pdf

Eidgenössisches Departement des Innern (EDI) (2004). *Familienbericht 2004: Strukturelle Anforderungen an eine bedürfnisgerechte Familienpolitik.* Bern.

Eidgenössische Koordinationskommission für Familienfragen (EKFF) (2009). *Familien- und schulergänzende Kinderbetreuung in der Schweiz.* Eine Bestandesaufnahme der Eidg. Koordinationskommission für Familienfragen EKFF. Bern.

Federas Beratungs AG (2005). Sozialdepartement der Stadt Zürich. *Lohnerhebung Kindertagesstätten 2005.* Zugriff am 14.05.2009. Verfügbar unter http://www.liliput.ch/Forum/Download/Lohnerhebung_Kindertagesstaetten_ 2005.pdf

Nordwestschweiz und KibA Kinder & Familien Aarau KISS (2007). *Studie zu Angebot und Nachfrage in der Kinderbetreuung in den Kantonen AG, BL, BS und SO.* Baden/Basel: KISS, KibA. Zugriff am 18.12.2008. Verfügbar unter http://www.kinderbetreuung-schweiz.ch/studie07.pdf

Fehr, J. (2003). *Luxus Kind? Vorschläge für eine neue Familienpolitik.* Zürich: Orell Füssli Verlag.

Fritschi, T., Strub, S. & Stutz, H. (2007). *Volkswirtschaftlicher Nutzen von Kindertageseinrichtungen in der Region Bern.* Schlussbericht. Bern: Büro für arbeits- und sozialpolitische Studien BASS.

Iten, R., Stern, S., Menegale, S., Filippini, M., Pioro, D., Banfi, S., Farsi, M., Tassinari, S. & Schrottmann, R.-E. (2005). *Familienergänzende Kinderbetreuung in der Schweiz: Aktuelle und zukünftige Nachfragepotenziale.* Zürich: INFRAS.

Mauron Schläppi, A. (2009) *Frühkindliche Bildung? Die Sichtweise pädagogischer Fachkräfte zum Auftrag der Kindertagesstätten.* Unveröffentlichte Masterarbeit. Fribourg: Universität Fribourg, Departement Erziehungswissenschaften.

Nufer, H. (2002). *Vorschulkinder in der Schweiz. Bildungspolitische Rahmenbedingungen für die Erziehung und Betreuung von kleinen Kindern.* Zürich: Marie Meierhofer Institut.

Organisation for Economic Cooperation and Development (OECD) (2003). Estimation de la participation des enfants dans les services d'éducation préprimaire. In OECD (Hrsg.), *Base de données sur l'éducation, Regards sur l'éducation.* Paris: OECD.

Organisation for Economic Co-operation and Development OECD (2006). *Starting strong II. Early childhood education and care.* Paris: OECD.

Prognos AG (2005). *Betriebswirtschaftliche Kosten-Nutzen-Analyse familienfreundlicher Unternehmenspolitik. Eine Studie bei ausgewählten Schweizer Unternehmen.* Basel: Prognos.

Schweizerische Konferenz der kantonalen Erziehungsdirektoren (EDK) (2005). *Educare: betreuen – erziehen – bilden.* Tagungsbericht. Bern: Schweizerische Konferenz der kantonalen Erziehungsdirektoren (EDK). Zugriff am 07.06.2008. Verfügbar unter http://edudoc.ch/getfile.py?docid=345&name=StuB24A&format= pdf&version=1

Schweizerische Konferenz der kantonalen Erziehungsdirektoren (EDK) (2007). *Schweizer Beitrag für die Datenbank «Eurybase – The database on education systems in Europe».* Bern: EDK. Zugriff am 15.11.2008. Verfügbar unter http://www.edk.ch/dyn/bin/ 12961-13429-1-eurydice_00d.pdf

Schweizerische Konferenz der kantonalen Erziehungsdirektoren (EDK) (2008). *Faktenblatt HarmoS: Fakten, Fragen, Hintergründe.* Bern: EDK. Download am 23.03.2009. Verfügbar unter http://www.edu-doc.ch/static/web/arbeiten/harmos/fktbl_ harmos_d.pdf

Schenk, S. (1998). Familienergänzende Kinderbetreuung. In Marie Meierhofer-Institut für das Kind (Hrsg.), *Startbedingungen für Familien. Forschungs- und Erlebnisberichte zur Situation von Familien mit Kleinkindern in der Schweiz und sozialpolitische Forderungen* (S. 103-129). Zürich: Verlag pro juventute.

Staatssekretariat für Wirtschaft (SECO) (2007). *KMU-Handbuch Beruf und Familie.* Bern: Stämpfli Publikationen AG.

Stadelmann-Steffen, I. (2007). Der Einfluss der sozialpolitischen Kontexte auf die Frauenerwerbstätigkeit in der Schweiz. *Kölner Zeitschrift für Soziologie und Sozialpsychologie 9(4),* 589-614.

Stamm, M., Reinwand, V., Burger, K., Schmid, K., Muheim, V., Viehhauser, M. (2009). *Frühkindliche Bildung in der Schweiz. Eine Grundlagenstudie im Auftrag der Schweizerischen UNESCO-Kommission.* Fribourg: UNESCO/Universität Fribourg.

Stern, S., Banfi, S. & Tassinari, S. (2006). *Krippen und Tagesfamilien in der Schweiz. Aktuelle und zukünftige Nachfragepotenziale.* Bern, Stuttgart, Wien: Haupt.

Spiess, K. (2008). *Ausserfamiliäre Kinderbetreuung: Eine ökonomische Perspektive*. Referat am 28. 11. 2008 an der Follow-up-Herbsttagung der Schweizerischen Akademie der Geistes- und Sozialwissenschaften.

United Nations International Children's Emergency Fund (UNICEF) (2008). *The child care transition. A league table of early childhood education and care in economically advanced countries*. Florence: UNICEF Innocenti Research Centre.

Verband Kindertagesstätten der Schweiz (KiTaS) (2008). *KiTaS-Richtlinien*. Zugriff am 18.05.2009. Verfügbar unter http://www.kitas.ch/fileadmin/user_upload/intranetdokumente/geschaeftsstelle/KiTaS_RL_2008_01.pdf

Walter, H. (Hrsg.). (2008). *Männer als Väter. Sozialwissenschaftliche Theorie und Empirie*. Giessen: Psychosozial-Verlag.

Wanner, P., Fibbi, R., Spescha, M., Lanfranchi, A., Calderón-Grossenbacher, R. & Krummenacher, J. (2002). *Familien und Migration. Beiträge zur Lage der Migrationsfamilien und Empfehlungen der Eidgenössischen Koordinationskommission für Familienfragen*. Bern: EKFF.

Léo Barblan

Nationaler Fokus: die französischsprachige Schweiz

(Übersetzung: Eva Kampen)

Einleitung

Die Angaben, die in diesem Text vorgelegt werden, können lediglich als Hinweise gewertet werden, da klare und vollständige Statistiken für die Schweiz nicht vorliegen. Es handelt sich demnach um Tendenzen, die es zu allererst anhand eines qualitativen Entwurfes einzuschätzen gilt. Es wäre wünschenswert, dass auf nationaler und kantonaler Ebene ein statistisches Protokoll der Kinderbetreuung von der Geburt bis zur Volljährigkeit führen. Die Arbeit war bisher besonders erschwert durch die Autonomie der Kantone im Bereich der Schulbildung auf der einen Seite, und der Aufgabenvollmacht auf der kommunalen, die Kinderbetreuung betreffenden Ebene auf der anderen.

Auf den folgenden Seiten werden wir eine Bestandesaufnahme über die Betreuung junger Kinder in den Westschweizer Kantonen vornehmen, wobei ein Unterschied zwischen den französisch- und den zweisprachigen Kantonen zu machen ist. In den zweisprachigen Kantonen ist der Schuleintritt von Kindergartenkindern durch die der deutschsprachigen Region eigene Vorgehensweise geprägt, während man sich in den rein französischsprachigen Kantonen eher an ein französisches Modell hält.

Der Text unterscheidet zwischen der Betreuung von Kindern von vier bis sechs Jahren, die ihr Geld zunächst von den Dezernaten für Öffentliche Bildung und der EDK bezieht, sowie der Betreuungsbedingungen für Kinder im Alter von null bis vier Jahre. Für diesen Bevölkerungsteil müsste man die kantonalen Einrichtungen für soziale Handlung und die Dezernate für öffentliche Bildung zur Mitverantwortlichkeit verpflichten sowie einen Beitrag von Seiten der entsprechenden nationalen Einrichtungen einfordern.

Die Situation wird daraufhin mit den Angaben von UNICEF verglichen, so wie sie im Rahmen des Dokuments INNOCENTI 8 vom Dezember 2008 (vgl. UNICEF, 2008) vorgestellt werden. Es werden dabei soziopolitische und institutionelle Folgen angesprochen.

Léo Barblan

1. Betreuungsbedingungen für Kinder von vier bis sechs Jahren

1.1 Betreuung in Kindergartenklassen

In den rein französischsprachigen Kantonen kann man feststellen, dass die grosse Mehrheit der Kinder ab vier Jahren und nahezu alle Kinder im Alter von fünf Jahren im Kindergarten eingeschrieben sind. In dieser Hinsicht ist die Einschreibquote der Kinder sehr zufriedenstellend.

Wenn man die Situation hingegen qualitativ bewertet, muss man feststellen, dass die effektive Zeit, die ein Kind im Kindergarten verbringt, vor allem im ersten Vorschuljahr variiert.

Formal gesehen sollte ein jedes Kind diesen Alters an mindestens vier bis fünf Halbtagen pro Woche von Kindergartenbetreuung profitieren können, bestenfalls die doppelte Anzahl für die Ganztagsbetreuung. Man muss nun aber feststellen, dass die Teilnahmezeit bestimmter Kinder deutlich geringer ist als im Betreuungsmodell beschrieben, bedingt durch Gründe, die sich auf die Eltern und mitunter auf das frühpädagogische Fachpersonal beziehen. Das Problem ist bei denjenigen Kindern besonders akut, die unter einer physischen oder psychischen Behinderung leiden, also bei *Kindern mit speziellen Bedürfnissen*. Diesbezüglich hat man den Eindruck, dass sich bestimmte Lehrkräfte eher vor einer Form der Überlastung zu schützen suchen, die die Aufnahme zu integrierender Kinder mit sich bringen würde, als dass sie eine Teilnahme dieser Kinder in der Kindergartenklasse anstreben, was als Integrationsmotor oder als konkrete Unterstützung innerhalb eines alltäglichen Bezugsrahmens dienen würde. Diese Handlungsweise zielt darauf ab, der Bequemlichkeit der Lehrer eher den Vorrang zu lassen als den Interessen der Betroffenen. Dies steht dem Sinn des Konkordats der EDK über Sonderschulung entgegen, das versucht, integrative Lösungen für alle Kinder zu finden.

Die französischsprachige Schweiz profitiert von Rahmenrichtlinien, genannt *Objectifs de l'enseignement préscolaire*, die von der CIIP (der französischsprachigen Schweiz und dem Tessin) akzeptiert wurden. Dieses Dokument stellt die Ziele für die Betreuung der Kinder der Sozialisierung und Sensibilisierung auf das Schulwissen in den Mittelpunkt. Die praktische Anwendung variiert jedoch von Lehrperson zu Lehrperson. Das schliesst die Sensibilisierung auf das Schulwissen ein.

Nationaler Fokus: die französischsprachige Schweiz

Der Studienplan PECARO (vgl. Viridiana, Maradan & Emery, 2007) schlägt einen Bezugsrahmen für Kinder von vier bis 15 Jahren, im Sinne einer starken Kontinuität und Kohärenz für den Verlauf der Schulpflichtzeit in der französischsprachigen Schweiz, vor. Es ist ein Bildungsprojekt, das eine erzieherische Dimension mit der Förderung transversaler Kompetenzen verknüpft. Dieser Rahmenplan lässt den Kantonen Spielraum für wichtige Modulationen hinsichtlich seiner Umsetzung in einen Studienplan, sofern die Harmonie des vorgeschlagenen Systems gewahrt wird.

In diesem auf mehrere Jahre angelegten trizyklischen Modell betrifft der erste Zyklus die vier- bis achtjährigen Kinder. Er wird wie ein Bildungsprojekt betrachtet, welches gemeinsame Werte (Erziehung, Unterricht und Bildung definiert) und Disziplinen mehr auf der sozialen als auf der schulischen Ebene (systemisch orientiert) versteht. Er integriert eine gesellschaftliche Bildungsdimension (Gesundheit, Bürgerschaft, Umwelt, neue Technologien) und fördert die transversalen Kräfte, um das Lehren zu regulieren. Diese Bestandteile stehen durch gegenseitige Komplementarität in Verbindung.

Der PECARO-Plan nimmt die Absichten der *Objectifs de l'enseignement préscolaire* teilweise auf, indem er sie in ein noch umfassenderes Bildungsprojekt einfügt, das bis zum Ende der Schulpflicht reicht. Im Vergleich zum Harmos-Projekt, das auf dem Weg ist, auf nationaler Ebene anerkannt zu werden, müsste der PECARO-Plan als Referenz der französischsprachigen Schweiz dienen und einen Westschweizer Bildungsraum sichern.

1.2 Die schulergänzenden Aktivitäten

Aufgrund der sozioprofessionellen Situation zahlreicher Familien, in denen Vater und Mutter arbeiten, stellt sich verschärft die Frage nach einer qualitativen schulergänzenden Betreuung von Kindern. In den einzelnen Kantonen und Gemeinden variiert die Situation stark, da jede Gemeinde bestimmte Vorrechte hat. Bezüglich schulergänzender Aktivitäten kann auf die Morgenbetreuung vor den Schulstunden, die Mittagsbetreuung (beispielsweise Schulküchen) und die Betreuung nach der Schule (Klassenhütedienste für die Kleineren oder betreute Hausaufgabenmöglichkeiten für die Grösseren) hingewiesen werden. Das Qualifikationsniveau (oder das Professionalitätsniveau) unter den Beteiligten variiert stark und reicht von ehrenamtlichen Personen ohne Ausbildung bis hin zu Personen mit einem Zertifikat im Erziehungsbereich. Es wäre wünschenswert, dass eine globale Regulierung der Betreuungsbedingungen, der erforderlichen Ausbildung und der Bestimmung der erzieherischen und sozialen Betreuung klarer erfolgen würde, da es momentan zu unterschiedliche Betreuungsqualitäten gibt. Diesbezüglich würde die Einführung von Gütesiegeln den Familien (und Fachleuten) Orientierung geben. Die Situation ist auf der Ebene der Finanzierung nicht klarer, d. h. auf der Ebene der Zuschüsse an die Familien (Bildungsschecks), die oftmals nicht ausreichen, um die Aufnahme- und Kinderbetreuungsgebühren abzudecken.

Von diesem Standpunkt aus betrachtet, befinden sich die labilsten Familien in einer zusätzlichen Unsicherheitssituation, welche ihre sozioprofessionelle Funktionsweise und die Bedingungen für die Betreuung ihrer Kinder in Gefahr bringt. Es geht hier als solches weder um die Teilnahme an einer Förderung der professionellen Leistungsfähigkeit (für die Eltern und/oder die Empfänger), noch um eine positive Regulierung auf der Ebene der Arbeitsleistung. Eine gute Kinderbetreuung befreit die Eltern so sehr von Unsicherheiten und Schwierigkeiten bei der Verwaltung ihrer Arbeit, dass ihnen die Förderung ihrer Leistungsfähigkeit möglich wird. Ebenso werden unsichere schulergänzende Betreuungsbedingungen sowohl das Erziehungswesen als auch das Wirtschaftssystem schwächen. Während eine gute Einrichtung eine wichtige Kapitalrendite bedeutet (sowohl für die Eltern, ihre Arbeitgeber und die Kinder), wirkt sich eine qualitativ mangelhafte Betreuung der Kinder wie eine Strafe aus, die generell die labilsten Akteure des sozialen Systems trifft.

Im Allgemeinen ist es schwierig, die elterlichen Erwartungen in Bezug auf den schulischen Stundenplan einzuschätzen: z. B. durchgängiger Stundenplan? Schalttag während der Woche? Betreuung der Kinder von 7 bis 19 Uhr? Es sind viele Fragen, für die man keine klaren Antworten hat, wohl wissend, dass zudem die Situation der Stadt- kaum vergleichbar ist mit den Bedürfnissen der Landbewohner. Ebenso variiert die Vorstellung der Ausrüstung je nachdem, ob man in einer Stadt mit ihrer ganzen Infrastruktur (die Transportebene inbegriffen) oder auf dem Land wohnt: In diesem Fall ist die Ausstattung oftmals defizitär und sie ergibt ebenso viele zusätzliche Belastungen, welche die Eltern auf sich nehmen müssen.

2. Betreuungsbedingungen für Kinder von der Geburt bis zum vierten Lebensjahr

Auf diesem Gebiet ist ebenfalls Veränderung angebracht. Die Anerkennung der Notwendigkeit einer Mindestanzahl an Krippen und Kindergärten durch die Gemeinde und Kantone kommt spät. Die Eltern sehen sich gegenüber ihren sehr jungen Kindern mit schwierigen Entscheidungen konfrontiert: Tagesfamilie, Krippe, Betreuung durch Familienmitglieder oder Aupair? Die relativen Kosten der verschiedenen Wahlmöglichkeiten sind ebenso unterschiedlich. Und noch einmal wird riskiert, dass die labilsten Familien einer finanziellen und sozialen Bestrafung wegen der Grenzen ihres Handlungsspielraumes ausgesetzt werden. Auch hier spielt der Unterschied zwischen Stadt und Land eine nicht zu vernachlässigende Rolle: In der Stadt bevorzugt man die Krippe, wobei man auf dem Land vor der Entscheidung zwischen einer Tagesfamilie und einer Kinderkrippe, je nach Verfügbarkeit, zögert. Dieser Unterschied wird auch im Vergleich zur Anzahl der Nachfrage nach familienergänzender Betreuung (vgl. Iten, 2005) sichtbar: Etwa 20 Prozent der Nachfrage in den ländlichen Zonen steht 80 Prozent in den städtischen Zonen entgegen.

Im Jahr 2002 wurden 8401 Kinder in 282 Einrichtungen mit ausgedehnten Öffnungszeiten und 7697 Kinder in 432 Institutionen mit eingeschränkten Öffnungszeiten aufgenommen, was nur in geringem Masse der Nachfrage (ungefähr 12 Prozent) gerecht werden konnte (Meyer, Spack & Schenk, 2002). In Anbetracht der Entwicklung der Arbeitswelt kann man sich fragen, inwiefern die Nachfrage bis 2009 noch angestiegen ist. Laut den Zahlen für die Schweiz benützen 41 Prozent der Familien mit Kindern im Vorkindergartenalter formale oder nicht formale soziale Einrichtungen für 20 Stunden pro Woche. Ihre Auswahl hängt vom Einkommen des Haushaltes, von der Existenz von Geschwistern, von der *familiären* Einbindung des Vaters und dem Bildungsniveau der Mutter ab. Man muss vermerken, dass Familien, die vom Ausland in die Schweiz gezogen sind, ihre Kinder weniger in ausserfamiliäre Betreuung geben, was eine Reduktion der Chancengleichheit gegenüber der Ausbildung und dem weiterführenden Schulbesuch bilden kann. Nur 7,2 Prozent aller Kinder im Alter von drei Jahren (Adema & Thévenon, 2004) profitieren von einem Betreuungsdienst.

Die Hälfte der Eltern, die Interesse an ausserfamiliärer Betreuung haben, bevorzugt entweder die Krippe oder die Tagesfamilie. Ihre Wahl hängt direkt mit dem Vertrauen zur BetreuerIn sowie dem gesicherten Betreuungssatz und der Nähe zum Wohnort zusammen. Ausserdem sind die Familien in der französischsprachigen Schweiz gegenüber der Idee, ihr Kleinkind in eine Kinderkrippe oder Tagesfamilie zu geben, offener, als Familien in der Deutschschweiz, wobei die Krippen im Vergleich zu allen anderen Betreuungsformen bevorzugt werden.

Das Problem der Betreuungsdauer ist insofern wichtig, als dass bestimmte Familien diese vom frühen Morgen bis in den späten Nachmittag hinein benötigen. Doch die täglichen Krippenzeiten sowie ihre Ferienzeiten garantieren nicht immer die Kontinuität der Betreuungszeiten für die Familien und ihre Kinder. Die relative Freiheit der Eltern, ihrer Arbeit effektiv nachzugehen, kann von einem Defizit in der Regelmässigkeit der ihren Kindern zugesprochenen Betreuung eingeschränkt werden und zu Vorurteilen gegenüber der Arbeitsqualität der Eltern oder der Erziehungsqualität für Kinder führen.

In Bezug auf die Berufsqualifikation der Personen und auf den Betreuungsschlüssel pro Kind ist das institutionseigene Angebot viel zu oft nicht ausreichend: Die Anzahl an verfügbaren Experten ist kaum genügend im Vergleich zur aktuellen Bevölkerung und kann keinen Übergang von einem Betreuungsplatz zu einem Ort des Lebens und Erwachens garantieren.

Nicht alle Fachleute haben die gleiche Haltung gegenüber der Betreuung eines sehr jungen Kindes: Einige sind zu sehr auf die Pflege bedacht und trauen sich nicht, zu einem aktiven psychoedukativen Schritt gegenüber den Kindern überzugehen. Die Erzieher der *Services éducatifs itinérants* sind oftmals zu sehr auf einen didaktisch orientierten Erziehungsweg bedacht und stellen den Aufbau einer psychodynamischen Verbindung nicht genug in den Mittelpunkt. Dies aus Angst, den Eltern in einer Konkurrenzsituation und nicht in der Zusammenarbeit zu begegnen. Dieselbe Art der Einschränkung beobachtet man in den Krippen, in denen man sich eher nur zur pflegemässigen Betreuung bevollmächtigt fühlt, als zur Aufnahme einer tiefen emotionalen Beziehung zum Kind.

Nationaler Fokus: die französischsprachige Schweiz

Welcher Erzieher erlaubt sich, ohne Schuldgefühl oder Sorge, das Überraschungsspiel (vgl. Marcelli, 2006) zu praktizieren, besonders mit vier bis acht Monate alten Babys, während dieses *setting* zugleich die Grundlage für eine Beziehungsaufnahme und für den Aufbau der Kognition beim Kind bildet? Wie wagen die erwachsenen «Umsorger» in die spielerische und kreative Dimension des Spiels vorzudringen, wohl wissend, dass sie die Grundlage für die Neugier und die Kreativität[1] darstellt?

Nach wie vor hört man von Politikern, die behaupten, ein qualifizierter Sachkundiger und unausgebildete Assistenten reichten aus, *«pour torcher ces gamins»*. Dabei ist die Betreuung sehr junger Kinder eine der heikelsten Aufgaben, die vom Fachpersonal zu bewältigen ist. Man müsste das Qualitätsniveau der Kindererzieherausbildung noch mehr verbessern, indem man einen starken psychologischen und entwicklungsgerechten Bestandteil sichert, sodass die Fachleute der Entwicklung der Kinder entsprechend handeln können. Ihre Anerkennung durch die EDK kann dazu beitragen, doch auf dem Gebiet ist ein reflexiver Prozess notwendig, um einen optimalen Betreuungsgütegrad zu gewährleisten.

Rituelle Betreuungsübungen (die einen positiven Narzissmus zulassen), freie Spiel- und unerwartete Interaktionspraktiken (die Unsicherheit, Diskrepanz zwischen Erwartung und Realisation gestatten, und zu Vorwegnahme sowie progressiver Strukturierung des Gedächtnisses, des Denkens und der Aufmerksamkeit führen) gestatten die Vermeidung von Didaktik- oder Pädagogikauswirkungen, die von den Fachleuten viel zu früh in die Tat umgesetzt werden: Diese Auswirkungen können bei dem Kind keine notwendige und ausreichende Harmonie der psychologischen, sozialen und emotionalen Entwicklung sichern, wenn man es zu sehr in eine Position der Fügsamkeit (oder der Passivität) gegenüber den Annäherungsversuchen der Erwachsenen setzt, aufgrund des bedingten Interaktivitätsmankos dieser erzieherischen Übungen.

Um den Fachleuten zu ermöglichen, die biologischen Rhythmen eines Babys und seinen Entwicklungsrhythmus zu wahren (vgl. Jaquet-Travaglini, Caffari-Viallon & Dupont, 2003), um die ständige Aufmerksamkeit eines Kindes zu fördern, muss eine Fachperson die theoretischen und praktischen Angaben

---

[1] Nach Sir Ken Robinson ist das erste Erziehungsziel die Unterstützung der Neugier und der Kreativität beim Kind. Sie sind die Grundlagen für seine gesamte Lernkarriere und den ausgeprägten Wissensdurst.

verbunden mit den Grundlagen der Entwicklung sehr gut kennen. Die beste Ausbildung, die beste Anpassung an die Vielfalt der Kinder und Aufgaben, die höchste emotionale und relationale Beständigkeit, der beste Ausstattungsstand, so viele zu fördernde Faktoren sind notwendig, wenn man die Qualität und Leistungsfähigkeit sozialer Einrichtungen für sehr junge Kinder gewährleisten möchte. Dies ist umso bedeutsamer für die Kinder (und deren Familien) mit speziellen Bedürfnissen, für welche die durch ein berufs- und fächerübergreifendes Netzwerk bedingten Praktiken besonders gut durchdacht sein müssen, um eine Optimierung der Arbeitsmittel zugunsten des Betroffenen zu gewährleisten.

Dasselbe Problem stellt sich im Hinblick auf die Betreuungsqualität von Tagesfamilien: Welches sind die Bedingungen einer nützlichen Professionalisierung für diese Personen, damit sie eine vergleichbare Betreuungsqualität wie jene, die man in den Krippen unter höher angesetzten Bedingungen erhält, anbieten können? Dies ergibt die entscheidende Frage nach der Bewertung der vorgeschlagenen erzieherischen Betreuungsqualität: durch wen? wie? mit welchen Empfehlungen und eventuellen Folgen? Man kann sich wegen der erzieherischen Auswirkungen weder auf den guten Willen noch auf den guten Glauben verlassen und muss die physische und mentale Gesundheit der betroffenen Kinder fördern und zur Sicherung ihrer körperlichen und kognitiven, sozialen und emotionalen Stabilität beitragen. Hierzu wird man sehr bald Eingangsbedingungen für ein bürgerschaftliches Miteinander über eine gegenseitig vernetzte Ausbildung schaffen können, die mehr von den Kindern unter sich praktiziert wird als in Wechselwirkung mit Eltern, die zu einer mitwirkenden Haltung fähig sind (vgl. Sinclair & Stambak, 1982, 1983).

Im Kanton Waadt hat die FAJE, die *Fondation pour l'Accueil de Jour des Enfants* (Stiftung für die Tagesbetreuung von Kindern), in einer öffentlich-privaten Partnerschaft 28 Netzwerke, 345 Gemeinden inbegriffen, anerkannt. Die Netzwerke umfassen Behörden, soziale Einrichtungen und Unternehmen. Die Betreuungstypen sind Kinderhorte, Tagesmütter und schulergänzende Aufnahmestätten. Bis 2011 werden 3000 zusätzliche Plätze geschaffen werden. Einer kürzlich veröffentlichten und die Familienpolitik der Schweiz betreffenden Grafik[2] zufolge, erbringen die Kantone Waadt, Neuenburg und Jura eine Quote

---

[2] Le Matin Bleu, 23.02.2009, S. 6, www.lematin.ch/crèche

Nationaler Fokus: die französischsprachige Schweiz

der Befriedigung der Einwohner zwischen 30 und 39 Prozent. In Genf lanciert die Genfer Linke, in dem Wissen, dass 63 Prozent der Einwohner sich unzufrieden zeigen, eine kantonal ausgerichtete Initiative zur frühen Kindheit. Das angestrebte Ziel ist es, das Recht jedes Kindes auf einen Betreuungsplatz zu sichern. Es sind die Gemeinden, die diesem «grundlegenden Bedarf» der Familien nachkommen müssten. Um auf die Bedürfnisse der Bevölkerung eingehen zu können, bräuchte man die Verdoppelung der derzeit verfügbaren 2500 Plätze. Die Finanzierung müssten die Gemeinden übernehmen. Es ist ein Vorschlag zu einer eingehenden Prüfung von Betreuungsgutscheinen[3] gemacht worden (die eine andere Form der familiären Mobilisierung erlauben würde), doch die Initianten sträuben sich gegen den Schritt, da sie das Recht auf Betreuungsplätze in Kinderkrippen für a priori gültig erklären.

Alles in allem müsste die Ausbildung der Fachleute mehr im Bereich der Kinder von null bis vier Jahren als in jenem von vier bis sechs Jahren verbessert werden. Der Betreuungsschlüssel pro Kind und die erzieherischen Projekte innerhalb der vorkindergärtnerischen und schulergänzenden sozialen Einrichtungen müssten ebenfalls verbessert werden. Die Einschätzung des Wertes der Betreuung in Tagesfamilien müsste festgelegt und reglementiert werden. Die Anzahl an öffentlichen oder privaten Betreuungsplätzen muss erhöht werden, um den Bedürfnissen der Familien besser nachkommen zu können, besonders um es den Frauen zu ermöglichen, eine beruflich qualitative Karriere absolvieren zu können (was gleichzeitig einen Gewinn für die Wirtschaft und eine positive Kapitalrendite für alle sozialen Einrichtungen ergäbe). Die Frage nach dem Gleichgewicht zwischen der institutionellen Betreuung in einer Krippe und der Betreuung durch eine Tagesfamilie kann nicht ausschliesslich in Abhängigkeit von dem einen oder anderen gelöst werden. Die Unterschiede zwischen Stadt und Land bleiben weiterhin teilweise bestehen, was die Strukturierung der betreuungsspezifischen Ausstattung während der anfänglichen Erziehung oder Schulzeit betrifft.

Die Anerkennung der Ausbildungen durch die EDK kann einen Regulierungsfaktor und eine Form von Qualitätsgarantie insofern schaffen, als dass die Ausbildungen selbst ein ausreichendes Qualitätsniveau im Bereich der Kenntnisse der kognitiven, emotionalen und relationalen Entwicklung beim Kind sichern.

---

[3] Persönliche Auskunft. Diese Praxis wird gerade in der Stadt Luzern geprüft.

Léo Barblan

Die besten Anwendungen in der Vermittlung Kinder/Kinder und Eltern/Kinder zur Förderung einer Betreuung mit Fortbestands- und Interaktivitätsperspektive sind zu identifizieren, zu überprüfen und theorie- und aktionsforschungsorientiert in die Tat umzusetzen.

3. Wie steht es mit den Indikatoren für die UNICEF im Vergleich zu den zu entwickelnden Projekten?

3.1 Der Elternschaftsurlaub

Die UNICEF schlägt eine einjährige Beurlaubung mit der Zusicherung von 50 Prozent des Gehaltes vor. Auf der schweizerischen Ebene sind die erlangten Rechte nicht dieser Natur. Behörden und Arbeitgeber wollen den Mutterschaftsurlaub auf höchstens drei bis vier Monate verlängern, ausser bei besonderen Anfragen. Die Mütter in labilen Situationen sind auch diejenigen, die am schnellsten wieder mit dem Arbeiten anfangen werden und dabei die grösste Mühe haben, eine adäquate soziale Einrichtung für ihre Kinder zu finden, wobei es mehr um den Preis als um die Qualität geht. Oftmals versuchen Arbeitgeber, werdende Mütter zu entlassen, um die Last der Kosten eines Mutterschaftsurlaubs zu vermeiden. Es handelt sich hierbei um die Unterscheidung zwischen beamtetem und angestelltem Personal, da die Garantien innerhalb dieser beiden Arbeitsordnungen nicht vergleichbar sind. Halten wir fest, dass sich ein einjähriger Elternschaftsurlaub als grundlegend für die Förderung der anfänglichen Erziehung des sehr jungen Kindes herausstellen kann, sofern die Eltern ausreichend gut (vgl. Winnicott, 1991) sind, und sie nicht mit Kindern mit speziellen Bedürfnissen konfrontiert sind. Das Netzwerkwirken um den Kinderarzt herum müsste gegen das Risiko von pathologischen Familien als Schutz dienen.

Nationaler Fokus: die französischsprachige Schweiz

3.2 Ein nationaler Plan mit Priorität auf die benachteiligten Kinder

Das Erstellen des neuen EDK-Konkordats 2008 für den spezialisierten Unterricht für Kinder von der Geburt bis über 20 Jahren, das sich zurzeit in der Annahmephase in den Schweizer Kantonen befindet, ist ein erster Zuspruch. Das Konkordat trat in Kraft, als es von mehr als zehn Kantonen unterzeichnet war. Die Kantone haben einen weiten Handlungsspielraum, was die kantonale Anwendung betrifft. Dabei unterstützen sie aber die Synergie zwischen den Kantonen, sofern dies keine Kehrseiten ergibt, die ein Fehlen an Rechtsangemessenheit bei den Betreuungsmassnahmen gemäss der kantonalen Domizilierung provozieren.

3.3 25 Prozent der Kinder unter drei Jahren in staatlich finanzierten und kontrollierten Diensten für Betreuung

In der momentanen Situation weist die französischsprachige Schweiz ein Personaldefizit aus, selbst wenn die Anzahl der Kinderkrippen sich seit 1985 bis 2001 vervielfacht hat[4]: in Genf von 31 auf 191 Krippen (Betreuungsschlüssel von 5,8 im Jahre 2001), in Waadt von 50 auf 94 (Betreuungsschlüssel von 1,8), im Wallis von einer Krippe auf 17 (Betreuungsschlüssel von 0,8), in Neuenburg von 26 auf 43 (Betreuungsschlüssel von 3,3), im Jura von 4 auf 9 (Betreuungsschlüssel von 1,5) und in Freiburg von 3 auf 19 (Betreuungsschlüssel von 0,9). Falls man hieran eine erfreuliche Tendenz erkennen kann, ist diese Entwicklung weit davon entfernt, die wirklichen Bedürfnisse, so wie sie sich derzeit zeigen, zu befriedigen.

Ausserdem gewährleistet die zahlenmässige Veränderung der Krippen weder die Qualität der Dienste noch ihre erzieherische und pädagogische Zielsetzung. Schliesslich tauchen keine Anstellungskriterien des Personals in diesen aufgezählten Angaben auf, was uns servicebezogen keine positive Bestätigung liefern kann.

Es ist also noch ein langer Weg, bis die Wirksamkeit der Betreuung von sehr jungen Kindern gewährleistet werden kann, was die Platzanzahl und Betreuungsqualität angeht. Eine *Lobby*-Arbeit auf politischen Vertretungsebenen steht noch aus, um einer besseren, mehr an der institutionellen als an der bürgerlichen

---

[4] Offres d'accueil extra-familial, *les familles dans la statistique*, OFS/RE OFS/SPOP

Ebene festgemachten Bewusstwerdung der Konsequenzen Vorschub zu leisten. Ausserdem geht es darum, den Unternehmern in jeder Art zu verstehen zu geben, dass die Begünstigung der Personalqualität auch die Begünstigung von Kapitalrendite bedeutet.

3.4 80 Prozent des Personals ausgebildet und diplomiert

Die Praxis der Kinderbetreuung hat lange Zeit auf Ehrenamt und der persönlichen Gutwilligkeit basiert. Hierbei kann die Frage nach dem Grad der für die ausübenden HüterInnen und ErzieherInnen notwendigen Bildung, der sich die institutionalisierten öffentlichen und privaten Strukturen gestellt haben, nur als progressiv gewertet werden. Auf der Ebene der Bildungsstudien für die Kindererzieher und Lehrer hat man bereits einen langen Weg hinter sich gebracht. Doch er reicht noch nicht aus, um einen optimalen Gütegrad an erzieherischen und relationalen Praktiken durch die Fachleute zu gewährleisten. Die Festlegung minimaler Bildungsziele ist sicherlich nützlich und notwendig, doch eine fortlaufende Aufwertung der Ziele ist unumgänglich, wenn man sich positiv an die Gesellschaftsveränderung und ihren erzieherisch grundsätzlichen *und* aktuellen Bestandteilen anzupassen wünscht. Wenn im Rahmen der institutionellen Strukturen eine Kontrolle durchgeführt werden kann (ist das denn ausreichend auf der qualitativen Ebene?), wird sich im Verhältnis zu den Tagesfamilien (oder der Betreuung durch andere Familienmitglieder) die Bestimmung eines Gütezeichens als schwierig und seine Realisierung als problematisch herausstellen. Auf diesem Gebiet braucht man nach wie vor eine *Lobby*, um die politischen Aussagen zu entkräften, die glauben machen wollen, dass die Betreuung sehr junger Kinder keiner besonderen Fachkenntnis bedarf – eine wahrhaft rückständige und eingeschränkte Denkweise!

3.5 50 Prozent des Personals mit einem tertiären
Zertifizierungsniveau mit spezifischen Qualifikationen diplomiert

Generell werden in der französischsprachigen Schweiz die Ausbildungen vom Typ *Bachelor* in *Fachhochschulen* bevorzugt. Jedoch ist dieses Verfahren in Verbindung mit den Abkommen von Bologna verhältnismässig neu. In diesem Sinne können zahlreichen mehr oder weniger erfahrenen Praktikern Ausbildun-

Nationaler Fokus: die französischsprachige Schweiz

gen zu Gute kommen, die diesem neuen Modell nicht entsprechen. Dies greift dennoch nicht ihrer Qualität oder ihrer Leistungsfähigkeit vor. Eine vergleichende Aufwertung der Schulungsqualitäten und -niveaus müsste gleichzeitig geschichtsorientiert und den neuen Bildungsmodellen gemacht werden. Auf der anderen Seite müssten angesichts der Veränderung des Bildungsverständnisses in der Erziehung und der Entwicklungspsychologie neue Achsen beigefügt, andere in Anbetracht der neuen wissenschaftlich und klinisch bekannten Angaben verstärkt werden.

Wenn man berücksichtigt, dass an einer Arbeitsstelle die Hälfte des Personals dieses Bildungsniveau haben muss, bedeutet dies für die Verantwortlichen der Einrichtung, dass sie ein Weiterbildungsverfahren vor Ort auf die Beine stellen müssen, damit die Fachkenntnisse der am besten ausgebildeten Personen von den schlechter ausgebildeten aufgenommen und adäquat angewandt werden können. Ansonsten müsste 100 Prozent des Personals Ausbildung auf der Tertiärstufe mit spezifischen Qualifikationen vorweisen können: Trotzdem garantiert das nicht ihre Leistungsfähigkeit.

Es müsste also eine Erhebung bezüglich der Zertifizierungsniveaus durchgeführt werden, indem man diese auf einem Kontinuum zwischen Bildung vom Typ Befähigungszeugnis, sekundäre Hochschulbildung und Tertiärbildung einordnet, wohl wissend, dass man auch die praktizierenden Personen mit einem *Master*-Abschluss berücksichtigen müsste. Angesichts dieser Klassifizierung stellt sich ganz offensichtlich die Frage nach der Staffelung des Gehalts, die man in Betracht ziehen muss, um die Bildungsunterschiede unabhängig von ihrer Sachdienlichkeit im Hinblick auf erzieherische Fähigkeitsunterschiede zu berücksichtigen.

3.6 Fachlicher Betreuungsschlüssel von 1:15 im Verhältnis zur Anzahl der Kinder in der vorschulischen Erziehung (vier bis sechs Jahre)

Ein weiteres Mal fehlen verlässliche statistische Angaben, um eine entsprechende Besetzung auf diesen Anforderungen zu garantieren. Tatsächlich variiert die Anzahl der Kinder in den Kindergartenklassen je nach Anwesenheitsquote der verschiedenen Kinder (erste Vorschulstufe), und sie stabilisiert sich mehr oder weniger in der zweiten Vorschulstufe, in welcher der Grossteil der Kinder ganz-

Léo Barblan

tägig untergebracht ist. Jedoch liegt die Schüleranzahl generell bei über 20 Kindern pro Klasse und Lehrer, unabhängig von den verschiedenen Stützlehrkräften, die sich je nach dem innerhalb oder ausserhalb des Unterrichts einschalten können. Wenn ein Kind mit bestimmten speziellen Bedürfnissen integriert ist, kann es von der Unterstützung eines spezialisierten Unterrichts profitieren, der eine pädagogische Duo-Übung in Teilzeit mit dem berechtigten Lehrer erlaubt. Diese Einlage ist jedoch unter der Woche relativ begrenzt. Man muss demnach fürchten, dass die Verhältniszahl 1:15 in der französischsprachigen Schweiz nicht systematisch erlangt wird, selbst wenn die statistische Aufforderung auf schweizerischer Ebene zu ermöglichen scheint, dem Kriterium Folge zu leisten.

Es wäre wünschenswert, dass die Kantone der EDK alle nützlichen Angaben über dieses Thema vorlegen, um abschätzen zu können, in welchem Masse die Kinderzahl pro Klasse in ein direktes Verhältnis zum, von der UNESCO vorgeschlagenen, Personalstand gesetzt werden kann.

3.7 Ein Prozent des BSP wird den Frühbetreuungsdiensten zur Verfügung gestellt

Laut *La Vie économique* (vgl. Adema & Thévenon, 2004) müsste die Schweiz 1,3 Prozent ihres BIP für den Frühberatungsdienst aufwenden, davon 0,2 Prozent für Kinderbetreuungsdienste und 1,1 Prozent für finanzielle Leihgaben. Wenn man sich auf die Angaben von 2004 stützt, unterliefe die Schweiz im Generellen, die französischsprachige Schweiz im Besonderen, die Erwartungen der UNESCO auf diesem Gebiet: Die Finanzierung müsste um 0,8 Prozent erhöht werden, um diese Schwelle zu erreichen. Bezeichnenderweise haben dieses Kriterium im Jahre 2008 alle nordischen Länder und Frankreich erfüllt. Im Durchschnitt geben die Regierungen der OECD-Länder 0,7 Prozent ihres BSP für die Betreuung der ganz Kleinen und die vorkindergartliche Erziehung aus.

Es wäre nützlich, die Situation in der Schweiz für das Jahr 2009 einzuschätzen, um zu sehen, ob der Anstieg in fünf Jahren in die Richtung einer Erhöhung des effektiven Prozentsatzes von 2004 geht, und um die vorgeschriebenen Prozentwerte als minimale Grenze der UNESCO anzustreben.

Nationaler Fokus: die französischsprachige Schweiz

3.8 Kinderarmutsrate unter 10 Prozent

Laut der Untersuchung «Innocenti 8» entspricht die Schweiz diesem Kriterium. Allerdings weist die UNESCO-Grundlagenstudie von Stamm et al. (2009) nach, dass aktuell in der Schweiz fast ein Drittel aller Sozialhilfeempfänger (21 Prozent) Kinder unter 18 Jahren sind. Mit 6,8 Prozent ist die Kinderarmut zwar nur gut halb so gross wie der OECD-Durchschnitt, jedoch doppelt so hoch wie in Finnland mit 3,4 Prozent oder fast dreimal so hoch wie in Dänemark mit 2,4 Prozent. Damit wird deutlich, dass die Ergebnisse der «Innocenti-8-Studie» vor diesem Hintergrund relativiert werden müssen. Anzunehmen ist ferner, dass die derzeitige wirtschaftliche Krise diese Quote noch ansteigen lassen wird (vgl. auch den Beitrag von Meier-Gräwe in diesem Band).

3.9 Fast universeller Zugang zu den Kindergesundheitsdiensten

Die Kindersterblichkeitsrate beläuft sich auf weniger als 0,4 Prozent, die Untergewichtsrate bei der Geburt liegt bei weniger als sechs Prozent und die durchschnittliche Immunitätsrate bei mehr als neun Prozent. Die Schweiz befindet sich in Bezug auf die Kindersterblichkeitsrate bei 4,2 auf 1000. Was das zweite Kriterium betrifft, d. h. die Untergewichtsrate, liegt sie bei sieben Prozent und bei der Immunitätsdeckungsrate bei einem Durchschnitt von 90 Prozent. Gemäss den drei Kriterien hält die Schweiz im Vergleich zu den OECD-Ländern die (strengen) erwarteten Sätze der UNICEF nicht ein. Es müssen also Fortschritte gemacht werden. Es geht darum, die Krankenhäuser, GeburtshelferInnen und HausärztInnen u. a. anzuhalten, zu untersuchen, inwieweit hygienische, physisch-gesundheitliche und psychische Bedingungen während und nach der Schwangerschaft sowie Auswirkungen von Impfungen auf ein Niveau anzuheben, die in erster Linie die physische Gesundheit von Kindern betreffen. Wahrscheinlich gibt es keinen bedeutsamen Unterschied für diese Angaben zwischen der deutsch- und französischsprachigen Schweiz.

4. Schlussbemerkungen

Wie man anhand der verschiedenen Angaben sehen kann, muss die Schweiz trotz ihrer Verdienste in mehreren Bereichen Fortschritte machen, wenn sie den Ausstattungs- und Kinderbetreuungsgütesiegeln regionenübergreifend entsprechen will. Die in der französischsprachigen Schweiz gebilligten Bestrebungen für die Bildung von Krippen sind wichtig, aber noch nicht ausreichend, um eine treffende Entsprechung zwischen Angebot und Nachfrage zu garantieren. Die Schulungsniveaus sind sicherlich verbessert worden, doch gegenüber der wachsenden Vielschichtigkeit unserer Kenntnisse im Bereich der Kleinkinderentwicklung bleiben zahlreiche Fortschritte zu leisten. Auf dem Stand der gleichzeitig quantitäts- und qualitätsgerechten personellen Ausstattung stellen sich Fortschritte als nötig heraus. Die Schnittstelle zwischen öffentlichem und privatem einrichtungsorganisatorischem Bereich muss zu einer besseren Komplementarität führen (im Sinne der Massnahmen, die im Kanton Waadt von der FAJE in die Tat umgesetzt wurden).

Die Denkweisen müssen vorwiegend auf der politischen als auf der sozialen Ebene für die wichtigsten Massnahmen einer korrekten Ausstattung für die Betreuung von jungen Kindern sensibilisiert werden, besonders bezüglich der Betreuungsquote. Es geht um die Anerkennung des wirtschaftlichen und beruflichen Status der arbeitenden Eltern (im Besonderen bezieht sich dies auf den Karriereplan der Mütter) und der Qualität der Entwicklung der jungen Kinder (im Hinblick auf die physische und psychische Gesundheit), um die Wirtschaft und eine Kostenbegrenzung der weiteren Betreuungsmassnahmen zu begünstigen. Es handelt sich dabei auch um die Optimierung der Betreuung von Kindern mit speziellen Bedürfnissen.

Diese Gesamtheit an Massnahmen kann eine positive Kapitalrendite auf sozio-ökonomischer Ebene befördern, aufgrund der Verbesserung der Lebensbedingungen, der Bedingungen der Kinderentwicklung und jener ihrer Familien auf der einen, und der Bedingungen der besten Kenntnisse der Fachleute auf der anderen Seite. Von diesem Standpunkt aus kann man hoffen, besser mit dem Artikel 29 des von der Schweiz bestätigten Kinderrechtsabkommens übereinzustimmen. Dieser hält fest: «*Die Erziehung des Kindes wird auf die Entwicklung der Persönlichkeit des Kindes, seiner Talente und physische und mentalen Kompe-*

tenzen auf ihr optimales Potenzial hin gelenkt». In dieser Eigenschaft stimmt man mit den Herausforderungen der Chancengleichheit überein: Jeder gibt sein Bestes im Rahmen dessen, was er ist und was er wird, jenseits aller Wert- oder sozialer Vorurteile.

Literatur

Adema, W. & Thévenon, O. (2004). Bébés et employeurs: la Suisse face aux autres pays de l'OCDE. *La vie économique,* 5-9.

Barblan, L. (1997). *Le devenir de l'enfant à l'école élémentaire, perspectives de formation en éducation.* Lausanne: LEP.

http://www.bsv.admin.ch/themen/zulagen/00058/01380/index.html?lang=fr

Iten, R. et al. & INFRAS (2005). *Combien de crèches et de familles de jour faut-il en Suisse?* Gekürzte Version der Untersuchung *«Offre d'accueil extrafamilial en Suisse: potentiels de demande actuels et futurs»,* MECOP Universita/ Tassinari Beratungen, NFP 52 (http://www.infras.ch).

Jaquet-Travaglini, P., Caffari-Viallon, R. & Dupont, A. (2003). *Penser, réaliser, évaluer l'accueil en crèche: une démarche d'équipe.* Genève: Ed. Deux Continents, Collection du Sextant.

Marcelli, D. (2006). *La surprise, chatouille de l'âme.* Paris: Ed. Albin Michel.

Meyer, G., Spack, A. & Schenk, S. (2002). *Politique de l'éducation préscolaire et de l'accueil socioéducatif de la petite enfance en Suisse.* Verfügbar unter http://www.cairn.info/article_p.php?ID_ARTICLE=SPI_028_0193.

OCDE (2008). Bébés et employeurs: concilier vie professionnelle et vie familiale, *Synthèses.* Paris : L'Observateur OECD.

www.oecd.org/publications/synthèses

Sinclair, H. et al. (1982). *Les bébés et les choses ou la créativité du développement cognitif.* Paris: PUF.

Stambak, M. et al. (1983). *Les bébés entre eux : découvrir, jouer et inventer ensemble.* Paris: PUF.

Stamm, M., Reinwand, V., Burger, K., Schmid, K., Muheim, V., Viehhauser, M. (2009). *Frühkindliche Bildung in der Schweiz. Eine Grundlagenstudie im Auftrag der Schweizerischen UNESCO-Kommission.* Fribourg: Universität Fribourg.

UNICEF (2008). *The child transition: a league table of early childhood education and care in economically advances countries*, Florenz: Innocenti Research Centre. www.unicef-irc.org

Viridiana, M., Maradan, O. & Emery, A. (2007). Développement Curriculaire et Démarche participative: l'exemple du Plan cadre de Suisse Romande (PECARO), *Monographies Innodata n° 16*. Genève: UNESCO / BIE.

Winnicott, D. W. (1991). *L'enfant et sa famille, les premières relations*. Paris: Payot.

Dieter Schürch

Mit drei Jahren zur Schule:
Der Kanton Tessin in der Vorreiterrolle

Einleitung
In einem fiktiven Tagebuch, das den Eintritt irgendeines dreijährigen Kindes in den Kindergarten im Kanton Tessin beschreibt, könnte man Folgendes lesen:
Der Sommer geht zu Ende. Die Morgensonne durchdringt mit Mühe die ersten Herbstnebel. Vor ein paar Wochen hat die Schule wieder begonnen und unweit von zuhause hört man die Pausenglocke und das Kindergeschrei.
Andrea hatte schon von der Schule reden gehört. Noch vor Sommerbeginn zeigte ihm die Mutter den Kindergarten. Beim Besuch nahm das Kind Zuflucht im Schoss der Mutter und beobachtete mit dem Finger im Mund das Spiel der Kinder. Alles erschien ihm sehr gross und ganz anders als was daheim davon erzählt wurde. Ihm war vor allem das Fehlen der Mütter aufgefallen. Die Lehrerin war keine Mutter, die sich um alle Kinder kümmern konnte. Die Vorstellung, eines Tages ohne Mutter hier zu sein, beunruhigte ihn. Wie könnte diese Lehrerin seine Gedanken verstehen, sein Bedürfnis sich zu kuscheln? Wie könnte sie ihm beim Entkleiden behilflich sein, wenn er zur Toilette müsste? Auch andere Befürchtungen gingen ihm durch den Kopf: Wie sollte er sich behaupten können im Kreise all dieser lebhaften Kinder, er der das Bedürfnis hatte, am Morgen noch lange zu schlafen? Nebst all diesen Eindrücken schien ihm, wenn schon andere Kinder diesen bedeutsamen Ort aufsuchten, müsste auch er früher oder später hierher kommen. Hier mussten sich wohl Dinge ereignen, so schön, dass Kinder glücklich werden.
Im Laufe des Sommers war oft vom Kindergarten die Rede; bisweilen vernahm er das Wort *asilo*. Immer wieder hörte er die abwägenden Betrachtungen: «Du wirst sehen», «Versuchen wir es mal», «Lucia ist auch gegangen», «Sie machen allerlei Spiele», «Wenn es dir nicht behagt, hole ich dich heim», «Die Lehrerin ist wie eine Mutter» ...

Ein seltsames Gefühl hatte sich seiner bemächtigt. Auf der einen Seite schien ihm, hinter all diesen Worten verberge sich eine Verpflichtung, der er sich letztlich nicht würde entziehen können. Wenn andere Kinder, die er kannte, auch gegangen waren, musste es richtig sein, dorthin zu gehen. Auf der anderen Seite hatte er das Gefühl, eine Welt zu verlieren, die aus lauter Dingen bestand, die ihm vertraut und lieb waren. Eine Eigenwelt, die nur seine Mama kannte und die von niemandem und durch nichts zu ersetzen war.

Am ersten Morgen in der dritten Septemberwoche weckte die Mutter Andrea, um mit ihm das erste Mal in den Kindergarten zu gehen. An den vorangegangenen Tagen hatte er von Papa und befreundeten Personen der Familie Bemerkungen vernommen wie «Geht er schon in den Kindergarten? – Wie gross er schon ist!» «Wie du aber schnell gewachsen bist!» – «Den ‹Nuggi› kannst du dann aber nicht mitnehmen!» Vor allem diese letzte Bemerkung beschäftigte ihn, war doch der Schnuller etwas das ganz ihm gehörte, etwas das ihm erlaubte, noch ein kleiner Junge sein zu dürfen. Aus Furcht, dieses Objekt zu verlieren, hiess es, habe er Widerstand geleistet, er habe sich geweigert, habe geweint und geschrien. Wie er auch schrie, als die Eltern versucht hatten, ihm die abgewetzte Puppe wegzunehmen, eine Puppe, die man kaum noch als solche erkennen konnte, so abgegriffen und verwaschen war sie.

An jenem Morgen erschien ihm alles neu und schwierig. Er hatte noch nie mit einer Mama gefrühstückt, die immer auf die Uhr schaute. Nie zuvor hatte er sich so in Eile ankleiden müssen. Der Kindergarten war wenige Schritte von zuhause entfernt, aber der Weg dorthin erschien ihm anders als früher. Die Mutter hatte seine Puppe, den Schnuller, ein Buch mit Geschichten und andere Sachen, die er nicht begriff, in eine Tasche gesteckt. Es gab Dinge, die seine Aufmerksamkeit weckten, etwa eine Schnecke auf dem Weg. Aber merkwürdigerweise schien Mama weniger geduldig als andere Male, und Ermahnungen wie diese: «Mach vorwärts! – Wir müssen jetzt gehen, wir werden erwartet ...» überwogen alle anderen Worte.

Beim Eingang zum Kindergarten standen drei, vier Mütter, waren andere Kinder wie er. Ein Mädchen, das ihm kleiner vorkam als er, weinte. Die Lehrerin versuchte, es zu trösten und zu beschwichtigen. Wenn nötig hätte Mama noch bleiben können, wenigstens die ersten paar Momente. Seine Mutter hatte rasch

Mit drei Jahren zur Schule: Der Kanton Tessin in der Vorreiterrolle

ausfindig gemacht, welcher Ort im Eingangsbereich für ihn, Andrea, bestimmt war. Es gab eine Schürze, die er sich umbinden konnte und ein Schildchen mit einer Sonne[1]. Die Mutter hatte ihm erklärt, dies könne er ab sofort als sein persönliches Zeichen erkennen. Er hatte begriffen, dass er im Kindergarten als Sonne gelte.

Die Lehrerin hatte sich ihm genähert und ihn sehr freundlich begrüsst. Und, zu seiner grossen Überraschung, hatte sie ihm Alba vorgestellt.

Alba war ein fünfjähriges Mädchen. Sie gehörte zur Gruppe der Grossen[2] und kannte sich im Kindergarten aus. Alba sagte ihm «Komm, ich zeige dir etwas sehr Schönes.» Es schien ihm selbstverständlich, ihr zu folgen. Als die Mutter ihn zu sich rief, um sich zu verabschieden, hatte er den Eindruck, er hätte sie für einen Moment vergessen. Für einen Augenblick überkam ihn ein starker Trennungsschmerz. Aber dann glaubte er, die Mutter sei stolz über seine Fähigkeit, die Schwelle zwischen Vorraum (*atrio*) und Hauptraum (*salone*) des Kindergartens zu überschreiten.

Was würde nachher mit Mama geschehen? Was sollte sich nun im Kindergarten weiter abspielen? Ein von Angst und Furcht durchmischtes Gefühl überkam ihn. Zu spät, die Lehrerin hatte alle Kinder sich im Kreise setzen lassen und angefangen zu sprechen.

Es schien ihm, er verstünde nicht viel von dem, was sie sagte, und er hatte immerfort den Eindruck, man würde etwas tun, das er nicht verstehen könnte. In der Tat, die Lehrerin hatte die Grossen dazu aufgefordert, die Anwesenheit der neuen Kinder zu beachten, jener Kinder, die sich zum ersten Mal im Kindergarten aufhielten und ihrer Hilfe bedürften. Deshalb war es wichtig, deren Namen zu kennen, zu verstehen, wer sie waren.

Als Andrea mit Vorstellen an der Reihe war, glaubte er, er wüsste nichts zu sagen. Von Neuem überkam ihn ein Heimweh nach der Mama. Doch Alba konnte an seiner Stelle erklären, wer er war, wie er war und weshalb er hier war. Er hatte den Eindruck, Alba sei für ihn eine wichtige Person, deren Gegenwart er stark benötige ...

---

[1] Die Wahl des Kennzeichens erfolgt in einem vorausgehenden Kontakt mit dem Kindergarten. Das Kind erhält Gelegenheit, das ihm zugeteilte Zeichen kennen zu lernen und sich mit der neuen Identität vertraut zu machen.
[2] Im Kindergarten gibt es drei Altersgruppen: die Kleinen (drei Jahre), die Mittleren (vier Jahre) und die Grossen (5 Jahre).

Dieter Schürch

Aus den Tagebuchaufzeichnungen können typische Merkmale herausgelesen werden, die den Kindergarten charakterisieren, der sich in den über 150 Jahren seit Bestehen des Kindergartenwesens im Kanton Tessin entwickelt und bewährt hat[3].

1. Der Kindergarten

Die vorangehende tagebuchartige Aufzeichnung ist eine Beschreibung aus der Sicht irgendeines Dreijährigen aus einer beliebigen Gemeinde im Kanton Tessin, der erstmals mit der Welt der Schule in Kontakt kommt. Das Bedürfnis nach einem regelmässigen Schulbesuch entspricht einer gesellschaftlichen Erwartung. Die Familien und die Kinder machen diesen Anspruch geltend, und in vielen Fällen ist es das Kind selbst, das den Wunsch äussert, dorthin gehen zu dürfen, wo andere Kinder sind.

Die Annäherung an die Schule erfolgt stufenweise und ist flexibel. In dieser Eingangsphase beschäftigt sich, wie aus der Beschreibung hervorgeht, die ganze Familie mit der Frage, *wie* und *wann* der erste Schritt der Herauslösung des Kindes aus seinem familiären Umfeld angezeigt ist und erfolgen soll. Die Überlegungen hierzu sind für Familie und Kind Anlass, die Komponenten des häuslichen Lebens zu überdenken. Es handelt sich um Rituale, Gewohnheiten, Sprachen und Sprechweisen, Bedürfnisse, Objekte und Situationen, welche die Welt der ersten drei Jahre der Kindheit bestimmen. Viele Familienangehörige kennen den Kindergarten, weil sie ihn selber besucht haben. In Gesprächen mit dem Kind tauchen Episoden und Erinnerungen aller Art auf; diese tragen dazu bei, die Szenarien der neuen Lebensphase zu definieren und zu präzisieren.

Der Kontakt mit der Schule bestimmt die Form des «Aushandelns», vor allem zwischen der Mutter und der Lehrerin[4], über das *Wie*, das *Wie oft*, und *Auf welche Weise* das Kind fähig und bereit ist, die Schule zu besuchen. Kindern von drei Jahren wird, besonders zu Beginn, die Möglichkeit eingeräumt, die Schule nur halbtags zu besuchen. Eine gelingende Eingliederung setzt voraus, dass die Situation Schule-Familie fast täglich neu überprüft wird.

---

[3] Der erste Kindergarten – *Asilo Ciani* in Lugano – wurde 1844 eröffnet. In der Umgangssprache sind noch heute die Bezeichnungen *asilo* oder *scuola materna* gebräuchlich. In der vorliegenden deutschen Übersetzung werden die beiden Bezeichnungen «Kindergarten» und «Kleinkinderschule» synonym verwendet.
[4] Selten handelt es sich um Väter und männliche Lehrpersonen.

Mit drei Jahren zur Schule: Der Kanton Tessin in der Vorreiterrolle

Die logistische Struktur einer Schule für Kleinkinder (*scuola dell'infanzia*) setzt sich aus Räumen zusammen. Jedem Raum kommt ein hoher symbolischer Wert zu. Obige Beschreibung bezieht sich auf den Eingangsraum. Er ist der Ort, an dem der Übergang aus privater, personaler Bindung, von zum Teil intimer und exklusiver Art, in einen Bezug erfolgt, wo Normen und Regeln gelten, die auf sozialem Niveau bestimmt werden. In diesem Wechsel sind andere Kinder – wie Alba – bedeutsame Bezugs- und Vertrauenspersonen, sozusagen die Garanten. Im Raum des Übergangs wird die Präsenz der Mutter oder eines Elternteils gebilligt. Jedoch nicht mehr im Moment, in welchem das Kind in den Raum der eigentlichen schulischen Aktivitäten eintritt.

Dem Kind werden von Anfang an ein Platz und eine Identität zugeteilt. Von einer mündlich zugesprochenen Identität – indem es beim Namen genannt wird – zu einer ersten schriftlichen Form, welche das Kind an verschiedenen Orten und Objekten antrifft: auf seiner Schürze, dem Schuhsack, auf Spielsachen. Das schematisierte Abbild der Sonne führt das Kind in die Welt der Symbole, die ihm innerhalb der Mikrogesellschaft «Kindergarten» den ihm eigenen Platz gewähren.

Das dreijährige Kind findet Aufnahme im Lebensraum der Vier- und Fünfjährigen. Es erfährt damit die Bedeutung, die den sozialen Dimensionen des Lebens zukommt, und beginnt sie zu verstehen. Die Schule handelt nach einem Konzept der «verteilten Verantwortung,» in dem das ältere Kind lernt, dem jüngeren beizustehen. Die jüngeren Kinder lernen im gemeinsamen Handlungsfeld miteinander zu kommunizieren, teils in frei gewählten Aktivitäten – Spiel und anderen Tätigkeiten – teils in Handlungen, die von der Lehrerin bestimmt und geleitet werden. Das Kind lernt so von Anfang an grundlegende Verhaltensregeln kennen und wendet sie handelnd an.

Das soziale Klima einer Kleinkinderschule lässt sich sozusagen einatmen. Die Kinder bewegen sich, sie sprechen, spielen, arbeiten innerhalb eines sozialen Systems, das im Kanton Tessin einen gesellschaftlich anerkannten festen Platz einnimmt. Man kann von einer eigenen Kultur sprechen, die das Ambiente der Kleinkinderschule von den Kulturen der nachfolgenden Schulstufen abhebt und echt unterscheidet. Dies begünstigt eine kontinuierliche Ablösung und führt schrittweise aus der Enge einer auf sich selbst bezogenen Sichtweise hinaus. Die so gestaltete Sozialisierung trägt dem für die Entwicklung bedeutsamen Wechselspiel von Erkennen und Kommunizieren Rechnung und fördert die kognitiven und relationalen Fähigkeiten, womit das Kind die Welt entschlüsselt und seine eigene Umwelt gestaltet.

In einer solchen pädagogischen Anlage von Schule ist die Bedeutung erkennbar, die der Fähigkeit jedes Einzelnen zugemessen wird, innerhalb des sozialen Systems, in dem er sich bewegt, ein Gleichgewicht herzustellen. Die Rolle der Lehrperson besteht vor allem im Vorschlagen, Bestätigen und Unterstützen der Initiativen des Kindes. Das Kind seinerseits erhält die Möglichkeit, sich innerhalb eines strukturierten Raumes zu bewegen. Die Organisation der physischen und sozialen Umwelt vor allem stellt eine wesentliche erzieherische Kraft dar. Es besteht ein grosser Respekt vor dem zeitlichen Verlauf und den Rhythmen der physischen und mentalen Entwicklung. In allen Elementen dieser Schulkonzeption sollen die psychologischen Entwicklungsphasen so gut und so genau wie nur möglich respektiert werden. – Allerdings zeichnen sich in den letzten Jahren psychopädagogische Tendenzen einer Beschleunigung gewisser Lernphasen ab – vor allem im Sprachbereich – unter Anwendung direkterer und gezielterer Lehr- und Lernmethoden (Delcò, Yserman, Ostinelli, 2007).

2. Aktivitäten und Räume

Ein erster Raum – die Aula – bietet Platz für mindestens 13 bis maximal 25 Kinder. Das Ambiente unterscheidet sich wesentlich von dem eines traditionellen Klassenzimmers. Die Lehrerin nimmt keinen privilegierten Platz ein, sondern wechselt ständig ihren Ort; sie betritt und verlässt die Räume, die von den momentanen Aktivitäten eines jeden Kindes definiert werden.

Mit der Zeit lernt jedes einzelne Kind, seine Tätigkeit zu organisieren, indem es Arbeitskontakte mit andern aufnimmt. Jeder Raum ist mit kindergerechtem Mobiliar ausgestattet und mit Materialien, die folgende Aktivitäten ermöglichen:

Mit drei Jahren zur Schule: Der Kanton Tessin in der Vorreiterrolle

- Zeichnen und Malen auf grossen Blättern an Staffeleien (Flipcharts).
- Spiele[5] als Rollenspiele häuslicher Szenen. Eine Art Spiel, das auf verschiedene Weisen und in unterschiedlichen Rollen (Mutter, Vater, Kinder) vorstellbare Formen des Familienlebens wiedergibt.
- Theater spielen. Marionettenspiel mit Figuren aus der Welt der Fabeln und Märchen.
- Verkaufsspiele. Ein Spiel, in dem Situationen des Kaufens und Verkaufens von Produkten mit Spielgeld und entsprechenden Instrumenten wie Waage, Meter- und Litermass simuliert werden.
- Basteln und Konstruieren von Objekten mit Hilfe unterschiedlicher Werkzeuge wie Schere, Kleister, Karton, Papier und der Verwendung von Abfallmaterialien und Wegwerfprodukte.
- Zeichnen mit unterschiedlichen Instrumenten: Bleistift, Feder, Filzstift, Pinsel.
- Geschichten hören.
- Betrachten und teilweise auch Lesen von Bilderbüchern mit Kurztexten.

Ein zweiter grosser Raum, *salone* genannt, ermöglicht Bewegungsspiele und ist mit Dreirädern, Bällen, Seilen u. a. ausgestattet. Dieser Raum wird auch für Aktivitäten von grösserem Platzbedarf genutzt wie Bauen, Auto- und Zugfahren usw. Hier trifft man sich auch für Gruppenaktivitäten, die von der Lehrperson geleitet werden, und zum Märchenerzählen. Vielfach ist es der Raum, der mit Matratzen oder Liegen für den Mittagsschlaf ausgestattet ist.

Jede Kleinkinderschule verfügt über einen Garten mit einer Infrastruktur für Spiele im Freien: Schaukel, Rutschbahn, Sandkasten, kleine Tunnels usw. In einigen Schulen hat man begonnen, das Terrain zu modifizieren, indem kleine Bereiche mit Treppen zum Auf- und Absteigen, mit Mulden usw. eingerichtet wurden.

Jedes Kind verfügt über ein eigenes kleines Waschbecken, und es stehen ihm altersgerechte sanitäre Einrichtungen zur Verfügung.

---

[5] Den spielerischen Aktivitäten wird in der pädagogischen Konzeption dieses Schultyps grosse Bedeutung beigemessen. In der deutschsprachigen Schweiz kennt man ähnliche Spiele unter den mundartlichen Bezeichnungen «Müeterlen», «Theäterlen», «Verkäuferlen» (Anm. des Übersetzers).

Dieter Schürch

In der Regel ist ein Kindergartenalltag in drei Schichten eingeteilt: Die Morgenschicht mit drei Phasen; die Mittagsschicht mit Mittagessen und Ruhepause und zwei Phasen; die Nachmittagsschicht mit zwei Phasen.

Fast jeder Standort ist mit einer Infrastruktur versehen, die den Kindern erlaubt, dort Mittag zu essen und am frühen Nachmittag eine Ruhepause zu verbringen. Hilfspersonal – Köchin und Hilfsköchin – unterstützt die Lehrerin bei der Vor- und Zubereitung des Mittagessens.

Die Lehrerin differenziert ihr Angebot und stimmt es auf den Entwicklungsstand der Kinder ab. Arbeit mit der ganzen Klasse wechselt mit Aktivitäten in Gruppen und Untergruppen.

Der Raum für die Siesta am Nachmittag ist mit Liegen ausgestattet. Für Kinder, die nicht schlafen mögen, besteht ein Angebot an entspannenden Tätigkeiten: Musik hören, Bilderbuch betrachten.

Nach der Siesta setzen die Kinder unterbrochene Tätigkeiten vom Vormittag fort und räumen auf.

In vielen Fällen rundet die Lehrerin den Tag ab mit einer Betrachtung über den Verlauf und das Geschehen der einzelnen Tagesabschnitte und mit einer Vorschau auf den Plan des folgenden Tages, was er enthalten und bringen könnte. Gegen 15.30 Uhr bis Schulschluss nehmen sich die Lehrkräfte Zeit, sich kurz mit den Personen zu unterhalten, welche das Kind abholen, und sie über den Verlauf des Tages und besondere Vorkommnisse zu informieren.

3. Architektonische Konzeption

Die architektonische Konzeption der Kleinkinderschule ist Sache der Gemeinden. Unter Beachtung der kantonalen Direktiven, die das Raumprogramm definieren, macht jede einzelne Gemeinde für das entsprechende Schulprojekt eine öffentliche Ausschreibung.

Im Verlauf der Jahre wurden ästhetisch ansprechende Kleinkinderschulen errichtet, die in hohem Masse auch den ökologischen Normen entsprechen. In einzelnen Fällen haben namhafte Architekten in ernsthaften Auseinandersetzungen um kindgerechte Schulanlagen nach psychophysischen Aspekten optimale Lösungen erzielt. Noch heute ist die Kleinkinderschule, mehr als andere Schulen[6], in das Territorium des Herkunftsortes der Schüler eingebunden (Schürch 2007, 2009).

Namhafte Architekturzeitschriften haben darüber berichtet, was im Tessin vor allem in den drei Jahrzehnten zwischen 1960 bis 1990 diesbezüglich geschaffen wurde.

4. Programm

Jede Lehrperson wendet ein Programm an, das sich auf vier Erziehungsbereiche konzentriert. Eine Leitlinie verbindet die verschiedenen Bereiche, die Themen aus dem Interessenkreis der Kinder umfassen, wie zum Beispiel: das Leben auf dem Bauernhof, die Gestalt einer Fabel, Erzählungen der Grosseltern u. a. Andere Themen können gewählt werden in Verbindung mit äusseren Ereignissen wie den Jahreszeiten, den wiederkehrenden Anlässen im Jahreskreis oder im Zusammenhang aktuellen Geschehens. Ein Thema kann wenige Wochen dauern oder sich über das ganze Schuljahr erstrecken.

Im Folgenden werden kurz die Merkmale eines jeden Bereichs dargestellt.

4.1 Der affektive und soziale Bereich

Er umfasst Aktivitäten, die Fähigkeiten fördern im Zusammenhang mit der Gesellschaft, der Autonomie, dem moralischen Empfinden und dem Selbstbild. Die gleichzeitige Anwesenheit während eines ganzen Tages von Kindern unterschiedlichen Alters in ein und demselben erzieherischen Umfeld verleiht diesem Aspekt eine ganz besondere Bedeutung. Die Kinder lernen sehr schnell, sich aktiv an der Ausgestaltung der Grundsätze zu beteiligen, welche den Verlauf der Aktivitäten und deren Führung[7] in ihrer Kindergartenabteilung betreffen.

---

[6] Die Bildung schulischer Zweckverbände hat zur Folge, dass sich Pflichtschule und Mittelschule nicht mehr dort befinden, wo die Kinder herstammen.

[7] Unter Verlauf bzw. Führung (*andamento*) versteht sich: das Tagesprogramm, die Verteilung von Aufgaben und Verantwortung, die Dauer einzelner Aktivitäten, die Behandlung von Problemen eines einzelnen Kindes, das Besprechen von Vorfällen, die eine gute Führung der Sektion beeinträchtigen können usw.

4.2 Der Bereich der Wahrnehmung und der Psychomotorik

Rhythmische Erziehung und Bewegungsschulung, Lernen sich im Raume zu bewegen, das Wahrnehmen des eigenen Körpers im Spiegel, der Körperkontakt mit anderen Kindern, Gleichgewichtsübungen sind Elemente eines Programms der psychomotorischen Entwicklung.

Nebst der Schule von Maria Montessori besteht eine Verbindung zu den Grundlagen der französischen Schule, die auf neurophysiologische Studien von Henri Wallon[8] zurückgeht.

4.3 Der expressive und kommunikative Bereich

Traditionsgemäss haben sich innerhalb der Kleinkinderschule im Tessin viele Erzieherinnen mit Experimenten im Feld der musikalischen Früherziehung befasst, mit Untersuchungen über stimulierende Einflüsse auf die musikalische Entwicklung, auf die Wahrnehmung von Malerei und Skulpturen, aufs Erzählen und alle Arten expressiver Kunst. Der Weihnachtsbaum, der 2008 in der Stadt Bellinzona aufgerichtet wurde, war mit Zetteln und poesievollen Zeichnungen vieler Kindergartenschüler behangen.

Das aufgrund des veränderten sozialen Umfelds sich verschärfende Sprachproblem gab Anlass zum Lese- und Schreibunterricht. In einigen Kleinkinderschulen werden Möglichkeiten erprobt, noch vor dem Eintritt in die obligatorische Schule ein erstes Buch lesen zu lernen.

4.4 Der kognitive Bereich

In diesem Bereich lernt das Kind gewisse Merkmale der physischen und sozialen Umwelt kennen.

Für den physikalischen Erfahrungsbereich gibt es Untersuchungen über das Erklären von Kausalzusammenhängen der Entstehung von Regen, Blitz, Hagel, der Entwicklung des Samens zur Pflanze usw.

Aus dem sozialen Umfeld zum Beispiel wird gelernt zu erkennen, wie, wann und wo schädliches Verpackungsmaterial umweltgerecht entsorgt werden kann.

---

[8] Der Autor ist weitgehend in Vergessenheit geraten, nachdem die Forschungen im Bereich der Neurologie mit ihren Bezügen zum Nervensystem als überholt galten. Eine vertiefte Kenntnis der Beziehung zwischen Körperhaltung, Bewegung und Emotivität ist nach wie vor von grosser Aktualität.

Mit drei Jahren zur Schule: Der Kanton Tessin in der Vorreiterrolle

Die quantitativen Gesichtspunkte in der Anwendung der numerischen Skala – Grad, Gewicht, Preis usw. – sind eingebettet in viele Spiele sowie in schulische Aktivitäten. In dieser pädagogischen Tradition sind Strömungen auszumachen, die ihren Ursprung in wahrnehmungspsychologischen Untersuchungen von Jean Piaget haben sowie in Nachfolgestudien zu Piaget von Doise, Mugny, Perret-Clermont, Grossen und anderen.

5. Statistische und normative Aspekte

Der Kindergarten ist öffentlich, die Kosten werden vollumfänglich vom Staat (Kanton und Gemeinden) getragen. Der Besuch ist nicht obligatorisch. In der Regel werden alle Mädchen und alle Knaben ab dem vierten und dem folgenden Altersjahr angemeldet. Der Kindergartenbesuch von Dreijährigen hängt von der Verfügbarkeit von Plätzen ab; gegenwärtig sind es etwas mehr als 70 Prozent, bei den anderen Altersstufen praktisch 100 Prozent.

Die Ausbildung der Lehrkräfte basiert auf einer gymnasialen Bildung und vollzieht sich an der Pädagogischen Hochschule[9], sie dauert drei Jahre und ist gleichwertig der Ausbildung von Lehrpersonen der Elementarschule.

Seit 1996 gibt es ein einziges Inspektorat für die obligatorische Schule und für den Kindergarten.[10]

6. Vor Eintritt in den Kindergarten

Für die Altersstufe von drei bis sechs Jahren gilt der Kindergartenbesuch als Bestandteil der Schulkultur und entspricht der lokalen Tradition. Von einer Frühschulerziehung der Alterskategorie null bis drei Jahre hingegen ist die Zustimmung der Gesellschaft noch weit entfernt. Bei genauerem Hinsehen sind mindestens zwei politische Positionen erkennbar. Die erste hält wegen familiärer Bedürfnisse (berufliche Arbeit der Eltern) und der Notwendigkeit der Integration und des Spracherwerbs eine öffentliche frühkindliche Erziehung ab Geburt bzw. dem ersten Lebensjahr für opportun. Die zweite, in der lokalen Tradition stark verwurzelte Auffassung hält an der Erziehung des Kleinkindes bis zum dritten

---

[9] Ab Herbst 2009 ist die Pädagogische Hochschule PH (*Alta Scuola Pedagogica, ASP*) Teil der Fachhochschule der italienischen Schweiz (*Scuola Universitaria Professionale della Svizzera italiana, SUP-Si*).
[10] Gesetz für Kindergarten und Elementarschule vom 7. Februar 1996 und entsprechendes Reglement zur Anwendung. (*Legge sulla scuola dell'infanzia e sulla scuola elementare del 7 febbraio 1996 e il relativo regolamento di applicazione.*)

Lebensjahr im häuslichen Milieu fest und vertritt die Meinung, dies sei eine Bürgerpflicht und demzufolge Aufgabe der Familie (Del Don, 2008).

7. Allgemeine Erwägungen

Unseres Erachtens ist die Kleinkinderschule in der beschriebenen Form des Kindergartens im Kanton Tessin das Resultat eines ausserordentlichen Zusammenspiels erzieherischer Tendenzen, kultureller Einflüsse und Forschungsarbeiten, die das Tessiner Modell als einzigartig erscheinen lassen, nicht nur auf nationalem, sondern auf europäischem Niveau. Es stellt seit langer Zeit dar, was Schule – und nicht nur der Kindergarten – sein könnte. Verschiedene integrative Tendenzen stellen diese Errungenschaft einer Werkstatt, eines «Laboratoriums» des Zusammenspiels von erzieherischen Anregungen und kleinkindlicher Kultur leichtfertig aufs Spiel. Die pädagogische Bedeutung dieser Schule des Kantons Tessin könnte wesentlich zur Bereicherung der Diskussion um die frühkindliche Erziehung beitragen oder den Impuls geben zu analogen Erprobungen und Erfahrungen in andern Kantonen der Schweiz.

Literatur

Delcò, M. L., Yserman, C. & Ostinelli, G. (2007). *Continuità/discontinuità educativa e limiti di una cooperazione tra settori scolastici*. Bellinzona: Divisione della cultura e degli studi universitari del Cantone Ticino.

Del Don, C. (2008). *Situazione in Cantone Ticino. Rapporto finale*. Berna: UNESCO.

Schürch, D. (2007). *Pscodidattica della fotografia nel bambino dai 3 ai 7 anni. L'altro sguardo sull'ambiente di vita*. Milano: Franco Angeli.

Schürch, D., Martinali, E., Martini, P. & Cerutti, E. (2009). *Il progetto Aquilone*. Bellinzona: Municipio di Bellinzona.

Jakob Kost

Entwicklungsperspektiven
Zur Zukunft der frühkindlichen Bildung in der Schweiz

Einleitung

Der folgende Beitrag geht der Frage nach, wie sich die Thematik der Frühkindlichen Bildung, Betreuung und Erziehung (FBBE) in der Schweiz in den nächsten zehn Jahren entwickeln wird. Er hat dabei eher impressionistischen Charakter und lässt keine repräsentativen Aussagen über die künftigen FBBE-Entwicklungslinien hierzulande zu.

Frühkindliche Bildung wird dabei im Sinne von Stamm, Reinwand, Burger, Schmid, Viehhauser und Muheim (2009, S. 91) als

«[...]ganzheitliche, bewusste Anregung der kindlichen Aneignungstätigkeit durch Erwachsene im Umfeld des Kindes» verstanden. «Dazu gehören der altersangemessene Erwerb, mit Sprache umzugehen, Texte vorgelesen zu bekommen und Wörter zu verstehen sowie mathematische und naturwissenschaftliche Phänomene zu erfassen. Künstlerische Begabungen zu entdecken, den Körper zu erfahren und Haltungen und motorische Fähigkeiten einzuüben, gehören ebenso dazu wie die Bedeutung, Gesundheit kennenzulernen oder die Aneignung metakognitiver Kompetenzen [...]» (ebd.).

Um der skizzierten Frage nachzugehen, wurden Interviews mit Entscheidungsträgerinnen und Entscheidungsträgern aus der Bildungs- und Sozialpolitik in der Schweiz geführt. Die Auswahl der Befragten spiegelt die Komplexität des Schweizer Bildungssystems wider. So wurden die drei grossen Sprachregionen ebenso beachtet, wie der Umstand, dass die FBBE im Kompetenzbereich von Sozial- und Bildungs-/Erziehungsdirektionen liegt. Weiter wurde darauf geachtet, dass die Auswahl dem Föderalismus gerecht wird. Deshalb wurden Personen aus nationalen, kantonalen wie auch kommunalen Gremien befragt.

Jakob Kost

In einem ersten Teil dieses Beitrags wird das Vorgehen erläutert, der Entwicklungsstand dargestellt und aufgezeigt, wo sich die Schweiz im internationalen Feld befindet. Danach werden Handlungsempfehlungen dargestellt, welche in der Grundlagenstudie *Frühkindliche Bildung in der Schweiz* von Stamm et al. (2009) postuliert wurden. Die Handlungsempfehlungen dienen als Grundlage der Interviews. Es werden anschliessend die jeweiligen Positionen der Befragten dargestellt und im Anschluss daran versucht, verschiedene Entwicklungsszenarien zu gliedern. Abschliessend werden die Resultate nochmals diskutiert und bildungs- und sozialpolitische Entwicklungsdesiderata erörtert.

1. Vorgehen

Um der erläuterten Fragestellung nachzugehen, wurden vier Entscheidungsträgerinnen und ein Entscheidungsträger aus der Schweizerischen Bildungs- und Sozialpolitik interviewt. Zur Auswahl der InterviewpartnerInnen wurden folgende Kriterien herangezogen: Sie sollten die Schweizerische bildungs- und sozialpolitische Landschaft mit ihren Eigenschaften aus eigener Tätigkeit kennen und in einer Position arbeiten, die sie befähigt, die aktuellen Geschehnisse zu beurteilen. Die Personen mussten in ihrem Bereich zu den massgebenden Entscheidungsträgern gehören – sprich, über ein ansehnliches Mass an politischer Einflussmöglichkeit verfügen. Die Auswahl der Expertinnen und Experten sollte zudem den verschiedenen Sprachregionen sowie dem föderalistischen System der Schweiz gerecht werden. Aufgrund dieser Kriterien wurden folgende Personen befragt:

- Isabelle Chassot, die Präsidentin der EDK (Eidgenössische Kommission der Kantonalen Erziehungsdirektorinnen und Erziehungsdirektoren), welche zudem den Kanton Fribourg und damit die Romandie vertritt;
- Kathrin Hilber, die Präsidentin der SODK (Eidgenössische Kommission der Kantonalen Sozialdirektorinnen und Sozialdirektoren), welche zudem den Kanton St. Gallen vertritt;
- Regine Aeppli, die kantonale Bildungsdirektorin des Kantons Zürich;
- Edith Olibet, die Vorsteherin des Städtischen Amtes für Bildung und Soziales der Stadt Bern,

Entwicklungsperspektiven. Zur Zukunft der frühkindlichen Bildung in der Schweiz

- Dieter Schürch, Mitglied der Schweizerischen UNESCO-Kommission in der Abteilung Frühkindliche Bildung, wurde als Vertreter der italienischsprachigen Schweiz befragt.

Aus dieser Zusammenstellung wird ersichtlich, wie bei der Auswahl den oben beschriebenen Kriterien Rechnung getragen wurde. Zudem spiegelt sich darin die Verteilung der Kompetenzen und Verantwortung über den FBBE-Bereich wider, welche nun in der Darstellung des Schweizerischen Status quo resp. den Handlungsempfehlungen angesprochen wird. Im Anschluss daran wird im Rahmen einer illustrativen Zusammenstellung der Gespräche gezeigt werden, wie die genannten Expertinnen und Experten den aktuellen Stand der FBBE in der Schweiz beurteilen, wie sie die weiteren Entwicklungsmöglichkeiten in der Schweiz sehen und welche Potenziale oder Schwierigkeiten sie identifizieren.

2. Status quo

Die Schweiz investiert in die frühkindliche Bildung, Betreuung und Erziehung nur einen Bruchteil von dem, was die OECD empfiehlt (0,2 Prozent des BIP anstelle des empfohlenen einen Prozents). Damit liegt die Schweiz auch im Vergleich zu ihren Nachbarländern deutlich im Hintertreffen (vgl. Stamm et al., 2009, S. 21). Nur ein Viertel aller drei- bis vierjährigen Kinder nehmen an vorschulischen Angeboten Teil. Im Vergleich zu Frankreich (98 Prozent) resp. Italien (99 Prozent) ist dies ein enorm tiefer Prozentsatz (OECD, 2006a).

Die UNICEF (2008) teilt der Schweiz, im Vergleich zu 24 anderen ökonomisch gut entwickelten OECD-Staaten, einen schlechten Rang in Bezug auf die Entwicklung im FBBE-Bereich zu. Sie befindet sich auf gleicher Höhe mit Spanien oder Mexiko und erfüllt nur drei der zehn Benchmarks[1], wobei vor allem das Fehlen einer nationalen Strategie sowie das bereits erwähnte tiefe Investments im Verhältnis zum BIP moniert werden (S. 2ff.). Wie äussern sich diese Punkte nun in der Praxis?

---

[1] Die Schweiz erfüllte nur folgende Benchmarks: 80 Prozent des Betreuungspersonals ist ausgebildet, das Betreuungsverhältnis ist maximal 1:15, die Kinderarmut liegt unter 10 Prozent. Andere Benchmarks wie z. B. Betreuungsplätze für 25 Prozent der dreijährigen resp. für 80 Prozent der vierjährigen Kinder wurden nicht erreicht.

Aufgrund der Berechnungen von Stern et al. (2006, S. 164) ist davon auszugehen, dass zum aktuellen Zeitpunkt 50000 Betreuungsplätze für 120'000 Kinder fehlen. Weiter können die Autoren aufzeigen, dass rund 40 Prozent der Haushalte mit Kindern im Vorschulalter familienergänzende Kinderbetreuung in Anspruch nehmen, wobei davon nur ein Drittel Kinderkrippen besuchen, 50 Prozent werden von Verwandten, jeweils 17 Prozent davon von Tagesfamilien oder Freunden/Bekannten betreut (ebd., S. 160). Dies zeigt die hohe Nutzung von nichtinstitutionellen Betreuungsformen in der Schweiz auf. In einem Choice-Experiment konnten die Autoren aber nachweisen, «dass deutlich mehr Haushalte formelle familienergänzende Kinderbetreuung nachfragen würden, wenn sie frei zwischen einer privaten und einer Betreuung in einer Kinderkrippe oder bei einer Tagesfamilie wählen könnten» (ebd., S. 161; vgl. auch Iten et al., 2005). Wie sieht nun aber das FBBE-Angebot in der Schweiz aus? Betrachtet wird hier das Angebot für die null- bis vierjährigen Kinder, da im Anschluss daran der Kindergarten und somit der Vorschulbereich beginnt. Im formellen Bereich der Betreuungsangebote lassen sich vor allem Kindertagesstätten (für die französischsprachige Schweiz *Institutions de la petite enfance*, für die italienischsprachige Schweiz *Asili nidi*) für die Null- bis Vierjährigen, Spielgruppen für die Dreijährigen sowie Tagesfamilien für Kinder ab dem Säuglingsalter finden. Die Angebote unterscheiden sich in mannigfaltigen Merkmalen (Trägerschaft, Grösse, Öffnungszeiten, pädagogisches Konzept, usw.). Weiter finden sich in der Schweiz paradigmatische Unterschiede zwischen den Angeboten, die auch sprachregional strukturiert sind. In der deutschsprachigen Schweiz ist oft eine starke Sozialorientierung mit freiem Spiel zu beobachten, während in der französischsprachigen Schweiz eher die kognitive Förderung im Mittelpunkt steht. Eine ähnliche, wenn nicht gleiche Orientierung findet sich in der italienischsprachigen Schweiz (vgl. Stamm et al., 2009, S. 33ff.). Trotz dieser Unterschiede muss generell von einer starken Fokussierung auf den Betreuungsgedanken der Schweizerischen FBBE-Einrichtungen hingewiesen werden, was auch in den einschlägigen Berichten Erwähnung findet. So ist davon auszugehen, dass die Integration von Bildungs- und Betreuungsaufgaben im Alltag der Kindertagesstätten, Krippen und weiteren ähnlichen Einrichtungen aktuell erst an wenigen Orten umgesetzt wird und dies damit eine Herausforderung der nächsten Jahre

Entwicklungsperspektiven. Zur Zukunft der frühkindlichen Bildung in der Schweiz

darstellt (vgl. Stamm et al., 2009, S. 91ff.; Viernickel & Simoni, 2008, S. 30; sowie Stamm in diesem Band). Damit verbunden sind auch Personalfragen, da Reformen der Einrichtungen bestimmt auch beim Personal bzw. seiner Ausbildung ansetzen müssten. Der FBBE-Bereich zeichnet sich im Bezug auf das Personal durch eine grobe Viergliederung aus. Ein grosser Anteil des Personals besteht aus jungen Frauen, die ein Praktikum (Aupair-Jahr usw.) absolvieren, weiter gibt es seit 2006 die Berufslehre zur Fachfrau/Fachmann Betreuung und darauf aufbauend eine Weiterbildung auf der Ebene der höheren Fachschule. Nicht zuletzt wird ein Teil des Angebots (z. B. Spielgruppen) durch Laien angeboten. Verschiedene Träger (z. B. KiTaS, MMI u. a.) bieten auch Weiterbildungen in diesem Bereich an (vgl. EKM, 2009b, S. 28ff.; Stamm et al., 2009, S. 33ff.). Auch im Personalbereich kann auf die UNICEF-Studie (2008) zurückgegriffen werden, da sie unter anderem das weitgehende Fehlen von auf Tertiärstufe ausgebildetem Personal bemängelt.

Eine weitere Herausforderung in der aktuellen Situation ist die Frage, wie in der Schweiz die Angebots- und Nachfragestruktur erfasst wird. Da die dafür notwendige Forschungsinfrastruktur noch nicht besteht und zudem die Erfassung durch die geteilte Verantwortung sowie die föderalistische Struktur moderiert werden, wird in verschiedenen Berichten (EKFF, 2008; EKM, 2009a; EKM, 2009b; Stamm et al., 2009) ein dringender Handlungsbedarf festgestellt.

Die Frage der Qualitätssicherung im FBBE-Bereich wird zurzeit in den einzelnen Kantonen und Gemeinden verschieden angegangen. So haben einzelne Gemeinden (z. B. die Gemeinde Bern) bereits Qualitätsrichtlinien entworfen, welche auch überprüft werden. Vielerorts fehlen aber solche Instrumente, wobei in diesen Fällen oft die Richtlinien des Verbandes der Kindertagesstätten der Schweiz (KiTaS) oder auch die Verordnung über die Aufnahme von Kindern zur Pflege und Adoption (PAVO) zur Anwendung kommen. Weder die eine noch die andere kann aber als hinreichendes Qualitätsfeststellungs- oder Qualitätssicherungsinstrument betrachtet werden. So zeigt sich auch in diesem Bereich ein bereits bekanntes Bild der «Unterentwicklung», welches sich wie die anderen auch in den genannten Berichten finden lässt. An einigen Stellen (z. B. Stamm et al., 2009, S. 95ff.; Viernickel & Simoni, 2008, S. 31) wird die Herausforderung der Qualitätssicherung mit der Forderung nach einem (nationalen) Gütesiegel resp. der Schaffung eines Anreizsystems zur Qualitätssicherung verbunden. Von der Seite des Bundes geht zurzeit jedoch noch keine Initiative in die Richtung einer Entwicklung einer Gesamtstrategie für die FBBE aus, auch wenn dies von verschiedenen Seiten gefordert wird (z. B. EKM, 2009a, S. 6).

Es ist bekannt, dass die FBBE in der Schweiz nicht schon seit Jahrzehnten etabliert ist, wie dies in gewissen skandinavischen Ländern bereits seit Ende des zweiten Weltkriegs der Fall ist (Bennett, 2008). Doch erstaunt es, dass andere «FBBE-Spätentwickler» in der Zwischenzeit nationale Konzepte oder Rahmencurricula entworfen haben und diese Entwicklung an der Schweiz vorbeiging (Oberhuemer, 2004).

Dieser kurze Überblick über die aktuelle Situation in der Schweiz zeigt bereits auf, in welchen Aspekten der FBBE noch Entwicklungsbedarf besteht. Eine konkretere Darstellung dieser Entwicklungspunkte wird im folgenden Kapitel ersichtlich.

3. Handlungsempfehlungen aus der Grundlagenstudie «Frühkindliche Bildung» in der Schweiz

Die Grundlagenstudie «Frühkindliche Bildung in der Schweiz» (Stamm et al., 2009) kristallisiert zehn Bereiche heraus, in denen die Verfasser Handlungsempfehlungen für die weitere Entwicklung im FBBE-Bereich in der Schweiz geben. Im Folgenden wird auf diese Handlungsempfehlungen eingegangen, da sie Bestandteil der Interviews waren, deren Kernaussagen weiter unten dargestellt und diskutiert werden. Die Güte der Empfehlungen zeigt sich auch daran, dass auch in anderen kleineren Untersuchungen und Berichten für die Schweiz teilweise ähnliche Aspekte herauskristalisiert wurden (z. B. Iten et al., 2005; EKFF, 2008; EKM, 2009a; EKM, 2009b). Im Folgenden beziehe ich mich auf Stamm et al. 2009 (S. 91ff.).

1. *Ein Fokus auf den Bildungsgedanken*: Stamm und Mitarbeitende weisen darauf hin, dass der Begriff der frühkindlichen Bildung oft mit der Vorverlegung schulischer Inhalte bzw. früher Einschulung gleichgesetzt wird. Diesem Missverständnis müsse man begegnen, indem einerseits frühkindliche

Entwicklungsperspektiven. Zur Zukunft der frühkindlichen Bildung in der Schweiz

Bildung im oben erläuterten ganzheitlichen Sinne verstanden und auch so kommuniziert wird. Andererseits müsse darüber ein Diskurs lanciert werden, welcher die erfolgreichen Praxen aus dem Ausland (Schweden, Italien oder Neuseeland) und dem Inland Rechnung trägt, wobei ein Schwerpunkt auf den Perspektivenwechsel von Betreuung zu Bildung angestrebt werden soll.

2. *Sicherung der internationalen Anschlussfähigkeit*: Da das Schweizerische FBBE-System nicht den OECD-Empfehlungen entspricht, empfehlen die Autoren, das System in drei Bereichen weiterzuentwickeln. Erstens soll ein zusammenhängender Bildungs- und Betreuungsraum entstehen, zweitens müsse die Schweiz ein international vergleichbares statistisches Datensystem im Sinne eines Bildungsmonitorings entwickeln und drittens müsse die Qualifizierung des Personals weiterentwickelt werden.

3. *Aufbau einer Forschungsinfrastruktur*: In der Schweiz wird zurzeit noch in sehr bescheidenem Rahmen im FBBE-Bereich geforscht. Daher empfiehlt die Studie, dass der Bund ein nationales Forschungsprogramm zu einigen Kernzielen langfristig unterstützt und dabei auch den Wissenstransfer aus der Forschung in die Praxis fördert.

4. *Zusammenhängender Bildungs- und Betreuungsraum*: Die OECD empfiehlt, den frühen Bildungsraum von null bis acht Jahren einheitlich zu gestalten. Die Schweiz ist davon insofern weit entfernt, als dass einerseits die institutionalisierte Vorschulstufe, der Kindergarten resp. die Grund-/Basisstufe mit vier Jahren beginnt und als Bildungsinstitution auch politisch vom Frühbereich (null bis vier Jahren) getrennt ist. Letzterer gehört in den Kompetenzbereich der Sozialdirektionen, Ersterer in denjenigen der Bildungs-/Erziehungsdirektionen. Die Autoren empfehlen deshalb, den gesamten Bildungsbereich null bis acht als «(...) Aufgabe mit gemeinsamen Zuständigkeitsbereichen zu entwickeln (...)» (ebd., S. 92).

5. *Ausweitung der Rolle des Bundes und die Entwicklung einer langfristigen Strategie*: Die Autoren regen dazu an, dass der Bund in der Weiterentwicklung des FBBE-Systems in der Schweiz eine zentrale Rolle spielen sollte, um beim Aushandlungsprozess von Zuständigkeitsbereichen aktiv mitzuwirken sowie um eine nationale Qualitätsinitiative im FBBE-Bereich zu fördern.

6. *Aufwertung des Personals und Sicherung seiner Vielfalt*: Die Aufwertung des Personals darf nicht nur über ein formal höheres Ausbildungsniveau verfolgt werden, weil das Ausbildungsniveau nicht kausal mit besserer Bildungs- bzw. Betreuungsqualität zusammenhängt. Die Weiterentwicklung der Aus- und Weiterbildungen soll sich an den Inhalten orientieren, zudem sollte vermehrt auf die Heterogenität des Personals (männliches Personal oder Fachkräfte mit Minoritätenhintergrund) geachtet werden.

7. *Sicherung der pädagogischen Qualität*: Stamm und Mitarbeiter empfehlen, dass in einem ersten Schritt qualitative Minimalstandards ausgearbeitet werden, damit in einem zweiten Schritt Bildungspläne, welche den Fachpersonen als Orientierungshilfe in Bezug auf die Bildungs- und Betreuungsaufgaben dienen sollten, entwickelt werden. Weiter wird empfohlen, ein träger- und konzeptübergreifendes «nationales Gütesiegel» zu lancieren, das von einer Schweizer Fachstelle vergeben wird.

8. *Gesamtsystem für familienergänzende Angebote*: Das schweizerische FBBE-Angebot ist teilweise dicht und strukturell vielfältig. Es zeichnet sich besonders durch viele Einzelaktivitäten und zahlreiche Praxisprojekte aus. Aktuell fehlt aber eine Koordination dieser Angebote. Daher empfehlen Stamm et al. (2009) in Anlehnung an die Empfehlung 5, dass im Rahmen einer langfristigen Strategie des Bundes auch die Koordination dieser Projekte zu verankern sei.

Entwicklungsperspektiven. Zur Zukunft der frühkindlichen Bildung in der Schweiz

9. *Förderung von benachteiligten Kindern und solcher mit besonderen Bedürfnissen*: Die positiven Effekte von frühkindlicher Bildung für Kinder aus benachteiligten Milieus sind in der Fachwelt unbestritten (z. B. OECD, 2006a). Stamm et al. (2009) empfehlen, «der FBBE solcher Kinder erste Priorität zu schenken. Massnahmen sollten früh einsetzen, integrativ sein, die sprachliche Förderung, aber auch den Erwerb allgemeiner Lerndispositionen sowie die Mitwirkung der Eltern besonders beachten» (ebd., S. 14).

10. *Stärkung der Eltern*: Die Autoren machen klar, dass familienexterne Betreuungsangebote die Sozialisation in der Familie nicht ersetzen können. Daher sollten die familieninternen Ressourcen gestärkt werden. Es wird empfohlen, den Mutterschaftsurlaub in einen Familienurlaub umzuwandeln und verstärkt in Weiterbildungsangebote für Eltern zu investieren (ebd.).

4. Kernaussagen der Experteninterviews

Vorerst sollte beachtet werden, dass nur wenige der befragten Expertinnen und Experten effektiv konkrete mögliche Entwicklungsszenarien skizzierten, sondern sich vielmehr darauf beschränkten, aktuelle Herausforderungen zu formulieren. Deshalb hat die hier vorgenommene Fokussierung der Antworten in verschiedene Zukunftsperspektiven mehr interpretativen und aussagenerweiternden Charakter. Im Folgenden werden die Kernaussagen aus den Interviews zusammenfassend dargestellt.

Staatsrätin Isabelle Chassot (FR), Direktorin für Erziehung, Kultur und Sport des Kantons Freiburg, Präsidentin der EDK: Auf politischer Ebene gibt es bereits eine grosse Sensibilisierung für das Thema der FBBE. In den vergangenen Jahren wurden die familienergänzenden Betreuungsstrukturen in der Schweiz stetig ausgebaut. Die Situation in den Kantonen ist aber noch sehr unterschiedlich. Eine wichtige Frage stellt sich in Bezug auf die Entwicklung von bedarfsgerechten Angeboten. Aktuell gibt es hier ein Missverhältnis, nicht zuletzt deshalb, weil Daten fehlen, um den Bedarf klar festzulegen. Die Qualität der Einrichtungen wird von Kantonen und Gemeinden über die Zulassung dieser Einrichtungen

Jakob Kost

reguliert (strukturelle Merkmale wie Betreuungsverhältnis, Grösse der Einrichtung), inhaltliche Vorgaben gibt es eher selten. In den nächsten Jahren werden aber bestimmt auch vermehrt inhaltliche Qualitätsstandards für Betreuungseinrichtungen definiert. Der Bund ist teilweise für die Ausbildung (Berufsausbildung Fachangestellte Soziales, Fachangestellte Betreuung) zuständig. Wobei mit der Ausbildung ein zentraler Qualitätsaspekt der gesamten FBBE gesteuert werden kann. Ein wichtiger Diskussionspunkt bildet die Finanzierung. Was die Finanzierung durch Kantone und Gemeinden betrifft (die natürlich nicht die alleinigen Finanzierer von FBBE sind), stellt sich die Frage, wie viel der Kanton übernimmt und wie viel der Kosten zu Lasten der Gemeinden geht. Im Zusammenhang mit der FBBE ist es interessant, dass in der Westschweiz kaum jemand negiert, dass der Staat auch eine subsidiäre Erziehungsaufgabe hat. In der Deutschschweiz ist dies eher ein heikles politisches Thema. FBBE muss auch für Kinder mit tiefem sozioökonomischem Status – gerade auch in Kopplung mit einem Migrationshintergrund – zugänglich sein, mit dem Ziel, die Chancengerechtigkeit zu verbessern. Im Rahmen des Ausbaus von FBBE steht die Vereinbarkeit von Familie und Beruf im Zentrum. Eine Reduktion von FBBE auf diesen wirtschaftlichen Aspekt würde aber zu kurz greifen. Es gilt auch die Bildungsaspekte von FBBE zu berücksichtigen. Zum aktuellen Zeitpunkt brauchen wir Forschung, die uns die Zahlen und Fakten liefert, um die Wirksamkeit von FBBE auch für die Schweiz zu zeigen. Dies wird viel zur Etablierung des Themas beitragen.

Kathrin Hilber (SG), Vorsteherin des Departementes des Innern des Kantons St. Gallen, Präsidentin der SODK: Das Impulsprogramm des Bundes zur Förderung von Familienexterner Kinderbetreuung hat in den ländlichen Kantonen viel gebracht, wobei auch Spannungen zwischen Stadt, Agglomeration und ländlichen Gebieten feststellbar sind. Die Bedürfnisse hängen stark vom Urbanisierungsgrad der Regionen ab. Zurzeit scheint die familienergänzende Kinderbetreuung als salonfähige Übergangslösung, bis die Schweiz Tagesschulen einführt. Tagesschulen werden die Lösung sein, um der dramatischen demografischen Entwicklung beizukommen. So könnte man sagen, dass das Thema der FBBE über Sachzwänge zu einem bildungspolitischen Thema wird. Hier wird

Entwicklungsperspektiven. Zur Zukunft der frühkindlichen Bildung in der Schweiz

uns aber die demografische Entwicklung entgegenkommen, da wir in ganz Westeuropa in den nächsten Jahren und Jahrzehnten einen massiven Arbeitskräftemangel haben werden. Die SODK sollte zu einer Plattform werden, über welche landesweit «best practice» ausgetauscht werden kann. Weiter wäre es wünschenswert, zum ganzen Frühbereich ein Rahmengesetz zu entwerfen, wobei dies zum aktuellen Zeitpunkt noch in weiter Ferne liegt. Auch die Elternbildung muss weiterentwickelt werden. Eine Möglichkeit wäre, wenn Eltern, die ihre Kinder in familienexterne Kinderbetreuung schicken, in gewissen Abständen an Weiterbildungen teilnehmen würden, an denen man sich u. a. über Erziehungsgrundsätze austauschen kann. Noch fehlen Angaben zur Qualität familienergänzender Angebote. Von einer solchen Entwicklung ist die Schweiz noch weit entfernt. Mit der Revision der PAVO wird eine bessere Grundlage im Bereich Qualitätssicherung geschaffen werden. In Zukunft wird es eine Mischung von Objekt- und Subjektfinanzierung geben. Die Eltern werden sich aber an den Aufwendungen beteiligen müssen, jedoch nicht so, dass bei Doppelverdienern gleich ein Gehalt für die Finanzierung des Betreuungsplatzes draufgeht. Die Objektfinanzierung muss auch als Teil der Qualitätskontrolle verstanden werden, da bei einer reinen Subjektfinanzierung die Verantwortung für die Qualität nicht mehr in den Händen des Staates liegt. Zudem müssten die Arbeitgeber in die Debatte einbezogen werden, besonders unter dem Aspekt der Vereinbarkeit von Beruf und Familie. Dafür braucht es Bilder, die das Funktionieren der Vereinbarkeit von Familie und Beruf zeigen.

Regine Aeppli, Kantonale Bildungsdirektorin des Kantons Zürich: In unserer Gesellschaft leben 70 Prozent aller Menschen in städtischen Agglomerationen. Da können die Eltern ihre Kinder oft nicht zum Spiel auf die Strasse lassen. Wichtig ist deshalb, dass die Erziehungsverantwortlichen das Spielen und damit auch das Lernen der Kinder organisieren. Dies ist neben der Veränderung in Bezug auf die Lebensform Familie sowie das Rollenverständnis innerhalb der Familie eine der wichtigsten Veränderungen. Das verdeutlicht, wie wichtig das Thema Frühkindliche Bildung, Betreuung und Erziehung (FBBE) ist. In den urban orientierten Regionen im Kanton Zürich ist die Zahl der Betreuungsplätze für Kinder in den letzten Jahren stark angestiegen. In den ländlichen Regionen

Jakob Kost

hingegen tut man sich noch etwas schwer mit der Vorstellung, dass Kinderkrippen- und Hortplätze ein Standortvorteil für eine Gemeinde sind. In den Legislaturzielen der Bildungsdirektion des Kantons Zürich wurde das Thema Frühförderung aufgenommen. Entstanden sind Projekte wie *Spielgruppe^{plus}*, bei dem die sprachliche Förderung von benachteiligten Kindern im Zentrum steht, um deren Chancennachteil zu kompensieren. Momentan liegt das Angebot vor allem in den Händen von privaten Organisationen. Im Herbst 2009 werden wir im Kanton Zürich eine Konferenz zum Thema Frühförderung durchführen, von der wir uns wichtige Impulse erhoffen. Frühe Förderung soll nach unserer Auffassung allen Kindern offen stehen; wir sind überzeugt, dass auch die Kinder viel voneinander lernen.

Politisch ist die Einführung einer obligatorischen Frühförderung im Kanton Zürich derzeit nicht umsetzbar. Dennoch ist es wichtig, inhaltliche Ziele zu entwickeln und zu formulieren, weil zum Teil sehr abenteuerliche Vorstellungen von Frühförderung kursieren. Es geht mir auch nicht darum, den frühen Bereich des Lernens «zu verstaatlichen». Sobald aber öffentliche Gelder in einen Bereich fliessen, braucht es Standards und eine Qualitätskontrolle. Diese könnte so geregelt sein wie aktuell bei den Privatschulen. Abschliessend muss darauf hingewiesen werden, dass die Schweiz noch lange nicht am Optimum des Mutterschaftsurlaubes oder Elternurlaubs angelangt ist – eine Reform würde vieles verändern.

Edith Olibet, Gemeinderätin der Stadt Bern, Departement Bildung und Soziales: Familienergänzende Kinderbetreuung ist für die Stadt Bern heute selbstverständlich. Zurzeit läuft in der Stadt Bern eine Initiative, die das Recht auf einen Platz in einem Angebot der familienergänzenden Kinderbetreuung für jedes Kind festschreiben will. Dabei ist die grosse Herausforderung die Finanzierung sicher zu stellen.

Für Kinder mit nichtdeutscher Muttersprache besteht noch immer ein sehr grosser, dringender Nachholbedarf. Mangelnde Bildung ist das Armutsrisiko Nummer eins. Das Projekt Primano wird heute mit Drittmitteln finanziert. Damit ist aber auch dessen Zukunft dementsprechend ungewiss. Das Projekt beruht auf Freiwilligkeit und die Eltern müssen vom Angebot überzeugt werden. Die Er-

Entwicklungsperspektiven. Zur Zukunft der frühkindlichen Bildung in der Schweiz

reichbarkeit ist eine grosse Herausforderung. Nach anfänglichen Schwierigkeiten hat sich die Mund-zu-Mund-Propaganda als sehr wirksam herausgestellt. Die Stadt Bern hat für den familienergänzenden Betreuungsbereich Qualitätshandbücher entwickelt, in einem ähnlichen Sinne wie diese bereits für Spitäler und Alterseinrichtungen existieren. Der Austausch wird mit Städten wie Basel, Zürich oder Hamburg gepflegt. Die Umsetzung der Kooperation im FBBE ist von den zur Verfügung stehenden Ressourcen abhängig. Die Vernetzung zwischen Gemeinden und Kantonen ist oft sprachregional strukturiert. Eine Schweizerische Plattform, die den Austausch fördert, wäre sehr wichtig. Es scheint unwahrscheinlich, dass es bald auf schweizerischer Ebene eine Gesamtstrategie für den Frühbereich geben wird, obwohl dies auch eine Bundesaufgabe wäre. So werden die Kantone eigene Strategien entwickeln, der Bund müsste dies aber mitfinanzieren. Der Ausbau von FBBE gehört zur Prävention. Die SODK müsste im oben skizzierten Sinne eine koordinierende Funktion wahrnehmen, um die FBBE-Angebote zu koordinieren und zu vernetzen. Ebenso müssten Strategien zur Beteiligung der Eltern und ihrer Stärkung verfolgt werden. Dies könnte über Gruppentreffen, Elternabende in Spielgruppen inkl. Elternbildung erfolgen. Die heutigen Elternbildungsangebote werden meist von Eltern besucht, die bereits ein hohes Bewusstsein für dieses Thema haben. Sie und weitere massgeschneiderte Angebote müssten auf die Erreichbarkeit der anderen Eltern ausgerichtet werden. Die Erwerbstätigkeit der Frauen nimmt immer mehr zu. Je mehr Eltern erwerbstätig sind, desto mehr Leute werden ihre Kinder auch familienextern erziehen und betreuen lassen. Akuter Bedarf besteht zurzeit im forcierten Ausbau des Platzangebotes. Mit einer Reform des Elternurlaubes liessen sich Wartelisten schneller abbauen. Hausbesuchsprogramme für schwierig erreichbare Zielgruppen müssen weitergeführt und ausgebaut werden.

Prof. Dr. Dieter Schürch, UNESCO-Kommission Schweiz, Frühkindliche Bildung: In der Schweiz gibt es eine breite Anzahl an pädagogischen Praktiken, besonders in der frühen Kindheit, die wenig bekannt sind. Dies hat unter anderem mit der mangelnden Publikation dieser zu tun. Es ist davon auszugehen, dass nur eine breite universitäre Forschung die Lücke in diesem Bereich füllen kann. Der Kanton Tessin ist hier keine Ausnahme. In den nächsten Jahren müsste man sich

Jakob Kost

darauf konzentrieren, beispielhafte Praktiken in den verschiedenen Sprachregionen zu finden, sie zu dokumentieren und publik zu machen. Der direkte Austausch zwischen den Praktikern sollte so unbedingt gefördert werden. Es sollte eine Plattform gegründet werden, welche den Austausch von Einzelaktivitäten, Forschung, wie auch von grösseren Projekten in der FBBE auf nationaler Ebene fördert. Der Bereich der frühen Kindheit teilt sich nach wie vor auf zwei Departemente auf, die zu wenig koordiniert arbeiten. Für dieses Problem braucht es eine Lösung. Die Erziehungs- und Sozialdirektionen müssen die Notwendigkeit einer Plattform erkennen und jetzt handeln. Die UNESCO-Kommission spielt eine wichtige Rolle, indem sie versucht, diese Versplitterung zu bekämpfen.

Die heiss diskutierte Frage der Qualitätssicherung bedarf eine vorsichtige Herangehensweise. Zurzeit besteht noch sehr wenig Wissen, was Qualität in der FBBE bedeutet. Dieses Wissen sollte aus den Kenntnissen über die verschiedenen Forschungen, Pilotversuchen und auch Praktiken herausentwickelt werden.

In Bezug auf die Koordination des FBBE-Bereichs scheint in der aktuellen Situation keine gute Lösung in Sicht. Vieles hängt von der Frage ab wie in Zukunft mit der kulturellen Heterogenität umgegangen wird, wie sich das Konzept der Familie als Ort des Aufwachsens, und wie sich der Diskurs um die Gleichstellung von Mann und Frau weiterentwickelt.

Zudem scheint eine Erweiterung der Entwicklungspsychologie des Kindes angebracht. Sie müsste vom alten, defizitorientierten Schema wegkommen und vermehrt die kognitiven und kulturellen Fähigkeiten der Kinder betonen. Auch ist die Wirkung der Umwelt auf Kinder schlecht erforscht. Zurzeit wird dem Kind kein Recht auf eigene Bürgerschaft eingeräumt. Wenn man von einer neuen Kinderentwicklungskonzeption ausgeht, dann müsste man sich auch fragen, was sie soziopolitisch bedeuten kann. Dem Kind sollte endlich ein Standpunkt eingestanden werden, der sich vom Erwachsenen unterscheidet. Eine Umsetzungsmöglichkeit dafür wäre z. B. Preise für besonders kinderfreundliche Städte und Gemeinden auszuschreiben.

5. Mögliche Entwicklungsperspektiven

Wie bereits weiter oben erwähnt, stellt sich bei der Strukturierung der Antworten die Schwierigkeit, dass viele der Befragten keine konkreten Szenarien darlegten, sondern vielmehr aktuelle Herausforderungen formulierten. Dabei finden sich teilweise starke Überschneidungen mit den im zweiten Abschnitt diskutierten Handlungsempfehlungen (Stamm et al., 2009). Trotzdem scheint eine Strukturierung der Antworten in folgende Szenarien plausibel:

- Handlungsleitender sozialer Wandel: Die befragten Entscheidungsträgerinnen und Entscheidungsträger argumentieren, dass sich die FBBE in der Schweiz entlang des soziodemografischen Wandels entwickeln werde. Dabei beziehen sich die Befragten darauf, dass in westeuropäischen Ländern ein Arbeitskräftemangel drohe, sich die Alterspyramide aufgrund der zu erwartenden Überalterung weiter wandle und die Vereinbarkeit von Familie und Beruf ein noch bedeutsameres Thema werde. Sie sprechen von sozialen Tatsachen resp. Sachzwängen, die dann, wenn die Entwicklung so weit fortgeschritten sei, die Politik zu Handlungen zwingen würde.

Kommentar: Dieses Szenario scheint plausibel, doch lassen sich noch weitere Aspekte herausschälen. Mit dem Verweis auf zukünftige demografische Entwicklungen und später anstehenden Sachzwängen, scheinen die Befragten von aktuellen und akuten Handlungszwängen zu entbinden. Ein Abwarten wird damit legitimiert. Fraglich ist dabei, ob der demografische Wandel nicht schon jetzt so weit fortgeschritten ist, dass akuter Handlungsbedarf besteht. Zudem scheint es fraglich, ob die Herausforderungen, die mit der Reform eines neuen Bildungszweiges verbunden sind (bedarfsgerechtes Angebot, Qualitätssicherungskonzepte usw.), zu einem späteren Zeitpunkt besser angegangen werden können als zum aktuellen. Das Szenario macht keine konkreten Aussagen darüber, wo wir in zehn Jahren stehen. Dies würde in diesem Szenario, wie erwähnt, vom Fortschritt des soziodemografischen Wandels abhängen.

Jakob Kost

- Gemächliches Entwicklungstempo: Einige der Befragten machten klar, dass die Weiterentwicklung des gesamten FBBE-Bereichs vom Grundtempo politischer Veränderungen in der Schweiz abhänge. Etwas zugespitzt formuliert, werden Reformen in der Schweiz sehr langsam angegangen – die FBBE ist hier wohl keine Ausnahme. Die Expertinnen und Experten verweisen darauf, dass es sich dabei um emotional hoch beladene Themen handle, die auch auf politischer Ebene vorsichtig angegangen werden müssten.

Kommentar: In diesem Szenario werden z. B. die Handlungsempfehlungen aus den einschlägigen Berichten (Stamm et al., 2009, EKM, 2009a, EKM, 2009b, EKFF, 2008) als wichtig und notwendig erachtet, doch bedürfen solche Entscheide, wie erwähnt, viel Zeit. Nach diesem Szenario steht die FBBE in zehn Jahren kaum an einem anderen Punkt als heute. Die bereits umgesetzten Angebote werden ausgebaut sein und die heute als fortschrittlich geltenden Regionen werden ihre Stellung weiteretabliert haben. Vielleicht wird durch die Überarbeitung der PAVO eine erste Grundlage für spätere Entwicklungen auf Bundesebene gesetzt sein.

- Entwicklung aus den Kantonen heraus: Die Expertinnen und Experten geben an, dass einige Entscheidungen oder Koordinationsleistungen auf Bundesebene geschehen müssen, da die Bedürfnisse und Angebote aber von den Kantonen geregelt werden, müsse aber Ausbau des FBBE-Angebots von ihnen ausgehen.

Kommentar: Durch die mangelnde Koordinationsleitung des Bundes werden die Kantone ihre je eigene Strategie bereits weiterverfolgen und den auftretenden Herausforderungen auf kantonaler Ebene begegnen. Gewisse Kantone würden so in den nächsten zehn Jahren eigene Qualitätssicherungskonzepte, wie sie teilweise z. B. bereits in Altersheimen oder Privatschulen umgesetzt sind, für die FBBE entwickeln. Einzelne würden vielleicht Pilotprojekte zur Umsetzung von Bildungsplänen starten. Der Austausch zwischen den Kantonen würde jeweils bilateral oder (sprach-)regio-nal organisiert, jedoch nicht gesamtschweizerisch koordiniert werden. Dieses Szenario wird durch die vielen Aussagen, dass Bedürfnisse und Kompetenzen auf kantonaler Ebene angesiedelt seien, untermauert.

6. Diskussion

Im vorliegenden Aufsatz wurde der Versuch unternommen, verschiedene Szenarien, wie sich der FBBE-Bereich in der Schweiz entwickeln könnte, herauszuarbeiten. Dabei wurde ersichtlich, dass sich die drei Szenarien vor allem darin unterscheiden, welche Akteure an der Entwicklung beteiligt sind sowie mit welchem Nachdruck auf aktuelle Bedürfnisse reagiert wird. Auffallend scheint, dass keines der Szenarien die geforderte Koordination der einzelnen Angebote oder die Koordination zwischen den Kantonen aufgreift, geschweige denn dem Bund eine zentrale Rolle für die Entwicklung einer Gesamtstrategie zugesteht.

Abschliessend sollen nun noch weitere Aspekte, die durch die Auseinandersetzung mit dem Thema auffielen, diskutiert werden.

Von geringem Interesse scheint z. B. die im Rahmen der familienergänzenden Kinderbetreuung diskutierte Gleichberechtigung der Geschlechter zu sein.

«Das grosse Interesse der Regierungen an diesen Fragen [Entwicklungsstand der FBBE] erklärt sich hauptsächlich aus dem Bestreben, die Frauenerwerbsbeteiligung zu erhöhen, es den Frauen im Sinne der Gleichberechtigung zu ermöglichen, berufliche und familiäre Pflichten besser miteinander zu vereinbaren, die demographischen Herausforderungen zu bewältigen, denen sich die OECD-Länder gegenübersehen (...), sowie die Notwendigkeit, die Probleme der Kinderarmut und der Bildungsbenachteiligung nachzugehen.» (OECD, 2006b, S. 1).

Berücksichtig man die von der UNICEF (2008) attestierte geringe Kinderarmut in der Schweiz (die von Stamm et al., 2009, S. 54ff relativiert wird), muss man sich fragen, ob der schleppende Ausbau des FBBE-Angebots von Seiten des Staates nicht auch als Ausdruck dafür angeschaut werden könnte, dass die Gleichberechtigung von Mann und Frau auf politischer Ebene in der Schweiz nicht als prioritär erachtet wird. Auch wenn die positiven Aspekte von FBBE nicht darauf reduziert werden können, so scheint doch das Thema der Gleichberechtigung auf dem Arbeitsmarkt auch aus Sicht der OECD über den Ausbau an Angeboten der familienergänzenden Kinderbetreuung unterstützt zu werden. Mit Blick auf die Handlungsempfehlungen der in letzter Zeit publizierten Berichten (Stamm et al., 2009, EKM, 2009a, EKM, 2009b, EKFF, 2008) wird ersichtlich, welche Aspekte durch Bildungs- und Sozialpolitik noch wenig Beachtung finden. Die in den Berichten genannte Stärkung der Eltern, verbunden mit dem Ausbau des Elternbildungssektors, wurde nur an wenigen Stellen genannt. Im Bezug auf das Personal wurde zwar auf die Wichtigkeit hingewiesen, dass dieses gut ausgebildet sein muss. Auf die in den Berichten genannte problematische Homogenität (mehrheitlich Schweizer Frauen) wurde nicht eingegangen. Ebenso wird das geforderte nationale Gütesiegel für Einrichtungen, die gewissen nationalen Qualitätsstandards genügen, gar nicht erst erwähnt.

Literatur

Bennett, J. (2008). Early childhood education and care systems in the OECD countries: the issue of tradition and gouvernance. Encyclopedia on Early Childhood Development. Zugriff am 26.04.2009. Verfügbar unter http://www.ccl-cca.ca/NR/rdonlyres/BA90A19A-3D33-4F9F-AE9D-CAA533A807B0/0/BennettANGxpCSAJE.pdf.

EKFF (2008). Familie - Erziehung - Bildung. Bern: EKFF. Zugriff am 26.04.2009. Verfügbar unter http://www.ekff.admin.ch/c_data/d_Pub_Erziehung_08.pdf.

EKM (2009a). *Frühförderung. Empfehlungen der Eidgenössischen Kommission für Migrationsfragen EKM.* Bern: EKM.

EKM (2009b). *Frühe Förderung. Forschung, Praxis und Politik im Bereich der Frühförderung: Bestandesaufnahme und Handlungsfelder.* Bern: EKM.

Iten, R., Stern, S., Menegale, S., Filippini, M., Pioro, D., Banfi, S., Farsi, M., Tassinari, S. & Schrottmann, R.-E. (2005). *Familienergänzende Kinderbetreuung in der Schweiz: Aktuelle und zukünftige Nachfragepotenziale.* Zürich: INFRAS. Zugriff am 26.04.2009. Verfügbar unter http://www.nfp52.ch/files/download/Wissenschaftlicher_Bericht.pdf

Oberhuemer, P. (2004). Bildungskonzepte für die frühe Kindheit in internationaler Perspektive. In W. E. Fthenakis, & P. Oberhuemer (Hrsg.), *Frühpädagogik International. Bildungsqualität im Blickpunkt* (S. 359-360). Wiesbaden: VS Verlag für Sozialwissenschaften.

OECD (2006a). *Starting strong II. Early childhood education and care.* Paris: OECD.

OECD (2006b). *Starting strong II. Early childhood education and care. Summary in German.* Paris: OECD.

Stamm, M., Reinwand, V., Burger, K., Schmid, K., Viehhauser, M. & Muheim, V. (2009*).* *Frühkindliche Bildung in der Schweiz. Eine Grundlagenstudie im Auftrag der UNESCO-Kommission Schweiz.* Fribourg: Universität Fribourg. Zugriff am 26.04.2009. Verfügbar unter http://perso.unifr.ch/margrit.stamm/ forschung/fo_downloads/fo_dl_publ/Grundlagenstudie_FBBE_090220.pdf.

Stern, S., Banfi, S., Tassinari, S. (Hrsg.). (2006). *Krippen und Tagesfamilien in der Schweiz. Aktuelle und zukünftige Nachfragepotenziale.* Bern: Haupt.

UNICEF (2008). *The child care transition. A league table of early childhood education and care in economically advanced countries.* Florence: UNICEF. Zugriff am 26.04.2008. Verfügbar unter http://www.unicef-irc.org/publications/pdf/rc8_eng.pdf.

Viernickel, S., Simoni H. (2008). *Frühkindliche Erziehung und Bildung.* In EKFF Familie - Erziehung - Bildung. Bern: EKFF. Zugriff am 26.04.2009. Verfügbar unter http://www.ekff.admin.ch/c_data/d_Pub_Erziehung_08.pdf.

Autorinnen und Autoren

Léo Barblan, Dr. phil.; Logopäde, promovierte 1989 in Psychologie an der Universität Genf. Lehre in der logopädischen Ausbildung in Genf und in der Sonderschul-Ausbildung für Erzieher und Lehrer in Lausanne. Arbeit im pädopsychiatrischen Dienst des Kantons Genf, Privatpraxis und seit mehr als 20 Jahren Supervisor. Er ist verantwortlich für die wissenschaftliche Kommission OMEP/Schweiz.

Kaspar Burger, lic. phil.; Diplom- und Forschungsassistent am Departement Erziehungswissenschaften der Universität Fribourg. Studium der Psychologie, Psychopathologie und neueren deutschen Literaturwissenschaft an den Universitäten Zürich und Rouen. Forschungsschwerpunkte: Migrationsforschung, frühkindliche Bildung, Betreuung und Erziehung, historisch-systematische Forschung.

Ursula Carle, Prof. Dr.; Universität Bremen, Elementar- und Grundschulpädagogik. Forschung an der Pädagogischen Hochschule Ludwigsburg sowie an den Universitäten Osnabrück und Braunschweig. Forschungsschwerpunkt: Schul- und Unterrichtsentwicklung insbesondere am Schulanfang und aus systemischer Perspektive.

Doris Edelmann, Dr. phil.; Wissenschaftliche Oberassistentin am Departement Erziehungswissenschaften der Universität Fribourg; Vorstandsmitglied der Kommission Pädagogik der frühen Kindheit (DGfE); Primarlehrerin, Studium der Pädagogik, Organisationspsychologie und Interkulturelle Kommunikation an der Ludwig-Maximilians-Universität München; Dozentin an der Pädagogischen Hochschule Zürich; Forschungsschwerpunkte: Frühe Kindheit, Gesellschaftlicher Wandel und Bildungsprozesse, Internationale Bildungsentwicklungen, LehrerInnenbildung.

Autorinnen und Autoren

Lilian Fried, Prof. Dr.; Technische Universität Dortmund, Bereich Pädagogik der frühen Kindheit, zuvor Lehrerin an Grund- und Hauptschulen, Grundsatzreferentin im Kultusministerium, wissenschaftliche Tätigkeit an den Universitäten Landau/Pfalz, Mainz und Dortmund. Forschungsschwerpunkte: Kindergartenqualität, professionelle Handlungskompetenz von Erzieherinnen; Entwicklung, Evaluation und Wirksamkeit von professionellen Tools u. a. zur Sprachkompetenzdiagnose und -förderung; Kompetenzentwicklung in der Phase des Übergangs von der Vor- zur Grundschule.

Gisela Kammermeyer, G., Prof. Dr.; Universität Koblenz-Landau, Institut für Bildung im Kindes- und Jugendalter, Arbeitsbereich Pädagogik der frühe Kindheit, zuvor Lehrerin an Grund- und Hauptschulen, Schulpsychologin, wissenschaftliche Tätigkeit am Institut für Grundschulforschung an der Universität Erlangen-Nürnberg. Forschungsschwerpunkte: Sprachdiagnostik- und Sprachförderung, Schriftspracherwerb und Mathematik in Kindergarten und Grundschule, Leistungs- und Persönlichkeitsentwicklung im Anfangsunterricht, Schulfähigkeit.

Anke König, Dr. phil.; Juniorprofessorin für Frühpädagogik an der Universität Vechta und Vorstandsvorsitzende der Kommission Pädagogik der frühen Kindheit (DGfE). Zuvor wissenschaftliche Mitarbeiterin an der Universität Dortmund, Abteilung Pädagogik der frühen Kindheit (Prof. Dr. Lilian Fried). Studium der Erziehungswissenschaft mit Schwerpunkt Pädagogik der frühen Kindheit an der Universität Landau. Forschungsschwerpunkte: Interaktions- und Professionsforschung im Bereich Frühpädagogik.

Jakob Kost, B.A.; Primarlehrer, Masterstudium am Departement Erziehungswissenschaft der Universität Fribourg (zuvor Studium in Zürich und Berlin). Projektmitarbeiter am Lehrstuhl von Prof. Dr. Margrit Stamm. Arbeits- und Interessenschwerpunkte: Frühkindliche Bildung, Berufsbildungsforschung, Schulabbruch sowie Bildungsungleichheiten.

Autorinnen und Autoren

Andrea Lanfranchi, Prof. Dr. phil.; aus Poschiavo/Graubünden, in Meilen/Zürich. Dozent und Forscher an der Interkantonalen Hochschule für Heilpädagogik in Zürich, Psychotherapeut in eigener Praxis und Lehrtherapeut/Supervisor am Meilener Ausbildungsinstitut für systemische Therapie und Beratung. Mitglied der Eidgenössischen Kommission für Familien und des Editorial Boards der Zeitschrift Familiendynamik. Forschung in den Bereichen Migration – Schule – Familie – frühkindliche Bildung.

Miriam Leuchter, Prof. Dr.; Pädagogische Hochschule Zentralschweiz. Mehrjährige Lehrtätigkeit in der Schuleingangsstufe, Promotion in pädagogischer Psychologie an der Universität Zürich, wissenschaftliche Assistenz am Pädagogischen Institut der Universität Zürich. Arbeitsschwerpunkte: Professionelles Wissen und Können von Lehrpersonen, Entwicklung und Lernen von jungen Kindern, videobasierte Unterrichtsforschung, sowie Lehr-Lernpsychologie und Didaktik.

Uta Meier-Gräwe, Prof. Dr.; seit 1994 Professorin für Wirtschaftslehre des Privathaushalts und Familienwissenschaft an der Justus-Liebig-Universität Gießen, war von 2003 bis 2005 Mitglied der Sachverständigenkommission des 7. Familienberichts der Bundesregierung, seit 2007 Mitglied im Kompetenzzentrum für familienbezogene Leistungen des BMFSFJ, seit Juni 2008 Mitglied der Sachverständigenkommission zur Erstellung des 1. Gleichstellungsberichts der Bundesregierung. Forschungs- und Publikationsschwerpunkte: Familien-, Bildungs- und Geschlechtersoziologie, Nachhaltiges Haushalten, Armuts- und Zeitforschung.

Verena Muheim, M.A.; Assistentin am Privaten Institut für Vorschulstufe und Primarstufe NMS, das an die Pädagogische Hochschule Bern angegliedert ist. Master in Erziehungswissenschaften der Universität Fribourg. Forschungsinteressen: Berufsbildungsforschung sowie entwicklungspsychologische Fragestellungen im Bereich der frühen Kindheit.

Autorinnen und Autoren

Pamela Oberhuemer, Studium in London und langjährige wissenschaftliche Referentin am Staatsinstitut für Frühpädagogik (IFP) in München. Aktuell leitet sie das SEEPRO-Projekt, ein vom Bundesministerium für Familie, Senioren, Frauen und Jugend gefördertes Projekt über das Kita-Personal in den EU-Ländern. Seit 2007 ist sie Herausgeberin der erziehungswissenschaftlichen Zeitschrift *Early Years – An International Journal of Research and Development*. Für die OECD-Studie *Starting Strong* war sie Mitglied des Expertenteams und Rapporteur für die OECD-Berichte über die USA und Irland.

Vanessa-Isabelle Reinwand, Dr. phil.; Juniorprofessorin an der Universität Hildesheim, zuvor Forschungs- und Oberassistentin an der Universität Fribourg, Departement Erziehungswissenschaften. Studium der Allgemeinen Pädagogik, Theater- und Medienwissenschaften, Italoromanistik und Philosophie an der Universität Erlangen-Nürnberg und Bologna. Forschung im Bereich der frühkindlichen Bildung.

Hans-Günther Roßbach, Prof. Dr.; Professor für Elementar- und Familienpädagogik an der Otto-Friedrich-Universität Bamberg. Studium der Pädagogik, Soziologie und Psychologie an den Universitäten Bonn, Köln und Münster. Habilitation in Erziehungswissenschaft mit dem Schwerpunkt Empirische Bildungsforschung. 1995 bis 2002 Professor für Allgemeine Didaktik/schulische und ausserschulische Unterrichtsforschung an der Universität Lüneburg. Arbeitsschwerpunkt: Frühe Kindheit, Qualität, Längsschnittuntersuchungen.

Susanna Roux, Dr. phil.; wissenschaftliche Mitarbeiterin an der Universität Koblenz-Landau. Studium der Erziehungswissenschaften, Projektmitarbeiterin im Zentrum für empirische pädagogische Forschung der Universität Koblenz-Landau. Vertretungsprofessorin für Pädagogik und Didaktik des Elementarbereichs und der frühen Kindheit an der Justus-Liebig-Universität in Gießen (2005-2006). Arbeitsschwerpunkte: Pädagogische Qualität, Sprachdiagnostik und -förderung, sozial-emotionale Entwicklung.

Autorinnen und Autoren

Inge Schreyer, Dr. phil.; Studium der Psychologie in München, Promotion an der Universität Regensburg. Wissenschaftliche Referentin am Staatsinstitut für Frühpädagogik (IFP) in München. Forschungen im Bereich Kindertageseinrichtungen sowie im Bereich des Kita-Personals in Europa. Wissenschaftliche Mitarbeiterin am SEEPRO-Projekt (Systeme der Elementarerziehung und Professionalisierung in Europa) am IFP.

Dieter Schürch, Prof. Dr.: Mitglied der UNESCO-Kommission, Lehrbeauftragte an der Technischen Hochschule in Mailand und Brixen. Zuvor Dozent im Bereich Erziehungswissenschaften an folgenden Universitäten: Lugano, Genf, Paris X, Bologna. Ehemaliger Assistent von Jean Piaget und Mitarbeiter von Michael Huberman. Gründer vom Schweizerischen Institut für Berufspädagogik in Lugano. Forschungsschwerpunkte: Stadtumwelt in der frühen Kindheit; Rolle der Erziehungswissenschaften in den Lernenden Regionen; Wirtschaftspsychologie; Schulentwicklung; Qualität der Evaluation in der Schule; Aktivierung Denkprozesse in Erwachsenen.

Heidi Simoni, Dr. phil.; Fachpsychologin für Psychotherapie FSP, Leiterin des Marie Meierhofer-Instituts für das Kind in Zürich. Fachliche Schwerpunkte in Beratung, Lehre und Forschung sind die frühe Entwicklung von Kindern in Familien und familienergänzenden Kontexten sowie Fragen zu Schutz, Förderung und Beteiligung von Kindern.

Margrit Stamm, Prof. Dr.; Ordentliche Professorin für Erziehungswissenschaft an der Universität Fribourg CH. Ihre Arbeitsschwerpunkte sind u. a. Frühkindliche Bildung, Betreuung und Erziehung, Berufs- und Sozialpädagogik des Jugendalters, Risikoentwicklungen, Begabungsforschung und Berufsbildung.

Martin Viehhauser, Mag. phil.; Diplomassistent am Departement Erziehungswissenschaften der Universität Fribourg. Studium der Pädagogik an den Universitäten Wien, Berlin, Rom und Buenos Aires. Arbeitsschwerpunkte: Bildungstheorie, Kulturwissenschaft, historische Forschung zur kulturellen Codierungen des Körpers.

Autorinnen und Autoren

Susanne Viernickel, Prof. Dr.: Professorin an der Alice Salomon Hochschule Berlin, Bereich Erziehung und Bildung im Kindesalter, Vorstandssprecherin der Kommission Pädagogik der frühen Kindheit (DGfE) und Vorstandsmitglied der Deutschen Liga für das Kind. Schwerpunkte von Forschungs- und Praxisentwicklungsprojekten: Professionalisierung frühpädagogischen Fachpersonals; Bildung und Entwicklung im frühen Kindesalter; Beobachtung und Dokumentation kindlicher Bildungsprozesse; Qualität und Qualitätsentwicklung in Kindertageseinrichtungen.

Evelyne Wannack, Prof. Dr.; Forschungsbeauftragte am Zentrum für Forschung und Entwicklung der Pädagogischen Hochschule Bern. Studium der Pädagogischen Psychologie, Allgemeinen Pädagogik und Sportwissenschaft an der Universität Bern; Arbeitsschwerpunkte: Bildungsreform, Unterrichtsgestaltung und Classroom Management in der Schuleingangsstufe, Kindergartenpädagogik, Bewegungserziehung.

Erich Ch. Wittmann, Prof. em. Dr. rer. nat. Dr. h.c.; Technische Universität Dortmund, Institut für Entwicklung und Erforschung des Mathematikunterrichts. 1959-1964 Studium der Mathematik und Physik für das gymnasiale Lehramt, 1967 Promotion in Mathematik Universität Erlangen, 1974 Gastaufenthalt in Bern und Genf als Akademiestipendiat der VW-Stiftung, 1976 – 1990 Mitglied des Editorial Boards der *Educational Studies in Mathematics*, 1987 Mitbegründer des Entwicklungsforschungsprojekts *mathe 2000*. Arbeitsschwerpunkte: Grundlagen der Mathematikdidaktik, Curriculumentwicklung, Elementargeometrie.

Corina Wustmann, Dipl.-Päd.; wissenschaftliche Mitarbeiterin am Marie Meierhofer-Institut für das Kind in Zürich. Zuvor Wissenschaftliche Referentin am Deutschen Jugendinstitut e.V. und Staatsinstitut für Frühpädagogik in München sowie an der Pädagogischen Hochschule der FHNW in Solothurn. Studium der Pädagogik mit Schwerpunkt Elementar- und Familienpädagogik in Bamberg und London. Arbeitsschwerpunkte: Resilienz, Frühkindliche Bildung, schulisches Wohlbefinden von Kindern.